21世纪高职高专“十三五”规划教材(公共关系专业)

职场人际关系与沟通技巧

主 编 杨连顺 谢义华

天津大学出版社
TIANJIN UNIVERSITY PRESS

U0960182

内容简介

全书共分三个单元、十九章，分别介绍了人际关系与沟通概述、职场沟通的基本要求、职场中的沟通方式、职场沟通中的形象礼仪、职场沟通中的第一印象、职场沟通中的仪容打扮、职场沟通中的得体着装、职场沟通中的接待礼仪、办公室沟通、冲突管理的沟通策略、求职面试中的沟通、求人办事的沟通、商务谈判中的沟通、会议沟通、商务宴请中的沟通、下属与上司之间的沟通、上司与下属之间的沟通、同事之间的沟通、与客户之间的沟通等。

本书既适合高职院校和专业培训的教学需要，也可作为在职人员培训、自学、成人教育参考用书，还可作为职业技能鉴定、职业资格考试参考用书。

图书在版编目(CIP)数据

职场人际关系与沟通技巧/杨连顺，谢义华主编. —天津：天津大学出版社，2012.9(2019.5 重印)

21 世纪高职高专“十三五”规划教材. 公共关系专业

ISBN 978-7-5618-4495-3

Ⅰ.①职… Ⅱ.①杨…②谢… Ⅲ.①人际关系学－高等职业教育－教材 Ⅳ.①C912.1

中国版本图书馆 CIP 数据核字(2012)第 227352 号

出版发行　天津大学出版社
地　　址　天津市卫津路 92 号天津大学内(邮编:300072)
电　　话　发行部:022-27403647
网　　址　publish.tju.edu.cn
印　　刷　天津泰宇印务有限公司
经　　销　全国各地新华书店
开　　本　185mm×260mm
印　　张　17.75
字　　数　443 千
版　　次　2019 年 5 月第 2 版
印　　次　2019 年 5 月第 8 次
定　　价　45.00 元

凡购本书，如有缺页、倒页、脱页等质量问题，烦请与我社发行部门联系调换

版权所有　侵权必究

再版前言

人际交往和沟通能力是对人的一生起着重要作用的基本素质，它直接影响着一个人的工作、学习和生活。在人与人之间联系密切的现代社会，仅靠一个人单枪匹马或单打独斗去建功立业已经是不现实的了。

人们稍微留意便会发现，一些人生或事业上不如意的人，并不是因为他的专业能力不强，也不是因为他学历不高，或智力不足，而是因为他社交和沟通能力差，不会很好地与人相处，因而缺乏社会支持与认可，从而四处碰壁，举步维艰。而一些生活顺利、事业有成的人，结交了一“帮”肝胆相照、智慧而真诚的朋友，构建了良好的人际关系，朋友的智慧成了他们强有力的精神养分，朋友的能力为他们的生命提供了能量，并最终形成了一个良好的社会支持系统。

几乎每一个人都知道处理好人际关系的重要性，但往往不是方法不得当，就是囿于性格的障碍，不知道该如何与人交往。其实，保持良好人际关系的方法很简单，只要我们用心去学习，生活中处处是学问。曾有机构做过调查，在职场中，许多人大约要将60%以上的时间和精力用来处理各种复杂的人际关系。这就表明，能否较好地掌握协调人际关系的艺术，往往是一个人能否成功的重要因素。而职场中的人际沟通就是通过减少摩擦、克服内耗、解决矛盾，求得个体与群体的相对稳定与和谐发展，这就要求每一位职场中的人必须谨小慎微，处理好职场上的人际关系。

本书正是从这一点出发，针对大家在职场上面临的实际问题，向大家介绍最基本的人际关系、礼仪常识和沟通技巧，它能更进一步融洽你的职场关系，使大家喜欢你。并且针对现代职场实际，给你再支几招，在处好关系的同时保护自己的利益，让别有用心的人无法侵犯你。本书集沟通细节与人际关系之精髓于一册，旨在提高人们的处事融群能力和沟通能力，解决人际关系与沟通中遇到的难题。为了增强实用性，本书还针对某些具体的人际沟通问题，从不同的角度，提出了更有效、更切合实际的解决办法。相信无论是初出茅庐的职场新人，还是深谙人际沟通之道的职场老手，都能在本书中找到自己想要的沟通方法与诀窍。本书重在教你沟通技巧，而非空谈理论。书中穿插了大量案例分析、成功案例、温馨提示、知识拓展、拓展训练、训练项目等，兼具理论性与实践性。此外,本书还提供了细节训练方法,简单明了、切实可行。

本教材由重庆城市管理职业学院组织编写,重庆电子工程职业学院谢义华、重庆医药高等专科学校董杨参与编写。杨连顺、谢义华任主编,高再秋、程利滨、裴淑娥任副主编。具体分工如下:裴淑娥(第一、二、三、四章);杨连顺(第五、六、七章);辛香玲(第八章);高再秋(第十六、十七、十八章);程利滨(第十三、十四、十五、十九章);谢义华(第九、十章);陈利荣(第十二章、单元项目训练);董杨(第十一章)。杨连顺、谢义华负责本教材的框架结构和最后统稿。

本书在编写过程中参考借鉴了一些专家学者的研究成果和资料,在此特向他们表示感谢。本书配有 ppt 电子资源,有需要的任课老师可以索取,联系邮箱 ccshan2008@sina.com。由于编写时间仓促,编写水平有限,不足之处在所难免,恳请专家和广大读者提出宝贵意见,予以批评指正,以便改进。

编者

2019 年 5 月

目　　录

第一单元

职场沟通的理论基础

第一章 人际关系与沟通概述

【案例导入】

美国老牌影星寇克·道格拉斯年轻时十分落魄潦倒。有一次,他搭火车时,与旁边的一位女士攀谈起来,没想到这一聊,却聊出了他人生的转折点。没过几天,他就被邀请到制片厂报到,原来这位女士是一位知名制片人。美国斯坦福研究中心曾经发表一份调查报告,其结论表明,一个人赚的钱,12.5%来自于知识、87.5%来自于关系。关系即人脉竞争力,是指一个人在人际关系、人脉网络上的优势,它在一个人的成就里扮演着极其重要的角色。如果光有事业,没有人脉,个人竞争力就是一分耕耘,一分收获。但若加上人脉,个人竞争力将是"一分耕耘,数倍收获"。

该案例给我们什么启示?

【知识传授】

第一节 人际关系

一、人际关系的含义

人际关系是人与人之间,在进行物质或精神交往过程中发生、发展和建立起来的互动关系。该定义强调了三点:第一,作为个体的人,都不可避免地要与他人进行物质或精神的交往;第二,人与人之间在交往互动中会发生、发展和形成某种关系;第三,人与人之间在交往中总是维系着某种心理联系。

二、人际关系的特征

人际关系是人与人之间由于交往而产生的一种心理关系。它主要表现在交往过程中人与人之间的心理距离,反映了个人或群体在寻求满足社会心理需要、事业需要的心理状态下,人际关系的产生、变化和发展对双方心理需要满足的程度。职场中人际关系包括以下几个特点。

(一)人际关系是社会关系的一个侧面

人存在于众多的社会关系之中,人的社会关系可以分成两类:一类是社会的生产关系,以及在此基础上形成的经济的、政治的和文化的关系等;另一类是人与人之间的心理关系,也就是人际关系。社会关系是社会角色之间的关系,是不以人的意志为转移的客观关系;而人际关系的实质是情感上的关系,如亲戚关系、夫妻关系、邻里关系、朋友关系、师生关系等。人际关系只是社会关系的一部分,不能简单地将其等同于社会关系。如大学校长和本校每个大学生都存在着一定的社会关系,但他们之间并不是都有人际关系。

(二)人际关系以人们的需要为基础

需要是建立人际关系的动力,人际关系的好坏,主要反映了人们在相互交往中的需要能否得到满足的心理状态。如果交往双方的需要能得到一定程度的满足,就会产生喜欢、亲近或愿意交往的情绪反应,人们的心理距离就会缩短;反之,就会产生厌恶、憎恨等情绪反应,心理距离就会加大。因此,需要的满足是建立人际关系的心理基础。

(三)人际关系以情感为纽带

人际关系总是带有鲜明的情绪和情感色彩,是以情感为纽带表现出来的。人们相处中呈现出来的满意、愉快或疏远、冷漠的情绪状态是人际关系好坏的基本评价指标。人际关系所具有的情绪性,使人与人之间的心理距离成为可以直接观察的心理关系。

(四)人际关系以交往为手段

交往是人们实现人际关系的手段,是人们交流信息、消除生疏、加深了解、获得肯定或否定体验的途径。不仅如此,交往的频率还是人际交往亲疏的调节器。一般来说,交往频率越高,人际关系越向纵深发展,交往频率越低,人际关系越趋于淡化,当人们交往完全不存在时,原有的实际意义上的人际关系也会成为名义上的人际关系。

人际关系是与人类同时产生的,具有极其久远的历史,它是人类社会中最常见、最普通的一种关系,每个人都在一定的人际关系中工作、学习和生活。

【知识链接】

九种行为对职场中人际关系有影响

1. 有好事儿不通报

单位里发物品、领奖金等,你事先知道,或者已经领了,却一声不响地坐在那里,像没事似的,从不向大家通报一声;有些东西可以代领,也从不帮人领一下。这样几次下来,别人自然会有想法,觉得你太不合群,缺乏共同意识和协作精神。以后他们事先了解的事情,或有东西先领了,也可能不告诉你。如此下去,彼此的关系就不会和谐了。

2. 明知而却说不知

同事出差去了,或者临时出去一会儿,这时正好有人来找他,或者正好来电话找他,如果同事临走时没告诉你,但你知道,你不妨告诉他们;如果你确实不知,那不妨问问别人,然后再告诉对方,以显示自己的热情。如果你明明知道,硬说自己不知道,一旦被人知晓,那彼此的关系就势必受到影响。外人找同事,不管情况怎样,你都要真诚和热情,这样,即使没有起实际作用,外人也会觉得你们的关系很好。

3. 进出不互相告知

你有事要外出一会儿,或者请假不上班,虽然批准请假的是领导,但你最好要同办公室里的同事说一声。即使你临时出去半个小时,也要与同事打个招呼。这样,倘若领导或熟人来找，也可以让同事有个交代。如果你什么也不愿说，进进出出神秘兮兮的，有时正好有急事，人家就没法说了，有时也会懒得说，受到影响的恐怕还是自己。互相告知，既是共同工作的需要，也是联络感情的需要，它表明双方互有的尊重与信任。

4. 从不说自己的私事

有些私事不能说，但有些私事说说也没有什么坏处。比如你的男朋友或女朋友的工作单位、学历、年龄及性格脾气等；如果你结了婚，有了孩子，也就有了关于爱人和孩子方面的话题。在工作之余，都可以顺便聊聊，它可以增进了解，加深感情。倘若这些内容都保密，从来不肯与别人说，这怎么能算同事呢？无话不说，通常表明感情之深；有话不说，自然表明距离的疏远。你主动跟别人说些私事，别人也会向你说，有时还可以互相帮帮忙。你什么也不说，什么也不让人知道，人家怎么信任你？信任是建立在相互了解的基础之上的。

5. 有事不肯向同事求助

轻易不求人，这是对的。因为求人会给别人带来麻烦。但任何事物都是辩证的，有时求助别人反而能表明你对别人的信赖，能融洽关系，加深感情。比如你身体不好，你同事的爱人是医生，自己不认识，但可以通过同事的介绍去找，以便诊得快点，诊得细点。倘若你偏不肯求助，同事知道了，反而会觉得你不信任人家。你不愿求人家，人家也就不好意思求你；你怕人家麻烦，人家就以为你也很怕麻烦。良好的人际关系是以互相帮助为前提的。因此，求助他人，在一般情况下是可以的。当然，要讲究分寸，尽量不要使人家为难。

6. 拒绝同事的“小吃”

同事带点水果、瓜子、糖之类的零食到办公室，休息时分吃，你就不要推辞，不要以为难为情而一概拒绝。有时，同事中有人获了奖或评上了职称什么的，大家高兴，要他买点东西请客，这也是很正常的，对此，你可以积极参与。你不要冰冷地坐在一旁一声不吭，更不该人家主动给你，你却一口回绝，表现出一副不屑为伍或不稀罕的神态。人家热情分送，你却每每冷拒，时间一长，人家有理由说你清高和傲慢，觉得你难以相处。

7. 常和一人“咬耳朵”

同一办公室有好几个人，你对每一个人要尽量保持平衡，尽量始终处于不即不离的状态，也就是说，不要对其中某一个特别亲近或特别疏远。在平时，不要老是和同一个人说悄悄话，进进出出也不要总是和一个人。否则，你们两个也许亲近了，但疏远了更多的同事，还以为你们在搞小团体。如果你经常在和同一个人“咬耳朵”，别人进来又不说了，那么别人不免会产生你们在说人家坏话的想法。

8. 热衷于探听家事

每个人都有自己的秘密。能说的人家自己会说，不能说的就别去挖它。有时，人家不留意把心中的秘密说漏了嘴，对此，你不要去探听，更不要想问个究竟。有些人热衷于探听，事事都想了解得明明白白，根根梢梢都想弄清楚，这种人是要被别人看轻的。你喜欢探听，即使什么目的也没有，人家也会忌你三分。从某种意义上说，爱探听人家私事，是一种不道德的行为。

9. 喜欢嘴巴上占便宜

在同事相处中，有些人总想在嘴巴上占便宜。有些人喜欢说别人的笑话，讨人家的便宜，虽是玩笑，也决不肯以自己吃亏而告终；有些人喜欢争辩，有理要争理，没理也要争三分；有些人不论国家大事，还是日常生活小事，一见对方有破绽，就死死抓住不放，非要让对方败下阵来不可;有些人对本来就争不清的问题,也想要争个水落石出;有些人常常主动出击,人家不说他,他总是先说人家。这样不利于同事之间的和谐相处。

（来源:中国大学生在线,http://www.univs.cn/）

第二节　人际沟通

一、人际沟通的含义

沟通是为了达到设定的目标,在人与人之间、组织与组织之间、人与群体之间思想与感情的传递和反馈的过程,以求思想达成一致(共识)和感情的通畅的行为过程。沟通是一种实践的艺术。主动沟通是与他人建立良好的人际关系的手段,它能使双方受益,在和谐的人际关系中,双方都能得到对方的尊重、关照、帮助、体贴和友谊,能提高工作效率,舒畅心情,促进身心健康。这是人际交往的科学轨迹,否则,就会带来相反的行为结果。

不同的环境,适合采用不同的沟通方式。在具体的沟通实践中,不同的沟通方式都具有不同沟通的基本技巧。实践中,常用的沟通方式包括面对面的口头沟通、电话沟通、书面沟通、网络沟通、演讲、谈判等。如在酒店服务中,最常用的沟通方式是口头沟通,其次是电话沟通,以及书面沟通、网络沟通等。

二、人际沟通的要素及沟通行为

(一)人际沟通的要素

沟通包括沟通的内容、沟通的方法、沟通的动作。就其影响力来说,沟通的内容占7%,影响最小;沟通的动作占55%,影响最大;沟通的方法占38%,居于两者之间。人际沟通有以下三大要素。

1. 要有一个明确的目标

沟通要有明确的目标,这是沟通最重要的前提。有了明确的目标叫沟通,没有目标叫闲聊。所以,理解了这个内容之后,在和别人沟通的时候,见面的第一句话应该说:“这次我找你的目的是……”沟通时说的第一句话要说出要达到的目的,这是非常重要的,也是沟通技巧在行为上的一个表现。

2. 要达成共同的协议

沟通结束以后要形成一个双方或者多方都共同承认的协议(共识)。沟通是否结束的标志是看是否达成了协议。

在实际工作过程中,常见到大家一起沟通过了,但是最后没有形成一个明确的协议,大家就各自工作去了。由于对沟通内容的理解不同,又没有达成协议,最终会造成工作效率低下,给工作双方增添许多矛盾。所以,在和别人沟通结束的时候,一定要用这样的话来总结:非常感谢你,通过刚才交流我们现在达成了这样的协议,你看是这样的一个协议吗?这是沟通技巧的一个非常重要的体现,就是在沟通结束的时候一定要有人来做总结,这是一个非常良好的沟通行为。可以观察一下你的同学(同事),他们在沟通结束后是否有这样的结束语,如果有这样的结束语,那么,标志着其具有良好的沟通技巧。

3. 沟通信息、思想和情感

信息容易沟通。例如:今天几点钟起床?现在是几点了?几点钟开会?往前走多少米?这样的信息是非常容易沟通的。而思想和情感是不太容易沟通的。在工作与学习过程中,很多障碍使思想和情感无法得到一个很好的沟通。事实上在沟通过程中,传递更多的是彼此之间的信息,彼此之间的思想、情感不是主要的内容。

(二)人际沟通行为

沟通过程中有三种行为:问、听、说。要形成双向沟通,必须包含三种行为,即说的行为、听的行为和问的行为。有效的沟通技巧就是由这三种行为组成的。换句话说,考核一个人是否具备沟通技巧就是看他这三种行为是否都出现。

沟通的8020法则:人与人沟通的时候,用80%的时间去问、去听,用20%的时间去说(告诉对方一些事情)。

三、沟通的类型与方向

(一)沟通的类型

依据不同的划分标准,沟通有多种类别,但最主要的有自我沟通、人际沟通和群体沟通三种类型。

1. 自我沟通

自我沟通是沟通的起点,是自我认识的过程,是思想上的自我定位与现实要求之间的冲突发生、解决的过程。自我沟通有三个技能提升阶段:自我认知、自我提升、自我超越。自我沟通中最重要的任务是情绪管理。

2. 人际沟通

人际沟通指人与人之间形成联系的程序和过程,人际沟通的结果是形成人际关系。沟通是一切人际关系赖以建立和发展的前提,是形成、发展人际关系的根本途径。影响人际沟通最主要的因素是心理和技巧。

3. 群体沟通

个人存在于群体之中,个人组成群体,个人通过群体得到认可。群体沟通是个体为了自身的生存和发展而展开的行为活动的总和,是个体在群体成员之间交流各要素的结果。如当众演讲能力是群体沟通的重要能力之一。

(二)沟通的方向

沟通的方向大致有三种:与上级沟通、与下级沟通、与平级沟通。与不同身份的人沟通也必然会有不同的心态、不同的方式、不同的技巧。

1. 与上级沟通

与上级沟通要有胆识,尽量不要给上司出问答题,尽量给他选择题。

2. 与下级沟通

与下级沟通要有心情,要多了解状况,不能只会责问,要提供方法,紧盯过程。

3. 与平级沟通

与平级沟通要显肺腑，要体现主动、谦让、体谅、协作、双赢。

四、人际沟通的步骤

（一）事前准备

发送信息的时候要准备好发送的方法、发送的内容和发送地点。为了提高工作中沟通的效率，要事前准备的内容有以下几点。

1. 设立沟通的目标

在与别人沟通之前，自己心里一定要有一个目标，我希望通过这次沟通达成什么样的一个效果，那么设立目标是我们要沟通的目的。

2. 制订计划

有了目标要有计划，怎么与别人沟通，先说什么，后说什么。

3. 预测可能遇到的异议和争端

首先要有充分的心理准备，其次还要根据具体情况对其可能性进行详细的预测。

4. 对情况进行 SWOT 分析

运用 SWOT 方法分析，明确双方的优势和劣势，设立一个合理的大家都能接受的目标。

其中，S 代表 strength（优势），W 代表 weakness（弱势），O 代表 opportunity（机会），T 代表 threat（威胁）。其中，S、W 是内部因素，O、T 是外部因素。那么在沟通的过程中，要注意第一点是事前准备，这是在沟通过程中第一个步骤；要准备目标，因为在工作中往往会不知道目标是什么，当在沟通之前有了一个目标时，对方肯定也会有一个目标，双方能够通过沟通达成一致协议。完成这个步骤一定要注意在与别人沟通的过程中见到别人的时候，首先要说：这次沟通的目的是什么。

（二）确认需求

确认需求要有以下三个步骤。

1. 积极聆听

要设身处地地去听，用心和脑去听，为的是理解对方的意思。

2. 提问

通过提问，更明确地了解对方的需求和目的。

3. 及时确认

当你没有听清楚、没有理解对方的话时，要及时提出，一定要完全理解对方所要表达的意思，做到有效沟通。

沟通中，提问和聆听是常用的沟通技巧。我们在沟通过程中，首先要确认对方的需求是什么。如果不明白这一点就无法最终达成一个共同的协议。要了解别人的需求、了解别人的目标，就必须通过提问来达到。沟通过程中有三种行为：说、听、问。提问是非常重要的一种沟通行为，因为提问可以帮助我们了解更多更准确的信息，所以，提问在沟通中会常用到。在开始的时候会提问，在结束的时候也会提问：还有什么不明白的地方？提问在沟通中用得非常多，同时提问还能够控制沟通的方向、控制谈话的方向。

【典型案例】

失败的一次生意

吴威向一位客户销售家具，交易过程十分顺利。当客户正要掏钱付款时，另一位销售人员跟吴威谈起昨天的足球赛，吴威一边跟同伴津津有味地说笑，一边伸手去接货款，不料客户却突然掉头而走，连家具也不买了。吴威苦思冥想了一天，不明白客户为什么对已经挑选好的家具突然放弃了。第二天早上9点，他终于忍不住给客户打了一个电话，询问客户突然改变主意的理由。客户不高兴地在电话中告诉他："昨天付款时，我同你谈到了我的小女儿，她刚考上北京大学，是我们家的骄傲，可是你一点也没有听见，只顾跟你的同伴谈足球赛。"吴威明白了，这次生意失败的根本原因是因为自己没有认真倾听客户谈论自己最得意的女儿。

（来源：世界经理人网站，http://www.ceconline.com/）

（三）阐述观点

阐述观点就是怎么样把你的观点更好地表达给对方，这是非常重要的，就是说要表达的意思说完了，对方是否能够明白，是否能够接受。那么在表达观点的时候，有一个非常重要的原则——FAB的原则。FAB是一个英文的缩写：F就是Feature，就是属性；A就是Advantage，这里翻译成作用；B就是Benefit，就是利益。在阐述观点的时候，按这样的顺序来说，对方能够听懂、能够接受。例如，卖沙发按FAB顺序来阐述：

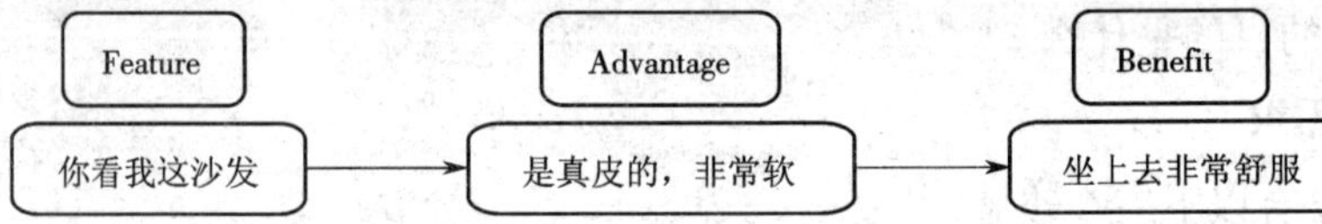

没有按FAB顺序：

采用FAB顺序表达时，对方更容易听得懂，而且印象会非常深。

（四）处理异议

当在沟通中遇到异议时，可以采用的一种类似于借力打力的方法，叫做"柔道法"。这种方法不是强行说服对方，而是用对方的观点来说服对方。在沟通中遇到异议之后，首先了解对方的某些观点，然后当对方说出了一个对你有利的观点的时候，再用这个观点去说服对方。即在沟通中遇到了异议要用"柔道法"让对方自己来说服自己。

处理异议时，态度要表现出具有"同理心"。解决人际关系问题中最具威力的三个字是"我理解"。在沟通过程中，塑造一个让客户可以畅所欲言、表达意见的环境，展现支持、理解、肯定的态度，尊重客户的情绪及意见，让他觉得与你交谈是件轻松愉快、获益颇多的事。

(五)达成协议

一定要注意的是是否完成了沟通,取决于最后是否达成了协议。在达成协议的时候,要做到以下几方面:感谢、赞美、庆祝。如,发现别人的支持并表示感谢;对别人的结果表示感谢;愿与合作伙伴、同事分享工作成果;积极转达内、外部的反馈意见;对合作者的杰出工作给以回报。

(六)共同实施

在达成协议之后,要共同实施。达成协议是沟通的一个结果。但是在工作中,任何沟通的结果意味着一项工作的开始,要共同按照协议去实施,如果我们达成了协议,可是没有按照协议去实施,那么对方会觉得你不守信用,就是失去了对你的信任。我们一定要注意,信任是沟通的基础,如果你失去了对方的信任,那么下一次沟通就变得非常地困难,所以说作为一个职业人士在沟通的过程中,对所有达成的协议一定要努力按照协议去实施。

五、人际沟通的层次

(一)不沟不通

不沟不通,是指人们没有沟通的欲望或沟通的必要,处于不相往来的状态。从本质上讲,不沟不通算不上沟通,甚至可以说是沟通的反面。但是,本书将不沟不通作为沟通的起点。任何沟通进行前,都是不沟不通的状态。比如,两人虽然彼此认识,但是工作、生活基本没有交集,不需要"通",也就没有"沟"的必要。

(二)沟而不通

中西方人在沟通方面存在很大差异,西方人有什么事都会讲出来,其看法是"我有事情,想跟你讲";中国人有什么事决不会讲出来,其看法是"我有事情,根本不跟你讲"——我有事,为什么要跟你讲? 由此可见,西方人的出发点是"我要说",中国人的出发点则是"我不跟你说"。

就因为出发点不一样,所以结果也不一样。很多中国人学习了西方的沟通理论后,想在中国社会广泛应用,却往往造成沟而不通的现象。以西方人的沟通原则为基础,无论你开口说话,或者闭嘴不说,都可能沟而不通。有时候,人们虽然在滔滔不绝地说话,但是一方说的话,另一方根本没听进去。甚至,听的人很生气,当面加以指责,使说的人简直下不了台,或者表面上装成无所谓的样子,内心却恨死说话的人。这就是沟而不通的现象。其实,在现实生活中,很多人都停留在沟而不通的层次上。说了很多话,却收不到效果,无法达成预期的沟通目标。

古人常说:"武死战,文死谏。""文死谏"无非是沟而不通导致的悲惨结局。中国历朝都有专门的官员负责向皇帝进谏,但常常因沟而不通,触怒皇帝,最后丢了性命。在现代社会中,沟而不通虽然不至于让我们没了性命,但会产生巨大的障碍,使我们寸步难行。

中国人相互之间为什么不容易沟通? 首先,和面子有关系。沟而不通,和所说内容的对错没有必然的关系,并不是说得对就"通",说得不对就"不通"。有时候,说得对也很危险,对方常常会因为你说得对而觉得没有面子,不是觉得你在指责他不对,就是认为你把他当做傻瓜，嘲笑他连浅显的道理都不懂。人没面子就会恼羞成怒，以致蛮不讲理，当然沟而不通。修养好一些的人，表面上很高兴，其实心里颇不以为然，同样是沟而不通。在这种情况下，闭嘴不说也不行。对方如果看到你不开口，也来个相应不理，造成尴尬的气氛，想说的人更不知从何说起，也会沟而不通。

因此，说与不说、说对说错都可能沟而不通。中国人之所以先说先死，是因为任何人所说的，不过是片面的道理，充其量只能说是自圆其说。别人要支持你，固然可以说出一大堆道理，使我们觉得很有面子；若是不支持，照样可以陈述许多道理，让我们颜面无光，倍感羞惭。实际上，在中国社会，某一个人赞成另一个人的观点，并不意味着是对其观点的完全认同和肯定，而是因为前者能感觉到后者对他的友善而予以的支持，这是一种道义的表现。所以说话的人，为求立于不败之地，必须先摸清楚能不能获得别人的支持。

不说毕竟是消极的做法，要想改变沟而不通，最好是站在对方的立场来沟通，凡事以对方的利益为出发点，就算你说的话他不接受，至少他会思量一下。久而久之，就能获得对方的信任，这样沟通起来就方便得多。

（三）沟而能通

沟而能通当然是人们喜闻乐见的情况。误会也好，分歧也好，只要沟而能通，都不是问题。

首先，沟通也要讲缘分，有缘的人在一起，肯定会谈得很投机，好像没有什么禁忌，什么都可以谈，怎样说都可以。无缘的人在一起，多数是话不投机，或者是各说各的，说的时候很热闹，但不会产生任何效果。

其次，情绪问题也是影响沟通的因素。情绪好的时候，不管说话的人如何唐突、冒犯、无礼，都能够心平气和地合理响应，一副大人不记小人过的模样。如果双方都能够有诚意、能包容、不计较，当然沟而能通，一点障碍都没有。

要想让别人感觉有面子，并且有好的情绪听你讲话，关键是怎么说。这样就存在一个问题：如何处理妥当对话与直话的关系。有时候，直话反而是最刺耳的。不要以为反正是实话就应该实说，怎么说都一样。其实，同样一句话，说得妥当一些，对方比较容易接受；说得十分真实，对方往往受不了，反而听不进去。

比如说，“你这件衣服太难看了，我送你件新的吧”，这么说的话，虽然送别人东西是好意，但绝对不妥当，对方很难接受。我们常说有人好心办坏事，就是因为办得不够妥当，才事与愿违。

（四）不沟而通

不沟而通是一种高度的艺术。中国人十分讲究人与人之间的默契，高度的默契便是不沟而通，是一种难得的沟通美景。有时候人们不需要说话，光靠眼神、动作就能传达意思。

不沟而通的关键在于双方的默契，而要建立默契，就要关注对方，随时随地注意对方的举动，不依赖对方的言语表达，却主动地捕捉对方的肢体语言。毫不关心对方，不注意观察对方的举动，当然无法不沟而通。我们只有将心比心，通过心与心的感应，使对方的心意能够畅通地传过来。心意相通，自然不沟而通。

【知识链接】

人际沟通失败的十大原因

(1)信息缺乏:信息不清晰不完整。

(2)情绪知觉:没有留意并调整自己的情绪以适应对方。

(3)语言文字:文字本身的丰富内涵和歧义。

(4)文化地位:双方的地位、立场不同时未设身处地。

(5)组织庞杂:沟通的流程过多,会造成信息损失,“拷贝不走样”很难。

(6)需求利益:是否对应对方的需求和利益,是否适应对方的兴趣点。

(7)理解干扰:表达能力和理解能力不同,即编码和解码能力,心有灵犀一点通不容易。

(8)方式不当:是该打电话,还是留纸条,还是发短信,效果都不一样;是公开表达,还是私下商量,完全是不同天地。

(9)没有反馈:最怕不反馈,你以为你理解了,我也以为你也理解了,可是我们理解却完全是不同的两回事,这是沟通中常出现的笑话。如能及时频繁反馈,沟通的很多障碍都可扫除。

(10)光环效应:晕轮效应和成见,会造成自己自以为是,主观武断,先下结论。

(来源:中华英才网,http://www.chinahr.com/)

第三节　人际沟通的基本原则

人际沟通是一种错综复杂的社会现象,但其存在和发展并不是无规律可循的。协调人际关系与沟通是一门艺术,既有一定的原则,也有一定的方法和技巧。所谓原则,一般是指说话或行事所依据的法则或者标准,是人们依据事物发展的客观规律制定的行为准则。人际沟通有以下十大原则。

一、平等原则

平等是交往的基础。所谓平等原则,是指人与人交往中坚持平等相待的原则。在人际交往中,交往双方都应以平等的态度对待交往对象,这是建立和发展良好人际关系的基础与前提。不强求别人的原则是处理人际关系必须遵循的金科玉律。如果不懂这一点,那就会有那么多的一厢情愿,就会有那么多的无理待人。无论是对同事、部下、朋友、合作伙伴、恋人,都应该遵循平等原则。这是为人处世必须遵循的规则。

二、诚信原则

诚信是人与人之间相处的首要原则,是指诚实信用原则,即在人际交往中双方诚实、守诺、讲信用。诚,即真诚、诚实;信,即信用、信誉,守诺守信。诚信待人在他人那里会形成良好的第一印象,也会塑造自己的美德与品牌。诚信待人,诚信做事,会让人理直气壮,正气凛然，心胸开阔。诚信不仅是一种待人的态度，本身就是生活的质量。一个人能够诚信地生活，是因为这个人有着智慧，有着状态，有着条件。每个人都应该追求这样的生活状态，让生活更美好。

三、学会分享原则

当一个人把快乐与别人分享时，那这个人的快乐就变成了两份快乐；当一个人把点子和别人分享时，就会有更多思想的火花。同样，对于渴望也可以共同来满足。自己渴望的事情，要想到他人也可能渴望。当你渴望安全感时，就要理解他人对安全感的需要，甚至帮助他人实现安全感。一个人渴望被理解、被关切和爱，就要知道如何力所能及地给予他人理解、关切和爱。给予他人理解与关切，会更好地调整融洽彼此的关系，也能很好地调整自己的状态——这个好状态既来自于对方的回报，也是自己"给予"的结果。善待别人，同时就善待了自己。每个人不妨将最希望从他人那里得到的态度一条条写下来，扪心自问，而后便会想到别人同样有这些希望。在这些条款上对他人慷慨大方，是处理人际关系最正确的态度。

四、欣赏他人原则

每个人都希望得到欣赏与鼓励，得到欣赏与鼓励能给人以生活与奋斗的强大动力。在很小的时候，父母的欣赏会使孩子积极勤奋地上进发展，老师的欣赏会使学生废寝忘食地努力学习。进入社会后，领导和同事的欣赏是一个人工作的最大动力之一。善于欣赏他人，就是给予他人的最大善意，也是最成熟的人格。如果得到的欣赏太稀缺，天才也会枯萎。

【知识拓展】

十大职场交际语让你语出胜人

1. 应答上司交代的工作：我立即去办

冷静、迅速地做出这样的回应，会让上司直观地感觉你是一个工作讲效率、处理问题果断，并且服从领导的好下属。如果你犹豫不决，只会让上司不快，会给上司留下优柔寡断的印象，下次重要的机会可能就轮不到你了。

2. 传递坏消息时：我们似乎碰到一些情况

一笔业务出现麻烦，或市场出现危机，如果你立刻冲到上司的办公室报告这个坏消息，就算不关你的事，也会让上司怀疑你对待危机的能力，弄不好还会惹到上司的责骂，成为出气筒。正确的方式是你可以从容不迫地说：我们似乎碰到一些情况……千万不要乱了阵脚，要让上司觉得事情并没有到不可收拾的地步，并且感到你会与他并肩作战，解决问题。

3. 体现团队精神：××的主意真不错！

小马的创意或设计得到了上司的欣赏，虽然你心里为自己不成功的设计而难过，甚至有些妒忌，但你还是要在上司的听力范围内夸夸小马：小马的主意真不错。在职场，善于欣赏别人,会让上司认为你本性善良,并富有团队精神,从而给你更多的信任。

4. 如果你不知道某件事:让我再认真地想一想,两点前答复您好吗!

上司问了你某个与业务有关的问题,你不知道如何作答,千万不要说"不知道"。而"让我再认真地想一想,两点前答复您好吗?"不仅暂时让你解围,也让上司认为你不轻率行事,而是个三思而后行的人。当然,要记得按时给出答复。

5. 请同事帮忙:这个策划没有你真不行啊!

有个策划,你一个人搞不定,得找个比较内行的人帮忙,怎么开口呢?你可以诚恳地说:这个策划没有你真不行啊!同事为了不负自己内行的形象,通常是不会拒绝的。当然,事后要记得感谢人家。

6. 拒绝黄段子:这种话好像不适合在办公室讲哦!

男人有时总喜欢说些黄段子,并且不大注意场合。如果有男同事对你开"黄腔",让你无法忍受,这句话可以让他们识趣地闭嘴。

7. 减轻工作量:我知道这件事很重要,我们不妨先排一排手头的工作,按重要性排出先后顺序。

首先,强调你了解这项工作的重要性,然后请求上司指示,将这项工作与其他工作一起排出先后顺序,不露痕迹地让上司知道你的工作量其实很大,如果不是非你不可,有些事就可交给其他人或延期处理。

8. 承认过失:是我一时疏忽,不过幸好

犯错误在所难免,所以勇于承认自己的过失很重要,推卸责任只会使你错上加错。不过,承认过失也有诀窍,就是不要让所有的错误都自己扛,这句话可以转移别人的注意力,淡化你的过失。

9. 打破冷场的话题:我很想知道您对这件事的看法

当你与上司相处时,有时不得不找点话题,以打破冷场。不过,这正是你赢得上司青睐的好机会,最恰当的话题就是谈一些与公司有关、上司很关心又熟悉的话题。当上司滔滔不绝地发表看法时,也会对你这样一个谦虚的听众欣赏有加。

10. 面对批评:谢谢你告诉我,我会仔细考虑你的建议的

面对批评或责难,不管自己有没有不当之处,都不要将不满写在脸上,要让对方知道,你已接受到他的信息,不卑不亢让你看起来又自信又稳重,更值得敬重。

(来源:齐鲁网,http://www.iqilu.com/xcpk/)

五、乐于付出原则

付出才有回报,这个世界上没有免费的午餐,天上也不会掉馅饼,你的所得总是与你的付出成正比的。人们并不愿意给不相干的人提供免费午餐,然而,事情反过来轮到自己时,他就不明白道理了。别人有成就了,就想也分享一点。别人有钱了,也想沾一点光。别人有名声有地位,似乎都应该瓜分一点。整天嫉妒别人,心理总是摆不平,这样使他备受折磨。放下索取免费午餐之心,就多了清静和坦然,也多了自信与奋进之心。学着慷慨地对别人付出,在你困难的时候,也许会有许多真诚的回报。

六、换位思考原则

人们观察问题时都习惯性地从自己的角度出发,只顾及自己的利益、愿望、情绪,一厢

情愿地想当然，因此，常常很难了解他人，很难和别人沟通。现实生活中，公说公理、婆说婆理，各讲各的、各忙各的，这样的现象随处可见。事实上，只要站在客观的立场就会发现，冲突的双方几乎完全不理解对方，完全是不互相体谅对方。想处理好自己和他人的人际关系，最需要做的就是改变从自我出发的单向观察与思维，而要从对方的角度观察对方，替对方着想，善解他人之意。如此处理人际关系，就有了更多的合理方法。常言道“己所不欲，勿施于人”，就是让交往的双方学会换位思考。

七、宽容待人原则

和气生财，不仅在商业中，在其他方方面面，和气的性格都是成功的要素。例如，有两个商家卖同样的东西，一家拉长着脸，不给人好脸色；一家满脸和气，显然后者的生意做得好得多。这样看来，卖一份货，外搭一份和气，要远比卖一份货，还得搭一张长脸合算得多。可见，和气也是有含金量的，是有增值的，和气也是商品。和气待人、宽容待人，同样是一种境界。当我们和气宽仁地对待所有人时，就相当于和气宽容地对待整个世界了，我们的身心也就愉悦了，心胸也就开阔了。

八、持之以恒原则

要养成处理人际关系持之以恒的好习惯。不能急功近利，追求短期效应，讨好一切人，应酬好一切关系，这是拙劣低下的表现和虚假。这可能奏效一时，但难以维持长久。真正和谐的人际关系不是一种应付和差事，而要有一种持之以恒的境界，即使有不理解不信任也无所谓，相信别人总会理解和信任自己，最终会收获成功的。

九、雪中送炭原则

给人温暖才是真正的助人为乐。当别人需要帮助时，要尽力去帮助。患难见真情，患难出真交。每个人都在内心里深深地记住那些在自己困难的时候帮过自己的人。相反，那些在他人得势时如同跟班的人，到后来都不知到哪儿去了，正所谓“人走茶凉”。那显然不是雪中送炭、予人温暖。

十、以德报德原则

在生活中，有些人有恩于我，也有的人因伤害有冤仇于我，那么，该如何对待这些“德”和“怨”呢？

以德报德，回报帮助或有恩于自己的人，这是最起码的做人原则。关键如何处理这些“怨”？一种方式是“以牙还牙，以眼还眼”。别人伤害了我，我要同等报复他，这就降低了自己的水平，与别人的错误做法对等混战。另一种方式是“以德报怨”。别人伤害了我，反过来还要给他笑脸和各种利益关照，这就会使得这个世界没有是非，甚至可能助长罪恶。《论语》中有这样一段对话，或曰：“以德报怨，何如？”子曰：“何以报德？以直报怨，以德报德。”这就是孔子的回答。翻译过来就是，有人问：“以德报怨怎么样？”孔子说：“如果以德报怨，那你拿什么来报德呢？”所以，孔子的结论是，应该“以直报怨，以德报德”。当别人有恩德于我们时，自然要回报恩德。当别人伤害侵犯了我们，既不以怨报怨，也不以德报怨，要以直报怨，就是用正直的态度来对待怨恨。以直报怨，这里包含着道义的谴责，包含着不降低自己水准与对方混战的尊严，包含着既正义凛然又克制的沉默，还包含着一如既往诚信待人的基本信条。

第四节　建立人际关系与沟通的意义

人们只有通过相互的沟通，才能相互影响、相互了解，才能达到行动上的协调一致，实现共同的活动目标，使人际关系更加和谐。人际沟通在职场中具有重大意义。

首先，人际沟通是人们适应环境、适应社会的必要条件。沟通是人与人之间发生相互联系的最主要的形式。通过信息沟通，我们了解周围的许多情况，哪些是有利的，哪些是不利的，从而及时调整我们的行为，使我们的目标得以实现。同时，通过与别人进行比较以及了解他人对自己的态度和评价，可以使我们更正确地了解和认识自己，提高自我认识水平。

其次，人际沟通有助于人们的心理健康，能促进良好个性的形成。人际沟通是人类最基本的社会需要之一，同时也是人们赖以同外界保持联系的重要途径。通过沟通，保证了个人的安全感，增强了人与人之间的亲密感。如果沟通的需要得不到满足，就会影响个人的身心健康。因此，人际间的沟通对于个人来说是不可缺少的行为。保持人与人之间充分的情感，思想交流，能使人心情舒畅，起到保健的作用；而与他人沟通不充分的人，往往有更多的烦恼和难以排除的苦闷。

最后，人际沟通提供了人们身心发展所必需的信息资源。通过人际沟通，人与人之间交流各种各样的信息、知识、经验、思想和情感等，从而保证了个体社会性意识的形成与发展。婴儿一出生就通过与父母的沟通获得生理和心理的满足。随着年龄的增长，个人与他人沟通的范围日益广阔，接受各种社会思想，形成一定的道德体系，逐渐完成了各个年龄阶段的人生发展课题，社会意识由低级向高级迈进，形成健全的人格特征以适应复杂的社会生活。

人际沟通也有积极和消极之分。良好的、积极的人际关系与沟通有助于个体保持心理健康和更好地适应社会、适应环境。不良的、消极的沟通会破坏个体的心理平衡，造成心理冲突，给人的生活、工作带来不利的影响。因此，个体对沟通的内容和方式应该进行主动性的选择，以提高自己的沟通质量。

本章小结

本章主要讲解了以下几个问题。

（1）人际关系的含义和人际关系的特征。

（2）人际沟通的含义、人际沟通的要素及沟通行为、沟通的类型与方向。

（3）人际沟通的步骤：事前准备、确认需求、阐述观点、处理异议、达成协议、共同实施。

（4）人际沟通的层次：不沟不通、沟而不通、沟而能通、不沟而通。

（5）人际沟通的基本原则：平等原则、诚信原则、学会分享原则、欣赏他人原则、乐于付出原则、换位思考原则、宽容待人原则、持之以恒原则、雪中送炭原则、以德报德原则。

本章测试题

一、单项选择题

1.（　　）是一个人在工作中能够表现出来的习惯行为。

A. 态度　B. 技巧　C. 知识　D. 情感

2. 一个职业人士所需要的三个最基本的职业技能依次是（　　）、时间管理技巧、团队合作技巧。

A. 沟通技巧　B. 写作技巧　C. 演讲技巧　D. 表达技巧

3. 沟通结束以后一定要（　　）。

A. 双方感觉十分愉快　B. 一方说服另一方

C. 形成一个共同的协议　D. 约定下次沟通的时间

4. 沟通的模式分为（　　）和肢体语言沟通两种。

A. 口头语言沟通　B. 书面语言沟通　C. 图片或者图形　D. 语言沟通

5. 语言沟通更擅长传递的是（　　）。

A. 思想　B. 情感　C. 思路　D. 信息

6. 在沟通中，特别是在工作沟通中，谈论行为不要谈论（　　）。

A. 性格　B. 人品　C. 个性　D. 思想

7.（　　）是最好的沟通方式。

A. 电子邮件　B. 电话　C. 面谈　D. 会议简报

8. 聆听的第一个步骤是（　　）。

A. 寒暄问候　B. 提出问题　C. 准备聆听　D. 身体前倾

9.（　　）是聆听的最好的层次。

A. 选择性聆听　B. 设身处地地聆听　C. 专注地聆听　D. 建议性聆听

10. 反馈分为正面反馈和（　　）两种。

A. 负面反馈　B. 建设性的反馈　C. 全面反馈　D. 侧面反馈

二、多项选择题

1. 通常来说，（　　）决定着员工的工作业绩。

A. 态度　B. 知识　C. 容貌　D. 技巧

2. 所谓沟通，是指为了一个设定的目标，把（　　）在个人或群体间传递并且达成共同协议的过程。

A. 信息　B. 语言　C. 情感　D. 思想

3. 双向沟通必须包含（　　）。

A. 说的行为　B. 听的行为　C. 问的行为　D. 答的行为

4. 沟通中的发送要注意（　　）。

A. 发送的有效方法　B. 在什么时间发送　C. 发送的具体内容　D. 发送对象

5. 以下（　　）不是反馈。

A. 指出对方做得正确的地方　B. 指出对方做得错误的地方

C. 对于他人言行的解释　　　　　　　　D. 对于将来的建议

三、判断题

1. 思想和情感沟通起来比较简单，信息是不太容易沟通的。（　）
2. 肢体语言更擅长沟通的是思想和情感。（　）
3. 在沟通过程中说的话一定要非常明确，让对方有一个准确的唯一的理解。（　）
4. 电话是一种语言沟通，是对一些短小的信息、简单的思想情感的传递的有效方式。（　）
5. 说比听更重要，说是更重要的沟通技巧。（　）

四、案例分析

案例1：

一只新组装好的小钟放在了两只旧钟当中。两只旧钟"滴答"、"滴答"一分一秒地走着。其中一只旧钟对小钟说："来吧，你也该工作了，可是我有点担心，你走完三千二百万次以后，恐怕便吃不消了。""天哪！三千二百万次。"小钟吃惊不已。"要我做这么大的事？办不到，办不到。"另一只旧钟说："别听他胡说八道，不用害怕，你只要每秒滴答摆一下就行了。""天下哪有这样简单的事情。"小钟将信将疑。"如果这样，我就试试吧。"小钟很轻松地每秒钟"滴答"摆一下，不知不觉中，一年过去了，它摆了三千二百万次。

问题：

该寓言故事对你有何启示？

案例2：

平时与公司的同事聊天时，经常会听到这样的声音"我的领导不信任我，做了这么久了，一直都安排我做同样的事情，稍微有一点点差错，领导就大发脾气"；"某某员工工作不踏实，好高骛远，尤其是最近工作很不在状态"。听了这些，如果问他们："既然已经发现工作中存在了问题，那有没有找当事人沟通一下，想办法去改变现在的状况呢？"大多数答案往往是否定的。到最后，小问题积成了大问题，再想沟通时已无法解决。

问题：

你认为这些人在沟通中存在着什么问题？

案例3：

陆鹏是某公司销售部的一名员工，人比较随和，不喜争执，和同事的关系处得都比较好，但是，前一段时间，不知道为什么，同一部门的张力老是处处和他过不去，有时候故意在别人面前指桑骂槐，对跟他合作的工作任务也都有意让陆鹏做得多，甚至还抢了陆鹏的好几个老客户。起初，陆鹏觉得都是同事，没什么大不了的，忍一忍就算了，但是，看到张力如此嚣张，于是，一赌气，告到了经理那儿。经理把张力批评了一通，但结果是，从此，陆鹏和张力成了绝对的冤家了。

问题：

请分析陆鹏和张力为什么成了冤家？请你提出改善两人关系的建议。

第二章　职场沟通的基本要求

【案例导入】

不要代替老板做决定

佩佩年轻干练、活泼开朗，入行没几年，职位"噌噌"地往上升，很快成为单位里的主力干将。几天前，新老板走马上任，新年伊始，就把佩佩叫了过去："佩佩，你经验丰富，能力又强，这里有个新项目，你就多费心盯一盯吧！"

受到新老板的重用，佩佩欢欣鼓舞。恰好这天要去上海周边某城市谈判，佩佩一合计，一行好几个人，坐公交车不方便，人也受累，会影响谈判效果；打车吧，一辆坐不下，两辆费用又太高；还是包一辆车好，经济又实惠。

主意定了，佩佩却没有直接去办理。几年的职场生涯让她懂得，遇事向老板汇报一声是绝对必要的。于是，佩佩来到老板跟前。

"老板，您看，我们今天要出去……"佩佩把几种方案的利弊分析了一番，接着说："所以呢，我决定包一辆车去！"汇报完毕，佩佩发现老板的脸不知道什么时候黑了下来。他生硬地说："是吗？可是我认为这个方案不太好，你们还是买票坐长途车去吧！"佩佩愣住了，她万万没想到，一个如此合情合理的建议竟然被打了"回票"。"没道理呀，傻瓜都能看出来我的方案是最佳的？"佩佩大惑不解。

请思考佩佩的方案遭到老板否决的原因？

【知识传授】

第一节　真诚最为重要

一、做一个真诚的倾听者

沟通应该从倾听开始，不愿倾听，沟通便无从谈起。沟通的关键是真诚，真诚的倾听是对别人最好的尊重，也是最好的赞美。不管说话者是上司、下属、亲人、朋友，或者是其他人，保持真诚的倾听心态都会让你有所收获。那么如何聆听倾诉，才能使沟通更顺畅呢？

1. 细心

善于激发双方讲心里话的欲望，要引导对方将内心的感受倾诉出来。

2. 耐心

当对方倾诉时,应让其尽情地宣泄一番,不要随意打断对方的谈话,更不能表露出不耐烦或敷衍的神情,使其乐意向你倾诉。

3. 诚心

多数情况下,对方的倾诉是想听听你的想法,并由此调整自己的心态。听完对方倾诉后,切不可不了了之,而应以诚恳之心将自己的建议告诉对方,使其得到实际的帮助。

作家鲍威尔曾说:"我们要聆听的是话语中的含意,而非文字。在真诚的聆听中,我们能穿透文字,发掘对方的内心。"人们都喜欢倾听者,尤其是有同情心的倾听者,和亲密的朋友一样重要,无论对个人还是对团体都能起到积极的作用,并且让人们感觉他们相当可靠、值得信赖和十分忠诚。

不管是在日常社交中,还是职场中,能够做一个真诚的倾听者,并且把对说话者的尊重和诚意表现出来,将会有意想不到的收获。

二、赞美和欣赏他人

1. 肯定他人是一种风度的体现

亲人间的赞美,让家庭更加幸福。同事间的赞美,让同事间心情舒畅,让工作更加和谐。每个人都希望得到别人的肯定,以此来显示自己的成就,也正因如此,赞美之词成了人们最乐意听到的话语。

2. 赞美他人是一种自信的表现

挖掘他人身上的闪光点,同样是一棵树,有人看到的是郁郁葱葱,绿叶和阳光,而有的人看到的是树上长满了虫子,地下落满了黄叶。从不同的角度去欣赏、去发掘,有的人懂得赏识、懂得赞美,而有的人只有挑剔和指责。世界上最美的声音就是赞美,世界上最好的礼物就是赞美,成功的赞美给他人带来愉悦的同时,也使得他人感到鼓舞,赞美是我们乐观面对生活所不能缺少的。赞美他人,就是自信的表现;赞美他人,就是我们获得肯定力量的源泉。赞美他人让他人感到愉悦的同时,人际关系更加和谐,周围环境更加轻松,人们更加积极向上。学会赞美他人,要发自内心,由衷地说出来。

3. 欣赏别人就是欣赏自己

人人都渴望别人欣赏自己,要别人欣赏自己,你首先得学会欣赏别人,欣赏别人就是欣赏自己。欣赏别人,是理解,是沟通,是信任,是肯定,是激励,是鼓舞!欣赏别人,可以使人扬长避短,健康成长,同时也使别人欣赏自己。学会欣赏他人是一种爱,欣赏他人的人会得到他人的尊重,而被欣赏者也会因此变得更加自信。

赞美和欣赏都能够使自卑者变得自信,从而获得对生活的信心。其实,每个人都渴望得到别人的欣赏和赞美,因为每个人都渴望被别人肯定。如果都能够学会赞扬和欣赏他人,那么人与人之间就能够在互相欣赏中,体会到这个世界充满爱。

三、感动人心的语调

1. 清脆悦耳的语调容易让人接受

天生的好嗓子,能够让人听着舒服,语调也自然让人容易接受。一位女性,如果她的声音清脆圆润,那么不管她到什么地方,只要她一开口说话,人们便会十分欢迎,因为她具有天生使人无法抗拒的声音。那种真诚、爽朗、充满生命力的声音就像是从干裂的土地里迸发出的一股清泉。即便是这位女士长得并不漂亮,但是她的声音所带来的魅力却是无法阻挡的。天生的好嗓子,能够让人听着舒服,语调也自然让人容易接受。语调的适中是非常重要的,所谓轻重缓急都不可太过。

2. 圆润合适的语调提升说服力

在与人谈话时,一定要把握好自己的语调,这是高超讲话水平的必备条件。不管你讲话水平多高,如果语调使人接受不了,那么你所有的优点都将不复存在。语调是语言的润滑剂,合适的语调能够提升你话语的说服力。

3. 感动人心的语调事半功倍

人们都喜欢美好的事物,对于声音也不例外。拥有感动人心的语调,会让人乐于与你交谈。特别是在公共场合,过高的声音会使人讨厌,使人难堪。所以与人交往中,你必须善于控制自己的音量和语调,就能够在办事的过程中事半功倍。

四、微笑的力量

笑容是一种令人感觉愉快的面部表情,它可以缩短人与人之间的心理距离,为深入沟通与交往创造温馨和谐的氛围。因此有人把笑容比做人际交往的润滑剂。在笑容中,微笑最自然大方,最真诚友善。世界各民族普遍认同微笑是基本笑容或常规表情。在人际交往中,保持微笑,至少有以下几个方面的作用。

1. 乐业敬业

工作岗位上保持微笑,说明热爱本职工作,乐于恪尽职守。如在服务岗位,微笑更是可以创造一种和谐融洽的气氛,让服务对象倍感愉快和温暖。

2. 充满自信

面带微笑,表明对自己的能力有充分的信心,以不卑不亢的态度与人交往,使人产生信任感,容易被别人真正地接受。

3. 心境良好

面露平和欢愉的微笑,说明心情愉快,充实满足,乐观向上,善待人生,这样的人才会产生吸引别人的魅力。

4. 真诚友善

微笑反映自己心底坦荡,善良友好,待人真心实意,而非虚情假意,使人在与其交往中自然放松,不知不觉地缩短了心理距离。

真正的微笑应发自内心,渗透着自己的情感,表里如一。毫无包装或无矫饰的微笑才有感染力,才能被视作“参与社交的通行证”。

五、不拿别人的隐私开玩笑

1. 在乎他人的"面子"

俗话说"打人不打脸,骂人不揭短",中国人最在乎的是面子,最忌讳别人说自己的短处。不论是在同事之间的闲聊中,还是在朋友调侃中,哪怕感情再好,也不要去揭别人的短,把别人的隐私公布于众,更不能拿来当做笑料。

2. 防止"祸从口出"

中国有句老话叫"祸从口出",为人处世一定要把好口风,什么话能说,什么话不能说,什么话可信,什么话不可信,都要在脑子里多绕几个弯子,心里要有个小九九。正所谓害人之心不可有,防人之心不可无。

3. 尊重别人的隐私

调侃时说出了他人的隐私,虽言者无意,但是听者却是有心的。他会认为你是有意跟他过不去,从此对你恨之入骨。心理学家研究表明:谁都不愿把自己的错误和隐私在公众面前"曝光",一旦被人"曝光",尤其是以一种调侃的形式被人揭露,就会让人感到难堪而愤怒。在现实中,不注意说话的内容、分寸和对象,往往容易招惹是非,授人以柄,甚至祸从口出。因此,说话小心些,为人谨慎些,使自己置身于进可攻、退可守的有利位置,牢牢地把握人生的主动权,无疑是有益的。一个毫无城府、喋喋不休、乱侃他人隐私,乱揭他人伤疤的人,会显得浅薄俗气、缺乏涵养而不受欢迎。

所以在与人交往时,一定要管住自己的嘴,不论在任何场合都不要拿别人的隐私开玩笑、当笑谈,否则很可能会造成严重的后果。

六、关怀的理念

1. 得到回报首先关心别人

人们都说患难见真情,其实并不是非得在患难的时候才能见到真情,在日常生活中也能体现出他人的真心关怀:生病时的一句体贴的话,伤心时朋友的一句安慰,成功时亲人的一句祝贺……都体现关怀的理念。如果你能够真诚地对他人表示关心,那么对方一定也会回报你。

2. 得到关怀首先关怀别人

在现实生活中,有人总感觉得到的不够,总觉得得到的比较少,总认为不如别人幸运,甚至总是埋怨"谁能理解我?","心事谁人知?",于是抱怨世态炎凉,郁郁不快,甚至产生自卑感、患忧郁症。这样的人,其实不是真心待自己的人。在哀叹自己得不到关怀的同时,是否冷静地用心想过自己是否对别人关怀过?关怀在先、接受关怀在后,化被动为主动,那么一定能如愿得到关怀。

不论是日常生活中,还是在职场的沟通中,不妨多用关怀的理念,哪怕是一个电话,一声祝福,也能让对方感受到真心的关怀。

第二节　不要忽视沟通的另一半

在做任何事或说任何话的时候都要想想对方的感受，当别人犯错时，该做的不是嘲笑，而是安慰和鼓励；当别人开心时，该做的不是泼冷水，而是一起开心一起笑；当被别人戏弄时，该做的不是反唇相讥，而是当做玩笑不予计较……

一、谈论对方最感兴趣的话题

1. 寻找对方最感兴趣的话题

自人类产生以来，就有一种互相矛盾的心理，正如有些人力主男女平等，但内心却希望维持男性的特权，所以在谈话中，会给对方造成一种难以理解的情形。用一枚硬币的正反两面来形容人类的矛盾心理再恰当不过了，谈话间稍不小心硬币就会变成你不想看到的一面。应酬的学问和艺术不是一朝一夕就能学会的，它也有赖于经验的积累。谈话中，先激起对方的急切欲望，以对方最感兴趣的话题为主，能做到这点就可以左右逢源，否则就可能会到处碰壁。

2. 谈论对方最感兴趣的话题

任何人一进入社会都应该学习接人待物、结交朋友的方法。而与人沟通的诀窍就是要学会说话，以便互相提携、互相促进、互相尊重。在与人交谈中，如此谈论对方最感兴趣的话题，也就相当于抓住了对方的软肋，离成功也就会更近一步了。

3. 满足对方最感兴趣的话题

在人际交往中，我们不要忽视了一点，即满足对方的兴趣。不能只顾自己的喜好，想怎么着就怎么着。一旦你的兴趣与对方的兴趣产生冲突时，就会给社交设置一重障碍。如果要使人喜欢你，如果想让别人对你产生兴趣，应记住一条原则——谈论对方最感兴趣的话题。

二、站在对方的立场说话

1. 满足对方利益需求

站在对方的立场看问题，就是俗话常说的“将心比心”，心理学上称之为“心理位置互换”。站在对方的立场看问题，满足对方的需求，是不变的成功之道。汽车大王亨利·福特曾说过这样的至理名言：“如果成功有什么秘诀的话，那就是站在对方的立场来看问题，并满足对方的需要。”这话实在是再简单、再浅显不过了，任何人都应该一眼看出其中的道理，但我们绝大多数人在绝大多数时间都忽略了它。不是吗？工作中，同事之间不免会有摩擦，这时大家试着冷静一下，把自己摆在他或她的位置上来处理这个问题，换位思考一下，你会怎么做？这时的你还会那么生气么？还会觉得他或她罪该万死吗？还会认为只有你做得对，他或她一定错了吗？相信这时的你应该不会怒发冲冠了，而是能够理解他或她为何这样做了吧。如果这个时候你能恰当地去做一些满足对方需求的事，那他一定会记住你的恩德，有朝一日，你必将得到回报。

2. 考虑对方的心理感受

站在对方的立场来看问题，不仅可以消除你心中的积怨和愤恨，更能促使同事之间的关系和谐。如果在工作中只顾自己办事方便、顺利，而不去考虑同事的心理，就很容易产生矛盾，而且事情也不会像自己想得那样顺利。因为，心里只想着自己没想到他人，自己高兴别人未必也高兴；自己觉得困难，同事可能感觉容易，凡事只从自己的角度考虑，矛盾和烦恼就会接踵而来。会体贴人的朋友人人都喜欢，不过仔细想想，体贴人不就是站在对方的立场上帮助他吗？

3. 相互尊重对方的习惯

站在对方的立场来看问题是相互的，自己爱吃苹果并非别人也爱吃苹果，别人爱吃香蕉自己不一定喜欢，所以，我们怎能不为对方着想呢？第一次，或许你不习惯，慢慢地你就习惯了，并且会渐渐形成一种氛围，融入到每个人的灵魂深处，树立"人人为我、我为人人"的观念。

4. 遇事多一份理解和包容

站在对方的立场来看问题，会让你看懂身边的一些事和一些人，会使你树立正确的价值观和人生观；不会处处怀疑别人，时时记恨别人，能使你身心愉悦，开朗大方，遇到不顺心的事也不会彻夜不眠了，而是多了一份理解和包容。只有站在对方的立场来看问题，才能使你看问题看得更深入、更清楚，而不会被表面现象所蒙蔽，更不会给小人可乘之机。

总之，在工作中与同事相处得久了，对彼此之间的兴趣爱好、生活状态，都有了一定的了解。作为同事，我们没有理由苛求人家为自己尽忠效力。在发生误解和争执的时候，一定要换个角度、站在对方的立场上为人家想想，理解一下人家的处境，感受对方的心理，就能够以更好、更富有人情味的方法解决问题，也更能加深双方的友谊。

三、给人台阶下

在社交活动中，能适时地提供一个恰当的台阶，使人免丢面子，是中庸处世的一大原则。然而，台阶怎么个给法，并不是所有人都很清楚，因为中庸处世被其漠视。中庸，是指使对立双方保持均衡状态，对立的双方互相牵制、互相补充，明白了这个道理，你就明白如何给人台阶下了。

1. 自己主动找台阶，设法被动变主动

一旦因自己失误而不好下台，最聪明的办法是：多些调侃，少些掩饰；多些自嘲，少些自以为是；多些低姿态，少些趾高气扬。谁都有可能碰上难下台阶的情境，但只要能多想办法，给自己找一个台阶也并不是太难的事。要给自己找个台阶，必须要在窘境中及时调整思路，然后选择一个巧妙的角度，改变眼前的被动局面，想方设法争取主动。

2. 指鹿为马巧解释，搭建阶梯化矛盾

只有给别人台阶才能使人走出尴尬。在社交活动中，能适时地为陷入尴尬境地的对方提供一个恰当的台阶，使他免丢面子，也算是处世的一大原则，也是为人的一种美德。这不仅能使你获得对方的好感，而且也有助于你树立良好的社交形象。戈尔巴乔夫偕夫人赖莎访问美国时，在赴白宫出席里根送别宴会途中，他在闹市突然下车和行人握手问好。苏联保安人员急忙冲下车，喝令站在戈尔巴乔夫身边的美国人把手从口袋里抽出来。他怕行人口袋里有武器，行人一时不知所措。这时，赖莎十分机智，立即出来打圆场，她向周围的美国人解释说，保安人员的意思是要人们把手伸出来，跟他丈夫握手。顿时，突然紧张的气氛又变热烈了，人们亲切地同戈尔巴乔夫握手致意。

3. 抓住虚荣勤恭维，使人懊丧变喜悦

利用对方的虚荣心，恭维他，人们多半爱听好话，对方在懊恼或不快时，只要旁边有人说几句得体的美言，情绪会好起来。一次，解缙陪朱元璋在金水河钓鱼，整整一个上午一无所获。朱元璋十分懊丧，便命解缙写诗纪之。没钓到鱼已是够扫兴了，这诗怎么写？解缙不愧为才子，稍加思索，立刻信口念道："数尺纶丝入水中，金钩抛去永无踪，凡鱼不敢朝天子，万岁君王只钓龙。"朱元璋一听，龙颜大悦。

4. 善用假设避锋芒，顺水推舟巧取胜

在特定的交际场合，有时碍于面子，有时把握不准，这时可以用假设句去表达。一个学生和班主任争论男生能不能到女生宿舍串门，老师一口咬定绝对不能。学生很长时间不能说服老师，又见老师似有怒意，为了结束争论，给老师一个台阶下，他巧妙地说："如果老师说得正确，那我肯定错了。"这本是一句废话，它并没有肯定老师的观点，然而这位老师听了却不再争执。

5. 有错自我常反省，诚恳道歉解难题

在与人交往中，出现矛盾很正常，而矛盾是可以通过道歉消除的。其中，伤害了别人的人，只要能多些自我反省，勇敢地承认自己的错误，向受害人诚恳道歉，便不难化解矛盾。例如领导与下属之间发生的纠纷，有时只要一个人出面主动地承担责任，就可以化解双方的矛盾。小王和老周同在办公室工作。一次，小王去市府听报告，老周不知道，因此对小王很有意见。当面质问小王为什么不告诉他听报告的信息，两人因此而大吵起来。彭主任了解吵架的原因后，对老周说："听报告没有通知你，这不是小王的错，是我没有要他通知你，因为你们两人有一个人去听报告就行了。你如果有意见就对我提吧，不要责怪小王啊。"老周听后，觉得自己错了，于是主动向小王致歉，他们又和好如初。

6. 善用幽默求谅解，欢声笑语化危机

幽默是人际交往的润滑剂，一句幽默的话能使双方在笑声中相互谅解和愉悦。有一位经理对手下的职员说："我需要这进度报表的 5 份复印本，马上就要！"这位职员按下复印机的按钮，这时，25 份复印本很快就复印了出来。"我不要 25 份！"经理大声说。这台复印机是坏的，职员早就请求经理买台新的，这时，他说："对不起，但是你已经得到那么多！"然后他俩爆出一阵笑声，笑那复印机没人性，不听话。

四、顾及对方的尊严

1. 管住嘴，说话前常思量

俗话说："世事洞明皆学问，人情练达即文章"。中国人自古就讲究说话办事的"度"。生活中，有许多人办事不顺、与人交往失败都是由于说话没有把握度的原因导致的。很多人说话时不留神，不知情况怎样就乱开口，结果十句话里面可能有九句半让自己在事后感到后悔。说话是一件很重要的事情,不会说话办不成事,不会说就要得罪人,所以动口之前一定要先动脑,看场合说话,看人说话,同时说话还要有分寸。

2. 讲方式,交谈时顾脸面

在说话时应该顾全他人的尊严,关注、照顾对方的感受,考虑说话的方式,做到将心比心,设身处地,而不能只图自己的一时痛快。如果几个人在一起交谈的是大家都喜欢的话题,对方自然会对你感兴趣,而且还会产生好感。每个人都喜欢和自己志同道合的人交谈,而且会把赞同自己意见的人看做是一个帮助自己提高自身价值和增强自尊心的人,进而表示接纳和亲近。就算你一定要反对某人的观点,也一定要先找出一些可以赞同的部分,给对方留足面子,为继续对话创造条件。

3. 虚荣心,沟通中需顾忌

生活在这个世界上的人,谁都有自尊心和虚荣感,甚至连乞丐都不愿受嗟来之食。因为太伤自尊,太没面子,更何况大家原本地位相当,同时又平起平坐的。但是人们在说话时却往往忽视了这一点——结果令对方面子难保,以致撕破脸皮、因小失大。

4. 批评人,表达度要适中

在现实生活中,批评时也切忌恶语伤人。对方就算犯了过错,可是在人格上他是与你完全平等的,同样是人,不能随意贬低甚至污辱对方。在讲批评的语句时,要注意在语速、语调、体态语及表达方式等方面力求适当,尽量用对方乐意接受的语句。

"良言一句三冬暖,恶语伤人六月寒",想必大家都明白这句话的意思。所以在开口前一定要顾及对方的感受与尊严,并且注意说话的场合,在同学之间、同事之间、朋友之间、甚至夫妻之间,这都是不容忽视的问题。

五、把握说"不"的分寸

在日常生活中,经常会遇到这样或那样的请求,但是出于某种感情的缘故,"不行"二字难以说出口。坦白直接说害怕伤害对方,由此双方产生不快,但是不说,自己又难受。所以,拒绝也是需要技巧的,只要掌握了技巧就不会出现那种尴尬的局面。

1. 变生硬的"否定"为可爱的拒绝

朋友、家人、亲戚找你办事时,对于那些自己深感头痛又无能为力的事情,学会拒绝也是对自己的一种保护,对他人的一种交代。的确,否定别人的言语和行为,是件容易伤害感情、导致尴尬局面的事情,但在生活中如果注意话语的含蓄和否定的技巧,就可以避免这些情况的发生,使生硬的否定也有一副可爱的面孔,从而在轻松愉快的气氛中完成"否定"的任务。

2. 变无奈的"取悦"为轻松的自信

不好意思说"不",潜意识里的原因不是怕伤害了请求帮助的人,而是怕自己得罪了人,不是觉得自己太能干,而是怕自己太不能干。这种害怕不被别人认同的心理,是自我缺失的表现,根源可能来自童年时期缺少身边重要人物的肯定和赞赏,其影响可能会延续人的一生。有调查显示,一个人的拒绝能力与自信紧密联系。缺乏自信和自尊的人常常为拒绝别人而感到不安，而且有觉得别人的需求比自己的需求更重要的倾向。像这样为“取悦”别人而活着的人，怎么可能不累？一个人不顾及自己的自尊，别人当然更无视他的自尊。

3. 变扭曲的“自责”为干脆的坦诚

如何对别人说“不”，本质上应该从树立自信自尊开始。拒绝和得罪人不是一码事，拒绝别人的请求，不是排斥一个人，而是表明自己能力不够，因此不要担心拒绝有很大的杀伤力。下次碰到自己为难的事情，尝试着说：“我很想帮你，但这件事情超出了我的能力，对不起。”拒绝可以很客气，但尽量要给人干脆的感觉，不要拖泥带水，也不必表现得过于自责和抱歉。坦承自己的不足，别人反而能体谅你的难处，并且通常大家都会明白，任何人都有拒绝他人的权利，就像是他人有权利要求帮助。

学会说“不”，并且把握说“不”的分寸，这样有风度的拒绝，不仅会避免许多不必要的冲突，而且还会提升你在对方心中的形象以及地位。

六、给批评裹上“糖衣”

1. 善把批评转化为激励

批评是一门直击心灵的艺术。它既是一种重要的激励方式，又是一种有效的沟通渠道。很多人认为发现别人的错误就应该及时地提出批评，这种行为是促进别人进步的一种方式，但是，如能将这种批评加上“糖衣”，效果可能会更好。

2. 善将批评与表扬“结伴而行”

在学校日常教学中，批评本身不是目的，但它却是一种行之有效的辅助性手段。合理的批评在塑造学生良好品德、行为与培养、激发学生学习动机中能发挥积极的作用。作为教师既不要吝啬表扬，也不要放弃批评；既要学会表扬，又要学会批评。

3. 善把粗暴的批评转换为“糖衣”下的诱导

人非圣贤，孰能无过。简单粗暴的批评可能会让学生产生强烈的对抗情绪。所以应该让学生体察到“糖衣”下的批评诱导。将学生“犯错误”过程中的不利、消极因素转化为有利的、积极的、合情合理的因素，给学生以自我反省的机会、自我修正的时间，从而体现出教育所特有的人文教化功能。

【典型案例】

教育家陶行知的批评之术

教育家陶行知任育才小学校长时，一天他看到学生王友用泥块砸同学，遂将其制止，并责令他放学后到校长室等候。陶先生回到办公室，见王友已等在门口。陶先生立即掏出一块糖给他：“这是奖励你的，因为你比我按时到了。”接着又掏出一块糖给他：“这也是奖励你的，我不让你打同学，你立即住了手，说明你很尊重我。”王友将信将疑地接过糖果，陶先生又说：“据了解，你打同学，是因为他们欺负女同学，说明你有正义感。”陶先生遂将第三块糖果给他。这时王友流着泪承认了错误。陶先生满意地笑了,他随即掏出了第四块糖说:"为你正确地认识错误,我再奖励你一块糖,我们的谈话也该结束了。"

(来源:班主任之友(小学版),http://www.bzrzy.cn/)

七、不要在别人面前喋喋不休

1. 话不在多在于精

在与他人交谈中,总将自己放在主要位置,自始至终一人独唱主角,喋喋不休地推销自己,滔滔不绝地述说自己的故事,其实这样不好。因为事实上,话多不如话少,话少不如话好,话多的人不一定有智慧,且往往可能是刚好相反。有个名人说过,漫无边际的喋喋不休无疑是在打自己付费的长途电话。这样不但不能表现自己的交谈口才,反而令人生厌。语言学家拉科夫曾指出简单的三原则,使人们的说话更文雅——不要咄咄逼人;让别人也有说话机会;让人觉得友善。

2. 声不在高在于通

池蛙长鸣,不为人注意,而雄鸡则一鸣惊人。这就说明,过多地说"单口相声"不能交流思想,不能增进感情。在人际沟通中,若能适时"制造别人讲话的机会"则必定更受欢迎。交谈时应谈论共同的话题,长话短说,让每个人都充分发表意见,留心别人的反应,这样才能融洽气氛。所以,正如亚历山大所说:"我们的谈话就像一次宴请,不能吃得很饱才离席。"

3. 言不在量在于质

其实中国自古以来就有强调少说话的名言。如"吉人之辞寡,躁人之辞多"、"言多必失"、"丧家亡身,言语占八分"、"危莫危于多言"等。话多的人,常求发言而后快,不考虑听者的感受,也不让他人有讲话的机会,所以容易"招怨"。其实,讲话的最多者,多半是讲自己的私事,或东家长西家短,别人未必感兴趣。

在人际交往中,一定要开口说话,只有开口说话才能有效地与人沟通。不过,这里说的"开口说话",并不是让你喋喋不休,而是让你学会张嘴说有"技术含量"的话,说让别人愿意跟你交流的话。

第三节　不要忽视沟通细节

"泰山不拒细壤,故能成其高;江海不择细流,故能就其深。"所以,大礼不辞小让,细节决定成败。我们不缺少雄韬伟略的战略家,缺少的是精益求精的执行者;不缺少各类管理规章制度,缺少的是规章条款不折不扣地执行。我们必须改变这种心浮气躁、浅尝辄止的毛病,提倡注重细节、把小事做细……

一、注意说话的场合

场合是衡量一个人说话分寸的试金石。场合对社交者的心态和情绪有一定的影响,进而影响交谈的效果。说话应区分不同的场合,否则就达不到理想的效果。某法院开庭审理一起盗窃案,被告人对作案时间交代不清。为了核实,审判长决定传被告之妻到庭作证。

由于在当时过分着急,审判长脱口而出说出了一句话:“把他老婆带上来!”法庭顿时哗然,严肃的气氛被冲淡了。当时,审判长应该运用法庭用语,宣布“传证人某某到庭。”由于以日常用语取代了法庭用语,这也就是审判长没注意到自己所在的场合,因而就造成了说话的不得体。

在人际交往中,说话一定要注意场合。不看场合,随心所欲,信口开河,想到什么说什么,这是“不会说话”的一种拙劣表现。人,总是在一定时间、一定地点、一定条件下生活的,在不同的场合,面对着不同人,不同的事,从不同目的出发,就应该说不同的话,用不同的方式说话,这样才能收到理想的言谈效果。

二、遣词用句要准确、避免产生歧义

说话可谓是一门很深的学问,而且也是社交中不可缺少的学问。遣词用句一定要准确,如果产生歧义、令人误解,很多时候就会陷入尴尬的境地,严重的还可能造成无法挽回的局面。

一个人被误解或被冤枉的原因是多方面的,所谓“欲加之罪,何患无辞”,因此,我们首先来探讨一下造成误解的几种原因。

1. 言辞缺失

有的人不管是在表达信息,或者说明某些事情时,常常在言辞上有所缺失,结果弄得只有自己明白,别人一点也搞不清楚真相,这种人就是缺乏“让对方明白”的意识,以致容易招来对方的误解。

2. 过分小心

有的人不管什么事,都顾虑过多,从不发表意见。因此,个人的存在感相当薄弱,变成容易受人误会的对象。这样的人总希望对方不必听太多说明就能明白,缺乏积极表达自己意见的魄力。对于这种类型的人而言,含蓄并不是美德,这一点要深刻反省。

3. 自以为是

这一种人是头脑聪明,任何事都能办得妥当,但是却经常自以为是,我行我素。即使着手一件新工作,也从不和别人照会一声,只管自作主张地干活。这么一来,即使自己把工作圆满完成,上级及周围的人也不会表示欢迎。

4. 外观的印象不好

人对视觉上的感受印象最深刻。虽然大家都明白“不可以貌取人”,但是,实际上双眼所见的形象,往往成为评价个人的标准,这个印象可能是造成误解的原因。如果让周围的人有了不好的印象,且造成误解,若不早点解决,恐怕不好收拾。

5. 欠缺体贴

纵然只是一句玩笑话,但若造成对方的不快,恐怕也会导致意想不到的误解。甚至是一句安慰、犒劳的话,如果对方接受的方式不同,也可能变成误解。

因此,在说话之前,一定要考虑对方的状况以及接受的态度。由此可见,在日常生活或工作交往中,如果不太注意自己的言辞,很容易发生让别人误解的情形,给彼此的关系带来尴尬。

三、学会用敬语、善于称呼

心有所存，口有所言。在生活中，尊重他人其实就是尊重自己，你敬人一尺，人才会敬你一丈。只有在一个相互尊重的环境里，人们才会更好地和睦相处。谦语也可以称为"谦词"，与敬语相对，是向人表示谦恭和自谦的一种词语。使用谦语和使用敬语是一样的，两者都体现了说话者本身的文明修养。在人际交往中的都是很有必要的。

日常生活中，说话时会有许多口头"敬语"，我们可以用来表示对人尊重之意。"请问"有如下说法：借问、动问、敢问、请教、借光、指教、见教、讨教、赐教等。"打扰"有如下词汇：劳驾、劳神、费心、烦劳、麻烦、辛苦、难为、费神、偏劳等委婉的用词。如果在语言交际中，我们可以记得使用这些词汇，那么相互间一定可以形成一种亲切友好的气氛。

正确地使用敬语是一个人有身份修养的标志。在社交场合，敬语使用错误，会非常难堪。例如，如果你请别人为你服务时，一定要加上"请"或"某先生"。在交谈中，称呼对方的父母，应该说"伯父"、"伯母"，直接说"你爸爸"、"你妈妈"当然也可以，但缺乏高雅的气质。一个有教养的人，是不应该忽略这些细节的。很多时候，同样一个意思，讲法不同，给人的感受就是不一样的。

称呼是人与人之间在交往中一方对另一方的称谓。日常生活中，称呼是一种友好的问候，同时也是人与人交往的开始。一个善于称呼的人才能更加让人喜欢你。

称呼在人际交往中是很重要的。称呼他人是一门极其重要的艺术，若称呼得不妥，则很容易让他人产生反感的情绪，甚至嫉恨在心，久久无法释怀。在称呼别人时，除了要注意有礼貌之外，还要注意各地方的地域差别。因为各地的风俗人情不一样，不同的称呼所代表的含义是不同的。有时候在这个地方是尊敬的意思，但是到了另外一个地方可能就有侮辱的意思了，这一点一定要多加注意，千万不要因为你不了解风俗人情而让别人误会了你。

语言是思想的衣裳，它可以表现出一个人的高雅或粗俗。如果要接通情感的热流，使社交畅通无阻，就应得体地运用敬语。

四、学会使用友善的方式说话

说话的时候，既想要准确地表达自己的意愿，又让别人乐于接受，就要三思而后言，把握好说话的分寸，尽量采取友善的方式说话。

友善如杏花雨，沾衣欲湿，滴滴溜进你的衣领，缓缓滑入你的心田，滋润你的心灵之苗。

友善如杨柳风，吹面不寒，丝丝拂过你的脸颊，轻轻拨动你的心弦，奏响你的心灵之曲。

友善，是在孤独的世界里多愁善感时给你带来快乐的精灵；友善，是在阴暗的隧道里蜗行摸索时带来光明的灯盏；友善，是在冰冷的地窖里绝望灰心时带来温暖的火盆；友善是风，但绝不是狂暴的寒风，让你的心灵之门随着大衣一起越闭越紧……

人们不愿改变自己的想法，不能勉强或迫使意见一致。但如果温柔友善——非常温柔，非常友善——就能走向一致。温柔、友善，永远比愤怒、暴力更强有力。

一个人如果能认识到"一滴蜂蜜比一加仑胆汁能捕到更多的苍蝇"这个道理，那么在日常言行中也会表现出温和友善的态度来。

五、巧用模糊语言

一般来说，在人际交往中，大家都力求把话说得简洁明快，清晰易懂。但是在特殊场合下，模糊朦胧、若即若离的语言反而更显诙谐幽默，散发出独特的魅力。语言模糊，不等于意思模糊。说话者之所以没有“开诚布公”，大多是为了避免双方陷入尴尬的处境，但说者和听者，则都是心照不宣的。在所有模糊语中，使用最多的是“那个”。凡是不便挑明的事情，几乎都可以用它来代替。

模糊语言大多在日常生活中使用，但也有人能把它巧妙地用在“正规场合”。美国联邦储备委员会的主席格林斯潘就有这种本事，他为了不让别人根据他的讲话去决定投资方向或到股市去押宝，便练就了一种类似外星人语的模糊语言，每次讲话，总是用非常专业的经济术语，东一榔头，西一棒槌，深不可测，模棱两可。每一个单词都说得很清楚，可是连成句子却怎么也理解不清，几乎让所有的银行家和企业家都听得一头雾水。

不过，每一枚硬币都有正反面。据说，由于格林斯潘运用模糊语言的水平太高，还差一点葬送了自己的幸福生活，和他相恋十二年的女友，因为听不懂他求婚时的模糊语言，多次错失良机，后经朋友点拨，女友才恍然大悟，两人最终结成秦晋之好。看来，只有因地因时使用模糊语言，才能发挥它应有的魅力。

六、说话寒暄拉近彼此的关系

寒暄是建立人际关系的基石，也是向对方表示关怀的一种行为。寒暄内容与方法得当与否，往往是一个人人际关系好坏的关键，所以要特别重视。——原一平（日本寿险推销之神）

寒暄是正式交谈的前奏，它的“调子”定得如何，直接影响着整个谈话的过程。日常交际中，彼此之间的问候和寒暄虽是一些单调而简单的话语，但却是不可忽视的。

例如，您好！老板！听说今年您的儿子考上了大学，恭喜！恭喜！您的儿子可真有出息啊！将来学有所成，可以子承父业，光宗耀祖！真令人羡慕！

您好！某某局长！您气色这么好，又发福了，想必官运亨通，又升了，您可真有能力啊！

某某老师！您好！您从事教育已有二十年了吧？您看您教学有方，学生遍天下，做什么的都有！您可真有福气啊！想必桃李满天下啊！

寒暄可以使双方放松一些，熟悉一些，营造一种有利于交谈的氛围。所以在与他人谈话时，一定要重视寒暄的作用。

【知识链接】

寒暄说话的技巧

○寒暄要发自肺腑，诚恳热忱　○寒暄要纯真朴实，自然贴切

○寒暄要满腔热忱，热情洋溢　○寒暄要简洁有力，干脆有力

○寒暄要单刀直入，直截了当　○寒暄要态度认真，表情慈祥

○寒暄要面带微笑，慈爱有善　○寒暄要声音洪亮，语调高亢

○寒暄要语气坚定，刚强有力　○寒暄要恰到好处，恰如其分

（来源：保保 18，http：//www. baobao18. com）

七、微笑意味着成功

微笑富有魅力，招人喜爱。微笑被人誉为“解语之花，忘忧之草”。确实，微笑可以缩短人与人之间的距离，化解令人尴尬难堪的僵局。

在滚滚商海中，面对激烈的竞争，还需不需要微笑？答案是肯定的。

市场经济虽然存在着竞争，但这种竞争并不是尔虞我诈，而是公平、公正、规范的竞争，这就需要用科学态度和道德情操来驾驭。而微笑就是信任和友善的标志。有人专门做过调查，发现微笑服务的营业员很少与顾客发生摩擦，其营业额大大高于脸色阴森冷漠的营业员。因此，从某种意义上讲，微笑就意味着成功，意味着财富，意味着生意兴隆，意味着企业生机勃勃，蒸蒸日上。

美国“旅馆大王”希尔顿曾经向他母亲讨教他该干什么。他母亲告诉他必须去把握更有价值的东西，除了对顾客要诚实之外，还要有一种更行之有效的办法，一要简单；二要容易做到；三要不花钱；四要持之以恒，那就是微笑。于是，希尔顿要求他的员工，不论如何辛苦，都必须对顾客保持微笑。“你今天对顾客微笑了没有？”是希尔顿的名言。

微笑是一种修养，是一种风度，是真实情感的流露，是文明进步的标志。一个热爱生活、热爱事业、充满自信心的人，不应该缺少微笑。

第四节　开口成金有三宝

言语有好坏之分，圆满周全，自然会受到欢迎；残缺简陋，就不能给人以好印象，甚至还会招来麻烦。谁也不可能生活在一个孤岛上，都不可避免地要与别人交往、沟通，会说话就成了与别人和谐相处的前提。如果能达到开口即金，人生旅途将更加精彩！

一、幽默——营造和谐气氛

幽默是一种智慧、一种品位、一种人生态度，幽默使我们淡化了生活中不必要的严肃，如果巧妙地加以利用，可以化解烦恼，愉悦身心，对事业、人生都会得心应手。

常言道：“笑一笑，十年少。”这句话说明在人的生活中，那种令人逗笑的幽默语言能缓解当今社会那种环境瞬间变化，速度效率急剧加快给人造成的一种莫名的心理压力和焦虑，使人的心情变得轻松愉快，谈笑风生，笑口常开。所以说具有幽默感的人能给人一个良好的印象，同时，幽默感是人比较高尚的气质，是文明和睿智的体现。

1971 年，基辛格博士为恢复中美外交关系秘密访华。在一次正式谈判尚未开始之前，基辛格突然向周恩来总理提出一个要求：“尊敬的总理阁下，贵国马王堆一号汉墓的发掘成果震惊世界，那具女尸确是世界上少有的珍宝啊！本人受我国科学界知名人士的委托，想用一种地球上没有的物质来换取一些女尸周围的木炭，不知贵国愿意否？”

周恩来总理听后，随口问道：“国务卿阁下，不知贵国政府将用什么来交换？”基辛格说：“月土，就是我国宇宙飞船从月球上带回的泥土，这应算是地球上没有的东西吧！”

周总理哈哈一笑：“我道是什么，原来是我们祖宗脚下的东西。”基辛格一惊，疑惑地问

道:“怎么？你们早有人上了月球,什么时候？为什么不公布?”

周恩来总理笑了笑,用手指着茶几上的一尊嫦娥奔月的牙雕,认真地对基辛格说:“我们怎么没公布？早在5000多年前,我们就有一位嫦娥飞上了月亮,在月亮上建起了广寒宫住下了,不信,我们还要派人去看她呢！怎么,这些我国妇孺皆知的事情,你这个中国通还不知道?”周恩来总理机智而又幽默的回答,让博学多识的基辛格博士笑了。

奥地利精神分析大师弗洛伊德说:“最幽默的人,是最能适应的人。”确实如此,幽默能使人们在社交场合中应付自如,化解各种各样的危机和困难。

二、比喻——怎样达到说服的目的

恰到好处的比喻能准确地表达事理,让人受到启发,同时,它在社交活动中更是一种与人沟通,说服对方的有力武器。恰当的比喻胜过长篇大论,它不仅能将抽象的事物具体化,复杂的事情简单化,深奥的道理浅显化,而且表述更具说服力。人们在日常生活中也很爱用比喻手法,常常是妙语连珠,巧喻成串,而且大多时候人们也更加喜欢这种婉转美妙的表达方式。

既然比喻能在说服中起到很大的作用,人们也都喜欢比喻的表达方式,那么在社交活动中,怎样才能创造出好的比喻来打动对方、说服对方呢?

1. 选好比喻的角度

无论哪种方式的比喻,必须选好比喻的角度,新颖、不重复是最基础的要求。第一个把姑娘比做鲜花的人是天才,第二个这样做的人是庸才,第三个这样做的就是蠢材了。毫无新意的比喻别人听得肯定也很多了,人们也对此产生了一定的免疫力,再从你嘴里说出来,必然达不到说服的效果。

2. 根据双方的实际来设喻

比喻要有一定的针对性,如果不考虑这一点,比喻会让人觉得深奥难懂,或者让人觉得俗不可耐,自然也不会达到说服的目的。

3. 让你的比喻具有幽默感

比喻+幽默,能让比喻具有幽默的机智诙谐、含蓄深刻的特点,使说服更加有力。幽默的比喻中,喻体与本体之间除在比拟点上非常相似外,其他方面距离越大越容易产生出奇妙的、幽默的效果。台湾作家柏杨幽默地将婚姻比做一条船,“婚姻乃是一条空船,靠着两种东西为它压舱,一是爱情,一是子女,没有爱情而又没有子女的婚姻势必被风浪打翻,葬身海底;爱情和子女如果能同时都有,合力压住空舱,婚姻之船当然是一条快乐的船;如果不幸而不能两者俱全,只剩下一个、船就开始摇晃,界于沉与不沉之间。”将婚姻比做船,两者共同的特点就是不稳定,但是其他方面却有很大的差别,这样就能让人产生无限的遐想,其中也不乏幽默的想象。

想要用比喻说服别人,能取得什么样的效果,就要看是否能抓住准确的切入点,运用新颖幽默的比喻。而这种技巧也是要长期积累,懂得技巧只是一个基础,真正能用到实际生活中,还需要不断摸索。

三、含蓄——说话留有余地

言语交际讲究话语表达的得体,或直白,或委婉含蓄。委婉含蓄就是不直接说出本意,而用隐晦的方式表达,或不把意思完全表达出来,让对方自己去体会。委婉含蓄是不直接说,和直白是对立的,但是并不等于态度暧昧,隐瞒观点,它与直白的区别在于需要听话人体会。另外,并不是所有“不直接说”的话都是委婉,应该划清委婉含蓄的言辞和含糊其辞的界限。

在人际交往中,有的人虽然态度谦恭,却由于不注意委婉、平和的语言表达,常常在不经意间冒犯他人。有的人说话随意,不考虑对方的反应,不考虑说出的话会导致什么后果,常常会给自己惹麻烦。而言语谨慎的人哪怕面对的是一个十足的无赖,也会化险为夷,能够有效地保护自己。

例如,梁先生是个心直口快的人,有一次在保龄球馆和办公室的同事打球,对方是初学,球艺自然不行。出于好心,他便当教练教起对方来。打球过程中他一会儿说人家“真臭”,一会儿说“你这人看起来挺精明的,怎么学打球这么笨,脑子是不是进水了”。气得同事不客气地说:“你说话可不可以委婉点?”“什么委婉,你笨就笨嘛,还不让人说了。真是的。”就这样,同事气得转身走了。两个人弄得十分不愉快。

言语可以是蜜,客客气气地让人听了心里舒服;言语又能变成一把刀,刺得人心里流血。前者会使人对你心生好感,后者则会让人对你痛恨不已,甚至心生报复。因此说,与人沟通,切忌直来直去,要注意语气委婉。同样的内容和事实,含蓄的语言往往比直言更易于让人接受。

【成功案例】

以色列商人是如何拒绝美国商人的

美国商人:“我们想把下次会议的地点定在纽约,不知贵公司有没有意见?”

以色列商人:“贵国饭菜的味道不符合我的口味。”

美国商人:“那您认为法国小吃如何?”

以色列商人:“还行,不过我更喜欢吃英国的饭菜。”

以色列商人用“美国饭菜不符合口味”、“法国的饭菜还行”、“喜欢吃英国饭菜”,委婉含蓄地拒绝了把会议地点设在美国、法国的建议,暗示了希望在英国举行会议的想法。

犹太商人拒绝对方的另一种妙法是推托拖延。

(来源:新浪读书,《塔木德大全集》)

第五节　妥善处理沟通中出现的矛盾

每个人都希望生活能充满阳光,都希望友谊能地久天长,都希望人情能温馨美好,但生活总是现实的,人与人之间的冲突是在所难免的。如何才能避免人际冲突的发生及人际关系的破裂,是困扰着人们的现实问题。

一、勇敢地承认自己的错误

古人云:“人非圣贤,孰能无过。”面对自己所犯之“过”,不同的人拥有不同的表现:有的人搜肠刮肚辩解，死不承认；有的人千方百计推卸，诿过于人；有的人坦荡磊落揽责，诚恳认错……在生活中，根本不能保证自己在每一时刻均是正确的，与此同时，错误是不可避免的，犯了错误就要勇于承认，一个能够正确面对自己错误和过失的人，必定能够被社会所容纳，为众人所理解。

没有一个人不会犯错，犯错没关系，关键是有没有勇气敢于承认错误。达尔文曾经说过："任何改正都是进步。"歌德也说过："最大的幸福在于我们的缺点得到纠正和我们的错误得到补救。"当做错事情的时候，脑子里往往会出现渴望隐瞒自己错误的想法，害怕承认之后会很没面子。因为这样"表白"自己的错误，让自己失去做人的尊严和威信，是证明自己失职和无能的体现，也是让自己的对手看笑话。为了自己的面子，也要用自己的错误和正确的现实去"赌气"。其实这些想法是错误的。

承认错误并不是什么丢脸的事，与之相反，在某种意义上，它还是一种具有"英雄色彩"的行为。毕竟错误承认得越及时，就越容易得到改正和补救，况且由自己主动承认错误总比别人提出批评后再承认更能得到别人的谅解。更何况一次错误并不会毁掉自己今后的道路，真正阻碍的是那不敢于承担责任，不愿改正错误的态度。勇于承认自己的错误是一门艺术，当不小心犯了某种错误时，逃避并没有任何实质意义，最好的办法是坦率地承认和检讨，并尽可能快地对事情进行补救，只有这样才能找回真实的自己，人生或许将是另一片天空。

【知识拓展】

有了错误该怎么办？

(1)为自己树立敢作敢为的形象。勇于承认错误，承担责任，不推诿过失，从而赢得上级放心，下属尊敬，同事喜欢。

(2)虚心向别人请教。永远不要抵触地看待别人，认为别人要伤害到自己。一般而言，如果谦虚地接受他人的批评并表示感谢，对方的态度将会改变，甚至会主动站在他人的立场而时时刻刻为他人考虑。

(3)坦率地承认自己的错误。正确地直面自己的过失和错误，勇敢地承认自己的短处，当不断发现和承认过失时，或许诚实将会得到一定的回报，把犯错并承认错误视为不断学习的过程，将会避免重蹈覆辙，不断进步。

（来源：人民网，http://www.people.com.cn/）

二、别不好意思说"不"

有时别人有求于我们，可是我们又实在无能为力，这时就要拒绝对方。但拒绝是要讲究技巧的。只有掌握了这些技巧，才既不会得罪人，又能让别人欣然接受。

(一)克服不好意思的心理障碍

很多人在拒绝对方的时候，会产生一种"不好意思"的心理。这种心理阻碍了人们把拒绝的话说出口。由于这种矛盾的心情，态度上就不那么热心，说话吞吞吐吐，欲言又止，欲藏又露。在这种心理的制约下,最终往往是依照对方的意图行事。即使拒绝了对方,其态度也容易使对方产生误解,认为你成心拿架子,不够朋友。因此,要想使自己在工作和社会交往中,不致惹出许多麻烦,首先要克服这种"不好意思"的心理障碍。

国外研究拒绝艺术的专家强调,要建立这样一种意识:"你有权利说不,你不必因为对人拒绝了一件事而感到不好意思。"这样,你在拒绝时就会心情坦然、举止大方、态度明朗,避免被误解和猜疑。即使对方开始会对你的拒绝产生一点失望和遗憾,但由于你的态度表情向对方表明你是坦诚的,使对方受到感染,容易弱化对方心中的不快。

例如在服装店,你在挑选一件衬衣,样式和做工都令人满意,但在价钱上你却觉得不够理想,但看到售货员的热情服务,使你不好意思不买它。售货员就是利用你的这种心理,越是看到你在犹豫,就服务得越热情越周到,帮你量好尺寸、试大小,甚至动手包装好,放进你的购物袋里,造成既成事实。

初次交女朋友,你也许会感到左右为难,因为她的长相实在让人爱不起来,但是,由于是你的上司介绍的,或者是上司的女儿,使你在拒绝上产生了犹豫。虽然每次会面都使你感到不舒服、不愉快,恨不得马上逃得远远的,但你一想到姑娘的身份,上司的威严,你就不得不仔细斟酌。姑娘却对你一见倾心,脉脉温情,你的上司也觉得好事可成。随着时间的推移,你一再丧失拒绝的机会,勉强从事,这样的婚姻是不会幸福的。

不知有多少人因为不好意思说出那个"不"字,而买了不称心的衬衫,娶了自己不喜欢的姑娘,答应了自己办不到的事情,耽误了自己不应该耽误的约会。

(二)拒绝用语

拒绝是难免的,遭到拒绝又是不愉快的。诚恳的态度和得体的用语可以把这种不快减少到最低,并得到对方的谅解和认可。

1. 诱导法

甲向乙打听机密,乙神秘地问:"你能保密吗?"甲说:"能。"乙接着说:"你能,我也能。"

2. 推托法

"前几天经理刚宣布过,不准任何顾客进仓库,我怎能带你去呢?"

"这个问题涉及好几个人,我个人决定不了。我把你的要求带上去,让人事部讨论一下,过几天答复你,好吗?"

"这件事我做不了主,我把你的要求向领导反映一下,好吗?"

3. 委婉法

"这个设想不错,只是目前条件不成熟。"

"这倒是个好办法,但我的上司恐怕接受不了。"

"主意不错,可惜我那天正好出差在外。"

4. 隐晦法

"小伙子,我真难以想象公司少了你会怎么样,不过我从下星期一开始想试试看。"

"贵公司地理环境不太好,我看××公司可能更适合举办这次活动。"

5. 虚实法

问:"中国能拿几块金牌?"答:"到时候就知道了。"

掌握拒绝别人的说话技巧，也就掌握了自己的命运，就不用再为不好意思拒绝而为难。

三、摆脱窘境有分寸

窘境是几乎所有人都体验过的一种令人不快的社会心理状态。从窘境的客观效果上讲，可将窘境分为三类：第一类是有害的窘境，其显见的弊端是刺伤对方的自尊，损害双方的感情；第二类是有益的窘境，是指通过窘境的体验促使当事人接受教训、改正错误；第三类是既无害也无明显益处的窘境，其特点是持续时间较短，当事人也不会感到有什么伤害，并知道对方并无恶意，有时只是开开玩笑而已。一个成功的职场人士必然是高适应性与高应变性的典范，不仅能自如地解决工作中的难题，将自我窘境体验降至最低，而且还应帮助他人尽量在愉快的氛围中沟通情感、交流信息，摆脱交往中的窘境。把握说话时的分寸，才能摆脱窘境，同时也要注意说话时的方法。

1. 巧妙闪避，超脱自如

面对一些问题有时候很难用语言说得清楚，但又不能限制在正面处理。所以，此时可以借助于一些与此相关的事物来引导对方思考，或是善用比喻、假设、移花接木等不同方式，委婉地回答。如此一来，既不会忽略了问题的所在，得到对方认可，也可巧妙地避开问题。例如，一位年轻人和一位思想政治工作者在谈话时，年轻人问："有人说长头发、长胡子是精神污染。你对此怎么看？"工作者说："共产党的老祖宗马克思、恩格斯头发长，胡子长。但他们是精神污染吗？"如此回答，不仅避开了以偏概全的单一理论，同时，也让自己摆脱此境，让对方心服口服。

2. 含糊其辞，不置可否

在一些场合，特别是社交和外交场合，一些难以回答而且又不能不回答的问题，让自己十分为难。这时，你可以含糊其辞地回答对方的提问，如"可能是这样"、"我也不太懂"等。同时，也可借助于自己的肢体来表达你所想表达的意思，这样不仅可以避免问题，同时也给对方留下了回旋的余地。

3. 装聋作哑，令对方无可奈何

如果遇到别有用心的人利用自己的窘境发难，而某种处境自己又无能为力，不知道如何处理时，索性什么都不做，装聋作哑，以免陷入对方的诡计。

4. 直言不讳，化被动为主动

直接开门见山地说出自己想说的话，而不至于因为自己的顾虑，让自己陷入对方设下的圈套里。如同事在公开场合指责你，但又不真实，让你很难堪，你可以心平气和地直言"我要求你把情况搞清楚了再说话"等。有些办法不是任何事情都能使用的，只有对准事，对准人，才能起到它应有的作用。

5. 随机应变，化险为夷

任何事情的解决方法都不是唯一的，也许一个创新就会成为解决问题的最好武器。一位有名的演讲人在做演讲，但听众在下面大声喧哗，严重影响了他讲话的效果。这时，他大声说了一句："男人，是大拇指；女人，是小指头儿……"顿时，场下哗然一片，更有女人出面反对这样的说法，这时，聪明的演讲家说了："粗壮有力的是大拇指，而纤细、灵巧、可爱只能非小手指所有,不知这个要怎么反过来呀?”虽然只是一句话,却把它说到了点上,让所有人心服口服。

在社会这个大的交际圈里,时常会出现一些自己不顺心的事,或者被他人的别有用心所刁难,让自己陷入一种窘境。而面对这种窘境时,要头脑冷静,情绪稳定。辨别事情的原委,根据不同的情况说不同性质的话:该直言不讳的,就不能含糊其辞;该巧妙地回答,就要一语惊人,让人回味无穷;该含糊就不要直言相告;该沉默,就不出声。总的来说,什么样的处境说什么态度的话,不能因为一时的冲动,自己把自己害了。

无论是何时,只有合理地控制自己所要表达的情绪,才能让事情向好的方向发展,避免产生一些不必要的矛盾。这才是说话的最高境界,才会让所有人都因为开口成金所折服。

四、避免语言上的冲突

当世界赋予人类说话的能力时,也表示着人类会在它的帮助下完成更大的事业。但是有利也有弊,它也会让人们因为它而发生一些冲突,即语言冲突。如:反问、谩骂、讽刺等都是语言冲突的表现形式。而对于这种语言上的冲突,如果不能及时避免将会随着语言冲突的恶化转向肢体上的冲突。这样一来,不仅心灵会受伤,连身体也会受伤。而在大多数时候,这些矛盾与冲突是可以得到避免的,但就是因为处理不当,才导致事情向更坏的方向发展。如果人们在面对这些语言上的冲突时,能避免是最好,不能避免也要想办法去避免。

在人际交往中,最能体现能力的地方在于嘴皮子是否能说会道,而正是这种能说会道,才导致了语言上的冲撞。面对这种局面,多数时候总会有一方会受伤。二虎相争,必有一伤,或者两败俱伤。所以,避免语言上的冲突,对彼此以后的发展都会起到一定的作用,但这首先要引起冲撞者一方的注意。因为任何一个修养高的人都会在事情紧急情况下,控制自己的情绪,不会让自己越过道德底线。

当发生冲突时,有些是因为故意冲撞不怀好意,也有的是无意冲撞。但对于前者的冲突,做出回击是必需的,这是一种自我防备常识;但对于那些“小和尚念经,有口无心”的冲撞,大可不用计较太多,同时也可以显示出自己的大度。但如果不分轻重,随意性地做出反击,没有把握好一个反击的度,只会是火上浇油,形势越来越严重。但面对冲突的发生,你可以采用一些办法如“暂时避开”、“一笑了之”、“据理力争”、“先声夺人”等。

例如,一次,家住山里的一个姑娘来城里走亲戚,看惯了老家的深山,猛地一下来到大城市就被眼前那些美丽的风光吸引住了。为了留住这美丽的一刻,她来到一家摄影馆,在那儿拍了一张彩色的照片作为留念。在取照片时,姑娘觉得拍摄质量太差了,便与营业员论起理来,谁知营业员避而不答。再去找时,表现出一种爱理不理的态度,并说:“不称心,有本事找摄影去!”面对这种无理的冲撞,这个姑娘也不甘示弱,当场回击说:“不,找你们经理,经理不在找老板!”在姑娘向摄影所属公司作了相关反映后,公司决定重新为这位姑娘拍摄。这就是“据理力争”最突出的表现。

在很多时候,一些人可能会碍于面子的问题,对于一些问题是能忍则忍,但对于那些不怀好意,故意找事的人来说,只能用一定的方法来维护自己的利益。当然,无论是什么方法与方式都要有分寸,这样才能避免一场更大的矛盾。

发生语言冲突,更多时候是人们没有及时把握住说话时的方式,而当明白怎么说话的,这种语言上的冲突也就会从中得到很好的避免。避免言语冲突不能靠谩骂、冷眼、交手等消极的方式处理。正确掌握说话的方法与方式，则会给生活带来不少的收获。

五、必要时适当自嘲

凡是能操纵最高级的语言艺术——幽默的人已经是“智力过剩者”，那么能用最高境界的幽默——自嘲作为武器者，便堪称人情操纵场上的“无冕之王”。在恰当的场合中适当地运用自嘲，能够为自己化解很多的尴尬，而且很多时候是还击一些不怀好意之人的特殊武器。

用自嘲的口吻去对待厌恶的人或事，可以避免因为面对面的冲突所引起的一些尴尬。而且通过说自己，来暗示性地向他人表露自己的感受，同时也能起到教育他人的作用。让他人脸红的同时，也不会因为撕破脸下不了台阶而让彼此以后的关系完全破裂。

很多时候，适当的自嘲是取得他人信任的基础。在一些场合中，应该学会巧妙地运用自嘲，把讨论问题中所出现的尴尬重心转移到自己身上。这样一来，既让他人避免了因为失误而造成的紧张感，也给对方留下一定的回旋空间。

央视名嘴毕福剑的笑脸很有感染力，很容易把大家逗得哈哈大笑。相信大多数人认识他是看到他那天生的笑脸，连他本人也经常说：“我长得稍微差了点……”许多同行都会从他的那张布满褶子的智慧脸上打趣他：“老毕的长相是央视节目主持人的底线。”老毕对朋友们的磕碜并不在意，他宽慰的自嘲名言就是：“武林中会打人是一种技巧，挨打才是最高境界。”毕福剑主持的《星光大道》、《梦想剧场》、《七天乐》中有很多的选手、观众时常拿毕福剑开涮，包括他那沧桑的笑脸、绿豆似的小眼、个性的鹰钩鼻……可是对于这些，他都一一笑纳，从来没有翻过脸。更多的是他总是喜欢自己拿自己开涮，大有“我不入地狱谁入地狱”的大气魄，从而调动场上的人气，变被动为主动，带领观众度过那美好的几十分钟。

常言道：“物极必反，水满则溢。”这说明一个道理：在处理问题时，要留一点回旋的余地，掌握“留下一点空白”这个处理问题的技巧，这样才能赢得更多人的喜爱。例如，某人要出国进修，他的妻子半是嘲讽地说：“你到那个花花世界，说不定会看上别的女人呢！”他笑道：“你瞧瞧我这副尊容：瓦刀脸，罗圈腿，站在路上怕是人家眼角都不撩一下呢！”一句话把妻子逗乐了。人人忌讳提自己长相上的缺陷，可这位丈夫却能够接受自己的先天不足，并不在意揭丑。这样的自嘲体现了一种大度的人生智慧，此时他在其妻眼里，一定变得又美又可爱。

适当自嘲，给他人留下一定的回旋空间，这样和他人沟通起来才能够更加和谐，而且在选择尊重对方的那一刻，也已经进驻到对方心间。

本章小结

本章主要讲解了以下几个问题。

（1）真诚最为重要：做一个真诚的倾听者、赞美和欣赏他人、感动人心的语调、微笑的力量、不拿别人的隐私开玩笑、关怀的理念。

（2）不要忽视沟通的另一半：谈论对方最感兴趣的话题、站在对方的立场说话、给人台阶下、顾及对方的尊严、把握说“不”的分寸、给批评裹上“糖衣”、不要在别人面前喋喋不休。

（3）不要忽视沟通细节：注意说话的场合、遣词用句要准确、避免产生歧义、学会用敬语、善于称呼、学会使用友善的方式说话、巧用模糊语言、说话寒暄拉近彼此的关系 、微笑意味着成功。

(4)开口成金有三宝:幽默——营造和谐气氛、比喻——怎样达到说服的目的、含蓄——说话留有余地。

(5)妥善处理沟通中出现的矛盾:勇敢地承认自己的错误、别不好意思说“不”、摆脱窘境有分寸、避免语言上的冲突、必要时适当自嘲。

本章测试题

一、单项选择题

1. 以下不是反馈的是(　　)。

A. 聆听　B. 微笑　C. 身体前倾　D. 对于将来的建议

2. 没有(　　),就没有形成一次完整的沟通。

A. 面谈　B. 反馈　C. 评价　D. 批评

3. 沟通一定是(　　)的。

A. 单向　B. 多向　C. 双向　D. 反复

4. 沟通的模式分为(　　)和肢体语言沟通两种。

A. 口头语言沟通　B. 语言沟通　C. 图片或者图形　D. 书面语言沟通

5. 双向沟通必须包含:说的行为、(　　)和问的行为。

A. 复述的行为　B. 转达的行为　C. 听的行为　D. 答的行为

6. (　　)是最好的聆听。

A. 听而不闻　B. 设身处地地聆听　C. 专注地聆听　D. 选择性聆听

7. 聆听的目的是为了(　　)。

A. 理解表面信息　B. 理解大部分信息

C. 理解对方的全部信息　D. 理解深层次信息

8. (　　)是聆听的消极行为。

A. 点头　B. 身体前倾　C. 微笑　D. 频繁看表

9. (　　)是一个人在工作中能够表现出来的习惯行为。

A. 态度　B. 知识　C. 技巧　D. 情感

二、多项选择题

1. 肢体语言更擅长沟通的是(　　)。

A. 信息　B. 情感　C. 思想　D. 想象

2. 一个完整的双向沟通过程包括(　　)。

A. 发送　B. 转达　C. 反馈　D. 接收

3. 在沟通过程中说的话一定要非常明确,让对方有(　　)的理解。

A. 唯一　B. 准确　C. 多种　D. 猜测

4. 聆听效果可以分为(　　)等几种。

A. 听而不闻　B. 设身处地地聆听

C. 专注地聆听　　　　D. 假装聆听

5. 沟通失败的原因包括(　　)。

A. 缺乏一定的信息和知识　　　　B. 在沟通过程中没有优先顺序

C. 时间充裕　　　　D. 文化的差距

三、判断题

1. 眼睛看到的是信息,耳朵听到的更多的是对方传递的思想和情感。　　(　　)

2. 沟通中的发送要注意发送的有效方法、在什么时间发送、发送的具体内容、发送对象以及在什么场合中发送等几个方面。　　(　　)

3. 听比说更重要,听是更重要的沟通技巧。　　(　　)

4. 沟通中发送的不仅仅是信息,还有思想和情感。　　(　　)

5. 一个职业人士所需要的三个最基本的职业技能是时间管理技巧、团队合作技巧及演讲技巧。　　(　　)

四、案例分析

案例1:

在一处名胜古迹门前,一位导游向你推销他的服务。你并不想雇用导游,但这位导游一直跟在你身边,边走边说:"这个地方没有向导,很多景点的味道您自己是品不出来的。比如这里的碑碣都是篆字,很难辨认。而且许多景点较分散,我可以带你们走捷径。……导游费仅用20元,等全部游览完毕再支付,如果你不满意可以不付款。"

问题:

请你有礼貌地说出面对此热情而又有诱惑力的推销的拒绝说辞。

案例2:

杰福所在的公司召开了一次特别会议,目的是为了鼓励员工就他们理想中的公司政策进行全面讨论。杰福的妻子正在准备生育他们的第一个孩子,这就需要用一些时间来照顾家,他决定询问一下公司关于做父亲歇产假方面的政策。杰福的话刚说了一半,就被部门经理不客气地打断了:"这个意见几个月前已经提出过,副总经理已经拒绝了。"

在一阵短暂的停顿之后,杰福说:"公司是否有适用于刚做父亲的人的其他政策?也许有一些办法,譬如:做几个月的非全日性工作或现在加班以后再倒休。"说到这儿,他环视了一下四周:"有哪位先生知道经历过这种状况的其他雇员的情况吗?要知道我头一次做父亲,这是多么难得啊。"杰福诚挚、顺从和充满青春活力的话语、姿态改变了会场的气氛,大家纷纷发言,并提到曾经有一位男雇员请过类似的假。最后,这位部门经理答应对这个问题研究一下。

问题:

试分析杰福提出的问题得到部门经理理解的沟通技巧。

第三章　职场中的沟通方式

【案例导入】

真诚的道歉才是客人最需要的

日本系列团是××酒店比较重视的接待项目之一,加上日本客人对客房设施设备特别是卫生间要求严格,因此每次有日本系列团入住,酒店前厅和客房都会配合作好提前准备工作。某日晚间,有日本团入住,一切准备就绪。可是在客人入住不久后却发生了一件意想不到的硬件故障——酒店的水管故障,导致客房卫生间发生了停水现象,日本客人非常不满,便向日本组团社进行了投诉,这严重影响到酒店与此系列团旅行社全年的合作。而酒店一方面安排工程人员进行了急修,另一方面又积极联系导游要求其转为传达酒店已在全力解决问题并告知客人大概的修复时间(因存在一定的语言障碍)以平息客人的诸多不满,但导游的解释似乎未起到根本的安抚作用,不能缓解客人对酒店的不满。酒店营运总监作出了决定,带领前厅、客房主管及经理向导游学习了日语的道歉语,逐个房间对客人进行了真诚的道歉,最后顺利地化解了此次投诉事件,而作为旅行社也更为相信酒店的合作诚意。

请思考:

在这个时候,什么沟通方式才是有效的?你有什么启发?

【知识传授】

第一节　口头沟通

口头沟通就是面对面的以口头传递信息的沟通方式。这种沟通方式以肢体语言、声音语言、文字语言全面地传递信息,是人际沟通中的主体沟通方式,也是酒店沟通中的主要沟通方式。

一、口头沟通的特点、规律与要求

(一)口头沟通的特点

口头沟通具有全面、直接、互动、立即的特点。

1. 全面

沟通者在口头沟通中传递了包含文字语言、声音语言、肢体语言的全面信息,而这些全面信息又被沟通对方接收到。

2. 直接

沟通双方不需要借助其他信息渠道，双方通过自己的视觉器官、听觉器官以及心灵直接接收感知对方发出的信息。

3. 互动

双方在沟通中进行信息发送、接收、再发送的传递过程，即双方是互动的。

4. 立即

双方的信息发送、接收、再发送过程是立即开展的。这就要求沟通者在口头沟通中尤其要遵守沟通规律，以达成沟通效果。

(二)口头沟通的规律

口头沟通的过程是：先远观、后近看、再言听，然后是沟通者把听到的文字信息、声音信息与看到的肢体语言信息进行综合感知，形成对沟通者、沟通信息的综合评判，再互动反馈。也就是沟通者先从较远处观察沟通对方的形象仪态、后在近处细细地察看沟通对方的行为礼仪与表情、再听沟通对方的招呼与开场白，接收综合信息以感知沟通对方是否热情、可亲，形成第一印象，构建亲和力；然后是在口头表达的过程中，通过伴随传递的声音语言、肢体语言信息继续加强亲和力；通过观察、询问、聆听来察知沟通对方心理需求，针对心理需求进行有效表述，在恰当时机进行有效促成，同时化解异议，如此达成有效沟通。只有积极心态才能确保有效的肢体语言与声音语言。

口头沟通的规律如下。

(1)沟通程式：亲和力→察知心理需求→有效表述→促成→异议化解。

(2)肢体语言信息与声音语言信息决定了亲和力。

(3)决定肢体语言信息与声音语言信息的是心态。

(三)口头沟通的要求

对于以客户服务为主要产品、以人际沟通为主要产品内容的酒店服务工作中，服务员的口头沟通有更高要求。

(1)沟通程式：亲和力→察知心理需求→有效表述→促成→异议化解。

(2)重视与正确把握肢体语言与声音语言，从形象仪态、表情礼仪、开场白开始，以及在互动沟通中，有效把握肢体语言、声音语言。

(3)调整到积极的心态。

(4)文字语言信息要有效、清晰、简洁。

二、口头沟通中的肢体语言

口头沟通始于肢体语言沟通。口头沟通中肢体语言信息包括形象与仪态、表情与行为礼仪、眼神、手势、小动作等。

肢体语言信息是潜意识的外在表现，最接近真实内心。肢体语言信息在沟通中具有重要作用。据研究者估计，沟通中55%的含义受肢体语言的影响，即不是文字语言信息的本身、而是沟通时肢体动作的影响。肢体语言信息传递的正确性决定了口头沟通的有效性。

所以要充分重视肢体语言信息的传递，在口头沟通中正确把握肢体语言。比如，作为服务员主要在以下几个方面正确把握。

(1)形象：服务员的形象仪表应该是整洁、美观、大方、朴实。

(2)仪态：仪态反映了一个人的精气神，概括是“站如松、行如风、坐如钟”。

(3)表情：真诚的微笑是最美好的语言，为此保持内心的愉悦。

(4)接待礼仪：招呼、握手、递接名片、倒茶、让座是一个连贯的过程，其中须以热情、笑脸为基础。

(5)目光：要保持与人眼光交流，热情、友好、亲切、坦诚，在注视时间与空间上适当。

(6)手势：明确、精练，自如、和谐，千万注意别错误运用。

(7)其他：根据实际情况，本着“尊重人、方便人”原则，正确把握。

【知识链接】

职场沟通中的语句技巧

(1)少用祈使句。避免使用命令式语气，多用请求式。如不用“等一下”而用“请您等一等”或“请您稍等好吗？”；不用“把身份证递给我”而用“请把您的身份证递给我一下，好吗？”

(2)少用否定句。“不要……”、“不应该……”“不是……”而用语气委婉的语言。

(3)少用反问句。含有质问的口气，令听者反感。不用“我这正忙着，不会等一下吗？”而用“您稍等好吗？”

(4)避免使用的服务用语。不用“不知道”而用“这个问题等我去查询一下再来答复您，好吗？”；不用“这里是禁烟区，请……因为这是本店的规定”而用“实在抱歉，如果您想吸烟能否到那边的位置上去吸”；不用“不会”“不行”而用“可以……吗？”；不能说“单人房就这一间了，您要不要”，而说“您运气真好，我们这恰好还有一间漂亮的单人房间”。

(5)口头禅禁忌。禁忌傲语口头禅“你知道吗？”、“你明白吗？”、“我跟你讲”，禁忌废话口头禅“这个”、“那个”、“嗯”、“啊”。

(6)谦恭表述。不用“如果您有什么地方没有听清楚，我可以再说一遍。”而用“如果我有什么地方没有说清楚，我可以再说一遍。”

（来源：浙江经济职业技术学院《客户沟通技巧》精品课程）

三、口头沟通中的声音语言

声音语言指有声而无固定意义的声音符号系统，包括语速、音调、音量、节奏、声音补白、质量等不同种类。据研究者估计，沟通中38%的含义受声音的影响，即不是文字语言信息的本身、而是沟通表达方式中的声音语言的影响。对于服务员在口头沟通时的声音语言有较高要求，要求声音热情、悦耳、有节奏、发音清晰，具体要求如下。

(1)语速：语速适中，呼吸一下新鲜空气，应慢慢说。“扫机关枪型”，一般人受不了。

(2)音调：悦耳的是柔和的中音、微向上升。

(3)音量：声音大小、响亮程度适中为宜。

(4)节奏：抑扬顿挫，大小声结合，保持均衡、规律。

(5)声音补白：“嗯”、“啊”、“呀”、“你知道”等短语，要连贯、流畅。

(6)发音：发音准确、音节清晰、吐字清楚。

四、口头沟通中的文字语言

口头沟通时所表达的词语文字承载了沟通的内容信息。在口头沟通中，是否了解客户心理需求、是否针对心理需求有效地组织词语文字进行表述、文字表述是否逻辑有条理，决定了口头沟通的有效性。据研究者估计，沟通有效性7%取决于文字语言信息。在口头沟通中，在文字语言把握方面要注意以下几点。

(1)有效：词语文字要针对需求展开，强调效用，强调语言表述的有效性。

(2)清晰有条理：词语表述要有条理、符合逻辑，让听者明晰。

(3)简洁：语言表述时强调效用与逻辑，同时为听者考虑，尽可能简明扼要，禁忌啰唆、滔滔不绝。

(4)恰当与敏捷：职场人员在工作中要敏捷地用词造句，出口成章，随机应变并能敏捷地听懂词句，听出条理，而且还能听出弦外之音。不灵活，反应慢，说话巴巴结结，听得丢三落四，不利于交际。

【典型案例】

经典的说错话

一个人非常好客，一天他决定大摆宴席，请左邻右里亲朋好友赴宴。到了开饭时间，人来得差不多了，仍有几人没到，有人等得不耐烦了，提议可以用餐了，主人没有应允，说：“等等，该来的没来！”大家一听，原来，我们是不该来的。于是这个推说家里有事，那个说突然想起一件必须马上得办的事纷纷借故离去。不一会儿，人走得差不多了，只剩下几个与客人最好的朋友。主人急了，忙问怎么回事，其中一个人告诉他是由于主人不会说话造成的。主人明白了，大喊有点冤：“嗨，我哪里会是在说他们哪！”这几个平日和他最好的朋友也最终离去。为何事与愿违？只怪自己反应慢，表达太糟糕！

（来源：浙江经济职业技术学院《客户沟通技巧》精品课程）

五、口头沟通要则

有效口头沟通须遵从沟通的一般规律，除了在肢体语言、声音语言、文字语言方面应正确把握以外，还需要遵从沟通程式，积极心态调整，听、问、说三结合。

(1)沟通程式：亲和力→察知心理需求→有效表述→促成→异议化解。

(2)积极心态调整：积极自我沟通，保持积极心境与服务意识，养成爱自己、爱单位、爱本职工作以及宽容、体谅的心境。

(3)听、问、说三结合：这是对口头沟通的简单要求，三者结合是有效沟通的基本要求。

【情景案例】

应聘游戏中考核听、问、说三结合表现

一家著名的公司在面试员工的过程中，经常会让10个应聘者在一个空荡的会议室里一起做一个小游戏，很多应聘者在这个时候都感到不知所措。在一起做游戏的时候主考官就在旁边看，他不在乎你说的是什么，也不在乎你说的是否正确，他是看你这三种行为是否都出现，并且这三种行为是有一定比例出现的。如果一个人要表现自己，他的话会非常多，始终在喋喋不休地说，可想而知，这个人将是第一个被请出考场或者淘汰的一个人。如果你坐在那儿只是听，不说也不问，那么，也将很快被淘汰。只有在游戏的过程中你说你听，同时你会问，这样就意味着你具备一个良好的沟通技巧。所以当我们每一个人在沟通的时候，一定要养成一个良好的沟通习惯：听、问、说三种行为都要出现，并且这三者之间的比例要协调，如果具备了这些，将是一个良好的沟通。

（来源：浙江经济职业技术学院《客户沟通技巧》精品课程）

第二节　电话沟通

一、电话沟通的特点、规律与要求

电话沟通是人际沟通中借助电话媒介来传递文字语言信息与声音语言信息的一种沟通方式。电话沟通是在沟通者双方不能见面的情况下使用最多的一种沟通方式。电话沟通在当代社会不可或缺。

（一）电话沟通的特点

1. 信息不全面

相比口头沟通，电话沟通不够全面，传递与接收的信息只含有文字信息、语音语调信息，没有肢体语言信息。

2. 即时

沟通者双方的信息发送、接收、再发送过程是立即开展的，信息反馈是即时的。

3. 间接

沟通双方需要借助其他信息渠道，双方通过自己的听觉器官以及心灵，借助于电话接收感知对方发出的信息。

4. 互动

双方在沟通中进行信息发送、接收、再发送的传递过程，即双方是互动的。

（二）电话沟通的规律

电话沟通与口头沟通的区别仅在于沟通渠道的不同，相比口头沟通缺少了视觉系统与感觉系统可感知到的肢体语言信息，只以声音语言与文字语言传递与接收信息，但其传播信息与接收信息的沟通过程、原理相同。电话沟通的规律表现在以下几个方面。

(1)沟通程式：亲和力→察知心理需求→有效表述→促成。

(2)通过声音语言可感知到肢体语言信息，声音语言信息决定了亲和力。

(3)决定声音语言信息的是心态。

(4)不适于长时间沟通，需要简洁。

(三)电话沟通的要求

电话沟通对于职场人员作用大、要求高。

(1)沟通程式：亲和力→察知心理需求→有效表述→促成。

(2)重视与正确把握声音语言，不但要声音热情、礼貌、清晰，还要有询问、记录、复述、FAB 表述，同时也要有正确肢体语言，保持精神的姿势、微笑的表情。

(3)调整到积极的心态。

(4)文字语言信息要简洁、有效、清晰。

二、电话沟通中的常见错误

电话沟通中常常会犯声音缺乏热情、有气无力、缺乏礼貌、对对方情况不了解、不聆听急着插话、在电话中长篇宏论、表述缺乏条理等问题。具体表现如下。

(1)声音缺乏热情与自信。接电话者此时接收信息主要来自于语音语调信息，热情的、自信的、肯定的声音会产生巨大的影响力；反之，无力的、没有感情的、吞吞吐吐的声音则产生负面影响。

(2)缺乏必要的客套与礼貌。没有必要的礼貌用语，不是“你好，是×××吗？我是×××。请帮……谢谢！”，而是“喂！给我叫老刘！”，同时语音冷淡、蛮横。

(3)抨击竞争对手。抨击竞争对手，反而可能会给客户留下不好的印象。

(4)不清楚谁是主要负责人情况。越多地了解客户的情况对工作就越有利。此时知道客户的名字，更容易使决策人接听电话，也会使对方有被尊重的感觉。

(5)不会聆听、急着插话。

(6)电话中的话语缺乏连贯与条理。语词的连贯产生力量，在电话中只接收声音，此时话语的停顿、不连贯、重复、没有条理，将产生很大的负面影响。

(7)在电话里谈论细节。如在电话中只能简单地讲一下产品对客户的利益，避免谈论关于产品的细节。在客户了解不全面的情况下，反而会容易因为细节不清楚从而产生误解，以致失去机会。

(8)在电话里与客户讨价还价。在电话里与客户讨价还价不是正确步骤，应在确认客户的需求后，一般情况下都是见面商谈，而且是在表述利益后再讨论交易条款。

总结上述所犯错误，可归结为：(1)(2)(3)(8)导致丧失亲和力，(4)(5)导致不了解心理需求，(6)(7)导致不能有效表述，(8)导致不能有效促成。所以，电话沟通中不管是打电话还是接电话，都要符合“亲和力→察知心理需求→有效表述→促成”的沟通程式，需要从声音、礼仪、察知心理需求、简洁地表述、有效促成这几个方面严格要求。

三、打电话

电话沟通中的打电话需要符合沟通程式，同时尽可能地表述简洁。在电话沟通实践中有如下步骤：做好准备→亲和力→察知心理需求→有效表述→促成。

（一）打电话前需做好准备工作

要有好的电话沟通，就须事先做好准备工作。“不打无准备之战”，绝对不是拎起话筒就可以的。要从心理了解对方性格与需求，在电话语言设计等方面作好全面的准备。

1. 了解客户

在给客户打电话之前，要有目的地去了解客户。只有准确了解客户显性需求、潜在需求、客户的远大目标，才能有的放矢，赢得客户的关注与信任。收集客户资料可以通过多种途径来进行，例如通过客户的行业杂志或通过互联网等。

2. 找出关键的人物

找对人才能有沟通效果，因为关键人物才能决定结果。比如，业务中负责客户相关业务的关键人物可能至少有两位：一位是部门的主管人员，他是使用者，提出采购的要求；另外一位是客户的采购经理（或者是董事长或总经理），他做最后的决策，最终决定是否接受你的产品或服务以及可能接受的具体条款。

3. 做好语言准备

（1）预先准备好文字信息：根据本次要达成的目标进行谈话内容整理，设计好电话脚本，简要记下目标、人物、观点、证据等要点，预防忘词与提示。

（2）准备好声音语言：通过心理热身与身体活动，激发兴奋。

（3）准备好肢体语言：通过活动身体，使身体激发活力。

4. 目的明确是为了简短信息沟通

打电话的目的是为了沟通简短信息，而不是长篇大论。所以，在职场中打电话是为了告知客人有关简短信息。如在业务销售中，打电话是为了通过电话沟通获得拜访（面谈）客户的机会，即电话是用来约访的，而不是希望通过电话沟通来做业务。

（二）活力身心

打电话时的肢体语言直接关联着声音语言信息，从而决定了接听者的接收信息效果，所以打电话时就必须有像面对面沟通时那样的言行举止。

（1）身体端坐、最好是站立。

（2）保持笑容，笑容关系着发送的声音质量。

（3）举止得体，专注地、礼貌地感知着接听者。

（4）全神贯注地听，不能同时做别的事情如写信、看文件等，对方能够切实感受到。

（三）亲和力建设

（1）时间要适宜：一般不宜在三餐时间、晨7时前、晚十时半后打电话，持续时间以3分钟为宜、若超过3分钟须说明主题并询问是否方便。

（2）话语有礼貌：先招呼，须礼貌用词，注意双方的角色选择语词，比如称呼“先生，您好！”；询问对方单位，得到肯定答复后报上自己的单位、姓名；问清楚对方，致谢语。

(3)声音热情。

(4)运用"开场白"原则进行简单寒暄。

(5)语言简练,避免在电话中与客户讨论细节问题、沟通琐碎信息。

(6)当对方答应找人后,应手持电话静候,不做别的事或聊天;如对方说你要找的人不在,切不可将电话挂断而应表示感谢。

(四)贵在询问与聆听

(1)简单询问,主要为了核对真实情况,通过事前准备充分了解客户。

(2)在询问后须聆听,要记录、复述核对。

(五)有效表述、沟通准确

(1)运用 FAB 表述,表达清晰、有条理,避免"牛头不对马嘴"、语词不支持当前话题。

(2)语速适中,音调悦耳、音量洪亮、语调自然,发音清晰。

(3)仔细斟酌语词,避免使用模棱两可的语言、专业术语、不适合的俗语。

(4)表达连贯,不能停顿、前后不一,所以打电话前需列一下提纲或设计电话脚本。

(5)重要事情应向接电话人询问是否听清楚并记下,非常重要的请他再复述一遍,同时自己也记录下来以便查阅。

(6)简洁表述。

(六)有效促成、简洁地化解异议

打电话时,往往会遇到客户说"马上要开会,不方便继续通话"等情况,这其实是客户提出异议的一种方式。对于客户的此类异议,最好的处理方法是请求客户给自己一两分钟的时间简明扼要地表达自己的意图,在一般情况下,客户都会满足这样的请求。职场人员可以利用这个机会设法引发客户的兴趣。在遇到客户异议时,切记不可绝望地马上挂掉电话,因为立即挂掉电话意味着沟通的失败。

【典型案例】

小马电话约访何主任

销售员:您好,请问何彩丽主任在吗?

何主任:我是。

销售员:何主任,您好!我是 SLT 公司的销售代表,马力。相信您一定听说过我们公司生产及销售的 Seed 牌电脑。

何主任:哦,我知道。

销售员:我听说《今日晨报》最近要更新一部分电脑,我可以在星期三上午 10 点拜访您,和您就这个主题面谈一下吗?

何主任:嗯……你先把你们产品的介绍资料和报价寄过来,我们研究一下,再与你联络吧!

销售员:好的,我可以先了解一下《今日晨报》对电脑设备的需求情况吗?

何主任：我一会儿要去开会。

销售员：那好，我抓紧时间，只有两个简单的问题，这样我给您寄的资料会更有针对性。

何主任：好吧。

销售员：我们公司的产品有台式电脑、笔记本等各种电脑系列产品，不知道您对哪类产品更感兴趣。

何主任：你先把笔记本电脑的资料寄过来吧。

销售员：那您是想给什么职位的人购买呢？

何主任：有些记者的笔记本电脑需要更新了，不过我们还没有最后决定呢。

销售员：好的，我马上将笔记本电脑的资料快递给您，今天下午就会送到。我们开发的几款新产品，非常适合像《今日晨报》这样发展迅速的报社使用。希望能有机会拜访您，并当面介绍一下。您看我们暂定在星期三上午10点好吗？资料到了以后我再与您电话确认一下见面时间。

何主任：看过资料以后再说吧！

销售员：《今日晨报》发展很快，上周我在杭州出差时，杭州的报摊上也可以买到《今日晨报》了。

何主任：是呀，我们在杭州也建立了分销系列。

销售员：是吗？杭州是我负责的销售区域，那里的市场环境很好，商业发展很快。

何主任：杭州的确是个好地方。对不起，我要去开会了。

销售员：好吧，谢谢您，何主任。希望我们能够在星期三上午10点见面。

当天下午，何主任收到了资料。与资料一起，还有两盒西湖龙井。

（来源：百度文库，http://wenku.baidu.com/）

四、接电话

与打电话一样，接电话也需要符合沟通程式：亲和力→察知心理需求→有效表述→促成，同时尽可能地简洁表述。在电话沟通实践中应遵照如下要求。

(1)微笑着接听电话。

(2)铃声响3遍即迅速拿起电话。

(3)主动问候对方。国际通用的接电话语言是："您好，某某单位某某部门，请讲"

(4)表示理解，用温暖友好的语调。

(5)运用询问(例"我怎样才能帮助你？")来获得信息。

(6)聆听：全神贯注于对方与当前话题，并记录与复述。

电话记录包括五部分内容：时间(包括年、月、日、时、分)，单位，姓名及电话号码，主要内容，处理意见；最后记录人签名。

(7)经常性地用一些提示语言向对方表示正在听，例如"是的"、"我明白"。

(8)尽可能迅速、准确地回答对方的问题，如无法帮忙则告诉他能为他做些什么，记得尽快将电话转给别人。

(9)结束时确认你的记录，检查所问过的所有问题与得到的信息。

(10)感谢对方。

小贴士

接电话(A是xx公司秘书)

A:“您好,这里是×××公司,我是×××,请讲”

B:“请问你们的销售主管王先生在吗?”

A:“对不起,他现在不在,请问怎么称呼您?”

B:“我姓陈,我是他的一个客户,有一件事要咨询他,他什么时候时候回来?”

A:“对不起,他可能在短时间内回不来,如果方便,您可以留下电话和想要办理事务的简要内容,以便他回来及时回电给您。”

B:“好的,我的电话是×××××××××,我要咨询他新产品的购买问题。”

A:“方便留下您的全名吗?”

B:“我的全名是陈XX。”

A:“您好,陈XX女士,您的电话是×××××××,您想咨询他新产品购买的问题,有什么遗漏吗?”

B:“就这些,没有了。”

A:“好的,我一定及时将您的电话转给王主管,谢谢您的来电。再见。”

B:“再见。”

A:(听到对方挂断电话,再挂断电话,注意挂断电话要轻放话筒。)

第三节　书面沟通

一、书面沟通的特点、规律与要求

在工作与生活中,除了口头沟通、电话沟通之外,还有一种比较正式的、以纸质载体留存信息的沟通方式,那就是书面沟通。主要的书面沟通形式有文章、信件、便笺等。

(一)书面沟通的特点

(1)保存信息:文字信息存于纸质载体,可留存信息。

(2)信息单一:只有文字信息。

(3)互动慢:不是即时反馈,反馈速度慢。

(4)正式:作为正规信息资料,内容严谨、有条理,内容组织格式清晰。

(二)书面沟通的规律

作为一种正式的、用于信息留存的沟通方式,沟通者以书面信息进行沟通时,同样经历亲和力(对文章的第一印象)、问题与目的是否明确、是否有效表述、有否提出有效建议的心理感知,尤其对于材料的视觉观感、内容的逻辑性与有效性、段落格式的规范性、抬头与落款的礼貌用语等方面,相比较其他沟通方式更加敏感和更高要求。书面沟通的规律如下。

(1)沟通程式:亲和力→察知心理需求→有效表述→促成。

(2)亲和力非常重要,缺乏亲和力意味着书面文章丧失被认真阅读的机会。

(3)文字语言信息相对缺乏吸引力,但书面文章表面的视觉观感(如纸质、字体、干净、清楚)、段落格式的规范性、礼貌用语、内容组织的逻辑性与有效性、组合运用图表与数字材料信息,引发亲和力。

(4)视觉观感、礼貌用语取决于心态。

(三)书面沟通的要求

不管是学生还是员工,不管是普通员工还是管理者,书面沟通都是生活与工作中不可或缺的沟通方式,不但可以帮助达成有效沟通而且还体现了自己的综合素养。

(1)书面沟通须符合沟通程式:亲和力→察知心理需求→有效表述→促成。

(2)要非常重视构建书面沟通的亲和力,从书面文章的视觉观感、礼貌用语、段落格式的规范性、内容的逻辑性与有效性、图表与数字插入运用等方面,培养文章的亲和力。

(3)书面沟通时心态须调整到积极状态。

二、文章写作

文章是相对于信件、便笺等较简短与非正式应用文的一种正式的、公开的、比较系统完整的专业性应用文,包括报告、论文、说明书等文体,是一类非常正式的书面沟通方式。沟通者在文章写作中,永远要从文章阅读者的心理角度考虑,所以仍要遵从沟通程式"亲和力→明确需求→有效表述→促成",同时鉴于其公开性与专业性,文章写作须遵照如下要求。

(一)培养文章的亲和力

(1)书面文章的视觉观感要好,如表面干净、字迹端正、载体适当,第一眼感觉好。

(2)段落格式需要规范,段落、段落符号、段落标题、首字位置按照规范,没有段落、没有段落符号、没有段落标题的文章,通篇文字挤在一起,没有人愿意看。

(3)在文章中多插入图表与数字材料,增加文章的可看性、可信度。

(4)文章忌讳长篇大论。

(5)写作时心态须调整到积极状态,认真写作。

(6)在文章开头或结尾处适当地方运用恰当的礼貌用语,如"从……角度对问题做一些粗浅的探讨,还期望专家扶正"、"本文受到了……的帮助,对此深表谢意"。

(二)明确文章需求

(1)明确背景情况。

(2)说明问题情况与严重后果,要深入而具体,有明确的负效果与正效果对比,以产生强大震撼力。

(3)写清楚文章目的即问题解决的效用意义。

(三)有效分析与方法论述

(1)问题产生的原因分析。

(2)解决问题的方法陈述。

(3)内容强调逻辑性与有效性,紧紧围绕问题解决这一目标来陈述观点、运用FAB原则。

(4)进行可行性论证,即以实际的正反案例来证明方法的正确性。

(5)运用数字模型或公式来进一步证明方法的正确性。

(四)有效促成

根据实际情况提供建设性建议或方案,提请决策者或沟通对方做出抉择。

三、信件书写

信件是特定沟通者之间以纸质载体传递文字信息的、不公开的、私密性的书面沟通方式,相比较文章而言专业性不高、具有私密性,所以文体相对比较随意,但收信者的心理要求还是一样的,即要求符合"亲和力→明确需求→有效表述→促成"的沟通程式。信件书写要求如下。

(一)信件写得清楚、有礼貌

(1)信件字迹端正、清楚,让收信者看得明白、看着愉悦,而不是心生厌烦。

(2)信件中要有礼貌与尊敬,如尊称、礼貌用语、中肯而不冒犯的文字、祝福的结束语、敬语、具体的姓名。

(二)明确目的需求

(1)清楚告诉读信者写信的目的:事情的情况、产生的后果、希望,写信前先问问自己我写这封信是为什么。

(2)了解对方心理,根据目的与对方的心理来组织词语、语气、态度等。

(三)内容有效并确保准确理解

(1)围绕目的组织文字,须遵循 FAB 原则,观点简洁、有效用。

(2)尽可能通俗、简练,尽量不用专业术语,让人容易理解、准确理解。

(四)最后总结并落款

最后须提出建议与要求,希望对方反馈。

(五)信件内容遵从"SCRAP 法则"

(1)事件的情形(Situation)。首先告诉读信者信的主要内容是什么,如"上周交货时间晚了"。

(2)产生的后果(Consequences)。接着阐明这一事件带来的后果,如"这种事件已经发生过很多次了,它多次导致我们未能按时完成工作"。

(3)解决的方式(Resolution)。然后建议一个可行的办法,如"我们了解到是因为……那么如果……是不是可以避免再次发生这样的事情"?

(4)具体的办法(Action)。指出自己会采取什么办法、期望对方做什么样的配合(改进),如"你们可以确保送货车早些出发,以便……"。

(5)用词的礼貌(Politeness)。不管是否反感,用词上一定表现得彬彬有礼、不用冒犯的文字,并尽可能以祝福性的话语来结束,否则就不会有积极回应。如"请尽力……好吗?"、"祝……"、"谨上"等。

四、便笺简函书写

便笺、简函是一种简短的书面文件，在我们工作与生活中有着重要的作用。便笺可以作为一种简短信件留给别人，内容是核实在谈话或会议中涉及了哪些具体事项、达成了哪些协议，可以对他人发布一些指示与建议。简函是发给部门或个人的简短的、公开的函件，内容可以是背景情况说明、要求或指示建议。书写内容要求：可以使用“SCRAP 法则”，但内容要很简短；可以运用通俗词语，不必充满术语、行话。

第四节　网络沟通

一、网络沟通的特点、规律与要求

电脑改变了人们的沟通模式。过去我们告别时常说：“记住给我写信。”后来常听到：“再见，有事打电话。”而今天人们的告别语是：“记住给我发 email，有话 QQ。”可见，网络逐渐代替传统的沟通模式。至少，目前网络已经成为人际沟通主要形式之一，收发邮件、网上聊天、网上教育、网上商务、网上求职等，几乎是人们每天在做的事情。

网络沟通是指在网络上以文字符号为主要语言信息，以交流思想和抒发感情为主要目的的人际沟通。常见的沟通方式有 Email（电子邮件）、BBS（网上论坛）、IRC（网上聊天）、虚拟社区发表评论等，但主要方式是 Email、网上聊天。

（一）网络沟通的特点

（1）间接：借助于电脑进行沟通。

（2）不全面：主要传递文字语言信息。

（二）网络沟通的要求

网络沟通中的信息接收者，同样要求沟通要遵从“亲和力→了解需求→有效表述→促成”沟通程式。

二、Email

Email 是一种类似传统通信手段如信件的沟通方式。但它有自己的特点：速度快、没有空间制约；可以传递数字化的多媒体，包括文字信息、声音信息、图像信息；传递的都是数字化信息，那么背景信息就缺乏，比如真实字迹都不知道，这样会影响到整体的沟通质量。

（1）Email 是简易版的信件，对其文字组织的要求与信件基本相同，只不过要简洁。

（2）非常注意礼貌用语与请求语句，如尊称、请求、谢谢、祝福与敬语、署名。

（3）有明确的主题，如“王小武致王经理的……”。

（4）有附件的，还要有简洁的说明与致谢，如“王经理：关于……的资料已发给你，请查收。谢谢。王小武。2012　6　1”。

三、微博

微博,即微博客(MicroBlog)的简称,是一个基于用户关系的信息分享、传播以及获取平台,用户可以通过 WEB、WAP 以及各种客户端组建个人社区,以 140 字左右的文字更新信息,并实现即时分享。最早也是最著名的微博是美国的 twitter。2012 年 1 月,据中国互联网络信息中心(CNNIC)报告显示,截至 2011 年 12 月底,我国微博用户数达到 2.5 亿,较上一年底增长了 296.0%,网民使用率为 48.7%。微博用一年时间发展成为近一半中国网民使用的重要互联网应用。

四、网上聊天

网上聊天是基于网络平台如聊天室、QQ 进行交流的沟通方式,它与口头沟通的聊天有很大区别。网上聊天主要通过文字语言信息进行传递,无法传递声音语言、肢体语言信息,无法感知到对方的情绪反馈;而文字语言信息是可以有意识加工的,所以网上聊天的信息有极大的不真实性、不全面性。但文字信息交流有利于理清思路,有助于加强交流的深度。网上聊天需要即时反馈,会不耐烦于迟钝的反应;匿名状态下的沟通,有两种极端,或者克服羞涩心理完全本色沟通、或者以非真实身份来参与聊天;不一定会有共识,但可以享受聊天这一过程的乐趣,有人会因此乐此不疲、深陷其中。好坏掺杂,莫衷一是。

要达到较顺畅的网上聊天,有很多讲究,随着网络世界的发展,一切都在变化中。下面是有助于加强沟通的几个要点。

(1)要即时反馈,反应要快,不然将失去聊天对象。

(2)熟练使用网络符号与网络时尚语言,会加强认同感,形成亲和力。

(3)沟通中加强娱乐性,娱人而娱己,在聊天中感受愉悦、培养亲和力。

本章小结

本章主要讲解了以下几个问题。

(1)口头沟通:口头沟通的特点、规律与要求、口头沟通中的肢体语言、口头沟通中的声音语言、口头沟通中的文字语言、口头沟通要则。

(2)电话沟通:电话沟通的特点、规律与要求、电话沟通中的常见错误、打电话、接电话。

(3)书面沟通:书面沟通的特点、规律与要求、文章写作、信件书写、便笺简函书写。

(4)网络沟通:网络沟通的特点、规律与要求、Email、微博、网上聊天。

本章测试题

一、单项选择题

1. 在组织系统内,(　　)是圆满完成组织工作任务的前提。

A. 确立目标　　B. 完善制度

C. 情感沟通　　D. 各部门领导之间互相支持

2. 哪种情况下,为上级出谋划策最好(　　)。

A. 别人听从指挥的时候　　B. 你的建议是有利于工作进展的
C. 别人在越级时　　D. 上司对你刮目相看时

3. 一个人能有效地与他人进行交流的主观条件是指(　　)。
A. 说话能力　　B. 智力　　C. 沟通能力　　D. 谈判能力

4. 各种具体的利益冲突是引发突发性群体事件的(　　)。
A. 基础性根源　　B. 政治因素　　C. 文化因素　　D. 导火索

5. 对于(　　)沟通，信息的清晰度受空间距离远近的影响。
A. 电话　　B. 网络　　C. 口头　　D. 会议

6. 沟通的重要媒介是(　　)。
A. 语言　　B. 语音　　C. 语调　　D. 语法

7. 遵守信息适度、信息真实、内容贴切、方式简明的规则是沟通原则中的(　　)。
A. 针对原则　　B. 合作原则　　C. 及时原则　　D. 择机原则

8. 下面不是沟通的主要因素的是(　　)。
A. 信息　　B. 传递者　　C. 编码　　D. 理解

9. 有的人游刃有余，人际关系和谐；有的人到处碰壁，人际关系紧张的原因是(　　)。
A. 沟通能力的强弱　　B. 人缘的好坏
C. 人品的好坏　　D. 朋友的多少

10. 由沟通造成的冲突主要来自(　　)。
A. 语言表达困难　　B. 误解
C. 沟通渠道中的干扰　　D. 知识结构

二、判断题

1. 沟通是一种时间的艺术，不同的环境可采用相同的沟通方式。　(　　)

2. 沟通的方式有语言沟通和非语言沟通。　(　　)

3. 口头沟通中的文字语言要有效、清晰、简洁、恰当。　(　　)

4. 电话沟通简洁方便，无须做准备工作。　(　　)

5. 在工作与生活中，除了口头沟通、电话沟通之外，还有一种非正式的、以纸质载体留存信息的沟通方式，那就是书面沟通。　(　　)

三、项目操作题

1. 电话沟通实践。

情景一：销售《客户沟通技巧》培训课给××公司，电话约访该公司文经理。

情景二：接听客户(××公司的销售经理)对《客户沟通技巧》培训的咨询。

情景三：写电话约访的脚本。

2. 写一份应聘营销岗位的自荐书。

3. 写一份便笺：交代相关事情，内容自定。

4. 写一份致总经理的“×××问题与建议”的报告书。

第一单元　项目训练

训练项目一:仪表仪态训练

(一)实训目的

通过实训,使学生掌握正确的仪态和规范的动作要领,从而改变仪态行为中的不正确习惯,逐渐完善个人形象,提高学生的个人综合素质。

(二)实训内容

站姿、走姿、坐姿、蹲姿、手势的训练。

(三)实训步骤和要求

1. 正确的站姿、走姿、坐姿、蹲姿练习。在教师的指导下,学生分组练习各种正确的站姿、走姿、坐姿、蹲姿,纠正自己或互相纠正不正确的姿势。

2. 练习正确使用各种手势。自己练习,然后分组观摩并进行评议。

3. 步态训练:

(1)在老师的指导或他人的帮助下进行练习,或自己对着镜子练习。

(2)在地上画一条直线或放一条长绳进行走姿训练。

(3)头顶物品进行平衡训练。

(四)实训时间分配

共计 6 课时,其中站姿、走姿 2 课时,坐姿 2 课时,手势、蹲姿 2 课时。

(五)实训地点

舞蹈训练室或教室。

(六) 评分标准

本次实训实行百分制,教师根据学生在项目中的表现给予评分,平时成绩(10 分)。

1. 考核标准:出勤 5 分,课堂表现 5 分。

2. 个人仪态(80 分):

(1)站姿符合标准 20 分;

(2)坐姿符合标准 20 分;

(3)走姿符合标准 20 分;

(4)蹲姿、手势符合标准 20 分。

(七)实训成绩考核

根据实训的各项内容,依据评分标准给每位同学打分,学生评价和教师评价相结合,最后评出优、良、中、合格、不合格几个等级。等级评定如下。

优秀:86——100 分

良好:76——85 分

合格:60——75 分

不合格:60 分以下

训练项目二：了解人与表达能力训练

（1）训练目标：考核观察力、询问力、书面沟通与口头沟通能力。

（2）训练内容：观察、询问、聆听、记录、表达，以及肢体语言、声音语言、文字组织。

（3）训练设施：2 位同学，纸和笔。

（4）训练步骤：找一位不与你坐在一起的、你认为不错的同学（至少隔 2 个位置），每 2 人一组；其中一人作为记者对其进行采访，采访的内容与形式由自己决定，时间 3 分钟；采访完成后进行角色交换再采访一遍；完成后每位同学把采访信息做一次一分钟的演讲，要把被采访者最有效地销售给大家。

训练项目三：训练电话沟通

（1）情景：中午 12 点快要到了，405 客房的客人还没有下楼。此时预定来入住 405 客房的客人已到。在总台，你怎么电话沟通 405 客房的客人？

（2）实训目标：考核与训练反应能力与服务意识，电话中的内容组织与声音语言运用。

（3）实训设施：学员、电话。

（4）实训步骤：打电话给 405 客房的客人→有效表达→点评。

（5）任务："电话××公司商谈会务安排事宜"；"接订房咨询的电话"；"接订餐电话"；"接电话抱怨与投诉"；检查拨打、接听电话的要点，找出目前的不足之处后制订自己的改进计划。

第二单元

职场沟通中的礼仪规范

第四章　职场沟通中的形象礼仪

【案例导入】

王子和乞丐

比尔和汤姆同一天出生，不同的是，比尔贵为王子，在宫廷里过着衣食无忧的生活；而汤姆则生在穷苦家庭，过着食不果腹的日子。

比尔厌倦了王子的生活，非常想到宫廷外面去看看。终于有一天，他趁仆人不注意，偷偷地溜出了宫廷。他走街串巷，尽情地玩耍。一个偶然的机会，比尔王子碰到了和自己长得有点像的同龄人汤姆，两人相谈甚欢，最后王子提议两人换穿衣服。

听说宫廷里有很多好吃的，汤姆毫不犹豫地和比尔王子换穿了衣服。于是汤姆进宫当了王子，而比尔成了马路边的乞丐。

时间一天天过去了，饥寒交迫又受尽地痞流氓欺负的比尔终于受不了了。

“我不是乞丐，我是这个国家的王子！”比尔哭喊着。可是，又有谁会相信呢？——他穿着的可是乞丐的衣服。

请思考：《王子和乞丐》这个故事说明了什么问题？

【知识传授】

第一节　职业形象在职场中的作用

随着社会的发展，形象的包装已不再是明星的“专利”，普通职场人士对自己的形象也越来越重视。因为好的形象可以增加一个人的自信，对个人的求职、工作、晋升和社交都起着至关重要的作用。形象设计师建议，好的形象并不只是靠几件名牌衣服就可以建立，人们应该更多重视到一些细节上。

一、职业形象的含义

职业形象是一个人在职业生涯中给人的长期印象的总和，即人们对他的视觉和心理感受的程度。职业形象，当然需要与职业紧密结合，然而其中最重要的是要体现出在职业领域的专业性。如果想事业有成，首先得让人看起来就像事业有成。

具体地说，良好的职业形象应该是个人内在素质的外在体现。不同的人在不同的职场有着不同的职业形象，大学生作为即将走入职场的新人，有必要迎合市场的需求打造好专业的职业形象。

美国洛杉矶大学心理学教授马瑞·比恩博士在多年的调查中得出的结论表明：在求职者应聘的过程中语言占7%；语调占38%；视觉（即形象）占55%。一些公司的人事部门主管认为："个人形象是至关重要的，职员代表着公司的形象，职员的形象直接反映着产品的质量。"由此可见塑造个人形象的重要性。

【典型案例】

"失败"的博士

某名牌大学的博士生被一所大学聘为副教授，因为他学有专长，且扎实厚重，很快就赢得了广大师生的认可。但是，他除了学问一流外，其他方面就不敢恭维了，主要的问题在于生活中极其不重视自我形象。他的观点是"个人的魅力应该体现在能力和品格上，过于讲究穿着是凡夫俗子所为，靠它们无法为自己积累任何的学识和财富"，而且认为不修边幅、我行我素更能展现独特的个性，是一种与众不同的人格特点。

后来，有人给他介绍了个女朋友，见面之前朋友友善地提醒他，让他注意一下形象，最好是修饰打扮一下。他却认为完全没有必要，自己名牌大学的背景、博士的身份都让他身价大增，亮丽的外表无法同这些相比。他振振有词地对朋友说："如果一个女孩子仅仅是因为我的外表而钟情于我的话，那只能说明她的肤浅，这样的女朋友不要也罢。真正有内涵的人是不注重外表的。"

就这样，他依然不修边幅、信心十足地去赴约了。女孩子漂亮又有气质，博士对她一见钟情，分手时主动向女孩要电话，可她委婉地拒绝了。

他以为只有自己看不上女孩子，居然还有女孩看不上他。他百思不得其解，终于忍不住问了那个介绍他们认识的朋友。朋友回答说："那女孩说你生活过于邋遢，不注意个人形象，这是对自己，也是对他人的一种不尊重。"

博士愕然，他从来没有想到，形象于人竟是如此的重要。

形象代表了一个人的个人修养和生活习惯，不注重个人形象足以让你失去人生中最宝贵的东西。

（来源：《初战职场》，哈尔滨出版社）

二、职业形象与职业发展的关系

个人的职业形象和职业发展有着密切的关系。

1. 个人的人性特征、特质通过形象表达，容易形成令人难忘的第一印象

第一印象在个人求职、社交活动中会起到很关键的作用。特别是许多人力资源部门在招聘员工时，对应聘者职业形象的关注程度要远远高于人们的估计。甚至许多公司在面试中对职业形象的关注比重很大。因为他们认定，那些职业形象不合格、职业气质差的员工不可能在同事和客户面前获得高度认可，极有可能令工作效果打折扣。

2. 职业形象强烈影响个人业绩

首当其冲的就是业绩型职业人，如果自己的职业形象不能体现专业度，不能给客户带来信赖感，所有的技巧都是徒劳的。特别是对一些进行非物质性销售工作的职业人，客户认可更多的是人本身，因为产品对他们来说是虚的。即使是人力资源部门的人，如果在和政府机关、事业单位、合作伙伴打交道过程中，职业形象欠佳，极有可能把良好的合作破坏。

3. 职业形象会影响个人晋升几率

获得上司的认可是晋升的核心要素之一，如果因为在上司面前职业形象问题导致误会、尴尬甚至引发上司厌恶，业绩再好也难有出头之日。如果在同事同级层面上因为职业形象问题导致离群，被孤立、排斥，那么就该断了晋升的念头。

4. 职业形象决定职场命运

在这个越来越“眼球化”的社会，一个人尤其是职场人士的形象将可能左右其职业生涯的发展前景，甚至会直接影响到一个人的成败。据著名形象设计公司英国 CMB 对 300 名金融公司决策人的调查显示，成功的形象塑造是获得高职位的关键。另一项调查显示，形象直接影响到收入水平，那些更有形象魅力的人收入通常比一般同事要高 14%。职场中一个人的工作能力是关键，但同时也需要注重自身形象的设计，特别是在求职、工作、会议、商务谈判等重要活动场合，形象好坏将决定人们的成败。

以往，人们往往以为形象只是指发型、衣着等外表的东西，实际上现代意义的形象包括仪容（外貌）、仪表（服饰、职业气质）以及仪态（言谈举止）三方面，其中最为讲究的是形象与职业、地位的匹配。一个人好的形象，不光是把自己打扮得多么美丽、英俊，最主要的是要做到自身发型、服饰、气质、言谈举止与职业、场合、地位以及性格相吻合。

服饰、仪表是首先进入人们眼帘的，特别是与人初次相识时，由于双方不了解，服饰和仪表在人们心目中占有很大分量。如果给别人一种不好的印象、不信任的感觉，那么就很难被别人所接受，更不用说赏识和被提拔了。反之，如果给人一种积极、正面、专业的形象，不仅易于被接受，同时无形之中也会提高自己的价值。

第二节　职业形象与职业形象设计

一、职业形象的特征、构成与类型

（一）职业形象的特征

1. 稳定性与可变性的统一

（1）稳定性。职业形象的稳定性表现在两个方面：一是职业形象中的主要构成要素可以超越不同的社会和时代进行继承；二是在同一行业或组织中，由于长期的职业训练所养成的职业行为习惯、职业工作模式也都是大同小异的，而其基本要素又是不易改变的。

(2)可变性。社会分工的发展和细化,引起了职业的多变化和多样化,这就为职业形象的变化提供了广阔的空间。加之形象与时尚的必然联系,职业形象的变动就是必然的,是绝对的。

2. 个性化与规范化的统一

(1)个性化。不管是否刻意塑造,每个人都有自己的形象。多数时候,可能并没有有意识地去设计自己的形象,但这并不意味着别人就不注意你的形象,这就是职业形象的个性化特点。

(2)规范化。规范化的特点不仅体现在职业着装上,更重要的是体现在职业心理、职业行为、职业习惯等方面。

3. 主动性与被动性的统一

(1)主动性。它是从业人员对自我职业形象的一种自觉认同,主动、自觉地按照行业或组织的要求,设计自己,完善自己。

(2)被动性。它是行业或组织,乃至社会公众对从业人员的一种职业要求,从业人员必须按照某一特定标准来设计自己,完善自己。

(二)职业形象的构成

1. 行业或组织形象系统

行业或组织形象系统是一个规范化的运作系统,也是一种潜在的文化氛围。

(1)行业文化。它是一个行业内的从业人员在长期工作过程中所形成的行业价值观念、行业准则、行业规范、行业道德、行业传统、行业习惯、行业礼仪等,是一个行业成文或不成文的各项规定。

(2)组织文化。一个组织的文化是由多个要素构成的,这些要素在不同程度上影响组织文化的建设与发展。起决定性作用的主要有共同价值观、行为规范、形象与形象性活动三个要素。

2. 个体的精神面貌系统

(1)职业理想。它是人生理想的一个组成部分,是指人们在社会分工的前提下,选择什么样的具体职业以及希望达到的职业成就,从而实现自己对人生目标的追求。

(2)职业道德。它是一种社会行为规范,是社会道德在特定的职业活动中的具体化,是人们在长期的劳动实践中,在行业或组织的工作中,逐渐训练、养成的一种具有一定约束力的行为方式和传统习惯。

(3)职业信念。它是一个行业、一个组织或一个人对自己所从事的事业的确定、自信的看法。

3. 个体的仪表形象系统

(1)职业素质。职业素质主要由职业精神和职业能力两方面组成。职业精神,包括敬业精神、社会责任、职业责任、专业意识、创新意识、协作意识、规范意识等。职业能力,包含职业基本能力、专业技术能力、职业发展能力等。

(2)职业气质。职业气质的形成,是一个人在长期的职业生活中历练的结果。职业气质，是从业人员个人内在的、长远的、深层次的职业形象。

(3)职业仪表。职业仪表在一个人的职业交往中有着非常重要的作用，人们通过职业仪表，可以判断身份和地位、能力和素质以及对所从事职业的态度。

【知识链接】

职业形象的参考标准

第一印象在7秒钟内决定：外观占55%；语气语调占38%；语言内容占7%。

(1)仪容之美：仪容通常指人的外观、外貌。

(2)修饰仪容的基本规则：美观、整洁、卫生、得体。

(3)个人仪容的修饰：头发(发型、发色)；面部(眉毛、牙齿)；皮肤、指甲、手、体毛；个人仪容保健保养；香水的使用。

(4)职业人员基本头发的修饰要求：庄重大方——简单造型、梳理整洁；清洁顺滑——至少两天一洗，适当护理；不妨碍工作——不能太长、太散。

(5)职业女性发型的修饰要求：以中长、短发为宜，如果是长发可以绑起。简约感觉的中长卷发突显简洁爽朗，干练洒脱，体现现代职业女性的精明干练；俏丽活泼的短发突显清爽秀丽、青春俏美；盘发突显干练、职业、传统、端庄；个性化发型只适合时尚职业者。

(6)面部的修饰；无异物(鼻涕、眼屎、牙缝异物等)；无异味(少吃生蒜、韭菜等食物)；工作前可嚼口香糖去除异味；女士应注意眉毛、脸毛、鼻毛的修整，平时注意面容的保养。

(7)四肢的修饰：注意指(趾)甲清洁与定期修剪，如有手足癣及皮肤病应及时治疗；职场不适宜留过长的指甲，女士可以涂肉色或者透明、淡色的指甲油；香水的使用与人擦肩而过时微微散发香味的最有礼貌，可在手腕、脚踝、耳后、后颈等部位抹一点。

(8)工作着装礼仪：女士的鞋子应穿包头船鞋或包头半凉鞋；鞋跟的高度以4~5 cm为佳(太高走起路会摇摆，太低则跟裙子不配、也不挺拔)；女士的袜子应穿着肉色丝袜，不能破、不能有花纹(穿凉鞋时不要穿丝袜)。

(9)饰物的佩戴：可佩戴简洁大方的饰品，如婚戒、简单坠子的项链；避免太夸张、太烦锁、摇摇晃晃的饰物；耳饰则适合戴耳钉，不适合晃动的耳坠；戴眼镜的女士，就不用戴耳饰了，因为焦点太多反而不美。

(10)化妆礼仪：平时化淡妆是对交往对象的尊重，勿当众进行；勿在异性面前；勿使化妆妨碍他人；勿使妆面出现残缺；勿借用他人化妆品；勿评论他人的化妆。

(11)表情礼仪笑容：要给人甜美，不矫揉造作让人感觉到真诚与亲切。微笑的内涵最丰富，具有神奇的魅力。最动人笑容是下颌略略向下，感觉很诚恳地面向正前方，嘴角微微上扬，一边看着对方，一边保持愉悦的笑脸。

(12)顾客看到的每一个细节都是你素养的展现：体态代表着教养，代表着身份；体态无时不存在于举手投足之间；在跟社交对象交往时，应展示出形态美。

(13)形体之美：优雅的体态是人有教养，充满自信心的完美表达。女性在站立时，注意表现出女性轻盈、娴静、典雅的韵味,要努力给人一种“静”的优美感;男性与女性站立“二、二、三”——“二”:“两收”,即小腹微收、下颌微收;“二”:“两平”,即肩平,两眼向前平视;“三”:“三挺”,即挺颈、挺胸、挺腿。

(14)服务站姿:优雅站姿是双脚一前一后地站成“丁字步”,即一只脚的后跟靠在另一只脚的内侧;双膝在靠拢的同时,两腿的前后略为重叠。

(15)坐姿礼仪:良好坐姿是指人体重心垂直向下,腰部挺直,上身正直;手自然放在双膝、单膝、椅子扶手上、前面桌子上;女士入座后,双腿必须靠拢,双脚也并齐。

(16)走姿:方向明确;步幅适度;速度均匀;重心放准;身体协调;造型优美。

(17)蹲姿适用情况:整理工作环境;给予客人帮助;提供必要服务;捡拾地面物品;自己照顾自己。

(18)手势礼仪常用手姿:横摆式——请进——请;前摆式——请喝茶;双臂横摆式——人多时表示“请”;斜摆式——请坐;直臂式——指引方向;上举式——再见。

(来源:《一生受益的心计学》,华中科技大学出版社)

(三)职业形象的类型

1. 整体形象与局部形象

整体形象主要包括职业气质、职业仪表、职业礼仪等整体方面的形象。局部形象主要是指职业着装、职业发型等局部方面的形象。

2. 外在形象与内在形象

外在形象是指人们感官直接感知的职业形象,如职业发型、职业着装、职业仪表等;内在形象则是指诸如职业素质、职业精神、职业能力等行业或组织的内涵的精神及文化理念。

3. 期望形象与实际形象

期望形象又分为自我期望形象和公众期望形象;实际形象也可分为自我感觉的实际形象和公众感觉的实际形象。

二、职业形象设计

(一)职业形象设计的含义

职业形象设计就是从业人员在职场中,根据特定的行业或组织对员工内、外在形象的要求,预先按照一定的方法、程序,依据自身特点来塑造自己,完善自己,使自己的内、外在形象符合行业或组织标准及其文化理念要求的行为过程。

(二)职业形象设计内容

1. 职业仪表

职业仪表包含职业化妆、职业发型、职业着装、职业仪态等内容。职业礼仪形象设计包含办公室礼仪、接待礼仪、电话信函礼仪、宴会礼仪等内容。

2. 职业能力形象设计

职业能力形象设计是职业形象设计的核心,根据职业人不同的职业、职位、职能,对应有不同的职业能力形象设计要求。如决策能力、管理能力、社交能力、表达能力、执行能力、学习能力等都有不同的形象设计要求。

3. 职业气质形象设计

职业气质形象设计实际上是一个长期的自我修养过程。气质包含内在的精神内涵和外在的心理状态。对一些心理状态的表达方式进行适当的调整与改变，就可以在一定程度上改善和改变气质，再经过长期的学习和培养，就会自然而然地形成新的职业气质形象。

4. 职业精神形象设计

职业精神形象设计也是一个长期的学习与培养过程。职业精神形象的设计与训练，重要的是丰富自己的精神内涵，确立积极的价值观和远大的人生目标，并加强知识的学习，提高自身的修养。

（三）职业形象设计的定位

1. 职业性

从业人员职业形象的定位，要在行业或组织统一标准和要求的基础上，灵活掌握外在形象的设计，注重体现自己的个性特征。最重要的是从业人员要领会职业形象的内涵，并以自己的个性更充分地体现行业或组织的精神与文化理念，同时提高自己工作的品质，为自己、为企业、为社会创造更多的价值。现代社会中，许多成功的组织都非常重视自己员工的职业形象，并希望通过自己员工良好的职业形象获得客户和公众的信任与认可。

2. 时代性

在进行职业形象设计时，应以设计出体现时代风貌的、受欢迎的形象为导向。一个职业形象设计成功与否，关键在于是否能把握时代，顺应大众审美的心理。

3. 科学性

在职业形象的设计中，以职业道德、行为科学、成功学、美学、公关礼仪等有关学科的知识与形象设计理论为指导，采用科学的方法进行总体设计，是职业形象设计的科学性原则。

4. 创新性

职业形象设计是一种信息传播活动，只有创新才能符合公众喜新厌旧的心理，才能引起公众的注意。创新性是形象设计最重要的前提。

5. 一致性

职业形象设计的结果要与形象主题的目标相一致。就是说，形象设计应符合形象主体的目标，符合形象主体的意愿，符合形象主体的现状。

6. 平衡性

职业形象设计要把握好公众期望与形象设计主体条件之间的平衡，要巧妙地做到求同存异。

7. 系统性

职业形象设计的各方面和整个过程都要有系统性。职业形象设计是一项系统工程，设计的各个方面、各个步骤只有系统化，才能使形象设计高效化。职业形象设计是一种必须分步骤进行才能做好的工作，是贯穿于个人和团队职业生涯全过程的工作，不是做一下子、做一阵子就能做好、做完的工作。

三、职业形象设计的实现条件和形式

（一）职业形象设计的实现条件

（1）条件包括人的性别、年龄、五官、体态、肤色、文化、爱好、性格、收入、生活方式等。

（2）发型、化妆、服装、饰物的造型、色彩、细节、风格、特色等无形的条件，这些要素在形象设计效果中占据的位置也相当重要，就如同画肖像要表现人物的内涵一样。

（3）职业形象设计是人们在职业活动中的形象，它随着职业活动的产生而产生，随着职业活动的变化而变化。

（二）职业形象设计的实现形式

1. 造型

形象设计造型通常用几何形体表示。

（1）长方形（H型）。长方形是在职业形象设计中应用比较广泛的一种，具有整体轮廓修长、简洁、庄重的特点，适用于比较正式的场合。

（2）正三角形（A型）。造型特点是上小下大，风格活泼，多适用于女性和年轻人。

（3）倒三角形（V型）。整体轮廓呈上部夸张，下部收紧，以直线条为主，曲线为辅，男、女形象均适用。

（4）对三角形（X型）。造型特点表现为上、下展开，中部收紧，常适用于女性形象。

（5）花瓶形（S型）。造型特点是以人的曲线为轮廓，对穿着者的要求比较苛刻，适用范围有一定的局限性。这种造型极富表现力。

（6）椭圆形（O型）。造型特点是宽松随意的线条，似乎是无形的感觉，整体效果丰满、舒适。

2. 比例

比例是任何艺术设计作品的结构基础，合理的比例有助于达到形象和谐的效果。设计比例分配要使造型与功能发生联系，把适用、结构合理放在首位。黄金比例（黄金分割）1:0.618是整体与较大部分之比、较大部分与较小部分之比，各部分的关系都符合严格的比例，人体就是黄金比例的最典型的实例。

3. 和谐

在形象设计中，不同的环境，人物的发型、头饰、化妆、服装、饰物等都有很多变化，色彩应用也呈多样性，但在设计中各种造型与色彩因素的变化必须和谐统一。

4. 均衡

（1）对称式。对称式是左右或上下完全对称或相同。在形象设计中对称式被广泛地应用，它表现出端庄、稳重的风格。对称式设计大方自然，可以适合多种职业形象设计。

（2）非对称式。非对称式均衡的实质是把不对称的形式稳定下来，给人以感觉上的平衡。这种形式的特点是自由、灵活、富于变化。

5. 呼应

(1)同形。同形呼应的方式是指某一种造型在整体造型中的重复出现。

(2)同色。服装、饰品设计及化妆用同一色彩或近似色彩,能使效果表现力强,富于感染力。

(3)同风格。风格是形式与精神共同的体现,可以说是设计的灵魂。风格既是无形的,又是有形的,因为风格需要用有形来表现无形。在同风格的呼应中,要有明确的表现目的。

(4)同质地。例如在服饰设计中,采用相同质地。

第三节　职业形象的定位

在现代社会,强调专业高于一切,所以“形象定位”必须充分考虑自己的工作需求。“认识自己”是让自己面对一个真实的自我,把真实的自我拿来面对社会,就是“形象定位”。

职业形象要达到几个标准:与个人职业气质相契合、与个人年龄相契合、与办公室风格相契合、与工作特点相契合、与行业要求相契合。个人的举止更要在标准的基础上,在不同的场合采用不同的表现方式,在个人的装扮上也要做到在展现自我的同时尊重他人。

一、成熟稳重是专业形象的关键

专业形象的设计,首先要在衣着上尽量穿得像这个行业的成功人士,宁愿保守也不能过于前卫时尚。另外最好事前了解该行业和企业的文化氛围,把握好特有的办公室色彩,谈吐和举止中要流露出与企业、职业相符合的气质;要注意衣服的整洁干净,特别要注意尺码适合;衣服的颜色要选择皮肤的中性色,注重现代感,把握积极的方向。

成熟稳重是专业形象的关键,所以在日常工作中一定要注意表现出自身的成熟。应该尽量避免脸红、哭泣等缺乏情绪控制力的表现,因为那不但显得脆弱、缺乏自制力,更会有破坏公司形象之嫌。另外,在言谈中表现出足够的智慧、幽默、自信和勇气,少用嗯、呵等语气词,会让人看起来更果断而可靠。

二、职业形象要突出个人风格

现在在中国职场唱主角的是20世纪七八十年代的年轻一代,他们的思维和性格越来越差异化、个性化,对自己职业形象细节的专注,对自己职业形象价值的认识也达到了前所未有的高度。因此在职业形象的设计上也必须在细节上体现出个人风格。职业形象的功能在于交流和自我表达,在于打造个人的品牌,如果在形象上千篇一律,没有个性,即使再得体、再职业化也是不成功的。

要想打造出自己的个人风格,首先要在形象顾问的协助下对皮肤、相貌、体形、内在气质进行对比、测量和分析,了解到自身的优缺点,然后再针对这些细节去寻找最适合的设计,如服装用色、款式、质地、图案、鞋帽款式、饰品风格与质地、眼镜形状与材质、发型等。每个人都有属于自己的独一无二的优点和气质,也许没有骄人的容貌,但有高挑的身材,没有清秀的五官，但有细腻的肌肤，问题是有没有发现自己的优点，并将它最大限度地展现出来。

第四节　大学生职场形象的设计

一、大学生职场形象的重要性

随着大学生就业市场和职场竞争的日益激烈，求职难已经成为困扰当今大学毕业生的一个普遍问题，不少大学毕业生甚至包括一些优秀毕业生在求职时都屡受挫折。为什么寒窗苦读却求职无门？这与职场竞争日趋激烈、大学生在某些方面的素质能力欠缺不无关系，但除此之外，大学生不具备职场所期许的形象也是一个不可忽视的重要原因，许多大学生在求职时所表现出来的形象让用人单位怀疑，这些即将进入职场的大学毕业生具备所需要的素质和能力吗？他拥有所需要的潜力吗？如何打造一个为用人单位所期许的良好职场形象，以成功推销自己，是摆在每一个求职和初入职场的大学生面前的一个紧迫而重要的问题。

既然职业形象是一个人在职业生涯中给人的印象，那么应该说唯有进入职场才有职业形象，大学生尚未进入职场，何以有职业形象？又为何需要打造职业形象？这是因为，大学生始终将进入职场，而在就业形势日趋严峻的情况下，他们能否顺利进入职场以及进入职场后能否成功取决于两个因素：一是实力与综合素质；二是具备不具备职场所期许的形象，即像不像职场中的人。具备职场所期许的形象，看起来像职场中的人，会帮助大学生叩开职场大门；看起来不像职场中人，则很容易被用人单位和招聘官拒之门外，失去很多机会。这一点正如罗伯特·庞德所说："大多数不成功的人之所以失败是因为他们首先看起来就不像成功者。再者，他们看起来就不想成功，或者根本不知道什么是成功，或者当成功的机会到来时，他们根本不知道如何把握成功。"当然，以像不像职场中人来衡量求职的大学毕业生也许不公平，但却难以避免。正如一位资深人力资源管理专家在谈到雇人标准时所说："以外表取人永远都是不对的，但不以外表取人似乎又是永远不可能的。"

著名企业家理查德·班纳德斯说过："我一直都很重视形象这一关，我觉得我不管做什么事情，都要和形象相关联。在别人没有了解和接触你之前，只能通过形象来感觉。"英国著名的形象公司 CMB 对 300 名世界著名金融公司的决策人的调查则表明，在公司中地位越高的人，越强调形象的重要，因而也就越注重形象的塑造与管理，并且他们也越愿意雇用和提拔那些有出色的外表和能向客户展现出良好形象的人。

从事具体管理和人力资源管理的人则一致认为：良好的形象比学历更重要。某保险公司人事部门主管在谈到形象在初次面试中的重要性时说："这是至关重要的。我们的职员代表着公司的形象，职员的形象反映着我们的产品质量。"当被问到什么是他们认为可信的形象时，他回答："能展示出自信、可靠，知道自己在干什么，整洁的外表，合乎身份的举止。"在他们看来，所谓优秀的职员形象至少应具备以下条件：一是沟通交流、公众演讲、流利的口才、出色的文笔；二是出色的外表形象，主要包括穿衣、修饰、个人卫生、发式、指甲、体形、礼仪等。

由此可见，对于正在求职的大学生来说，打造良好的职场形象已成为与锤炼职场修养同等重要、同样紧迫的事情，它不能等到进入职场后才去经营，而是进入职场之前就需要去做。一个大学生只有具备了良好的职场形象和修养，才能理直气壮地对用人单位说：我的素质和能力与工作职位要求相匹配，我将会是一个非常优秀的员工；而用人单位也才有可能对他的未来表现有一种良好预期。从某种意义上说，大学生的职场形象和修养，就如同个人品牌和标签，用人单位正是通过这个品牌和标签来认识与评价，决定是否颁发进入职场的通行证。

"千里之行，始于足下"。对于大学生来说，打造良好的职场形象和锤炼职场修养绝非一日之功，它要求大学生们必须从头做起，从点点滴滴的小事做起，从踏入大学校门第一天开始，就要进行自我磨砺、自我修炼，打好专业基础，致力于提高自身的专业水平和综合素质，尽量拓宽自己的知识面，多掌握一些实际技能，不仅要学习着装、谈话、礼仪的知识和技巧，还要学会运用成功心理学、社会心理学、公共关系学、市场营销学、哲学、人际沟通交流等一系列理论，同时还要深刻了解所要求职的单位的文化及传统，积极参加社团活动和社会实践，培养自己的领袖气质和实际工作能力。只有将以上方面有机结合起来，才能塑造出良好而完美的职场形象，并由此建立寻求卓越的成功理念，帮助自己克服求职及进入职场的恐惧，指导自己顺利求职和进行成功的职场实践。

当然，大学生塑造良好的职场形象的目的并不仅仅是为了追求外在的美，而是为了辅助求职的成功以及日后事业的快速发展，把自己的力量和成功的潜力展示给用人单位。从这个意义上说，良好的职场形象已成为大学生们成功求职和走向职场的一种不可缺少的战略和武器。谁能够瞄准市场，以良好的职场形象给招聘方以全新而良好的感受，让他们相信你是他们最合适的人选，谁就能够成功推销自己；而在职业生涯中，谁能够有效地展示出一个与期待的职位相符的形象，展现出一个自信、有潜力、值得信任的形象，谁就能得到更多、更好的机会，赢得更大的发展空间，上司和同事才会相信你能适合更高的位置、胜任更重要的工作。

在今天这个眼球经济时代，形象比任何时候都重要，良好而完美的职场形象对于正在求职和刚刚步入职场的大学生来说是最有价值的资产，它一亮相就会让你成功一半，因为它时时刻刻都在向用人单位和招聘官暗示："我是最棒的、我有修养、有能力、有潜力。"不仅如此，它还会不断地为你注入腾飞的力量。

二、大学生的职业形象设计策略

在众多的管理者中，人们普遍认识到良好的形象在应聘中甚至比学历更重要，形象设计、改变观念是条件，技术技巧是保障，大学生职场形象指导势在必行。良好的职场形象至少要从两点做起：一是内在的素质，二是外在的形象。

良好的外表形象基本包括仪容、仪态、仪表三个方面。仪容美重在外貌长相；仪态美重在形体、举止应优雅大方；仪表美从笼统的意思上讲就是指人的容貌、衣饰、神态、修养等多个方面的综合。人的仪表美往往与他的思想道德品质、生活的情调以及文明的程度有关系，也就是说一个人的仪表可以表露出这个人的内在修养，一个人假如长相漂亮可是却没有内涵，那么他或她的仪表就不美，仪表美通过人的言谈举止、待人接物以及他或她的社交能力展现出来。每一个人都不可能完美无缺，仪容仪表的美丽首先离不开量体裁衣式的形象设计。

（一）改变观念，具有审美能力，正确熟悉个性美与朴素美

不可过于个性搞怪或者盲目地追赶潮流。正确的审美观是决定一个人如何包装自己的总目标。过于个性则会显得过分张扬只能迎合小部分人的审美喜好，而美是所有人都认可的最朴素的美。但是过于打扮又会显得平庸没有自己的特点。所以正确的观念应该是在细节上适当突出小小个性的美。也就是要求应聘者做到个性美与朴素美的统一。比如，女生选择略带曲线感设计的职业装、一定垂感的面料设计、柔和的色彩设计，手袋、丝巾、胸针、胸花、衣饰图案等小细节上选择有特点的纹理搭配；男士可以靠样式多变的丝制领带来展示自己。这都一定会给面试方留下很深的印象，但搭配上一定做到服从整体、少而精。除了一些创造性行业的需要比如时装、艺术类，着装不必跟随流行时髦，更不能浓妆艳抹，由于在人们的心理有个普遍的暗示：过于追求时尚的人会有不务实、不可靠的感觉。需要特别指出的是应聘时一定要做到性别指向明确、适中。那些过于中性化的个人设计在职场是普遍不受欢迎的，而过于性感的造型往往也是分时宜的。

（二）整洁大方、注重细节、自然得体、适宜适度的造型原则，形象设计中要重视夸大理智感和活力感

求职者的着装修饰要尊重社会规范，要符合社会大众的审美观，不要奇装异服，关键是整洁、大方、朴素。整洁大方是重视工作展现个人素质和职业素养的重要方面。应聘职场文员，有的同学不修边幅头发乱糟糟、服装皱巴巴、皮鞋脏兮兮，表现出自己不重细节、没有条理根本不能代表其职业形象。

适度地修饰自己是对他人和自己的尊重，整体形象设计时要注重发型、衣饰、鞋子、手提包、装饰品等款式、色彩的协调搭配，但是需要适时适度，作为即将步入职场的大学生，假如各方面过于讲究过分花哨，应聘的效果反而会适得其反。有些同学在应聘前做足了准备，倾其所有把自己打造得全身名牌，发型、妆面上模仿明星走红地毯式的造型，结果使得口试方误以为自己出身豪门、娇生惯养，难以伺候。有些同学则在造型中大量运用粉色和蝴蝶结等可爱的造型元素把自己打造成可爱娃娃，降低了自己的职业感和可信度。再有同学一身的非主流造型，夸大了十足的个性和时尚感，使面试方感觉工作中担心其没有合作意识，个性上难以驾驭，显得既不适宜也不适度。此外，女生尽可能地不要佩戴耳环、项链。假如一定要佩戴耳环可以选择造型简洁的铂金或银色耳钉，一定避免所有的黄金饰品和个性设计。

作为初入职场的大学生应该夸大自己的青春活力和踏实进取、勤奋好学的精神，使得用人单位对自己的未来预期有足够的信心。所以造型中必须充分的了解造型物语、选择造型元素，细心揣摩应聘岗位的需要，做到自然得体、适宜适度。

（三）遵循 TPO 的设计原则

TPO 即时间、地点、场合的英文缩写。造型的衣饰选择一定要留意随着时间、地点、场合的变化而变化。在职业场合、上班时间穿职业装，在休闲场合或下班后的时间，应穿休闲衣饰。比如，应聘销售员工作一定要求西装革履以增加可信度，假如过于休闲则会使别人有非正式的不可信的心理暗示，谈判的成功率一定会大打折扣，究竟职业场合的谈判不同于小菜场的讨价还价，应聘外企的着装更是不可不顾 TPO 原则，乱穿衣搭配以免贻笑大方。

(四)遵循因职而异、因人而异、因时而异的原则

要应聘什么职业就要给自己一个正确的形象定位，才会有更大的可能成功。造型要根据职业职位的不同、自己性别、年龄、个人风格的特点、所选公司的领导层国籍、信仰、喜好、民族特点、民俗禁忌、公司地理位置做到知己知彼。比如，设计时避免运用有辱民族图腾信仰的图案或文字、避免穿着全黑的轻易引起不良联想的衣饰。应聘外企职务时切不可穿着黑网袜、皮裙，在西方这已经几乎被认为是不雅职业的着装标志。应聘服务职员、勤杂工切不可戴眼镜、过于时尚、长发疏松。应聘营业员可以靓丽时尚些。应聘银行职员或教师或主管要穿着深色套装为最佳，可以增加可信度。女生最好穿着职业套裙面试。男生不可穿单件西服。颜色以深灰深蓝色或浅条纹看起来清爽干净为最佳。

(五)有重点地运用科学、正确的设计手段正确地把握好“形”和“色”相结合的表现原则

整体形象设计包括形和色两个方面。正确的形和色的选择是整体造型朴素美的关键和基础。

1. 留意矫形要适度

要在表现理智感的同时适度表现女性的柔和、优雅和男性的阳刚、干练。在设计中正确的运用直线和曲线设计。要矫正但千万不可以矫枉过正。

2. 留意色彩给人的心理暗示

首先，要求健康好气色。假如皮肤白净的人可以适当选用粉色的腮红，而对于那些肤色较黑的人就不妨以橙色系腮红为主，适当调进粉色表现更佳。由于人们对于色彩有着心理的感知，所以在应聘时我们尽量不要穿着全身玄色的服装或大红色的服装。由于玄色有时是作为葬礼的服装显得过于沉重，会让面试方产生不良的心理暗示，而大红色代表喜庆、性感、攻击性又会使人有一定的不够庄重或压迫感。此外过浅的粉色系固然有着青春的表现同时也会给人不够成熟的感觉。玫瑰紫色过于女性化会夸大神秘感也要考虑职业的选择。宝蓝色西服和金色的纽扣搭配会显得过于强势的感觉也是要适当避免的。过于闪亮的衣饰都会彰显潮流时尚感，不太适合职场衣饰。总而言之，根据不同职场需要选对色彩非常重要。

其次，利用色彩进一步调整轮廓。从整体到局部，有突出、有重点地为自己做好整体形象设计。在把握好整体形和色协调同一的同时，我们要做到几个方面的重点设计，由于这些方面可以起到一语道破的作用。它们依次是：服装的轮廓和色彩鞋、包及皮带；胸部以上以面部为中心的一些部位，包括面部皮肤、眉毛、发型轮廓及色彩、刘海及发尾的设计、衣领、肩袖等。一定要做到适合自己的脸型、身型及肤色。此外，手部的干净健康非常重要，千万不可忽视。

(六)做好个人卫生,从细节方面入手顾全大局的原则

做好个人卫生非常重要,应该留意的是,头发要保持整洁卫生。再比如面部修饰,男生最好刮刮胡子,让人一看就精干。不论男女眉毛、胡须、发型、腰带、鞋包、衣领、袖口要干净、另外,手部是一个关键部位,一定要保证干净健康,指甲内不藏污垢、皮肤滋润、不擦明显的指甲油、修整好指甲,不留长指甲。

皮鞋是第二张脸要擦亮擦干净、头屑不可有。面部干净,红润健康,不可有斑点痘。鼻孔要干净,男生可以带公文包或大的皮夹,以便随身携带一些个人资料及手续,这对于应聘正规的企事业单位或外企来说,很协调,很适当;女生可以带一个手袋,但不能太炫目,太昂贵,以免给人一种不像是应聘职员的感觉。

当然,自我形象设计仅此还是远远不够,良好的素质是踏进职场的必备条件,它包括应聘者的专业知识、技能技巧、知识层次和知识结构以及诸多的个人行为习惯。尤其表现在沟通、合作、文笔、专业技能等多个方面。踏入职场需要良好的个人形象作为自己的第一张名片,好的形象远不只是衣着、发型加修饰,更重要的是行为举止与言语谈吐的辅助,这样才能更好地表现自己的气质和修养,取得好的效果。大学生应聘者只要通过专业的职场形象设计都必定可以做到在应聘中锦上添花。

【知识链接】

大学生职业形象设计的具体方法

(1)发型方面:色彩上以黑、栗棕、酒红为主,体现自然和适当的青春活力。发型不可过冷、过彩,夸张怪异,结构上应饱满圆润。尤其注重刘海要适合脸型,尽量要露出部分或全部前额和双耳,侧区头发略向后梳理以露出面部轮廓为最佳。发尾中长适合大部分人,但不可过长,或者将后发全部挽起。长脸可短发做两侧适当蓬松加宽;短脸可拉伸发尾并做向下渐层式延伸;宽脸可在少许侧发区进行分割处理收缩脸形,轮廓的选择要顶部饱满,以半圆为最佳,后发区也要饱满;方脸的人发丝要略做曲线设计;圆脸的人以直线条设计为主。男生要表现精神明朗干练,发型不可勾眉搭眼,长发过耳显得不精神,也不可留过短的小平头过于个性。女生发型的标准以端庄典雅、自然为主,不可凌乱。

(2)衣饰搭配方面:服装上的失礼可以毁掉一个人的可信度。完善衣服的其他细节,有时候一些小技巧可以带来很大的变化。配饰是小的奢侈品,可以创造讨人喜欢的印象。

男生在正规的场合下,一般应该穿西服,打领带,西装、领带、发型、钢笔使男士的形象完美统一起来。男生最好不要穿搭配不适的衣服,如西裤与运动鞋,黑裤子与白袜子。要配上一只好用的、精致些的且不一定很昂贵的钢笔,最好为抛光的很有说服力的玄色。预备一套好的正式的套装,是对自己进行一次有力的自我陈述。由于人们会不自觉地根据你的着装对你的背景、经济状况、教育程度和性格特征进行判定。假如穿得很朴素,可能就会让自己和别人感到尴尬;假如穿得太讲究,可能会觉得压抑或者给自己定错了基调。这就是为什么了解在何种场合如何着装是很重要的原因。衣着往往反映的是你希望看到的层次而不是你目前所处的层次。颜色方面,玄色、躲青色、暗灰褐色、炭色是非常职业的颜色,适合旅行,但是看起来没有季节性。

而女生可以穿长裤或长裙,但是不要穿太紧身的衣服或超短裙。千万不可穿着透视装吊带裙、休闲衣饰、不可穿着完全无袖的上衣。

从风格上要求整体协调,不可以不分民族、不分时代、不分材质胡乱搭配。个子娇小的人要表现踏实、干练,夸大整体同色、纵向简洁、色彩明度偏高些,视觉的重心要求上移;而瘦高个子的人重心则适当下移,选用横向切割的线条和有对比的横向搭配,减弱瘦长感来避免重量的不平衡。色彩上,优雅型女生以单色、灰度较高为主,留意明度的高中低三层次搭配;活力型以高明度为主、可以适当做彩度进步,以同类色邻近色为主,适当考虑小面积的对比色及补色搭配。

结构上通过面料纹理、花纹大小、明暗,矫正协调,以简洁公道为原则,注重矫正体形,通过色彩的明度对比矫正体形和重量平衡感。根据脸型的条件不要选择强化不良脸型效果的与脸型同一风格特征或完全相反特征的衣领外形。根据肩的宽度选择可以调整肩形的合适的肩袖服装,不可以一味地追赶潮流。

(3)妆容方面:重在结构调整和用色彩的柔和感打造朴实自然、健康青春的感觉。控制眼影、眉毛的彩度和深度。以健康肤色的表达突出健康的好气色和青春的朝气,以减弱色彩的深浅对比度,突出亲和力。眉毛设计:长脸适宜平且粗眉、方或圆脸适合略上挑眉头适当加粗。窄脑门眉毛一般要平直略伸展,宽脑门略挑内收。个人风格表现上要根据个人的特点或职业特点进行眉峰眼线的棱角及线条粗硬度的调整。眉形的设计一般要求眉尾略向上挑起显示很好的精神状态,但是不可以过分挑起或者过细过黑表现过于成熟、过于女性或者过于严厉。眼影及唇的矫形:利用粉底的深浅适当调整面部的立体感和留意利用眉毛调整正确的面部比例结构。调整痕迹不可明显。利用眼线睫毛调整眼形和眼部的明亮感。千万不可用粗黑的眼线把眼镜框死,眼线一定要柔和自然。睫毛不可以过于夸张,用睫毛膏适当加长微微弯曲就好。

从细节着手,顾全大局、风格同一的角度出发。将发型发色、服装形与色、鞋、包、皮带腰带、个人风格、职业要求等 TPO 做全盘考虑,做到到位不造作。

(来源:《大学生职场形象设计》,南京师范大学出版社)

本章小结

本章主要讲解了以下几个问题。

(1)职业形象在职场发展的作用:职业形象的含义、职业形象与职业发展的关系。

(2)职业形象与职业形象设计:职业形象的特征、构成与类型,职业形象设计,职业形象设计的突现条件和形式。

(3)职业形象的定位:成熟稳定是专业形象的关键、职场形象要突出个人风格。

(4)大学生职场形象的设计:大学生职场形象的重要性、大学生的职业形象设计策略。

本章测试题

一、不定项选择题

1. 职业形象的特征是(　　)。

A. 稳定性和可变性的统一　　B. 个性化与规范化的统一

C. 主动性与被动性的统一　　D. 外在与内在的统一

2. 职业形象的构成有(　　)。

A. 组织形象系统　　B. 个体的精神面貌

C. 个体的外在形象　　D. 个体的仪表形象

3. 职业形象的类型分别是(　　)。

A. 整体形象　　B. 局部形象

C. 内在形象与外在形象　　D. 期望形象与实际形象

4. 职业形象设计内容包含(　　)。

A. 职业道德规范设计　　B. 职业仪表与职业气质形象设计

C. 职业能力形象设计　　D. 职业精神形象设计

5. 大学生的职业形象设计策略分别是(　　)。

A. 改变观念,具有审美能力,正确熟悉个性美与朴素美

B. 整洁大方、注重细节、自然得体、适宜适度的造型原则

C. 遵循 TPO 的设计原则

D. 遵循因职而异、因人而异、因地制宜的知己知彼的原则

E. 有重点地运用科学正确的设计手段正确的把握好“形”和“色”相结合的表现原则

6. 影响个人形象的因素有(　　)。

A. 化妆　　B. 发型　　C. 饰品搭配　　D. 服装色彩搭配

7. 仪态是指人在行为中表现出来的姿势,主要包括站姿,坐姿,步态等。“站如松,坐如钟,走如风,卧如弓”,以下关于坐姿正确的是(　　)。

A. 女性的双腿并拢

B. 男性双腿之间可适度留有间隙

C. 双腿自然弯曲,两脚平落地面,不宜前伸

D. 坐椅子的 3/4 或是 3/3

8. 大学生职业形象设计的具体方法要注意的是(　　)。

A. 发型设计　　B. 注意衣饰搭配

C. 妆容方面　　D. 鞋包腰带细节的处理

9. 职业形象设计的实现形式有(　　)。

A. 造型　　B. 比例　　C. 和谐　　D. 个性

10. 职业形象与职业发展的关系表现在(　　)。

A. 个人的人性特征、特质通过形象表达,并且容易形成令人难忘的第一印象

B. 职业形象不会影响个人业绩

C. 职业形象会影响个人晋升几率

D. 职场形象决定职场命运

二、简答题

1. 为什么大学生要了解和掌握职场形象设计？

2. 结合自己的具体情况，假设明天去求职面试，请为自己设计一下与之相符合的职业形象？

第五章 职场沟通中的相见礼仪

【案例导入】

某公司王经理约见一个重要的客户方经理。他们见面之后,客户就将名片递上。王经理看完名片就将名片放到了桌子上,两人继续谈事。过了一会儿,服务人员将咖啡端上桌,请两位经理慢用。王经理喝了一口,将咖啡杯子放在了名片上,而自己却没有感觉到。方经理看到后皱了皱眉头,没有说什么。

请思考:王经理有哪些失礼之处?王经理把对方的名片看完后应如何放置?

【知识传授】

第一节 握手礼仪

握手之礼源于中世纪的欧洲,而当时恰是身着戎装的骑士侠客盛行的时代。他们一个个头戴铜盔,身披铠甲,腰挂利剑,手戴铁套,这身豪气,让人敬而远之。当见了亲朋好友,他们就会取下铜盔,脱下铁套,与对方握手,表示我的手不是用来握剑杀你的,这正是握手的起源。后来,握手慢慢演变为现代人的握手礼,以示友好。

一、握手的含义

握手是一种礼仪,但人与人之间、社会团体之间、国家之间的交往都赋予这个动作丰富的内涵。一般说来,握手往往表示友好,是一种交流,可以沟通原本隔膜的情感;可以加深双方的理解、信任;可以表示一方的尊敬、景仰、祝贺、鼓励。

(一)握手的作用

美国著名盲人女作家海伦·凯特说:"握手,无言胜有言。有的人拒人千里,握着冷冰冰的手指,就像和凛冽的北风握手。有些人的手却充满阳光,握住你使你感到温暖。"握手能体现交往双方对彼此的态度,能体现人们的礼仪修养,能促进人们的交往。

(二)握手的场合

握手是在见面或告别、祝贺或鼓励等的时候相互表示情谊、致意的一种礼节,双方往往是先打招呼,后握手致意。

1. 见面或告别

当登门拜访或去单位洽谈合作事项时,不管是主人还是客人,和来访者见面的时候握手这个程序一般不能缺少。例如,去别人家拜访时,进门后若主人没有伸手相握,说明不欢迎。

2. 祝贺或鼓励

朋友或同事有喜事了，过生日了，常要握手表示祝贺。

二、握手的姿势

（一）咄咄逼人式握手姿势

手掌向下的握手姿势是最咄咄逼人的，因为它使对方几乎没有机会来建立平等的关系。这种握手方式常被霸道的人所采用，他们总是首先伸出手来，手臂僵硬，手掌向下，迫使对方只好顺从，因为对方的手掌必须向上。

遇到这种握手姿势常采用以下两种应对办法。一是采取向左旋转的做法。但有时这种方法很难被采用，因为主动握手的人，往往胳膊僵直。二是从上面抓住对方的手，摇动它。由于这种方法可能会使对方感到尴尬，建议采用时要十分小心谨慎。

（二）手套式握手姿势

手套式握手有时叫做政客的握手。因为主动采取这种握手方式的人总试图给对方一种诚实、值得信赖的印象。但是，如果用这种方法对待刚刚见面的人，其效果可能适得其反。因为对方可能对此人的意图持怀疑态度。所以，手套式握手只能用于非常熟悉的人。

（三）死鱼式握手姿势

最不受欢迎的莫过于死鱼式握手姿势，特别是当对方手是冷冰冰的时候，更是如此。死鱼式握手给人一种软绵绵的感觉，大多数人认为这是性格软弱所致，因为握手时很容易把手掌翻过来。令人惊讶的是，许多人是不自觉地采用这种握手方式的。

（四）诚恳式握手姿势

诚恳式握手姿势是指手掌向上，伸出手来，双方握手的意图是向对方表示诚恳和信任。此种握手姿势应注意以下两方面因素。一是左手常用来传达额外的情感。例如，抓肘握手所传达的情感比抓腕握手要多，抓肩握手所传达的情感也比抓上臂握手要多。二是抓腕和抓肘的动作一般只有在好朋友或亲戚之间才能被接受。抓肩和抓上臂的动作意味着侵入了对方的“亲密地盘”，可能涉及身体的实际接触。只有在握手时感情非常冲动的情况下才能如此做。除非双方都表达了额外的情感，否则如果在没有充足的理由用双手握手的话，对方会怀疑他的意图。通常看到政府或推销员用双手握手来欢迎他们的选民或新的顾客，但他们没有认识到这样做的效果可能适得其反，会使对方敬而远之。

三、握手的基本原则

（一）握手的顺序

年轻者、职务低者被介绍给年长者、职务高者时，被介绍完后，最好不要立即主动伸手，应根据年长者、职务高者的反应行事。若年长者、职务高者用点头致意代替握手时，年轻者、职务低者也应随之点头致意；若年长者、职务高者伸手以后，年轻者、职务低者再随之伸手相握。和女士握手，男士一般不要先伸手。军人戴军帽与对方握手时，应先行举手礼，然后再握手。具体地说，握手的优先顺序应遵循以下几种原则。

(1)长者优先原则：只有年长者先伸出手，年轻者才可以伸手相握。

(2)职位高者优先原则：只有职位高的人先伸出手，职位低的人才能伸手相握。

(3)女士优先原则：只有女士先伸出手，男士才能伸手相握。

(4)客人拜访时主人优先原则：在别人前来拜访时，主人应先伸出手去握客人的手，用以表示欢迎和感谢。

(5)客人离别时客人优先原则：离别之际应该客人先伸手握别，其意在于表达“再见”或对接待的感激之情。一次会见活动结束，作为主人则不要主动握手，因为此时主动握手等于催促客人赶快离开。

(6)其他优先原则：在社交、休闲场合，握手优先顺序主要取决于年纪、性别和婚否。社交场合已婚者与未婚者握手，应由已婚者首先伸出手来；先至者与后来者握手，应由先至者首先伸出手来。

总而言之，握手的顺序是主人、长辈、上司、女士主动伸出手，客人、晚辈、下属、男士再相迎握手。

若一个人要同时和多个人握手时，其握手优先顺序应注意以下三点。

(1)由尊而卑。如果在场的人是一个单位或者一家人的话，这样地位的高低是很容易分清楚的，应从地位高的人开始，依次往下握手。

(2)由近而远。在一般社交场合下应按由近及远的顺序依次握手。

(3)顺时针方向前进。在社交场合尤其是在宴会桌上时，实行按顺时针方向依次握手。

(二)握手的方法及注意事项

(1)握手时一定要用右手，这是约定俗成的礼貌。在一些东南亚国家，如印度、印尼等，人们不用左手与他人接触，因为他们认为左手是用来洗澡和上卫生间的。如果是双手握手，应等双方右手握住后，再将左手搭在对方的右手上，这也是经常用的握手礼节，以表示更加亲切，更加尊重对方。

(2)若要紧握对方的手时，握手时间一般以 1 ~ 3 ms 为宜。如果握手时间过短，表明双方完全出于客套、应酬或没有进一步加深交往的愿望。如果一方握对方的手时间过长，尤其是第一次见面的时候，则易被对方视为热情过度、不懂社交礼仪。如果双方之间的关系十分密切，握手的时间可适当延长，并可使握着的手上下摇晃几下，表示热烈、真诚的感情。当然，过紧地握手或是只用手指部分漫不经心地接触对方的手都是不礼貌的。

(3)握手时，年轻者对年长者或职务低者对职务高者都应稍稍欠身相握。有时为表示特别尊敬，可用双手迎握。男士与女士握手时，一般只宜轻轻握女士手指部位。男士握手时应脱帽，切忌戴手套握手。

(4)握手时应面含笑意，注视对方双眼。这种注视是目光的交流，神态要专注、热情、友好而又自然，当然适当的问候也是必不可少的。在严肃或者伤感的场合，就要相应地表现出严肃和伤感之情。多人同时握手时应按顺序进行，切忌交叉握手。

(5)在任何情况拒绝对方主动要求握手的举动都是无礼的，但手上有水或不干净时，应谢绝握手，同时必须解释并致歉。

(6)握手时首先应注意伸手的次序。在和女士握手时，男士要等女士先伸手之后再握，如女士不伸手,或无握手之意,男士则点头致意即可,而不可主动去握住女士的手。在和长辈握手时,年轻者一般要等年长者先伸出手再伸手相握。在和上级握手时,下级要等上级先伸出手再伸手相握。如果是戴着手套,握手前要先脱下手套。若实在来不及脱掉,应向对方说明原因并表示歉意。不过在隆重的晚会上,女士如果是穿着晚礼服并戴着通花的长手套则可不必脱下。

第二节　介绍礼仪

在现代生活中,人们的交往范围日益广泛,似乎每天都在认识新的面孔,结交新的朋友。初次相识,总少不了介绍,或介绍自己,或介绍他人。得体的介绍往往会给对方留下良好的第一印象,因此人们又把介绍称为“交际之桥”。

一、介绍的分类及意义

从礼仪角度来说,什么是介绍呢?介绍就是向他人说明情况。一般介绍可以分为自我介绍、为他人介绍、集体介绍和业务介绍四类。

(一)自我介绍

1. 公务式自我介绍

在日常交往和工作中遇到的自我介绍方式,称为公务式自我介绍,即在工作之中或正式场合做的自我介绍。一般而言,公务式自我介绍需要包括单位、部门、职务、姓名四个基本要素。

2. 社交式自我介绍

在私人交往中,想跟别人交朋友或想了解对方的情况时所采用的自我介绍方式称为社交式自我介绍。一般来说,社交式自我介绍应包括以下几方面的内容:一是自己的姓名;二是自己的职业;三是自己的籍贯;四是自己的偏好、爱好;五是自己跟交往对象双方所共同认识的人。

(二)为他人介绍

为他人介绍,又叫第三方介绍,即两人见面不认识时,由第三方帮这两人做相互介绍。为他人介绍时要注意以下两大要点。一是谁来当介绍人,不同场合、不同情况下的介绍人是不一样的,譬如在宴会、舞会或家庭聚会等场合,介绍人一般应该是女主人。二是一般性公务活动一般由专业人士或对口人员介绍,专业人士指的是办公室主任、领导的秘书、前台接待、礼仪先生、公关人员等;而对口人员指的是他人直接找的对象,比如拜访张经理时来了其他人需要做介绍,张经理就是介绍的对口人员。

(三)集体介绍

集体介绍是两个集体相遇时所采用的介绍方式。介绍的原则是把地位低的一方先介绍给地位高的一方。若是集体和个人相遇时,一般原则是先把个人介绍给集体,因为个人比集体人少,地位较低。

(四)业务介绍

市场经济日趋成熟的现代社会,在日常交往和工作中需要向他人介绍本单位的产品、本单位的技术和本单位的服务等,这些介绍统称为业务介绍。业务介绍需要注意两个要点——把握时机、讲究方式。当消费者或者你的目标对象有兴趣的时候再做介绍,见机行事,效果可能比较好。一般来说,做业务介绍有四点需要注意:一是人无我有,即把产品质量、技术保证、后续服务说出来;二是人有我优,有些产品或服务大家都有,但要说出自己的产品质量、技术保证、后续服务的独特之处;三是人优我新,在产品质量、技术都日趋成熟的情况下,大家一般服务都是比较优质,绝大多数商户都是诚实无欺的,所以在这样的情况下,要把产品服务哪些方面"新"介绍出来;四是诚实无欺,做业务介绍时不要诋毁他人,有良好职业素养的人是不会在介绍自己业务时诽谤他人业务的。

二、自我介绍的规范和要求

(一)自我介绍的场合

一般在以下情况下可进行自我介绍。

(1)应聘求职、应试求学、会议场合,可以做自我介绍。

(2)因为业务关系需要相互认识,在接洽时可以做自我介绍。

(3)当遇到一位你知道或久仰的人士时,但他不认识你时,可以做自我介绍。

(4)出差、旅游、与别人办事不期而遇,为了增加了解和信赖,可以做自我介绍。

(5)初次前往他人居所、办公室,进行登门拜访时要做自我介绍。

(6)事先打电话约见时,在电话里应做自我介绍。

(7)参加聚会,组织者不可能做细致的介绍,与会者可以与同席或身边的人相互做自我介绍。

(二)自我介绍的顺序

介绍的标准化顺序是位低者先行,即地位低的人先做自我介绍。具体可以分为以下儿种。

(1)主人和客人见面时,主人先做自我介绍。

(2)晚辈和长辈见面时,晚辈先做自我介绍。

(3)职位低的人和职位高的人见面时,职位低的先做自我介绍。

(4)男士和女士见面时,男士先做自我介绍。

(5)未婚者和已婚者见面时,未婚者先做自我介绍。

(三)自我介绍的时机

自我介绍的时机选择要恰当,一般而言,做自我介绍比较恰当的有以下四种情况:一是想认识的那个人比较专注时;二是没有外人在场时;三是周围环境比较幽静时;四是在较为正式的场合时。

(五)自我介绍的方式

自我介绍的方式有以下五种情况。

(1)应酬式自我介绍,适用于某些公共场合和一般性的社交场合,如途中邂逅、宴会现场、舞会现场、通电话时。

(2)工作式自我介绍,适用于工作场合,这种介绍包括介绍者姓名、供职的单位及部门、职务或从事的具体工作等内容。

(3)交流式自我介绍,适用于社交活动中,希望与交往对象进一步交流与沟通。它大体应包括介绍者的姓名、工作、机关、学历、兴趣与交往对象的某些熟人的关系等内容。

(4)礼仪式自我介绍,适用于讲座、报告、演出、庆典、仪式等一些正规而隆重的场合。

(5)问答式自我介绍,适用于应试、应聘和公务交往等场合。

【知识链接】

经人介绍的顺序和方式

在介绍两人相互认识时,总的要求是位尊者优先了解对方的情况,即先把被介绍人介绍给地位尊贵、身份地位较高的一方,以表示对位尊者的敬重。而在口头表达上,则是先称呼尊者,然后再进行介绍。具体介绍顺序如下:介绍女士与男士认识时,先介绍男士,后介绍女士;介绍职位高者与职位低者认识时,先介绍职位低者,后介绍职位高者;介绍年长者与年轻者认识时,先介绍年轻者,后介绍年长者;介绍已婚者与未婚者认识时,先介绍未婚者,后介绍已婚者;介绍同事、朋友与家人认识时,先介绍家人,后介绍同事、朋友;介绍与会先到者与后来者认识时,先介绍后来者(晚到者),后介绍先到者(早到者)。

掌握介绍的顺序后,就可以进入正式地为他人介绍的环节,由于实际需要的不同,为他人介绍的方式也不尽相同。常用的介绍方式有以下几种:一是一般式,也称标准式,以介绍双方的姓名、单位、职务等为主,适用于正式场合;二是简单式,指只介绍双方姓名,甚至只提到双方姓氏,适用于一般的社交场合;三是引见式,介绍者所要做的是将被介绍者双方引到一起即可,适用于普通场合;四是推荐式,介绍者经过精心准备再将某人举荐给某人,介绍时通常会对前者的优点加以重点介绍,适用于比较正规的场合;五是礼仪式,是一种最为正规的介绍方式,适用于正式场合。

(来源:《商务礼仪》,中国电影出版社)

第三节　名片礼仪

在日常交往中,商务活动中交换名片成为不可缺少的一部分,名片是社交的通行证和交往的联谊卡,是一种自我介绍信。因此,交换与递接名片时应注意礼节,这样才能给别人留下更好的第一印象,这也能反映出一个人的个人修养。

一、名片的功能

(一)自我介绍

在商务交际场所,名片是商务人士对外交往时发送的自己的"身份档案",是让对方记住你并能找到你的小广告。商务礼仪中名片是个人的象征,也是所在企业的象征。

(二)方便联系

名片上最重要的信息是个人联系方式、办公地点、通信地址、邮编、移动电话、办公室电话等,方便别人联系。

(三)替代短信

在比较忙的时候,在名片的某一个约定俗成的位置写一句短语或写一个单词等,可以起到替代短信的作用。

(四)留言

在礼品包装盒里放一张送礼者的名片,可以让对方马上了解到送礼者的重要信息。有时候去拜访一个人,若对方不在的情况下可以留一张名片,这样对方看到名片就知道谁来过。

二、如何索取名片

在一般的商务社交场合,最好不要找别人要名片,如果确实有必要,索要名片常有下面几种有效的办法。

(一)交换法

交换法就是把自己的名片首先递给对方。古人讲:"将欲取之,必先予之。"所以先把名片递给对方,并礼貌地说:"非常高兴认识你,这是我的名片,请多指教。"来而不往非礼也,对方一般会回赠你一张名片。

(二)明示法

明示法即明确表示。例如,你跟对方比较熟悉,你担心他联系方式有变动,想要他的名片,可以明说:"老王,好久不见,我们交换一下名片吧,以后方便联系。"

(三)谦恭法

如果跟长辈、名人、有社会地位的人交往,你可以采用谦恭法索取名片。例如,"××教授,以后该如何向您请教?"言下之意,请给我一张名片,这话说得比较委婉。

三、如何递送名片

现在使用名片的人越来越多,这是一种社会进步的现象。在社交中使用名片也有一些礼节上的要求。

首先,给人递名片时态度应该庄重。因为这是在做"自我介绍",也等于自己在对方面前"亮相"。较好的做法是用双手递上名片。其次,要准备好适量的名片。比如去参加社交活动,如果碰到别人给你递过名片,你却说:"对不起,我忘了带名片。"即使对方不见怪,客观上也显出态度不够诚恳。如果同时会见较多的人,名片却带得很少,给了这几个,另外几个就没有了,这也是不合适的,至少是礼貌不周。再次,接收别人的名片时态度也要庄重,而且还应该做到尊重对方的名片。合乎礼仪的做法是双手接过对方的名片,然后尽可能仔细看一遍,并小心收藏好,再将自己的名片递送给对方,以表示自己很愿意和对方相识。有些人在接收别人的名片时,连看也不看,就往上衣口袋里一塞或者丢进抽屉里,这种漫不经心的做法显然是不礼貌的。最后,在递送名片给对方时,应把名片上的内容正朝向接收方,以便对方阅读名片上的内容。

(一)递送名片的步骤

(1)起身站立,距离对方 1 m 左右。

(2)身体微微前倾,面带微笑,眼睛注视对方。

(3)用双手的食指和大拇指分别夹住名片左右两端,名片上名字反向对着自己,正向对着对方递上。

(4)在递送名片的同时,应说:"这是我的名片,请多多指教……"如果你的名字中有不常用的字,最好能将自己的名字读一遍,以便对方称呼。

(5)在递给对方名片的同时,对方也会递过来名片。这时候应当先暂时放下自己的名片,接过对方的名片后,再递上自己的名片。

(6)交换名片时如果名片用完,可用干净的纸写下个人资料代替。

(7)若对方是外宾,最好将名片印有外文的那一面对着对方。在向日本客人递送名片时,必须双手递送,应当微微弯腰。在阿拉伯地区,绝对不能用左手递名片给阿拉伯人。

(二)递送名片的顺序

当两个人互相赠送名片时或者当一个人面对很多人发送名片时,需要遵循的顺序有以下几种。

(1)客人先递送名片,主人后递送名片。

(2)年轻人先递送名片,年长者后递送名片。

(3)男士先递送名片,女士后递送名片。

(4)职位低者先递送名片,职位高者后递送名片。

(5)与多人交换名片时,按照职位高低顺序递送,也可按照由近及远的顺序递送。

(6)如分不清职务高低和年龄大小时,则可先和自己对面左侧方的人交换名片。

(7)在圆桌旁与多人交换名片时,按照顺时针方向递送名片。

(8)如果在场人很多,递送名片时要遵守"同性优先"的原则,即先赠送给在场的同性,然后再递送给异性。

总之,递送名片的顺序需要遵循"卑者先,尊者后"的原则,随便递送名片,也不能跳跃式地进行递送,以免对方误认为你厚此薄彼。

【知识拓展】

递送名片的具体操作方法

1. 足量携带

比如要参加一个酒会,预知酒会有 120 人参加,而且都是重量级的人物。如果想和他们建立联系,所带的名片就要多于 120 张,至少要准备 150 ~ 200 张。

2. 放置到位

要把名片放在合适的地方,出门前还要检查一下,是否忘记随身携带。一般情况下,名片应该放在专用的名片包里。男士穿西装的话,可以放在上衣口袋里。女士则最好放在手袋里。如果胡放乱揣,取出来时皱皱巴巴的,不仅自己感觉不舒服,让对方看着也不舒服。最好不要把名片放在钱包里,因为现钞比较脏,和名片混放在一起,会给人不正规的感觉。

3. 循序渐进

在把自己的名片递给别人时,往往是地位低者应该先递。如男士先递给女士,晚辈先递给长辈,下级先递给上级,主人先递给客人。把名片递给多人时,则要循序渐进:一是按照职务由高到低递送;二是由近而远递送;三是顺时针方向递送。

4. 面向对方

把名片递给对方的时候,一般的做法是把印有最重要文字的部分面对着对方。如对面是中国人,就要把中文对着对方,并且应把自己的名字正对着对方。具体拿法一种是双手拿着名片的两个上角,另一种是用右手拿着它的上角。一般不要用左手递名片给对方,尤其是对外交往的时候,因为左手递东西给别人,在很多国家是不能被接受的。

5. 稍事寒暄

把名片递给别人的时候,一般还需要寒暄两句。如可以告诉别人多指教、多联系。不能像发传单一样,上去就塞。

(来源:《商务礼仪》,复旦大学出版社)

四、如何接收名片

(一)接受名片的步骤

(1)接受名片时应起身,面带微笑,注视对方。

(2)接受名片时,双手捧接或以右手接过,不能只用左手接过。

(3)接过名片时应说:"谢谢!"

(4)当对方说:"请多多指教"时,应立即回应说:"不敢当,谢谢支持!"

(5)接过名片后,要有一个微笑阅读名片的过程,阅读时可将对方的姓名、职衔念出声来,并抬头看看对方的脸,使对方产生一种受重视的满足感。

(6)看不清的地方还应及时请教,不要一眼都不看就收藏起来,这会让对方感到缺少诚意。

(7)回敬一张本人的名片,如身上未带名片,应向对方表示歉意。

(二)接受名片时的禁忌

(1)别人递过来名片时,一定不能因自己手上的工作重要而让对方等待。

(2)一定不能用左手去接对方递送过来的名片。

(3)不要在接受对方的名片后看也不看就放在一边。

(4)在和对方谈话时,不要将名片收起来,应该放在桌子上,并保证不被其他东西压着。

五、如何存放和使用名片

要使名片的交换合乎礼仪,并且使其在人际交往中充分发挥作用,则还应注意如下三个问题。

(一)名片的置放

(1)在参加商务活动时,要随时准备名片。名片要经过精心的设计,能表现自己的身份、品位和公司形象。

(2)随身所带的名片,最好放在专用的名片包、名片夹里。公文包以及办公桌抽屉里,也应经常备有名片,以便随时使用。

(3)接过他人的名片看过之后,应将其精心存放在自己的名片包、名片夹或上衣口袋内。

(二)名片的管理

把所收到的名片加以分类整理收藏,以便今后使用方便。不要将名片随意夹在书刊、文件中,更不能把它随便地扔在抽屉里面。存放名片要讲究方式方法,做到有条不紊。常用的名片管理方法有按姓名拼音字母分类,按姓名笔画分类,按部门、行业分类,按国别、地区分类。

此外,还可以名片信息输入商务通、电脑等电子设备中,使用其内置的分类方法。

(三)名片的使用

随着人际交往的不断深入,可在收藏的他人名片上随手记下可供本人参考的资料,使其充当社交的记事本。在收藏的他人名片上可记录的有利于人际交往的资料有以下几种。

(1)收到名片时的具体情况,包括收到名片的地点、时间,以及是否与对方亲自交换等。在国外有一种做法是把名片的右上角向下折,然后再使其恢复原状,它表示该名片是对方亲自与自己交换的。

(2)交换名片者个人的资料,例如,性别、年龄、籍贯、学历、专长、嗜好等,既可做备忘,也可充当资料。

(3)交换名片者在交换名片后的变化情况,例如单位、部门的变化,职业的变动,职务、头衔的升降,联络方式的改变等。

六、名片使用的注意事项

名片使用中应注意的事项有以下几种。

(1)除非对方要求,否则不要在年长的主管面前主动出示名片。

(2)对于陌生人或巧遇的人,不要在谈话中过早发送名片。因为这种热情一方面会打扰别人,另一方面有推销自己之嫌。

(3)不要在一群陌生人中到处传发自己的名片,这会让人误以为你想推销什么物品,反而不受重视。在商业社交活动中尤其要有选择地发送名片,才不致使人以为你在替公司搞宣传、拉业务。

(4)处在一群彼此不认识的人当中,最好让别人先发送名片。名片的发送可在刚见面或告别时进行,但如果自己即将发表意见,则在说话之前发送名片给周围的人,可帮助别人认识你。

(5)出席重大的社交活动,一定要记住带名片。

(6)无论参加私人或商业餐宴,名片都不可在用餐时发送,因为此时只宜从事社交而非商业性的活动。

(7)一次同时接受几张名片,并且都是初次见面,千万要记住哪张名片是哪位的。如果是在会议席上,不妨拿出来摆在桌上,排列次序和对方座次一致。这种举动不但不会失礼,只会使对方认为受到重视。

(8)在名片上做备忘录。把见面的日期、场所,见面的详细情况,谈话的主题等,尽可能都记下来。此外,应把成为特别话题的事情或当时听到的对方的生日、出身、学校、兴趣或者家族的事等私人事项,尽可能地记下来。

(9)名片不要任意涂改。名片就像一个人的脸面,不能在上面乱涂乱改,比如把130改成139。尤其和外商打交道,宁肯不给名片,也不要给一张涂改过的名片,否则会破坏你的形象。

(10)商务交往不提供住宅电话。商务交往中,提供的名片一般是办公室电话,不提供住宅电话。

(11)不印两个以上的头衔。如果你头衔比较多,应该印一两个最重要的,如果弄许多头衔的话,会给人炫耀、不真实甚至蒙人的感觉。

本章小结

本章主要讲解了以下几个问题。

(1)握手礼仪:握手的含义、握手的姿势、握手的基本原则。

(2)介绍礼仪:介绍的分类及意义、自我介绍的规范和要求。

(3)名片礼仪:名片的功能、如何索取名片、如何递送名片、如何接收名片、如何存放和使用名片、名片使用的注意事项。

本章测试题

一、不定项选择题

1. 中国是个礼仪之邦,古代人们见面时会行拱手之礼,随着国际化的进程,这种礼节已经不再多见了,握手成了见面的常用礼仪。关于握手礼仪,以下说法不正确的是(　　)。

A. 年老的先伸手　　B. 女士先伸手　　C. 男士先伸手　　D. 领导先伸手

2. 在一次酒会上,你碰到了你认识的刘经理和他的助理田小姐,但是你的经理彭经理并不认识他们,那你作为介绍人最先介绍的是(　　)。

A. 刘经理　　B. 自己　　C. 彭经理　　D. 田小姐

3. 一个人要同时和多个人握手时的顺序是(　　)。

A. 从地位高的人开始,依次往下而走

B. 由近而远

C. 逆时针方向前进

D. 顺时针方向前进

4. 自我介绍的顺序是(　　)。

A. 职位高者与职位低者见面时,职位高者应该先做自我介绍

B. 男士与女士见面时,女士应该先做自我介绍

C. 年长者与年轻者见面时,年长者应该先做自我介绍

D. 资深人士与资历浅的人士见面时,资历深者应该先做自我介绍

E. 已婚者与未婚者见面时，未婚者应该先做自我介绍

5. 接受名片时的禁忌有(　　)。

A. 别人递过来名片时，一定不能因自己手上的工作重要而让对方等待

B. 可以用左手去接对方递送过来的名片

C. 不要在接受对方的名片后看也不看就放在一边

D. 在和对方谈话时，要将名片收起来

二、判断题

1. 接到客人后，应该说一声"您路上辛苦了"之类的话，然后立即自我介绍，如有名片更好，如果对方不知道怎样称呼为好，可以主动说："就叫我小刘好了。"　(　　)

2. 发名片的时候要按照由近到远或顺时针方向进行。　(　　)

3. 与泰国人见面行握手礼。　(　　)

4. 递名片时一定要用双手递，双手接；或者是接递同时进行时用左手递右手接。　(　　)

5. 俄罗斯人的见面礼是拥抱和亲吻。　(　　)

6. 介绍时要先将地位低的人介绍给地位高的人。　(　　)

7. 当你介绍别人的时候，突然想不起来对方名字的话，最好实事求是地告诉对方。　(　　)

8. 当别人介绍你的时候说错了你的名字，不要去纠正，免得对方难堪。　(　　)

三、简答题

1. 在拜访中如何使用名片?

2. 简述名片的用途及使用注意事项。

3. 简述做正式介绍时应注意的问题。

4. 简述握手礼节应注意的问题。

5. 论述介绍的基本礼节。

6. 自我介绍有哪几种形式? 在做具体自我介绍时应注意什么问题?

7. 为他人介绍时，如何确定其介绍的先后顺序?

四、案例分析

案例 1：

情景一：甲男和甲女两位白领在门口迎候来宾。一轿车驶到，乙男士下车，甲女上前，道："陈总，您好!"呈上自己的名片，又道："陈总，我叫李菲，是××集团公关部经理，专程前来迎接您!"乙男道谢。甲男上前："陈总好! 您认识我吧?"乙男点头，甲男又道："那我是谁?"乙男尴尬不堪。

情景二：乙女陪外公司丙女进入本公司会客厅，本公司丙男正在恭候。乙女首先把丙男介绍给客人："这是我们公司的刘总。"然后向自己人介绍客人："这是××公司的谢总。"

问题：

请分析情景一与情景二的介绍礼仪使用正确吗?

案例2：

一位外经贸委的处长王女士奉派随团出访，前往欧洲开展招商引资工作。因为出国之前她为了做准备，忘记重新印制一套新名片，所以，每到送名片的时候，为了让对方能找到自己的最新的电话和住址，赶紧在名片上临时用钢笔写上几个有用的电话号码和地址。半个月跑下来，王女士累得筋疲力尽，却未见有外商与其有过实质性接触，后来经人指点，才明白问题出在哪儿。原来是她自己递送给外商的名片不合规范，为了图省事，王女士临时用钢笔在自己的名片上写上几个有用的电话号码，本想这样联系起来更方便和更有效，可是在外商看来，名片犹如一个人的“脸面”，对其任意涂改、加减，只能表明她的为人处世是敷衍了事、马马虎虎。

问题：

(1)试结合王女士的错误来谈一谈名片在当今的商业交往中的重要作用。

(2)请想一想如何正确出示名片?

第六章　职场沟通中的仪容打扮

【案例导入】

曾有一位日本学者撰文指出，女性一生中所要使用的基本化妆品，化妆水为 980 L、营养霜(膏)为 25 kg、其他各类霜(膏)为 125 kg、营养乳液为 25 L、其他的乳液共计 100 L、口红 400 g。

请思考：看到这组数据，你会有什么感想？

【知识传授】

第一节　仪容礼仪——干净整洁，端庄大方

一、仪容礼仪的含义

仪容是指人的外观和外貌，其中特指人的容貌。在人际交往中，每个人的仪容都会引起交往对象的特别关注，并且影响到对方对自己的整体评价。仪容礼仪包括个人卫生礼仪、举止礼仪、美容美发礼仪、服饰礼仪等，它是人类为维系社会正常生活而要求人们共同遵守的最起码的道德规范，它是人们在长期共同生活和相互交往中逐渐形成，并且以风俗、习惯等方式固定下来的礼节。

仪容礼仪从内容上看有仪容、举止、表情、服饰、谈吐、待人接物等；从对象上看有个人礼仪、公共场所礼仪、待客与作客礼仪、餐桌礼仪、馈赠礼仪、文明交往礼仪等。在人际交往过程中的行为规范称为礼节，礼仪在言语动作上的表现称为礼貌。加强道德实践应注意礼仪，使人们在“敬人、自律、适度、真诚”的原则上进行人际交往，告别不文明的言行。

二、仪容美的基本要素

(一)仪容美的含义

首先，是要求仪容自然美。仪容自然美是指仪容的先天条件好，天生丽质。尽管以貌取人不合情理，但先天美好的仪容相貌，无疑会令人赏心悦目，感觉愉快。

其次，是要求仪容修饰美。仪容修饰美是指依照规范与个人条件，对仪容进行必要的修饰，扬其长，避其短，设计、塑造出美好的个人形象，在人际交往中尽量令自己显得有备而来。

最后，是要求仪容内在美。仪容内在美是指通过努力学习，不断提高个人的文化、艺术素养和思想道德水平，培养出自己高雅的气质与美好的心灵，使自己秀外慧中，表里如一。

真正意义上的仪容美，应当是上述三个方面的高度统一。在这三者之间，仪容的内在美是最高的境界，仪容的自然美是人们的心愿，而仪容的修饰美则是仪容礼仪关注的重点。要做到仪容修饰美，自然要注意修饰仪容。修饰仪容的基本原则有美观、整洁、卫生、得体。

（二）仪容美的基本要素

仪容美的基本要素有貌美、发美、肌肤美。好的容貌一定能让人感觉到其五官构成彼此和谐并富于表情；发式发型的美能使人英俊潇洒、容光焕发；肌肤的健美能使人感到充满活力，给人以健康自然、鲜明、和谐、富有个性的深刻印象。但每个人的仪容是天生的，长相如何不是至关重要的，关键是心灵的美。从心理学上讲每一个人都应该接纳自己，接纳别人。

三、仪容及仪表修饰

（一）仪容的修饰

为了维护自我形象，有必要修饰仪容。在仪容的修饰方面要注意以下五点。

第一，仪容应当干净。干净就是要勤洗澡、勤洗脸，脖颈、手都应要干干净净，并经常注意去除眼角、口角及鼻孔的分泌物；要勤换洗衣服，消除身体异味，有狐臭要及早治疗。

第二，仪容应当整洁。整洁，即整齐、洁净、清爽。要使仪容整洁，重点是要持之以恒。

第三，仪容应当卫生。讲究卫生，是公民的义务。注意口腔卫生，早晚刷牙，饭后漱口，不能当着客人面嚼口香糖；指甲要常剪，头发按时理，不得蓬头垢面，体味熏人，这是每个人都应当自觉做好的。

第四，仪容应当简约。仪容既要修饰，又忌讳标新立异，“一鸣惊人”，简练、朴素最好。

第五，仪容应当端庄。仪容庄重大方、斯文雅气，不仅能给人以美感，而且易于使自己赢得他人的信任。相比之下，将仪容修饰得花里胡哨、轻浮怪诞，是得不偿失的。

（二）仪表的修饰

生活中人们的仪表非常重要，它反映出一个人的精神状态和礼仪素养，是人们交往中的“第一形象”。天生丽质、风仪秀整的人毕竟是少数，然而我们却可以靠化妆修饰、发式造型、着装佩饰等手段，弥补和掩盖在容貌、形体等方面的不足，并在视觉上把自身较美的方面展露和衬托出来，使形象得以美化。成功的仪表修饰一般应遵循以下原则。

1. 适体性原则

适体性原则就是要求仪表修饰与个体自身的性别、年龄、容貌、肤色、身材、体型、个性、气质及职业身份等相适宜、相协调。

2. TPO 原则

TPO 原则即时间（Time）、地点（Place）、场合（Occasion）原则，要求仪表修饰因时间、地点、场合的变化而相应变化，使仪表与时间、环境氛围、特定场合相协调。

3. 整体性原则

整体性原则是要求仪表修饰先着眼于人的整体，再考虑各个局部，促使修饰与人自身的诸多因素之间协调一致，浑然一体，营造出整体风采。

4. 适度性原则

适度性原则是要求仪表修饰无论是在修饰程度上，还是在饰品数量和修饰技巧上，都应把握分寸，自然适度。

第二节　妆容管理——化妆就是给脸穿上衣服

俗话说，“三分长相，七分打扮”，不无道理。个人容貌是父母给予的，五官、皮肤的美感相对定型，有的天生丽质，有的存有缺陷。在现实生活中，这就需要我们懂得一些美容常识，通过保养、修饰，扬长避短，有效地弥补自身的缺陷和不足。

一、妆容的整体要求

职场人士的外在形象，无论着高级时装还是普通服装，关键是要干净、清新。每个人每一天都应该有良好的清洁习惯，这是个人修养的体现。

（一）手部的清洁和修饰

如同脸部一样，手是显现衰老的主要部分。在日常生活和工作中，无论是献茶、敬酒，还是握手、递名片、签字等，双手始终处在醒目的位置。一双保养良好、干净、有质感的手，会给人以美感；而一双粗糙、看起来不干净的手，往往会影响到别人对你的印象：不注重生活品质，不讲究细节。

1. 双手要保持干净

与脸相比，双手要洗得更勤一些。用餐之前、接触食物或精密仪器之前，要洗手；拿过脏东西、去过洗手间、吸烟、从外面回到家之后，要洗手。要想拥有一双具有质感的手，必须时刻注意保养，防止双手粗糙、长疮、皴裂。无论工作有多忙，都不能成为怠慢自己双手的借口。

2. 不留长指甲

职场人士，除了一些艺术行业的人士外，最好不要留长指甲。留着长指甲，与人握手时有碍观瞻，还会藏污纳垢；工作中，写字或触摸电脑键盘时也会操作不便。

特别提醒：服务行业的工作人员，指甲长度的标准是与指尖齐平，最长不超过 2 mm。此外，一般的职场女性可以涂抹无色或单色指甲油，但不应涂过于鲜艳的颜色（除艺术行业的女士外），更不可为了美观和时尚在指甲上涂抹彩色指甲油或艺术绘画。指甲油忌讳残缺不全，因为指甲油的残缺，暗示你比较懒惰、不注重生活细节和品质。

（二）腋下的清洁和修饰

在夏季，职场人员最好不穿无袖外衣，以免露出腋毛。这在他人眼中是极不美观的，尤其是女性更应注意。在某些特殊场合，比如晚宴、酒会，需要穿无袖外衣或礼服时，应注意剃除腋毛，不能使其外露。

（三）脚部的清洁和修饰

在人际交往中，人们常常有“远看头，近看脚”的习惯，虽然脚部只是一个人职业形象的一小部分，却是整体形象的一个闪光点。具体来讲，主要应做好以下几个方面。

1. 勤于洗脚

人在行走时，脚部运动最多，也最容易出汗，所以，如果每天不认真清洗脚部，就很难有清洁可言了。勤于洗脚，不仅是礼仪的需要，也是健康的需要。

2. 勤换袜子

为了避免脚臭，还应该勤换袜子，尽量做到每天一换，避免穿有异味的袜子，同时，穿着被染色或已经被污染的袜子也是不礼貌的。

3. 勤换鞋子

为了避免鞋子内部产生异味，必须勤换鞋子，平时还需注意鞋子的保洁问题。在穿鞋前，务必要细心清洁好鞋面、鞋跟等，尽量使其一尘不染。

(四) 身体气味

在职场中，保持身体的气味清新、洁净，是基本的礼仪规范。这样，不至于让人敬而远之或退避三舍。口腔要清洁，吃完工作餐后，要及时清除口腔异味和食物残渣。千万不要因为一时疏忽，牙齿上粘着菜叶就去商务接待，这样会让双方都很尴尬。在日常生活和职场中一定要注意以下两点。

1. 口腔的气味

若有口腔炎、胃炎、胃溃疡、咽喉分泌物过多、鼻窦分泌物倒流等健康问题，口腔就很容易散发出难闻的口气。经常吸烟、喝酒或嗜食海鲜，吃过洋葱、大蒜、咖喱等刺激性食物之后，口腔会有特别的味道。不好的口腔气味不仅仅说明你的个人卫生不够好，而且也会让旁边的人感到不舒服。参加社交或商务活动时，不要疏忽了以下这些细节。第一，在参加重要活动之前，尽量避免吃洋葱、大蒜和韭菜等食物。如果吃了这些食物，就用一些漱口水漱口或咀嚼一片口香糖，最便捷的是用口喷药品来帮助自己除去异味(最好随身携带小型装口喷药品)。第二，职场人士经常喝咖啡、茶，每次喝完以后要漱口，保持口腔的清新。第三，在临睡前刷牙时，把舌苔清洁一下，也可以用小汤匙轻轻刮一下，因为舌苔是细菌生长的地方，清洁舌苔可以保持健康、清新的口气。

2. 腋下的气味

人体出汗时，鼻翼、腋下和头部等处的汗腺，都会产生某种气味。比如腋臭，尤其是夏天，如不勤洗澡，会使体味恶化，严重时会让周围的人无法忍受。另外，吃肉多的人，因体质多呈酸性，致使体液逐渐酸化，在汗腺发达的地方，如腋下更容易散发出异味。此外，当一个人心情郁闷、精神压力大时，正常的内分泌功能会受到影响，也会产生或加重体味。腋下的异味会毁掉一个人在职场中的良好形象，在中国，绝大部分人对这种气味都很敏感，无论你多么有才能，都会成为不受欢迎的人。缓解腋下气味的最佳方法以下两点：一是每天早上上班前，条件允许的话，最好洗澡；二是使用一些去除异味的产品，比如防腋臭香水、防出汗的走珠香体液等，或者到专业医院做手术根治。

二、女性的妆容

想争取更多的发展空间，除了工作成绩要得到大家的认可外，良好的妆容也能为自己增色不少。适当的化妆可以掩盖自己的缺点，展现自己良好的精神风貌，显得沉稳而干练，加强别人对你的印象,更容易在职场崭露头角。那么职业女性该如何化妆呢?

(一)女性妆容技巧

作为职业女性,必需时刻以最佳、最饱满的精神状态出现在上司和同事面前,一时的皮肤暗陈、双目暗淡都能破坏你在上司和同事心目中的美好印象。因此,职业妆容是必修课,如何才能打造出端庄大方、漂亮简练的职业妆容,是每一位职业女性都应该学习的。

1. 眼线

眼线可以很容易就把眼睛加大。对亚洲女性来说,眼睛都较小,眼线就显得特别重要了。工作的时候,有一双充满光泽和神采的眼睛,会为工作提高分值。一般可选用黑色、黑灰、深棕色的眼线液或眼线笔。画眼线时,要贴着睫毛根上画,两者不能有空隙,否则效果会是相反的。

2. 口红

口红是上班女性最常用的化妆品。因为口红可以弥补憔悴的脸色,所以,许多女性即便平时不怎么化妆,手提袋里也会有一支口红。但不是所有的口红涂在你的嘴唇上都是最漂亮的,因为人们的嘴唇颜色有深有浅,因此选择的口红颜色也不一样。当然,对于许多中国女性来说,挑一支使自己看起来皮肤白一些、牙齿白一些、眼睛亮一些的口红最好。最重要的,还是要根据你每天的整体妆色来选择口红。不过,粉色、橙色系口红在办公室里很受欢迎,而红色与紫色以及亮光口红就不太适合办公室的工作氛围。

3. 睫毛膏

对于职场女性来说,白天工作时,宜用黑色睫毛膏。涂抹时,睫毛要自然、干净、清晰,不能糊成一团。最重要的一点,也是很多女性容易忽视的,就是在涂完上眼睫毛后,记得一定要涂下眼睫毛。否则只涂上,不涂下,睫毛就会像两只贝壳在脸上忽闪忽闪的,肯定没有美感。如果用睫毛液来强调眼睛中央的睫毛,就会给人一种聪慧、灵动而有修养的感觉;如果用来强调眼睛尾部的睫毛,则可营造深邃、有质感的眼神。

4. 眼影

西方女性的眼睛是凹形状轮廓,而东方女性的眼睛则刚好相反。对眼睛比较肿的亚洲女性来说,选择正确的眼影颜色和学习正确的化妆方法一样重要。对于职场女性中的初学者来说,三色眼影(白色、浅咖色、深咖色)就满足了所有化妆的需要。

5. 腮红

对于没有色泽的脸庞,用些腮红,可以增加脸部的色彩。但不同的脸型,涂腮红的位置有些区别。比如,椭圆形脸,腮红应涂在颊骨最高处,再向后向上涂开;圆形脸,腮红应从颊骨一直延伸到下颚涂抹;方形脸,腮红应从眼部平行下降涂抹。

6. 眉形

完美的眉形,可以使一个人的五官更具美感。如果你的眉形还不太完美,最好的选择就是用修眉刀具修剪出比较清晰的眉形,让你的脸瞬间焕发出清朗的神采。

7. 发型

"完美形象,从头开始",选择得体适度的发型可以表现出一个人的良好仪容。

(1)头发要干净。头发是一个人脸面之中的脸面，在办公室，成天发型乱糟糟的、几天不洗、散发出油味、头屑在肩膀上随处可见等，这些都是容易毁掉一个人的形象的，即使你是一位公司老总也不例外。

(2)发型得体。职场人士选择发型时，从社交礼仪和审美的角度看，除个人偏好之外，最重要的是要考虑你的发质、脸型、胖瘦、年纪、着装、配饰、性格等因素，关键是要考虑职业需要。发型在一定程度上与个人身高有关，比如，女性留长发时，头发的长度就应与身高成正比，一位矮个的女士若长发过腰，会使自己显得个头更矮。发型还要与体形协调，发型的选择得当与否，会对整体体形产生极大的影响。比如脖颈粗短的女性，适宜选择高而短的发型；脖颈细长的女性，宜选择齐颈搭肩、舒展或外翘的发型；体形瘦高的女性，适宜留长发；体形矮胖的女性，适宜选择有层次的短发。

8. 化妆色彩

化妆前，一定要想想今天穿什么颜色的衣服，因为化妆色彩要和服饰搭配，平衡、和谐才是最美的。所以，每个人脸部的皮肤色调、头发颜色、眼睛等之间的关系，确定了化妆品与衣服的颜色。比如，穿橘红、黄色、咖啡色、绿色的衣服时，应该用橘红色系的口红；穿蓝色、粉红、水蓝、紫色、酒红、银色的衣服时，应该用粉红色系的口红；穿中性颜色的衣服时，如黑、白、深蓝、深咖啡、古铜、金色、银色等，什么色系的口红都可以搭配。若穿的衣服有很多不同的红色，那么就找出最深或最耀眼的红色为主导色，然后配上相应的口红。若穿的是花色衣服时，选出占主导的色调或最接近脖子和脸的颜色，然后配上相应的口红。若穿桃红色的衣服（桃红色其实一半是粉，一半是橘），那么就用粉红和橘红的混合色口红。

9. 表情

在工作中，再漂亮的妆容，如果配上一副单调、无变化的表情，总是让周围的人觉得有些不协调。一个完美的办公室妆容，并不会花费你太多的时间，却可以带给你一天的好心情，加上完美、亲切的微笑，就会得到上司和同事们的信任。

10. 香水

法国著名设计师 Chanel 曾说过这样一句话："香水是服饰的最后搭配。"对于中国女性来说，应该选用一些清淡型香水，这样更适合身体的味道。在香水的使用中要注意以下几个细节。

(1)香水的选用。味浓型香水适合在秋季、冬季和晚上使用；清淡型香水则适合在夏季和白天使用。一般出门前半个小时喷上最好。

(2)喷香水的部位。第一选择，可以喷在双手动脉处。香水分子随着脉搏的跳动，味道会均匀散发出来。第二选择，可以喷在耳根后动脉处，目的是控制我们头部散发的气味。第三选择，喷在胸前动脉处，目的是控制从我们领口散发出来的体味。

(3)喷香水的方式。第一种方式，把香水喷在上述的身体部位，不能喷得太多，当别人与你擦肩而过时，身上散发淡淡的香水味道即可。第二种方式，把香水喷在你的头顶上空，让香水分子落在自己的身上，这种方式可以让香水的味道均匀散发，香味持久。

（二）女性妆容的注意事项

香港著名影星刘嘉玲说过："只有懒女人，没有丑女人。"这句话在职场中的正确理解就是"漂亮"反映了职业女性对事业的追求与努力程度。

一个在事业上追求上进、注重细节的人,自然会合理着装、得体装扮、谨慎言行,这些都会提高一个人"漂亮"的得分。"漂亮"如果代表人的追求与努力程度,那么与收入正相关也就不奇怪了。"漂亮"的重中之重,就是"面子"问题,主要就是护肤与化妆,在这两方面,需要注意以下几方面的内容。

(1)即使收入不高,也要为自己投资一两套高档的护肤品,既是爱自己,又是对自己的一种激励。中国女性最重要的护肤诉求是美白,可结合自己的实际情况,适当向这个诉求靠拢。

(2)办公室环境封闭、通风差且粉尘、灰尘、辐射多,要注意使用隔离补水产品,喷雾与护手霜是办公室必备的。

(3)化妆是否必要,要看办公室的其他人怎么做的,对于职业女性来说,"漂亮"是个相对概念,重要的是表现得干练、稳重,适当淡妆,用接近肤色的粉底和滋润型的唇彩,一般是不会出错的。

(4)手袋里的必要装备:面巾纸、化妆小包、化妆镜——可以在重要事项,如会议、见老板、见客户之前可以检查一下自己的状态;如果是长发,要准备备用的发圈,防止头发散乱。

(5)经常照一下镜子,修正自己的表情。适当化妆可以改变肤色,掩饰疲惫,但如果表情僵硬或生硬,难免被盖上"女强人"的印记。长时间高压力的工作难免使人心情沮丧,面对镜子,练习微笑,可以使自己的表情显得轻松、自信、亲和。

对于职业女性来说,"面子"最重要的是容光焕发,一张"漂亮"的面孔,不仅使自己心情好,也能够融洽和周围同事的关系。容光焕发显示出能够驾驭工作的能力,即使高强度的工作也不能把你难倒,从而使自己得到上司和同事的一致认可。

【知识链接】

女性化妆的"十不宜"

(1)不宜面部擦香水。擦了香水的部位,经太阳光线照射会引起化学变化,容易产生红肿刺痛,严重的还会发展成为皮炎。

(2)不宜化妆拔眉毛。化妆拔眉毛会给人一种光秃的造型感,从医学观点看,拔眉不仅会损害生理功能,而且会因破坏了毛囊和化妆品的刺激导致局部感染。

(3)不宜多用口红。口红中的油脂能渗入人体皮肤,而且有吸附空气中飞扬的尘埃、各种金属分子和病原微生物等副作用。通过唾液的分解,各种有害的病菌就可乘机进入口腔,容易引起"口唇过敏症"。

(4)不宜用一种粉底。粉底的颜色比脸部的肤色过深或过浅,都会破坏你的容貌,因此,应该多备几种粉底,随四季肤色的改变而不断调整。

(5)不宜眼圈重涂眼影粉。热天汗水多,眼圈重涂眼影粉时,汗水会将眼影冲入眼内,损害视觉器官,如再用手揉,更易将细菌带入眼内,染上沙眼或红眼病。

(6)不宜把面膜敷在眉和睫毛上。面膜敷在眉毛和睫毛上。除去时容易将眉毛和睫毛一起拔掉。

(7)不宜将脸抹得白里透青。若脸上使用油脂化妆品，再涂上一层香粉，使之白里透青，阳光中的紫外线就无法被吸收，影响体内维生素D的产生。

(8)不宜用他人化妆品化妆。化妆品可能成为疾病传染媒介，因此，不要乱用他人化妆品化妆，也不要将自己用过的化妆品随意借给别人。

(9)磨面时手指用力不宜过大。天热时人体毛孔放大，表皮较嫩，磨面用力过大，面皮被磨面膏中的"沙子"损伤，再经风吹日晒，反而会变得粗糙。

(10)不宜不断补粉。

（来源：《百姓生活》2008年04期）

三、男士的妆容

注重妆容不是女士的专利，也是职场男士提升外在气质的手段之一。

1. 头发

职场男士的头发要常剪，不宜留过长。职场男士一般都会选择短发，这样显得专业、干练。如果从事艺术性工作，比如你是艺人、歌星、创作者，想要与众不同是可以理解的，留什么样的发型就另当别论。当然，最终要干净、整齐，这是礼貌的表现。

职场男士头发要常洗。头发很容易产生异味，因此要保持干净、清爽。注意不能有头屑，如果在肩部位置留有头屑，无论是什么身份，都会让形象大打折扣。

2. 唇部

因为唇部没有汗腺，很容易龟裂。与他人近距离交流时，嘴唇龟裂是很不礼貌的。男士也要注意保持嘴唇的滋润，尽量选择使用润唇膏。最好选择无色、滋润型唇膏，使用时只要轻抹一点，让唇部有滋润度就行，不能抹得满嘴都油腻，以免弄巧成拙。平时可以随时在公文包内放一支润唇膏以备不时之需。

3. 手和指甲

男士的双手一定要有质感，因为男士不像女士那样经常有护手的习惯。许多男士认为润手霜只有女士用，这是个误区。伸出一双粗糙、干巴巴的手，与谁相握，都会给对方留下深刻的"印象"。男士的手指甲一定要经常修剪，保持清洁，指甲内不能有污垢。现在有很多男士修甲，这是聪明的做法。经常看到有很多职场男士留长指甲，甚至有人专留小指甲，用来抠抠耳朵、挠挠痒痒、挖挖鼻子……这种行为会严重影响一位男士的职场形象。

4. 皮肤

由于生理原因，男士的皮肤比较粗糙、毛孔大、容易老化。男士日常活动量大，平时分泌的汗液和油脂较多，容易使灰尘、污垢聚集，堵塞毛孔，从而引起各种各样的皮肤病或出现体味过重的情况，影响美观。因此，男士更应该做美容护理。虽说不用像女士那样需拥有细腻有光泽的肌肤，但拥有很好的、健康的肤质，也是一种生活品质的体现。所以，男士也可以用护肤品。当然，用护肤品时一定要把握一个度，否则，不但没有起到提升的效果反而会适得其反。

5. 身体

无论到了哪个年龄段，一定要使自己的身体经常"运动"起来。爱惜自己身体的男士，都会懂得经常锻炼,这不但使身体健康,而且充满活力的身体外形会增添个人的魅力。同时,还要注意的是在工作场合,男士的腿毛不要外露,而这容易让人生厌。

6. 味道

男士可以在刮完胡子后,可以选用含有淡淡烟草味道的香水,这样会提升自己的个人魅力。

第三节　表情管理——微笑是世界共通语

微笑是人类最美的表情,每个人都有一个瞬间最美的微笑。如何微笑,就是要找到这样一个美丽的瞬间,用这种美丽的表情参与到社交活动中。确定微笑礼仪的标准,为礼仪活动中正确运用这种表情提供了标尺。在交往活动中,依据微笑礼仪的标准来控制微笑的尺度,为人们顺利交往打下良好的基础。作为人类内心情感状态的流露,微笑礼仪的标准应当具备人性化的特点。从人性化的视角确定微笑的标准是从人自身表情的角度出发,不能够脱离表情的特征。微笑应该是自然的、动态的、是"诚于内而形于外"的愉悦情绪的外在表现。

一、微笑礼仪

微笑是人际交往中最基本、最常用的礼仪,它贯穿于各种礼仪活过程中。当与人见面握手时,如果伴以亲切的微笑,会瞬间拉近彼此的距离。在一般交往中,微笑能够表现出善意、尊重和友好,通过微笑能与交往对象建立起友好的沟通渠道和良好的交往关系。在各种场合恰当地运用微笑,可以起到传递情感、沟通心灵、征服对方的积极心理效应。如果人人都能够在交往活动中正确、自然的运用微笑礼仪,彼此表现与人为善的态度,必然有利于人际关系的和谐。

(一)微笑是日常交往中最易被人接受的礼仪

在日常社会生活交往过程中,如果伴以微笑可以使气氛和谐。人们对于微笑的表情最为敏感,普遍会产生积极的情绪。你向对方微笑,对方也会用微笑告诉你:你让他体验到了幸福感,由于你的微笑,使他觉得自己是一个受别人欢迎的人。换言之,你的微笑使他感到自己有价值。于是,有人把微笑这一"体语"比喻为交际中的"货币",人人都能付出,人人也乐于接受。

微笑在人类各种文化中的含义是基本相同的,能超越文化而传播。达尔文在《人类和动物的表情》一书中指出,现代人类的表情和姿势是人类祖先表情动作的遗迹,这些表情动作最具有适应意义。因此,微笑就成为遗传的东西而被保存下来。例如,愤怒时咬牙切齿、鼻孔张大的表情是人类祖先在即将开始搏斗中的适应动作。正因为表情有其生物学根源,所以许多最基本的情绪,如喜、怒、哀、乐等原始表情是具有全人类的共性的。

在日常交往中,适当地运用好微笑,会起到事半功倍的效果。微笑与手势、语言一样在行为礼仪中占有十分重要的地位,对于交往活动有着巨大的影响。而且,微笑可以伴随着手势、语言等出现在交往过程中,辅助手势、语言等达到交往的目的。

(二)微笑是服务工作中最实用的礼仪

现代服务礼仪对服务有这样一种解释:"SERVICE"(服务)由7个字母构成,意为全方位、高标准的要求。其中,“S”——Smile(微笑)、“E”——Excellent(出色)、“R”——Ready(准备)、“V”——Viewing(看待、观察)、“I”——Inviting(邀请)、“C”——Creating(创造)、“E”——Eye(眼光、关注)。第一个字母“S”——微笑,意味着服务人员应该对每一位宾客提供微笑服务。微笑服务是服务人员美好心灵和友好、诚恳态度的外化表现,是服务中与服务对象交流、沟通的桥梁。

目前,微笑服务已经在世界各地和多种行业引起广泛重视,成为商界竞争的有效武器。美国酒店大王希尔顿的事业一向兴旺发达,秘诀就在于他一向要求全体从业人员微笑服务。希尔顿总公司董事长唐纳·希尔顿曾经明言:“酒店第一流的设备重要,而第一流的微笑更为重要。”50 多年里,他不断到设在世界各国的希尔顿酒店视察,视察中他经常问下级的一句话是:“你今天对客人微笑了没有?”在社会生活中,消费者要求维护自身权益,要求被尊重;行业之间竞争愈加激烈,体现良好规范和人性化服务的“微笑服务”就成为了一种高附加值、具有较高档次的服务规范。

在服务交往过程中,服务对象的情绪往往受到服务人员态度的影响。微笑的表情,服务人员温和的语调和礼貌的语气,不仅能引发服务对象发自内心的好感,有时还可以稳定服务对象焦虑急躁的情绪。微笑在不经意间对语言进行修饰,使服务对象在整个交往过程中感到轻松和愉快。

同时,在服务交往过程中,微笑也可以给服务人员自身带来热情、主动、自信等良好的情绪氛围,处在这一氛围中的服务人员的工作效率也会随之提高。微笑在给服务工作带来便利的同时,也给服务人员自身带来成就感,这种成就感有利于服务工作者的身心健康。

二、微笑礼仪的意义

(一)微笑给人良好的第一印象

第一印象又称“首因效应”、“首次效应”或“者优先效应”,是指人们第一次与某人相接触时留下的深刻印象。心理学研究发现,与一个人初次会面,7 ms 就能产生第一印象。这种先入为主的第一印象是人的普遍的主观性倾向,会直接影响到以后的一系列行为。心理学研究表明,外界信息输入大脑时的顺序,在决定认知效果的作用上是不容忽视的。第一印象主要是依靠性别、年龄、体态、姿势、谈吐、面部表情、衣着打扮等来判断一个人的内在素养和个性特征。而初次见面时面带微笑,就可能获得热情、善良、友好、诚挚的第一印象。

在很多关于面试技巧的论述中都提到,如何给面试官一个良好的第一印象,其中非常重要的一点就是进入面试场内,要微笑着注视面试官。保持自然的、热情的微笑不仅说明自己是放松的,而且在表现面试者的风采的同时,微笑已经开始在面试者和面试官之间进行积极的情感交流了。有经验的面试官会很重视 7 ms 内捕捉关于应试者的真实的、自然的信息,如果面试者能有效地利用好这几秒钟,将会给面试的继续进行带来积极的影响。

(二)微笑促使人际交往顺利进行

当你对别人微笑时,其实就在传递一种积极快乐的信号,意味着对别人表示“我很高兴认识你”。而对方也会产生共鸣,体会到你的快乐,更愿意和你接近。微笑可以表现出温馨、亲切的感觉,能有效地缩短沟通双方的距离,给对方留下美好的心理感受,从而形成融洽的交往氛围。微笑能产生一种魅力,它可以使强硬者变得温柔,使困难变得容易。所以,微笑是人际交往中的润滑剂。面对不同场合、不同情况，如果能用微笑来接纳对方，可以反映一个人良好的修养和挚诚的胸怀，可以和别人建立良好的人际关系。微笑之所以动人，不仅在于它在外观上造成的美感，更在于它总是带给别人友好的感觉，给对方留下美好的心理感受。

（三）微笑可以有效地化解交往矛盾

微笑是金，用笑容可以成功地化解许多矛盾和争端。朋友之间、同事之间，难免会有产生误会、发生不愉快的时候，这时是冷眼以对，还是泰然处之？是深化矛盾，还是消除在萌芽之中呢？这就要看当事者的态度了。若大度，对方也会还以宽容，若耿耿于怀，双方势必也会难以和好如初。俗话说，“伸手不打笑脸人”，再深的矛盾，当面对微笑时，也有可能强行压制下去。面对一张微笑着的脸，再大的怒火也会忽然间熄灭。一个人的微笑就像温暖的春风一样可以化解严冬的冰冻。所以，在人和人的相处中，微笑是至关重要的，它虽然不是犀利的语言，却比任何语言更加有力。

（四）微笑是敬业精神的外在表现

中华民族历来有“敬业乐群”、“忠于职守”的传统，敬业是中华民族的传统美德之一。敬业就是要求从事正当职业的人们，热爱自己本职工作，兢兢业业、埋头苦干、以恭敬之心履行自己的职责，是积极向上的人生态度的体现。敬业精神就是要有强烈的工作责任感和职业自豪感，敬重自己从事的事业。

在众多服务行业中，大都要求从业者微笑服务。做到微笑并不是很难，只要经过一段时期的训练，每个人都可以展现出标准化的微笑。然而，标准化的微笑并不是服务成功的灵丹妙药，只有从业者及时地调整好心态，对工作培养起浓厚的兴趣，以饱满的热情投入到工作中，在工作过程中享受工作带来的乐趣，才会在工作岗位上保持微笑，而且是发自真心的微笑。如果只是被迫地表现出微笑，不仅会使“微笑服务”大打折扣，而且会对自己的身心健康产生负面影响。

北京奥运会期间，“志愿者的微笑是北京最好的名片”。志愿者的微笑之所以具有强大的感染力，原因在于他们在志愿工作中付出了极大的热情，而志愿工作的责任感和自豪感，使他们的脸上洋溢的微笑是最真诚、最美好的。微笑是敬业精神的外在表现，表达了对工作对象的尊重和对工作的热爱。

三、微笑礼仪的具体标准

（一）微笑是一种动态表情

人类的表情是无声但却生动的语言，自然、鲜活则是表情的特征。表情应该是活灵活现的动的过程，而不应该是刻板、僵化，没有生气的静的状态。微笑是所有表情中最美的一种。每个人都会有一个瞬间最美的微笑，但是如果将这个瞬间定格，让其保持在整个交往活动过程中，就失去表情的灵动性。

在北京奥运会期间，几百名千挑万选的礼仪志愿者，经过艰苦的训练，终于展现在大众面前。猛然一看，果然不同凡响。他们的仪态、他们的表情极其专业，每个人微笑时都会露出6～8颗牙。但是，一旦我们抛开参赛的运动员、抛开紧张的比赛、抛开热情的观众，只关注这些礼仪人员时，就会发现，她们从出场的那一刻开始直到退场的十几分钟甚至更长的时间里，表情始终保持不变。如果我们把全部的注意力放在这些礼仪人员的面部表情上，就会有种异样的感觉。看到的不是微笑的生动美丽的脸，而是一张张凝固了美丽表情的面具。人的表情之所以动人，是因为人的表情是动态的，只有在表情不断的细微变化中才能够感受到生动的美。

正确的微笑应该体现出动态的特点。其要点有以下几方面。

1. 把握微笑的时机

什么时候展现出笑容才是至关重要的呢？应该在与交往对象目光接触的瞬间展现微笑，才是正确的，才能表达友好之意。反之，如果与人对视，面无表情，则会传达出冷漠、厌恶、敌视的情感。如果，与对方目光接触的瞬间仍然延续之前的表情，即使是微笑也会让人感觉有些虚伪。

2. 把握微笑的层次变化

在整个交往过程中微笑的程度要有所变化，在整个过程中需要保持微笑，但要有收有放。微笑的程度有很多层次，有浅浅一笑、眼中含笑，也有热情的微笑、开朗的微笑。在什么时候用什么样的微笑是不可能也不应该严格遵循某一具体的标准的。要根据交往过程中的交流情况和个人特点自然、随机地发生变化。

3. 注意微笑维持的时间

微笑的最佳时间长度以大约3 ms为宜，时间过长会给人假笑或不礼貌的感觉。微笑的启动和收拢动作要自然，切忌突然用力启动和突然收拢。这种对于微笑时间为3 ms的规定似乎也有些过于强调技术化，但是相对于一次微笑保持十几分钟甚至几十分钟来说，已经是非常人性化的了。实际上，在微笑的启动和收拢过程中也蕴含着微笑的表情，并不是只有3 ms的表情是微笑的。

（二）微笑是一种个性化的表情

有很多礼仪培训教材中提到，微笑要露出6～8颗牙；也有人指出，中国的礼仪习惯是笑不露齿。但是，人跟人情况不同，笑容也因人而异。如果强作要求，硬性规定，人们反而无所适从，礼仪的作用也就无从谈起。设想一下，如果满世界的人微笑时都笑不露齿或六齿裸露，岂非骇人听闻。有的人开朗、热情，笑时露出一排漂亮的牙齿；有的人内向、含蓄，笑时轻轻抿起嘴唇；有的人成熟、大方，笑时眼睛更会说话。“大嘴美女”朱莉亚·罗伯茨笑时几乎可以看见所有的牙齿，嘴角更是高高的提起，谁又能否认“大嘴美女”这副笑容的魅力呢？在美国普通观众投票选出的“观众人气大奖”中，朱莉亚·罗伯茨曾被提名最佳迷人微笑奖。

可见，微笑是一种个性化的表情，不应该以技术化、标准化的形式加以规定，对微笑要求表现得整齐化也是不符合礼仪的。每个人要训练自己感人的微笑，不是尝试露出几颗牙、嘴角上提到几度位置、眼睛变化成哪种形状，而是要发现自己最美的那一个瞬间，展现自己独特的气质，自信、勇敢、自然、真诚地去微笑。

（三）微笑是内心情绪的自然流露

微笑的美在于文雅、适度，亲切、自然，符合礼仪规范。微笑要诚恳和发自内心，做到“诚于中而形于外”，切不可故作笑颜、假意奉承、虚伪、做作，做一系列程式化的动作。发自内心的笑是扑面的春风,能温暖人心,消除冷漠,获得对方的理解和支持。

研究者发现,人们在违背自己意志的情况下微笑会使机体受损,像空乘人员、商店的售货员、呼叫中心的接线员、餐厅的服务员等都属于因为在工作中要经常"被迫微笑"而容易染病的"危险人群"。法兰克福大学的教授迪耶特·查普夫称:"伪装对他人亲切友好会导致人们产生沮丧的情绪,压力倍增,从而使免疫系统受损。更为严重的是,如果人们的这种压力长时间得不到释放的话会有患上高血压或者其他心血管疾病的危险。"研究人员们在两年的时间内对包括商店售货员、空乘人员等在内的4 000名志愿者的行为进行了分析,并得出了以下结论,研究者们认为:"人们违背意愿地保持友好态度只会给自己造成心理压力。"感情流露应该自然,如果过于注重结果,就会有失自然。光考虑露不露牙齿,微笑就很难释放出来……中国礼仪强调的是人内心要有德性,对他人要有敬意。值得尊敬的人来了,内心感到愉悦,自然会有得体的微笑,这是让对方感到温暖的一种笑容。微笑的前提是保持情绪的愉悦、平和,表现态度的亲切、友好。在生活中我们应该用善良、包容的心对待他人,用敬业奉献的热情对待工作。也只有调整好自己的心态才能够表现出表里如一的微笑。

(四)微笑是多部位协调的动作表情

笑是人们的眉、眼、鼻、口、齿以及面部肌肉所进行的协调行动。人在笑时,额肌、枕肌、眼轮匝肌、口轮匝肌、提上唇肌、提口角肌、颧肌、降上唇肌、降口角肌、颊肌等,全部由面神经支配,共同完成笑的动作。微笑要注意整体配合,不能忽视其整体的协调配合,微笑便往往会不能称其为微笑。有些人出于职业的需要,经常在公众或者镜头前展现出标志性的笑容,仔细观察、分析,就会发现,这些人的笑容只是嘴角稍稍上提,其余的部位几乎没有变化。这样的笑容往往无法让人感受到亲切、自然,而从这样的表情中流露出的只有专业和冷淡。发自内心的微笑,会自然调动人的五官:眼睛略眯起、有神,眉毛上扬并稍弯,鼻翼张开,脸肌收拢,嘴角上翘。做到眼到、眉到、鼻到、嘴到,才会展现出亲切可人、打动人心的微笑。

微笑作为一种表情,还要与其他体态语言相结合,代替有声语言进行沟通。如在接待众多的宾客时,如果一边微笑一边点头示意或者招手,也可以表达"欢迎"的意思。在交往中,当遇到意见分歧,一边微笑一边摇头,委婉表示拒绝或不同意,则可以缓解紧张气氛,不至于使人过于难堪。

微笑是人际交往中最常用的礼仪,但是在某些时候,微笑却是不合时宜的表情。在严肃庄重、悲痛伤感的场合,都不应该流露出笑的表情,而应该与周围环境、气氛保持一致。礼仪是对自己和他人,对社会生活中的人际关系,对周围环境和气氛的一种尊重,只有融入环境和气氛之中,做出有针对性的反应才是礼貌的表现。反之,则会引起周围人的反感和不快,甚至引起不必要的误会。

另外,即使是在应该表现出微笑的场合也要注意微笑要恰当。不能为了展现微笑的表情而使笑容过于夸张。尽管微笑是人内心情绪的自然流露,但是也要注意有所控制,这样才能够体现出一个人的修养。子曰:"质胜文则野,文胜质则史。文质彬彬,然后君子。"意思是说,朴实多于文采,未免粗野;文采多于朴实,未免虚浮。文采与朴实配合得当,才是君子。可见,作为一个有修养的人,即使是内心的感情也不能没有控制,任其随意表露,而应该根据时间、场合,恰当地展现微笑。

微笑是最坦荡、最有吸引力的表情，是人际交往中起码的礼仪。在交往中，微笑能够表现出善意、尊重和友好，通过微笑能与交往对象建立起友好的沟通渠道和良好的交往关系。微笑是人内心情感的流露，是一种心情愉悦的表现。对于微笑这样一种表情的标准，必须从表情本身出发，突出其人性化的特点。

本章小结

本章重点讲解了以下几个问题。

(1)仪容礼仪：仪容礼仪的含义、仪容美的基本要素、仪容及仪表修饰。

(2)妆容管理：妆容的整体要求、女性的妆容、男士的妆容。

(3)表情管理：微笑礼仪、微笑礼仪的意义、微笑礼仪的具体标准。

本章测试题

一、不定项选择题

1. 仪容美包括(　　)。

A. 仪容自然美　　B. 仪容修饰美　　C. 仪容内在美　　D. 仪容表现美

2. 仪容美的基本要素有(　　)。

A. 貌美　　B. 发美　　C. 肌肤美　　D. 心灵美

3. 仪表修饰的原则是(　　)。

A. 非个性原则　　B. TOP 原则　　C. 整体性原则　　D. 适度性原则

4. 妆容的整体要求是(　　)。

A. 手部的清洁和修饰　　B. 不穿无袖外衣

C. 脚部无所谓修饰与清洁　　D. 没有身体气味

5. 微笑礼仪的意义是指(　　)。

A. 微笑给人良好的第一印象　　B. 微笑促使人际交往顺利进行

C. 微笑不是有效的化解交往矛盾的武器　　D. 微笑是敬业精神的内在表现

二、判断题

1. 举止一向被视作人类的“第二语言”。(　　)

2. 与陌生人初次交谈，视线落在对方的鼻部是最令人舒服的。(　　)

3. 在整理、修饰仪容时的原则是修饰避人。(　　)

4. 手被称为人的“第二张名片”。(　　)

5. 为表示对对方的重视，谈话时目光注视对方的时间应占谈话时间的1/3。(　　)

6. 商务人员上岗之前不可吃带刺激性异味的食品。(　　)

7. 服务人员在服务过程中应尽可能地使用辅助手势来显示热情周到。(　　)

8. 注重仪容是女性的专利。(　　)

9. 微笑是只有在服务工作中才使用的礼仪。(　　)

10. 微笑是一种静态表情。(　　)

三、案例分析

案例 1：

炎炎夏季的一天，某居民区苏太太家的门铃突然响了，苏太太打开门一看，迎面而立的是一位戴墨镜且微笑的年轻男子，于是她狐疑地问："您是？……"这位男士也不摘下墨镜，而是从口袋里摸出一张名片，微笑着递给苏太太，说："我是保险公司的，专门负责这一带的业务。"苏太太接过名片一看，没错，但推销员的形象，却让她打心底里反感，便说："对不起，我们不投保。"说着就要关门。而这位男士动作却很敏捷，已将一只脚迈向门内，微笑着说："你们家房子装修得这么漂亮，真令人羡慕，可是天有不测风云，万一发生个火灾什么的，再重新装修，势必要花很多钱，倒不如你现在就买份保险……"苏太太越听越生气，光天化日之下，竟然有人来诅咒她的房子，于是，硬把年轻男子赶了出去。

问题：

(1)请指出这位推销员在哪些言行举止方面不符合礼节？

(2)请说说作为一名商务人员应如何加强仪表仪态修养？

案例 2：

在一个五星级酒店，今天清晨轮到前厅部迎宾小王上早班，于是小王着一身缎面旗袍就匆匆走上工作岗位。质检部李经理看到后皱着眉头向小王走去。小王不知所措，于是头转向窗外。这时听见有人问："早上上岗检查仪容仪表了吗？"他低头打量了一下自己，说："李经理，检查了呀，有何不妥吗？"这时，李经理告诉她说："制服的后面怎么像抽了丝一样？"小王突然意识到昨晚洗过的制服晾干后，早晨还没来得及熨烫就匆忙穿上来上班了。可就因为这一点小疏忽，按酒店规定小王被处罚到后厨洗刷碗筷两天，这令小王觉得心里特别委屈。

问题：

请回答前厅部迎宾小王错在哪里？

第七章　职场沟通中的得体着装

【案例导入】

有位财税专家,26 岁,身高 147 cm、体重 43 Kg,看起来机敏可爱,喜爱着童装,像个 26 岁的"小女孩"。她有很好的学历背景,常能为客户提供很好的建议,在公司里的表现也一直很出色。但当她到客户的公司提供服务时,对方主管却不太重视她的建议,她能发挥才能的机会也就不多了。一位时装大师发现这位财税专家在着装方面有明显的缺憾:其外表与她所从事的工作相距甚远。客户对于她所提出的建议缺少安全感、依赖感,所以她难以实现她的创意。这位时装大师建议她用服装来强调出专家的气势,用深色的套装,对比色的上衣、丝巾搭配,甚至戴上重黑边的眼镜。女财税专家接受了时装大师的建议并照办了,结果,客户的态度有了较大的转变。很快,她成为了公司的董事之一。

请思考:这位女专家失败与成功的原因是什么?

【知识传授】

第一节　着装礼仪概述

注重穿着打扮,是现代文明的一种体现。严格地讲,着装其实是仪表中的一个方面。所谓仪表是指一个人的外观,包括其生理外观与后天修饰。理论上讲,现代人应该一切都是美丽的。用伟大的俄罗斯作家契诃夫的话来讲:"人的一切都应该是美的,美的心灵,美的语言,美的仪表。"莎士比亚曾经说过:"一个人的穿看打扮,就是他地位、教养和阅历的标志。"在现代生活中,着装的问题引起了人们的高度重视。

一、服饰的功能

着装是指服装的穿着。但从礼仪的角度看,着装不能简单地等同于穿衣。它是着装人基于自身的阅历修养、审美情趣、身材特点等因素,根据不同的时间、场合、目的,力所能及地对所穿的服装进行精心地选择、搭配和组合。在各种正式场合,注重个人着装的人能体现仪表美、增加交际魅力、给人留下良好的印象、使人愿意与其深入交往。同时,注意着装也是每个事业成功者的基本素养。整洁、美观、得体是公务人员着装的基本礼仪规范。具体来说,即要与自身形象相和谐,与出入场所相和谐,与着衣色彩相和谐,与穿着搭配相和谐。

(一)实用功能

服饰的实用功能,即服饰的遮羞、御寒功能。穿羽绒服是为了防寒,穿休闲装是为了度假放松，它们首先被考虑的是实用功能。但是在实际生活中，人们着装时已经不大注重其实用功能了。比如，男士和女士的打扮是有区别的：女士穿衣服注重的是穿时尚，所以穿的是款式。男士穿衣服注重的是档次，因此穿的是品牌。比如，买一件衬衫，如果是便宜打折的话，二十元可以买到，但是如果你买一个著名品牌的衬衫，如杰尼亚、阿玛尼、登喜路等，则需要上千元。但穿着花上千元买的一件衬衫是社会地位的表现。

（二）职级功能

着装，往往是一个人地位的象征。比如军人的衣服，就非常清楚，军衔表示级别。在日常生活中，人们着装的第二个功能就是级别、职业的体现。因此说，服饰具有显示地位的功能。

（三）审美功能

目前，一个人所选择的服饰反映着个人的审美品位。什么叫会穿？这是一个非常容易解释，但又是非常难说清楚的问题。从专业和审美的角度上讲，会穿实际上指的是一个人善于选择和搭配适合自己的衣服。美在于和谐，前面在介绍化妆技巧时，谈过这个问题。不是每一件流行的时装都适合任何人，因为人有高矮胖瘦、男女老幼之别。所以，着装时注重其选择与搭配的和谐是非常重要的。

【知识链接】

女性服装色彩搭配

（1）强烈色配合，是指两个相隔较远的颜色相配。如黄色与紫色，红色与青绿色，这种配色比较强烈。在进行服饰色彩搭配时应先衡量一下，是为了突出哪个部分的衣饰，不要把沉着色彩，例如深褐色、深紫色与黑色搭配，这样会和黑色呈现“抢色”的后果，令整套服装没有重点，而且服装的整体表现也会显得很沉重、昏暗无色。

（2）补色配合，是指两个相对的颜色的相配。如红与绿、青与橙、黑与白等，补色相配能形成鲜明的对比，有时会收到较好的效果，黑白搭配就是永远的经典。

（3）近似色相配，是指两个比较接近的颜色相配。如红色与橙红、紫红相配，黄色与草绿色、橙黄色相配等。

（来源：中国服装网，http://www.china1f.com/）

二、不同场合着装的基本要求

（一）着装应与自身条件相适应

选择服装首先应该考虑与自己的年龄、身份、体形、肤色、性格等因素和谐统一。年长者、身份地位高者，选择服装款式不宜太新潮，应选择款式简单且面料质地较好的才与其身份年龄相吻合。青少年着装则着重体现青春气息，朴素、整洁为宜，清新、活泼最好，“青春自有三分俏”，若以过分的服饰破坏了青春朝气实在得不偿失。形体条件对服装款式的选择也有很大影响。身材矮胖、颈粗、圆脸形者，宜穿深色低“V”型领、大“U”型领套装，浅色高领服装则不适合。身材瘦长、颈细长、长脸形者宜穿浅色、高领或圆领服装。方脸形者则宜穿小圆领或双翻领服装。身材匀称,形体条件好,肤色也好的人,着装范围则较广,可谓"浓妆淡抹总相宜"。

(二)着装应与职业、场合、交往目的相协调

着装要与职业、场合相协调,这是不可忽视的原则。工作时间着装应遵循端庄、整洁、稳重、美观、和谐的原则,能给人以愉悦感和庄重感。从一个单位职业的着装和精神面貌,便能体现这个单位的工作作风和发展前景。现在越来越多的组织、企业、机关、学校开始重视统一着装,是很有积极意义的举措,这不仅给了着装者一份自豪,同时又多了一份约束,成为一个组织、一个单位的标志和象征。着装应与场合、环境相适应。正式社交场合,着装宜庄重大方,不宜过于浮华。参加晚会或喜庆场合,服饰则可明亮、艳丽些。节假日休闲时间着装应随意、轻便些,西装革履则显得拘谨。家庭生活中,着休闲装、便装更益于与家人之间沟通感情,营造轻松、愉悦、温馨的氛围。但不能穿睡衣拖鞋到大街上去购物或散步,那是不雅和失礼的。着装应与交往对象、目的相适应。与外宾、少数民族相处,更要特别尊重他们的习俗、禁忌。

总之,着装的最基本的原则是体现"和谐美",上下装呼应和谐,饰物与服装色彩相配和谐,与身份、年龄、职业、肤色、体形和谐,与时令、季节环境和谐等。

根据不同场合情况,着装的基本要求也不相同。

(1)公务场合。公务场合指的是上班的时间,即在工作岗位上处理公务的时间。公务场合着装的基本要求是庄重保守,首选穿正装、套装、套裙,还可以穿制服。天气炎热或者没有套装和制服时,可以穿长衣、长裙、长裤。此时不大适合炫耀展示肌体和线条,有些非正式的服装就不要穿了。如果将短裤、拖鞋、凉鞋等穿到公务场合来,就会显得不伦不类。有很多公司,进去之后会觉得它就不像"正规军",就是因其员工着装杂乱无章。

(2)社交场合。社交场合指的是宴会、舞会、音乐会,朋友之间的聚会,各种各样的Party沙龙。社交场合着装的基本要求是时尚个性,就是要与众不同。工作场合讲究庄重保守,实际上就是要整齐划一,以表现团队精神。而社交场合就是要与众不同。穿时装、穿礼服、穿民族服装等比较好。

(3)休闲场合。休闲场合指的是在公务活动、社交场合之外的个人活动时间,一般指的是在家休息、观光游览、逛街购物、健身锻炼等时间。休闲场合穿着的基本要求是舒适、自然。只要不触犯法律,只要不违背伦理道德,休闲者的打扮随意就好。但也没有必要过分招摇,穿牛仔装、运动装、沙滩装、拖鞋、T恤、短裤最佳,这样都比较随意。

三、不同场合着装的原则

服饰是非言语交流的主要媒介。服饰可以作为一种手段来进行自我保护、自我表现、自我否定、掩盖缺陷、确认所属社会集团、显示地位和角色;当然,个人属性也可以通过服饰来表现。服饰从一个侧面可以反映一个人的修养、性格、气质、爱好和追求。因此,着装一般有以下原则。

(一)TPO原则

在日常工作与生活中,应该在不同的场合选择不同的服装,以此来体现自己的身份、教养与品位。

1. 时间原则

T——时间原则(Time),不同时段的着装规则对女士尤其重要。男士有一套质地上乘的深色西装或中山装足以包打天下,而女士的着装则要随时间而变换。白天工作时,女士应穿着正式套装,以体现专业性;晚上出席鸡尾酒会就需多加一些修饰,如换一双高跟鞋,戴上有光泽的佩饰,围一条漂亮的丝巾。另外,服装的选择还要适合季节气候特点,保持与潮流大势同步。

2. 地点原则

P——地点原则(Place),在自己家里接待客人,可以穿着舒适但整洁的休闲服;如果是去公司或单位拜访,穿职业套装会显得专业;外出时要顾及当地的传统和风俗习惯,如去教堂或寺庙等场所,不能穿过露或过短的服装。

3. 场合原则

O——场合原则(Occasion),衣着要与场合协调,与顾客会谈、参加正式会议等场合,衣着应庄重考究;听音乐会或看芭蕾舞等场合,女士则应按惯例着正装;出席正式宴会时,则应穿中国的传统旗袍或西方的长裙晚礼服;而在朋友聚会、郊游等场合,着装应轻便舒适。

(二)饰物点缀原则

巧妙地佩戴饰品能够起到画龙点睛的作用,给女士们增添色彩。但是佩戴的饰品不宜过多,否则会分散对方的注意力。佩戴饰品时,应尽量选择同一色系,最关键的就是要与整体服饰搭配统一起来。

(三)配套齐全原则

除了主体衣服之外,鞋袜手套等的搭配也要多加考究。如袜子以透明近似肤色或与服装颜色协调为好,带有大花纹的袜子则不能登大雅之堂。正式、庄重的场合不宜穿凉鞋或靴子,黑色皮鞋是使用最广的,可以和任何服装相配。

(四)整洁平整原则

服装并非一定要高档华贵,但须保持清洁,并熨烫平整,穿起来就能大方得体,显得精神焕发。整洁并不完全是为了自己,更是尊重他人的需要,这是良好仪态的第一要务。

(五)色彩搭配原则

不同色彩会给人不同的感受,如深色或冷色调的服装让人产生视觉上的收缩感,显得庄重严肃;而浅色或暖色调的服装会有扩张感,使人显得轻松活泼。因此,可以根据不同场合的需要进行色彩选择和搭配。

第二节　男士公务着装礼仪

一、男士公务着装简介

男士公务着装中最主要的是西装,即商务西服套装(business suit),一般为上衣和裤子两件套,有些时候还会多一件马甲变为三件套。除此之外,还要配上衬衫、领带、皮鞋、袜子和皮带。在西方国度,西装是男士的传统着装,它原本并非商务着装而是上层人士才敢穿着的豪华装束。现在的公务西装趋向简略,但对于面料、剪裁以及着装礼仪依然非常讲究。西装的基础样式有单排扣(single breasted)和双排扣(double breasted)两种。欧洲人倾向于选择双排扣的西装;而亚洲人则多选择单排扣的西装。单排扣也有不同数量的纽扣,作为商务西装,多以单排一粒扣、两粒扣、三粒扣为主。商店里,不同样式、色彩的西装以及衬衫和领带等西装配件都很多,如何选择最适合的商务着装呢?首先,要懂得所在单位的企业文化与着装要求,其次,要懂得经常访问的企业、机构的文化。除此以外,还要斟酌是不是会参与一些较正式的商务活动。

【知识拓展】

西装有四大基本版型

1. 欧版西装

欧版西装实际上是在欧洲大陆,比如意大利、法国流行的。最重要的代表品牌有杰尼亚、阿玛尼、费雷。欧版西装的基本特征基本轮廓成倒梯形。实际上就是肩宽收腰,这和欧洲男人比较高大魁梧的身材相吻合。双排扣、收腰、肩宽,也是欧板西装的基本特点。

2. 英版西装

英版西装是欧版西装的一个变种。它是单排扣 ,但是领子比较狭长,和盎格鲁-撒克逊人这个主体民族有关。盎格鲁-撒克逊人的脸形比较长,所以他们的西装领子比较宽广,也比较狭长。英版西装,一般是三个扣的居多,其基本轮廓也是倒梯形。

3. 美版西装

美国版西装的基本轮廓特点是O型。它宽松肥大,适合于休闲场合穿。所以美版西装往往以单件者居多,一般都是休闲风格。如果到过美国的话就会发现,美国人一般着装的基本特点可以用四个字来概括,就是宽衣大裤。强调舒适、随意,是美国人的特点。

4. 日版西装

日版西装的基本轮廓是H型的。它适合我们亚洲男人的身材,没有宽肩,也没有细腰。一般而言,它多是单排扣,衣后不开衩。

(来源:YOKA时尚网,http://www.yoka.com/)

二、男士公务着装要求

1. 西服

穿着剪裁得体的西服套装(suit),可以选择藏蓝色、灰色、黑色、米色、棕色等。在稳重、正式的场所中,男士应当穿着正式商务西装(Formal Business Attire),即西装应当是深色的,一般来,藏蓝色适用于正式商务场所,而黑色西装则更适合商务正式晚宴或聚会时穿着。

2. 配饰

系领带时,衬衫的纽扣必须全系上。领带的色彩应当比衬衫的色彩深一些。打好的领带长度应当刚好到皮带扣上。如果西装和衬衫看上去比较平庸,可以系一条有图案的领带,但不要太过花哨。男士商务着装全身衣着的色彩加起来应在三种色彩之内。穿西装裤时要系上皮带,皮带要选择质地好的,色彩要与衣服相配。通常穿藏蓝色、灰色或黑色的西装裤时适合配黑色皮带;穿米色或棕色的西装裤时适合配棕色的皮带。皮带扣的金属色彩可以是金色或银色的。其他金属配饰,比如手表、袖扣等,应当与皮带扣的色彩一致。男士至少应当有两双质量好的皮鞋,皮鞋的色彩要与皮带一致。正式的场合最好穿系带的皮鞋。皮鞋的鞋跟和鞋底不能是橡胶质地的,最好是皮质地的或木质地的。袜子的色彩可以选择与皮鞋同色或接近的色彩。对于职业男士而言,公文包的颜色应当和身上其他的皮具一致。

3. 衬衫

白色的长袖衬衫是搭配西装最好的选择,其次是浅蓝色带有过细条纹或小格子图案的衬衫。有领扣的衬衫只合适于较随便的场合。衬衫袖口应露出西装外 1 ~2 cm;衬衫衣领应高出西装衣领 0.5 ~1 cm。这样既雅观又可以起到维护西装的作用。

三、正式场合男士着装应该注意的细节

1. 卫生、整洁

男士尽量每天都要洗头发,特别是冬天,肩膀上有头皮屑、断发等异物顿时会让人对你的印象大打折扣。白色的衬衣必须两天之内换一次,但并不代表穿深色的衬衣就可以一周不洗,领口、袖口的污渍在诋毁着你的能力。华尔街有这样的一句谚语——永远不要相信穿脏皮鞋或破皮鞋的人。中国的古语法则:“一屋不扫,何以扫天下。”

2. 不要穿劣质的西装

不要选择全化纤面料的西装,因为它的刺眼光泽已经在告诉别人“你是廉价和低劣的”,并且化纤面料的西装容易起皱、走形,松松垮垮的西装同样告诉别人“你是一个不成功,没有成就的男人”。得体、挺括的西装,面料一般含毛在 70% 左右。置备一套好的西装能为你的印象加分,所以压缩其他方面的开支置备一套能体现能力的西装吧。

3. 西装扣子的扣法

西装作为商务着装是男士们必备的。最常见的错误是西装纽扣的扣法,正确的扣法是:正式场合,两粒扣子的西装,只扣最上面一粒;三粒扣子的西装扣最上面一粒和中间一粒,无论两粒扣子还是三粒扣子的西装不可全部都扣上。站立的时候不可不扣扣子,坐下的时候可以把西装的扣子打开。双排扣西装扣子应全部扣上。同时男士在购买西装的时候,必须要考虑什么颜色、面料、款式的西装。

4. 衬衣内不能穿跨栏背心

衬衣内一般不穿任何衣服,更不可穿跨栏背心。所以,在购买衬衣时选择纯棉加厚的衬衣。衬衣领口、袖口露出秋衣、毛衣同样也是很失礼的。

5. 不要佩戴纯黑色的领带

曾经在参加一次聚会时,与一位男士邻座,这位男士给人的印象非常深刻,棕色西装、暗黄色衬衫、土黄色领带,这样的搭配给人的感觉是沉闷、陈腐、脏脏的。领带盖过腰带长长的一截,还佩戴了领带夹。这样的着装显然是不能赢得好感和信任的。领带可以选择绛

红色、蓝色、黄色、灰色为底色带小方格、圆点、斜纹的。当然,还因根据不同的场合佩戴不同颜色和花纹的领带,不同颜色的领带能传递出不同的信息。

6. 领带的长度和领带夹

领带长度以不完全覆盖腰带为最合适,太短显小气,太长显邋遢。谨记领带夹已经过时了,不要系领带还用领带夹。

7. 不要穿白袜子

经常参加一些会议及聚会,男士们西装革履的着装体现出对会议的重视,但坐下露出白袜子的时候,会影响自己的形象。白色袜子只能在着白色西装或者运动装时才可以穿。深色的西装配白色的袜子是最失礼的表现。深色的西装只能穿深色的袜子,最好是黑色、藏蓝色。

8. 袜子要够长

往往看到一些男士在坐下的时候,袜子和裤子中间露出一截毛茸茸的腿,很多人戏称为"飞毛腿"。商务着装露出不该露的肌肤会让对方感到不舒服,会对一个人的修养产生质疑。袜子的长度应到小腿处为宜,保证坐下时不裸露"飞毛腿",同样冬天也不要露出秋裤或者毛裤。

9. 裤长要合适

很多男士西裤裤长都不是很合适,裤长太长,让人感觉邋遢,拖泥带水;裤长太短,给人的感觉寒酸。裤长应该在鞋帮与鞋跟的连接处为最佳。

10. 多备几双鞋

男士至少要有两双正装皮鞋,正装皮鞋应是黑色、系带的,并且没有其他饰品。男士一定要保证鞋子的干净和挺括,否则一双满是污迹、尘土的皮鞋让人很倒胃口。两双皮鞋轮换穿,可以延长鞋的使用寿命,又有新意。

小贴士

西服穿着的三大禁忌

袖口上的商标没有拆	袖口上的商标应该在买西装付款时就由服务人员拆掉。如果在穿着西装时,袖口上的商标还没有拆掉,就显得不懂行了
在正式场合穿着夹克打领带	领带和西装套装是配套的,如果是行业内部的活动,比如说领导到本部门视察,穿夹克打领带是允许的。但是在正式场合,夹克等同于休闲装,所以在正式场合,尤其是对外商务交往中,穿夹克打领带是绝对不能被接受的
正式场合穿着西服、套装时袜子出现问题	一般而言,穿袜子讲究不多,最重要的讲究是两只袜子应该颜色统一。但在商务交往中有两种袜子以不穿为妙,一是尼龙丝袜,二是白色袜子

第三节　女士公务着装礼仪

女性的服装比男性更具个性,合体、合意的服饰将增添女士的自信。商界女士在正式场合的着装以裙装为佳,在所有适合商界女士在正式场合所穿的裙式服装之中,套裙是名列首位的选择。著名设计师韦斯特任德说:"职业套装更能显露女性高雅气质和独特魅力。"

一、女士公务着装简介

商务女士大多有很好的学历背景,接受能力强,工作稳定,对生活有很高的品质要求,讲究言谈举止优雅、大方、得体。一般讲,她们的着装是比较有品位的,但是在很多场合经常会听到"我有一大橱柜衣服却都不满意","有时出席重要聚会还是不知挑哪件","一年中花在衣服上的钱不少但还是不好看"等的困惑和抱怨,如何避免商务女士着装盲目跟从流行和时尚导致不伦不类的现象的产生,快速提升个人着装品位,是目前很多商务女士需要学习和渴望拥有的一项技能。商务女士的魅力有多种形式,其中着装魅力就是一大亮点,是商务女士希望长久拥有的,也是商务女士可以努力争取并获得的能力。穿衣是一门审美艺术,既是艺术就有规律可循,商务女士掌握好穿衣的基本要素,如衣服的色彩、服装的面料、款式、造型、配饰等方面,分析并找到规律,然后结合个人的面貌、职业和形体特征进行搭配,打造科学的个人衣橱储备,节省时间和提高形象扮靓效率,很快能够展示出与众不同的魅力。

二、女士公务着装要求

(一)套裙的选择

套裙的面料要平整、润滑、光洁、柔软、挺括,不起皱、不起球、不起毛;套裙的色彩以冷色调为主,体现出典雅、端庄、稳重;无图案或格子、圆点、条纹;不宜有过多的点缀;套裙的造型有H型、X型、A型、Y型。

套裙的穿法:长短适宜、穿着到位、协调妆饰、兼顾举止。

(二)衬衫的选择

衬衫的面料要求轻薄而柔软,可选择真丝、麻纱、纯棉。衬衫的色彩要求雅致而端庄,且不失女性的妩媚,只要不是过于鲜艳的颜色,不和套裙的色彩排斥,各种色彩的衬衫均可;衬衫色彩与套裙的色彩协调,内深外浅或外浅内深,形成深浅对比,最好无图案。

(三)鞋袜

鞋袜是女性的"脚部时装"和"腿部时装";鞋以高跟、半高跟黑色牛皮鞋为宜,也可选择与套裙色彩一致的皮鞋。穿裙子应当配长筒袜或连裤袜(忌光脚),袜子的颜色以肉色、黑色最为常用,尤其要注意的是,袜口不能露在裙摆或裤脚外边(忌三截腿)。

鞋袜要大小相宜、鞋袜完好无损、鞋袜不可当众脱下、袜子不可随意乱穿、袜口不可暴露于外。

(四)女士饰物佩戴礼仪

提包:女士用的提包不一定是皮包,但必须质地好、款式庄重,并与服装相配。

围巾:正式场合使用的围巾要庄重、大方,颜色要兼顾个人爱好、整体风格和流行时尚,最好无图案,亦可选择典雅、庄重的图案。

首饰:泛指耳环、项链、戒指、手镯、手链、胸针等饰品。佩戴时以少为佳,同质同色、风格划一。注意有碍于工作的首饰不戴、炫耀其财力的首饰不戴、突出个性特征的首饰不戴。

【知识链接】

职场女性着装六忌

(1)过于鲜艳。着装过于鲜艳是指商务人员在正式场合的着装色彩较为繁杂,过分鲜艳,如衣服图案过分繁琐以及标新立异等。

(2)过于杂乱。着装过于杂乱是指不按照正式场合的规范化要求着装。杂乱的着装极易给人留下不良的印象,容易使客户对企业的规范化程度产生疑虑。

(3)过于暴露。在正式的商务场合身体的某些部位是不适宜暴露的,比如胸部、肩部、大腿。在正式的商务场合通常要求不暴露胸部,不暴露肩部,不暴露大腿。

(4)过于透视。在社交场合穿着透视装往往是允许的,但是在正式的商务交往中着装过分透视就有失于对别人的尊重,有失敬于对方的嫌疑。

(5)过于短小。在正式场合,商务人员的着装不可以过于短小。比如不可以穿短裤、超短裙,非常重要的场合不允许穿露脐装、短袖衬衫等。

(6)过于紧身。在社交场合身着非常紧身的服饰是允许的。但是必须强调在工作场合和社交场合是有所区别的,因此在比较正式的场合不可以穿着过分紧身的服装。设想一下,当商务人士在工作场合穿着过于紧身的服装,凸显线条分明,又怎能体现自己的庄重呢?

(来源:百度文库,http://wenku.baidu.com/)

三、正式场合女士着装应该注意的细节

(1)着装不要过于暴露和透明,尺寸也不要过于短小和紧身,否则会给人以不稳重的感觉。

(2)内衣不能外露,更不能外穿;穿裤子和裙子时,不要明显透出内裤的轮廓;文胸的肩带不能露在衣服外面。

(3)穿裙服时着丝袜,能增强腿部美感。腿较粗的人适合穿深色的袜子,腿较细的人适合穿浅色的袜子。一般不要选择鲜艳、带有网格或有明显花纹的丝袜。穿丝袜时,袜口不能露在裙子外面。

(4)饰物在女性着装中起着画龙点睛、协调整体的作用。但不宜同时戴多件,比如戒指,一只手最好只佩戴一枚,手镯、手链一只手也不能戴两个以上。多戴则不雅而显得庸俗,特别是工作和重要社交场合穿金戴银太过分总不适宜,不合礼仪规范。

本章小结

本章主要讲解了以下几个问题。

(1)着装礼仪概述:服饰的功能、不同场合着装的基本要求、不同场合着装的原则。

(2)男士公务着装礼仪:男士公务着装简介、男士公务着装要求、正式场合男士着装应该注意的细节。

(3)女士公务着装礼仪:女士公务着装简介、女士公务着装要求、正式场合女士着装应该注意的细节。

本章测试题

一、单项选择题

1. 在商务礼仪中,男士西服如果是两粒扣子,那么扣子的系法应为(　　)。

A. 两粒都系　　B. 系上面第一粒　　C. 系下面一粒　　D. 全部敞开

2. 正规商务中,关于着装的说法,以下(　　)说法不正确。

A. 上班时间不能穿时装和便装

B. 个人工作之余的自由活动时间不穿套装和制服

C. 工作之余的交往应酬,最好不要穿制服

D. 公务场合夏天男性可穿短袖衬衫配西裤,女性穿衬衫加套裙

3. 从事服务行业的女性也不能留披肩发,其头发最长不应长于(　　)。

A. 耳部　　B. 颈部　　C. 腰部　　D. 肩部

4. 无论是男士还是女士,出席重要场合,身上(　　)物品的颜色应该一致。

A. 包与皮鞋　　B. 皮鞋与皮带　　C. 包与帽子　　D. 以上都不对

5. 下列选项中(　　)不是穿西装必备的。

A. 一定要打领带　　B. 一定要穿皮鞋

C. 一定要穿深色袜子　　D. 一定要佩戴领带夹

6. 服饰三要素不包括以下(　　)。

A. 色彩　　B. 款式　　C. 面料　　D. 大小

7. 下面说法正确的是(　　)。

A. 商务场合男士鞋子以黑为佳

B. 商务场合男士须着西装,但最好不是黑色

C. 男士穿夹克佩领带很显示稳重形象

D. 男士腰间东西越多越好

8. 穿着套裙的四大禁忌不包括(　　)。

A. 穿黑色皮裙　　B. 裙、鞋、袜不搭配

C. 穿白色套裙　　D. 三截腿

9. 女士穿着套裙时,做法不正确的是(　　)。

A. 不穿着黑色皮裙

B. 可以选择尼龙丝袜或羊毛高统袜或连裤袜

C. 袜口不能没入裙内

D. 可以选择肉色、黑色、浅灰、浅棕的袜子

10. 外观与轮廓为“X”型的适宜(　　)身材的人穿着。

A. 适宜腰细的女士　　B. 适宜身材非常苗条的女士

C. 适宜腿部线条美的女士　　D. 适宜体型偏胖的女士

二、多项选择题

1. 西服穿着的三大禁忌包括(　　)。

A. 袖口上的商标没有拆

B. 在正式场合穿着夹克打领带

C. 正式场合穿着西服、套装时袜子出现问题

D. 西装没有熨平

2. 关于商务礼仪中对着装的说明正确的有(　　)。

A. 社交场合可着时装、礼服、中山装、单色旗袍、民族服装等

B. 通常情况下,男士不用领带夹,但穿制服可使用

C. 女性在商务交往场合不能穿皮裙

D. 高级场合:男性看表,女性看包;普通商务场合:男性看腰,女性看头

3. 商务着装基本规范(　　)。

A. 符合身份　　B. 善于搭配

C. 遵守惯例　　D. 区分场合,因场合不同而着装不同

4. 男性的“三个三”是指(　　)。

A. 全身不能多过三种品牌

B. 鞋子、腰带、公文包三处保持一个颜色,黑色最佳

C. 全身颜色不得多于三种颜色(色系)

D. 左袖商标拆掉;不穿尼龙袜,不穿白色袜;领带质地选择真丝和毛的,除非制服配套否则不用一拉得,颜色一般采用深色,短袖衬衫打领带只能是制服短袖衬衫,夹克不能打领带

5. 女性在商务交往中佩戴首饰时,应该注意到的有(　　)。

A. 符合身份　　B. 同质同色　　C. 以少为佳　　D. 体现人价值

6. 从礼仪的角度看,着装不能简单地等同于穿衣。它是着装人基于自身的阅历修养、审美情趣、身材特点,根据不同的时间、场合、目的,力所能及地对所穿的服装进行精心的选择、搭配和组合。对于面试中,应聘者对于服饰的选择与搭配,下列说法错误的是(　　)。

A. 着装要合体,讲究线条配置、搭配合理、色调和谐

B. 衣着服饰要投雇主所好

C. 要凸显自己的个性与时尚,给主试者以深刻的印象

D. 服饰要适应应聘职位工作的需要

7. 仪表指人的外表,包括人的容貌、姿态、服饰和个人卫生等方面,是人精神面貌的外观。面试中,(　　)仪表是不恰当的。

A. 精神饱满,面带微笑

B. 男生要刮胡须,饭后洁牙;女生可化淡妆,发型文雅、庄重,梳理整齐

C. 衣、裤子、皮鞋与袜子颜色都不一致

D. 男生应着西装打领带；女生裙子不宜太长，但是也不宜穿得太短

8. 关于服饰礼仪的基本原则，下列（　　）是错误的。

A. 雍容华贵　　B. 整洁大方　　C. 展示个性　　D. 整体和谐

9. 服饰能够反映出一个人的文化水平、修养和气质，它是一种重要的体态语言。从某种程度上来讲，外表装束更能反映出一个人的心态。关于面试时应试者的着装，下列说法错误的是（　　）。

A. 女同学上衣与裙子应该适当选用鲜艳一点的颜色，显示出自己的个性，争取达到与众不同的效果，这样更能吸引考官的关注

B. 男生穿深色的西装，领带、衬衣袖口要注意清洁

C. 首饰要尽量减少佩戴，突出大学生年轻有朝气的一面，以清新的形象示人

D. 皮鞋要擦亮，擦去灰尘和污痕，鞋带要系牢。男同学袜子颜色一般不要比裤子颜色淡，女同学不要穿鞋跟过高的鞋子

10. 服装是 7 ms 之内给人的第一印象，所以面试时一定要注意着装。但是并不要求你穿名牌衣服，只要简洁、干净、大方，显出你的自信就行了。关于面试时着装礼仪，下列说法正确的是（　　）。

A. 女同学着装应该注意简洁、干净、大方，忌奇装异服，忌暴露，忌不整洁

B. 女生穿套裙时，裙子不能太短，首饰不要花哨，化妆越淡越好，以健康、自然为标准；不要过多喷香水

C. 男生着装应该以西服为主，应给人以成熟、庄重感；领带下端不要长过腰带，忌服装不整洁；头发应梳整齐，胡子刮干净

D. 以上说法都正确

三、简答题

1. 男士的着装原则和要求有哪些？

2. 简述女性职场着装要求。

3. 女性商务人员化妆应注意哪些事项？

四、案例分析

案例 1：

曾经有个公司老总到国外宣传推广自己的企业，听众都是国际著名的投资公司管理人员。场面很正式。但听众们发现台上的老总裤脚下露出一道棉毛裤的边，而且老总的黑皮鞋里是一双白色袜子。这样的穿着在商务场合是很失态的。这样一个公司老总能管好他的企业吗？他们马上对这个公司的品质产生了疑问。

问题：

如果你是这位老总应邀参加一次商务活动，你将如何着装？

案例 2：

许多人打开衣橱，呈现在眼前的大多数都是黑色、灰色、咖啡色和白色等颜色单调的衣服；一些人看着商场里琳琅满目的时装，却苦于找不到适合自己的那一件；有的人因为把握不好这些衣服是否与自己相配，不敢尝试穿颜色亮丽的服装；有的人花了不少钱，也浪费了不少时间，但总是不能靓丽示人，总觉得没有合适的衣服；有的人外事应酬、参加 PARTY 时，不知道哪些服饰更加衬托自己，苦于不能出彩等。在我们的生活中，常常出现诸如此类

的现象,人们感到迷惑和彷徨。

问题:

请结合自己的风格、个性及职业特点,思考一下怎样提升自己的气质和品位?怎样打造专属于自己的魅力形象?

第八章　职场沟通中的接待礼仪

【案例导入】

错在哪里

泰国某政府机构为泰国一项庞大的建筑工程向美国工程公司招标。经过筛选,最后剩下4家候选公司。于是泰国派遣代表团亲自去美国各家公司商谈。当代表团到达芝加哥时,那家工程公司由于忙乱中出了差错,又没有仔细复核飞机到达时间,因此未去机场迎接泰国客人。泰国代表团尽管初来乍到不熟悉芝加哥,但还是自己找到了芝加哥商业中心的一家旅馆。他们打电话给那位局促不安的美国经理,在听了对方的道歉后,泰国人同意第二天11时在经理办公室会面。第二天,美国经理按时到达办公室等候,直到下午三、四点才接到客人的电话说:"我们一直在旅馆等候,始终没有人前来接我们。我们对这样的接待实在不习惯,我们已订了下午的机票飞赴下一目的地,再见吧!"

请思考:美国经理接待失败的原因。

【知识传授】

第一节　迎客礼仪

一、迎客礼仪的要求与规范

迎来送往活动,在社交、商务活动中都是必不可少的。迎来送往活动对于建立联系、交流信息、沟通情感、发展友情有着其他活动不可替代的作用。在商务活动中,对来访的客人,常常视其身份、访问性质和目的以及双方之间的关系等因素,安排相应的迎接活动。在迎送活动过程中一定要遵循平等、热情、礼貌、友善的原则。迎接活动的规格有高低,仪式有简繁,但几乎任何一次接待活动都不能缺少。在接待过程中,一定要重视迎接活动的安排。

(一)身份要相当——欢迎规格

迎接的对象,按其来访性质分,有专程前来,也有顺道路过;按其级别分,职务各有高低;按人数分,有大型的代表团,也有数人乃至一人的。

1. 确定迎接规格

迎接规格一般应遵循对等或对应原则,即主要的迎接人员应与来宾的身份相当或相应。若由于种种原因，主方主要人员不能参加迎接活动，使双方身份不能完全对等或对应，则可以灵活变通，以对口为宜，由职务相宜人员迎接，但应及时向对方作出解释，以免误解。

为了简化迎接礼仪，目前主要迎接人员更多地在来宾下榻的宾馆（或饭店）迎接，而另由职务相同人员负责机场（或车站、码头）的迎接。

2. 迎接前的准备

1）了解来宾抵达的准确时间

接待工作人员应当准确了解来宾所乘交通工具的航班号、车次以及抵达时间。将这些情况和迎接人员名单一并通知机场（或车站、码头），以便做好接站准备。

接站前，应保持与机场（或车站、码头）的联系，随时掌握来宾所乘航班（或车次）的变化情况。如有晚点，应及时作出相应安排。

接站时，迎候人员应留足途中时间，提前到达机场（码头或车站），以免因迟到而失礼。

2）排定乘车号和住房号

如果来宾人数较多，为了在接站时避免混乱，应事先排定乘车号和住房号，并打印成表格。在来宾抵达时，将乘车表发至每一位来宾手中，使之明确自己所乘的车号。同时，也便于接待人员清点每辆车上的人数。住房表可随乘车号一同发放，也可以在前往下榻宾馆的途中发放。住房表可以使来宾清楚自己所住的房间，也便于来宾入住客房后相互之间联系。

3）安排好车辆

根据来宾和迎接人员的人数，以及行李数量安排车辆。乘车座位安排应适当宽松，正常情况下，附加座一般不安排坐人。如果来宾行李数量较多，应该安排专门的行李车。如果是车队行进，出发前应明确行车顺序，并通知有关人员，以免行进中发生错位。

3. 安排好迎接中的各个环节

1）问候语

接到客人后，应首先问候“一路辛苦了”、“欢迎您来到×××”等。然后向对方作自我介绍，如果有名片，可送予对方（注意送名片的礼仪）。

2）介绍

主客双方见面时，应互相介绍。按通常礼仪，应先把主人介绍给来宾，然后再把来宾介绍给主人，介绍顺序以职务的高低为准。介绍人可由双方职务最高者或工作人员担任。如果主宾双方职务最高者本已认识，则最好由他们分别依次介绍各自人员。也可以由双方的工作人员介绍。介绍形式一般以口头介绍为主，如果人数不多，也可以用互换名片的形式。

3）提取、托运行李

如果来宾行李较多，应安排专门工作人员，负责清点、运送行李并协助来宾办理行李的提取手续。提取行李时如需等候，应让迎宾车队按时离开，留下有关人员及行李车装运行李，以避免主宾及送行人员在候机（车、船）厅等候过久。

4）与宾馆（饭店）的协调

来宾下榻宾馆（饭店）后，生活安排是否周到、方便，与宾馆（饭店）的服务水平密切相关。为了避免来宾抵达后聚集大厅长时间地等待，接待工作人员应与宾馆（饭店）主动联系，密切配合，进行过细的安排。通常住房安排表在抵达住地前发给每位来宾，使每人清楚自己入住的房号。在宾馆(或饭店)迎宾处设领钥匙处,来宾抵达时,根据他们自报的房号分发住房钥匙。也可以在保证安全的前提下,事先打开房门,使来宾抵达后直接进房。不论采用何种形式,主宾入住客房,应有专人陪同引导。来宾入住登记或离店手续,可在适当时间,由接待人员协助办理。来宾进店时,应通知行李房,及时将来宾行李分送各人房间或集中送到某一房间。

5)送到下榻,作短暂停留

将客人送到住地后,主人不要立即离去,应陪客人稍作停留,热情交谈,谈话内容要让客人感到满意,比如客人参与活动的背景材料、当地风土人情、有特点的自然景观、特产、物价等。考虑到客人一路旅途劳累,主人不宜久留,让客人早些休息。分手时将下次联系的时间、地点、方式等告诉客人。

(二)参观、游览

参观、考察是接待工作中一项重要内容。有时为了劳逸结合,有张有弛,也可以适当安排名胜景点的游览活动。参观、游览活动如安排得当,有利于使来宾深刻、完整地了解当地情况,从而得到更多人的理解、关心和支持。安排参观游览要注意以下事项。

1. 项目的选定

参观、游览项目的选择,主要应考虑来宾来访的目的、性质,使参观项目的安排有一定的针对性;同时考虑来宾的意愿和特点,结合当地实际,选定最具代表性的参观项目。有季节性的项目,还要考虑时令是否合适。此外,还要考虑参观时间的长短、路途的远近等。对方提出的要求,在可能情况下应尽量予以满足,如果确有困难,不能安排,可如实告知,并作适当解释。

2. 安排布置

参观、游览项目确定之后,应作出详细计划,制订活动日程表。包括先参观什么、后参观什么、中间是否休息、在哪个点休息、参观前有无介绍、参观前后是否座谈、各参观点之间距离远近、徒步还是乘车前往等。接待重要来宾时,对以往接待活动中安排较少、情况不甚了解的参观游览点,必要时应先跑一遍,落实各个细节的安排,这就是常说的“踩点”或“打前站”。经过与有关方面商量和报批程序,这些细节和具体要求一旦确定,应向各个接待单位交代清楚,并告知全体接待人员,使大家都明了各参观游览点的活动内容和安排,以及各点的集合出发时间与地点。这样便于大家主动配合,避免在参观过程中出现问题。

3. 陪同

来宾前往参观时,一般由身份相对应的人员陪同。各有关的被参观单位应安排相对应或一定人员出面,并根据情况安排解说员。游览还应安排导游人员。安排参观、游览时,一定要注意轻车简从,陪同及随行的工作人员不可太多,更不要层层加码,以保证现场的良好程序。

4. 情况介绍

介绍情况要实事求是,所用的数字、材料要精确,经得起推敲。介绍方式可采用座谈形式,也可以边看边介绍。为了提高介绍效果,每个参观项目的基本情况,事先都应准备书面材料,在参观过程中发给来宾。如果来宾人数较多,而参观点上场地有限,可以采用集中介绍,分组参观的办法。

二、迎客的引导礼仪

来宾的引导,指的是迎宾人员在接待来宾时,为之亲自带路,或是陪同对方一道前往目的地。在一般情况下,负责引导来宾的人,多为来宾接待单位的接待人员、礼宾人员、专门负责此事者,或是接待方与来宾对口单位的办公室人员、秘书人员。

(一)走廊的引导

接待工作人员在客人二三步之前,客人走在内侧。

(二)进出会客室的引导

客人走入客厅,接待工作人员用手指示,请客人坐下,客人入座后,行点头礼后离开。如客人错坐下座,应请客人改坐上座(一般靠近门的一方为下座)。

(三)上下楼梯的引导

服务人员上下楼梯或自动扶梯时最好不要并排行走,而要从楼梯的右侧上下,也就是礼仪中所讲的“右上右下”原则。为的是让有急事的人可以从楼梯左边的急行道通过。服务人员要注意礼让他人。上下楼梯时,不要与他人抢行。如果其他人有急事,可以请对方先走。服务人员如与顾客或级别和身份比自己高的人同行,上楼梯时最礼貌的做法是走在对方的后面;而下楼时,则应该走在对方的前面。

(四)进出电梯的引导

引导客人乘坐电梯时,接待人员先进入电梯,等客人进入后关闭电梯门,到达目的地时,接待人员按“开”的钮,让客人先走出电梯。

(五)重要宾客的引导

现代人以右为尊,领导应在礼仪的右侧,接待人员在领导左侧,“请”的手势用左手。

【知识链接】

来宾引导注意事项

(1)迎宾时不宜在门口或车站、机场等出口处停留寒暄,应立即引导客人进入门内、车内或者边寒暄边引导。立即疏通,以免堵塞后人。引导宾客时主人应走在客人左前方,宾客视觉约45度的位置,身体稍转向客人一方,若是熟悉的宾客或平级的客人,可以并肩行进。

(2)在宾主双方并排行进时,引导者应主动在外侧行走,而请来宾行走于内侧。若三人并行时,通常中间的位次最高,内侧的位次居次,外侧的位次最低。引导客人时,步调要适应客人的速度;如遇拐弯处须稍停一下,待客人走至转角处再向前引导。

(3)在单行行进时,循例应由引导者行走在前,而使来宾行走于其后,以便由前者为后者带路。上楼时应请尊者、女士在前,下楼时应请尊者、女士在后。在出入房门时,引导者须主动替来宾开门或关门。此刻,引导者可先行一步,推开或拉开房门,待来宾首先通过,随之再轻掩房门,赶上来宾。任何情况下,开门与关门的动作都应优雅得体,一般应采用斜侧身姿态,以45度斜侧角度面对客人,而不可背对客人。

(4)出入轿车。如果引导者与来宾出行,宾主不同车时,一般应引导者座车在前,来宾座车居后;宾主同车时,则大都讲究引导者后登车、先下车,来宾先登车、后下车。在引导来宾时,切勿一味沉溺于高谈阔论,免得令来宾走神,"一失足成千古恨"。

(来源:人人网,《商务礼仪沟通技巧》)

第二节　待客礼仪

会客即会见与会谈,是接待工作中的重要内容之一。不论是访问、谈判,还是考察、调研,通常都会安排相应的会见与会谈,用以加强沟通理解,促进双方友谊。会见与会谈,已成为接待工作中一项常规性的礼仪活动。

一、会客时的接待程序

(一)会场准备

1. 会场的选择

会见与会谈的场地,一般设在主人单位办公楼或来客下榻处的会议室。会议室的大小应视参加会见或会谈的人数而定,宜适当宽敞些,保证座位安排较宽松,避免拥挤,方便进出。

2. 会场的布置

每一位与会者的座位前放置席位卡,字体要规范、清晰,以便对号入座。备好茶水、毛巾,视情准备供记录用的纸张、文件夹、铅笔。一般地说,会见或会谈不备水果,除矿泉水外也不备其他饮料。如果参加会谈、会见的人较多,场地较大,事前做好准备。必要时安排好后排人员站立的架子,选择好背景。

(二)迎接问候

来宾在约定时间到达,主人应提前到门口迎接,见到客人后,应热情打招呼,以示欢迎。

(三)奉茶

客来奉茶是中国人的待客传统习俗,奉茶时要将茶杯放在托盘上,用双手奉上,茶杯应放在客人右手的上方,如果客人不止一位时,第一杯茶应敬给德高望重的长者,当然熟人可以不必过于讲究。

(四)陪客交谈

客人坐下,递烟敬茶后,应立即与客人交谈,交谈的内容根据来访者的目的、身份、职业、兴趣而定,不要谈些对方不太熟悉或不感兴趣的话题,不能让客人独坐一隅,有冷清之感。

(五)共同进餐

会客时要提前安排好就餐的时间和地点。就餐时的菜品和类型选择可以提前征求来宾的意见。如果来宾没有明确的意见，则可以选择当地的特色菜品，以此增加来宾的了解。

二、奉茶的礼仪

待客时，通常以茶待客的方式较多。因此，应掌握必要的奉茶礼仪。

(一)奉茶的方法

上茶应在主客未正式交谈前进行。正确的步骤是：双手端茶从客人的左后侧奉上，要将茶盘放在临近客人的茶几上，然后右手拿着茶杯的中部，左手托着杯底，杯耳应朝向客人，双手将茶递给客人同时要说："您请用茶。"

(二)奉茶的顺序

上茶应讲究先后顺序，一般应为：先客后主；先女后男；先长后幼。

(三)奉茶的禁忌

尽量不要用一只手上茶，尤其不能用左手。切勿让手指碰到杯口。为客人倒的第一杯茶，通常不宜斟得过满，以杯深的2/3处为宜。继而把握好蓄水的时机，以不妨碍宾客交谈为佳，不能等到茶叶见底后再蓄水。

小贴士

给客户奉茶要注意的事项

(1)上茶时应注意不要使用有缺口或裂痕的茶杯。

(2)打开茶杯盖时，应用右手将茶杯盖内面向上放在台面上，不可直接将茶杯盖扣在台面上。

(3)有茶杯把的应手持茶杯把手，不可大把抓住杯体。

(4)没有茶杯把的拿杯子下段(玻璃杯、纸杯)。

(5)茶不要太满，以七分满或八分满为宜。

(6)水温不宜太烫，以免客人不小心被烫伤。

(7)上茶时应向在座的人说声"对不起"，再以右手端茶，从客人的右方奉上，面带微笑，眼睛注视对方并说："这是您的茶，请慢用！"

(8)同时有两位以上的访客时，端出的茶色要均匀，并要配合茶盘端出，左手捧着茶盘底部右手扶着茶盘的边缘，如是点心放在客人的右前方，茶杯应摆在点心右边。

(9)以咖啡或红茶待客时，杯耳和茶匙的握柄要朝着客人的右边，此外要替每位客人准备一包砂糖和奶精，将其放在杯子旁(碟子上)，方便客人自行取用。

(10)来客较多时，应从身份高的客人开始上茶，如不明身份的，则应从上席者开始，陪同者最后，然后再依职位高低端给自己的同仁。

(来源：四川礼仪网，http://www.scliyi.com/)

(四)敬茶的程序

不要当着客人的面取茶冲泡。即使当着客人的面取茶，也不可以直接下手抓茶叶，而要用勺子取或是直接以茶罐将茶叶倒进茶壶、茶杯。

以茶敬客时，最重要的是要注意客人的喜好、上茶的规矩、敬茶的方法以及续水的时机等几个要点。可能的话，多准备几种茶叶，使客人可以有多种选择。上茶前，应先问一下客人是喝茶还是喝饮料，如果喝茶，习惯用哪一种茶，并提供几种可能的选择。不要自以为是，强人所难。如果只有一种茶叶，应事先说明。从医学角度来讲，喝茶不要太浓，客人有特别要求的例外。以茶待客讲究要上热茶，而且是七分满。上茶时还有“茶满欺人”的说法。

用茶待客时，由谁为来宾奉茶，往往涉及对来宾重视程度的问题。在家里待客，通常由家里的晚辈或是家庭服务员为客人上茶。接待重要的客人时，最好是女主人，甚至主人自己亲自奉茶。在工作单位待客时，一般应由秘书、接待人为来客上茶。接待重要的客人时，应该由本单位在场的职位最高的人亲自奉茶。

如果客人多，可以遵循先客后主、先主宾后次宾、先女后男、先长辈后晚辈的原则；可以以进入客厅为起点，按顺时针方向依次上茶；也可以按客人的先来后到的顺序；还有一种“偷懒”的办法，就是把所有的茶都泡后，让客人自己拿。

主人如果是真心诚意地以茶待客，最适当的做法，就是要为客人勤斟茶，勤蓄水。这种做法的寓意是：“慢慢喝，慢慢叙。”以前，我们待客有“上茶不过三杯”一说。第一杯叫做敬客茶，第二杯叫做蓄水茶，第三杯则叫做送客茶。如果一再劝人用茶，而又不说话，往往意味着提醒来宾“应该打道回府了”。所以，在用茶招待老年人或海外华人的时候，不要再三斟茶。

在为客人续水斟茶时，不要妨碍到对方。一手拿起茶杯，使茶杯远离客人身体、座位、桌子，另一只手把水蓄入。最好不在客人面前蓄水。

三、咖啡礼仪

现在，咖啡已经越来越深入大家的生活了。喝咖啡，除了作为饮料自身的功能外，更重要的是在人际交往中，借以促进人与人之间的交际，展现个人自身的教养和素质。越是正式的场合，就越是这样。在正式场合，喝什么咖啡和怎样喝咖啡，不仅仅是个人习惯，也涉及选择者身份、教养和见识。

（一）喝咖啡的时间与场合

1. 喝咖啡的时间

在家里用咖啡待客，不论是会友还是纯粹作为饮料，不要超过下午 4 点钟。因为有很多人在这个时间过后不习惯再喝咖啡。

邀人外出，在咖啡厅会客时喝咖啡，最佳的时间是傍晚或午后。正式的西式宴会，咖啡往往是“压轴戏”。而一些正式的西式宴会一般在晚上举行，所以在宴会上喝咖啡通常是在晚上。不过为照顾个人嗜好，在宴会上上咖啡的同时最好再备上红茶，由来宾自己选择。

咖啡往往是正餐中最后出现的一道“菜点”。在餐厅里用餐时，人们往往会选用咖啡佐餐助兴。

2. 喝咖啡的地点

喝咖啡最常见的地点主要有：客厅、餐厅、写字间、花园、咖啡厅等。在客厅里喝咖啡，主要适用于招待客人。在写字间里喝咖啡，主要是在工作间歇自己享用，为了提神。如果在自家花园喝咖啡，适合和家人消遣休息，也适合招待客人。西方有一种专供女士社交的咖啡会，就是在主人家的花园或庭院中举行的。它不排位次，时间不长，重在交际和沟通。

（二）喝咖啡时的礼仪

喝咖啡的时候，一定要注意个人举止，主要是在饮用的数量、配料的添加、喝的方法等三个方面多加注意。

1. 饮用数量要适中

喝咖啡的具体数量，在正式的场合，要注意的是杯数要少。在正式场合喝咖啡，它只是一种休闲或交际的陪衬、手段，所以我们最多不要超过三杯咖啡。

2. 配料添加要文雅

喝咖啡既然不是为了充饥解渴，那么在喝的时候就不要动作粗鲁，让人发笑。端起杯子一饮而尽，或是大口吞咽，喝得响声大作，都是失礼的。

有时需要根据需要，自己动手往咖啡里加一些像牛奶、糖块之类的配料。这时候，一定要牢记自主添加、文明添加这两项要求。不要越俎代庖，给别人添加配料。如果某种配料用完，需要补充时，不要大呼大叫。加牛奶的时候，动作要稳，不要倒得满桌都是。加糖的时候，要用专用糖夹或糖匙去取，不可以直接下手。在正式场合咖啡都是盛进杯子，然后放在碟子上一起端上桌。碟子的作用，主要是用来放置咖啡匙，并接收溢出杯子的咖啡。

3. 饮用方法要得体

（1）握咖啡杯的得体方法是伸出右手，用拇指和食指握住杯耳后，再轻缓地端起杯子。不可以双手握杯或用手托着杯底，也不可以俯身就着杯子喝。洒落在碟子上面的咖啡用纸巾吸干。

（2）如果坐在桌子附近喝咖啡，通常只需端杯子，而不必端碟子。如果离桌子比较远，或站立、走动时喝咖啡，应用左手把杯、碟一起端到齐胸高度，再用右手拿着杯子喝。这种方法既好看，又安全。

（3）在正式场合，咖啡匙的作用主要是加入牛奶或奶油后，用来轻轻搅动，使牛奶或奶油与咖啡相互融合。加入小糖块后，可用咖啡匙略加搅拌，以促使迅速溶化。如果咖啡太烫，也可以用咖啡匙稍作搅动。

（4）咖啡匙的使用，我们要特别注意两条禁忌：一是不要用咖啡匙去舀咖啡来喝；二是不用的时候，平放在咖啡碟里，不要立在咖啡杯里。

（5）在喝咖啡时，为了不伤肠胃，往往会同时准备一些糕点、果仁、水果之类的小食品。需要用甜点时，首先要放下咖啡杯。在喝咖啡时，手中不要同时拿着甜点品尝。更不能双手左右开弓，一边大吃，一边猛喝。

（6）喝咖啡时，要适时地和交往对象进行交谈。这时候，务必要细声细语，不可大声喧哗，乱开玩笑，更不要和人动手动脚，追追打打。否则，只能破坏喝咖啡的现场氛围。

（7）不要在别人喝咖啡时，向对方提出问题，而让他说话。自己喝过咖啡要讲话以前，最好先用纸巾擦擦嘴，免得让咖啡弄脏嘴角。

四、座位的排位礼仪

（一）会议主席台座次

主席台座次排列，领导为单数时，主要领导居中，2 号领导在 1 号领导左手位置，3 号领导在 1 号领导右手位置；领导为偶数时，1、2 号领导同时居中，2 号领导依然在 1 号领导左手位置，3 号领导依然在 1 号领导右手位置。

（二）宴席座次

宴请客人，一般主陪在面对房门的位置，副主陪在主陪的对面，1 号客人在主陪的右手，2 号客人在主陪的左手，3 号客人在副主陪的右手，4 号客人在副主陪的左手，其他可以随意。

（三）仪式的座次

签字双方，主人在左边，客人在主人的右边。

（四）乘车的座次

在比较正规的场合，乘车一定要分清座次的“尊卑”，并在自己适得其所之处就座。下面介绍四种常用车辆在乘坐时的座次排列。

1. 双排五座轿车

由主人亲自驾驶时，座位顺序应当依次是：副驾驶座、后排右座、后排左座、后排中座（见图 8-1）。由专职司机驾驶时，座位顺序应当依次是：后排右座、后排左座、后排中座、副驾驶座（见图 8-2）。

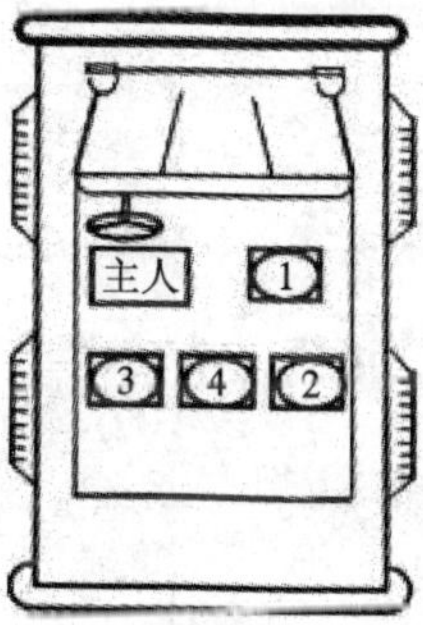

图 8-1　双排五座轿车

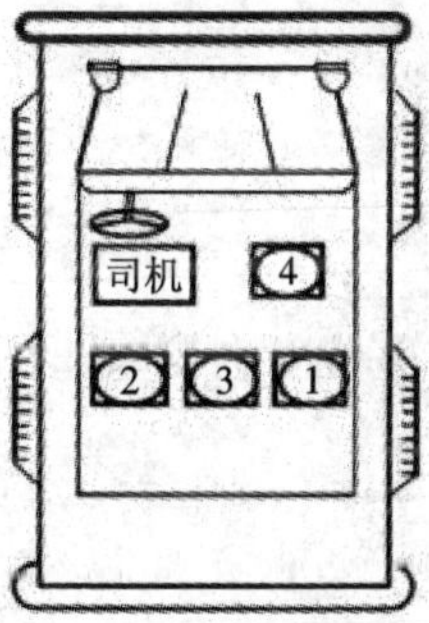

图 8-2　双排五座轿车

2. 三排七座轿车

由主人亲自驾驶时，座位顺序应当依次是：副驾驶座、后排右座、后排左座、后排中座、中排右座、中排左座（见图 8-3）。由专职司机驾驶时，座位顺序应当依次是：后排右座、后排左座、后排中座、中排右座、中排左座、副驾驶座（见图 8-4）。

3. 多排座轿车

多排座轿车是指 4 排以及 4 排以上座位的大中型轿车。其不论由何人驾驶，均以前排为上，以后排为下；同排以右为尊、以左为“卑”；并以距离前门的远近来排定具体座位的顺序，现以 6 排 17 座轿车为例（见图 8-5）。

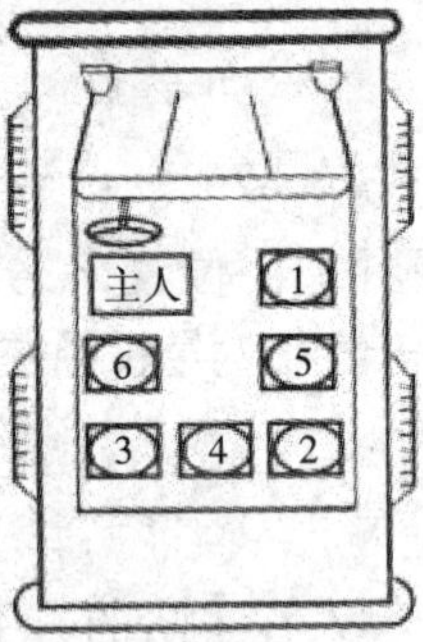

图 8-3　三排七座轿车

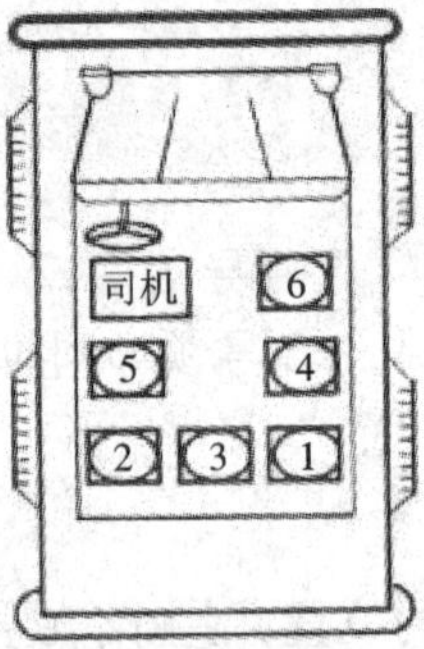

图 8-4　三排七座轿车

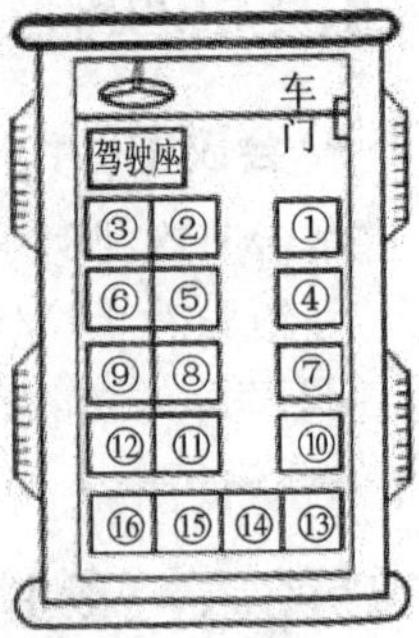

图 8-5　多排座轿车

(五)合影座次

安排与主席台座次安排相同。

(六)会议室座次

根据会议室正门与会议桌位置的不同可以分为以下两种座次安排标准。

第一,座位正对会议室大门的座次安排标准(见图 8-6)。(A 为客方,B 为主方)

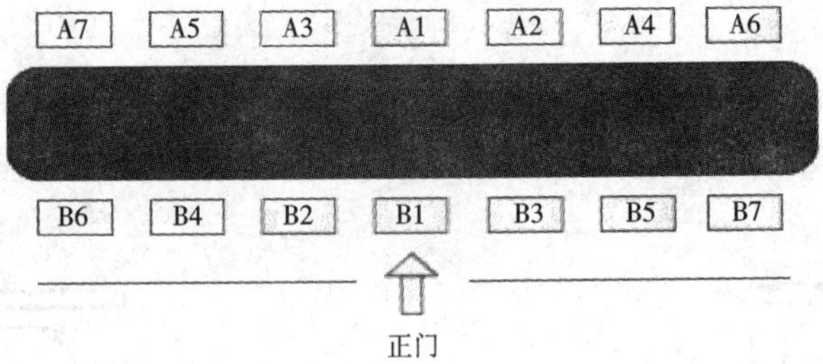

图 8-6　会议室座次安排 1

第二,座位在会议室正门的两侧的座次安排标准见(图 8-7)。正门的右方客方,左方为主方

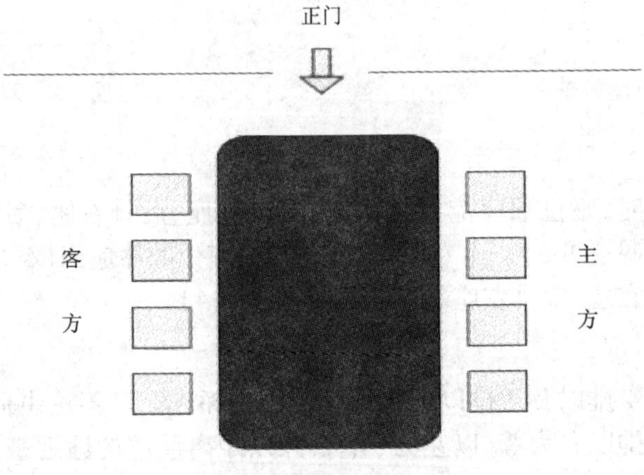

图 8-7　会议室座次安排 2

（七）酒桌的座次

亲朋聚会，客人来访，免不了要坐下来喝上几杯。然而，在酒桌上，谁坐在什么位置可是有讲究的。有时亲戚朋友在一起可能还可以随便些，而如果是接待客人就要讲究点规矩了。酒桌上到底如何来排座次，可能各地风俗不同，排法也不同。总体来说，可以分三种情形。

1. 家庭聚会

家庭聚会一般是要按照辈分高低、年龄大小来排序的。也就是不论谁请客，辈分最高或年龄最长者要坐在最里面面向门口的显要位置；接下来可按辈分或年龄依次一左一右地排列。有时还要在长辈旁边安排一位老人喜欢的小孩，一般都是隔代人。如果是长辈请客，可能要指派一人坐在靠近门口的位置，负责做好各项招待工作；如果是晚辈请客，请客者会自然坐在靠近门口的位置。

2. 朋友聚会

朋友、同学、战友等聚会，一般来讲是谁请客谁坐在面向门口的位置，也叫“坐东”或“庄主”，有时庄主也可能把此位置让给职位较高或德高望重者，其余的按年龄大小依次一左一右排列。因为都是朋友，所以有时也不计较这些，谁坐哪儿都无关紧要，但庄主的位置别人是不会去坐的。

3. 接待客人

接待客人属于外交范畴，讲究多一些。一般来讲接待客人分主客两方。主方至少要有两人，一人是“主陪”，另一人是“副陪”。“副陪”一般是“主陪”的朋友、同事或部下。“主陪”要坐在正对门的地方，以尽地主之谊，“副陪”坐在“主陪”的正对面，也就是靠近门口的地方。副陪既是具体负责招待工作的，也是比较能喝酒的。主陪右边应该是主宾，左边是副宾；副陪的右边是来宾中的第三号人物，左边是第四号人物。

其他人员基本可以随便坐了。服务人员倒酒的时候，从主宾开始按顺时针顺序依次进行。有时人多的时候，还有一位或两位边陪。一位边陪就坐在主陪的右方、副陪左方中间位置，右边是第五号人物，左边是第六号人物；另一位坐在主陪的左方、副陪的右方中间位置，来宾也是从右至左依次排列。如果主方是四位在场，第四位边陪在主陪的右方、副陪的左方，另一位边陪的对方，四位呈十字交叉状。如图 8-8 所示。

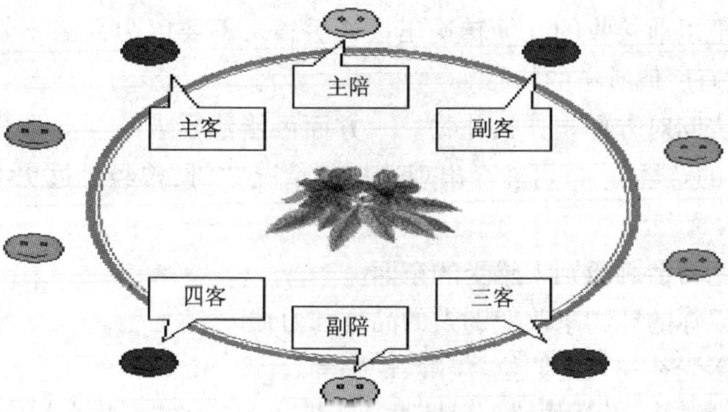

图 8-8　酒席座次安排图

第三节　送客礼仪

一、送客行为规范

送客礼仪是接待工作的最后一个环节。如果处理不好，就将影响整个接待工作，使接待工作前功尽弃。送客时应注意以下几点。

（一）婉言挽留

无论接待什么样的客人，当客人准备告辞时，都要婉言挽留，不要客人一说要走，主人马上站起相送或者起身相留，这都有逐客之嫌。因为有些客人本来还想与客人交谈，因怕打扰主人或试看主人态度，于是以“告辞”来观察主人的反应，因此主人一定要婉言挽留，如果客人执意要走，也要等客人起身后，主人再起身。

（二）真情相送

送客时应与客人握手送别，并送出门外或电梯门口或者送到楼下，不要在客人走时无动于衷或点点头、摆摆手算是招呼，这都是不礼貌的。最后，还要用热情友好的语言欢迎客人下次再来。

（三）安排交通

安排交通送客时应按照迎接时的规格对等送别，不能虎头蛇尾，无论双方目的是否达到，都要按迎接规格送客，而且要做好交通方面的安排，如购买车票、船票、机票或者安排车辆等。如果客人临走时，主人不管不问，那就意味着交往关系破裂或者表示对客人的不满。

（四）馈赠礼品

如果客人来访时带有礼品，那么在送别时也要准备一些物美价廉，且有象征意义的回馈礼品。但如何挑选适宜的礼品，对每一个人都是费解的问题。懂得送礼技巧，不仅能达到大方得体的效果，还可增进彼此感情。送礼时有以下几个需要忌讳的问题。

（1）选择的礼物，你自己要喜欢，你自己都不喜欢，别人怎么会喜欢呢？

（2）为避免几年选同样的礼物给同一个人的尴尬情况发生，最好每年送礼时做一下记录为好。

（3）千万不要把以前接收的礼物转送出去或丢掉。不要以为人家不知道，送礼物给你的人会留意你有没有用他所送的物品。

（4）切勿直接去问对方喜欢什么礼物。一方面可能他要求的会导致你超出预算，另一方面你即使照着他的意思去买，可能会出现这样的情况：“呀，曾经见过更大一点的，大一点不是更好吗？”

（5）切忌送一些将会刺激别人感受的东西。

（6）不要打算以你的礼物来改变别人的品位和习惯。

（7）必须考虑接受礼物人的职位、年龄、性别等。

（8）即使你比较富裕，送礼物给一般朋友也不宜太过，而送一些有纪念的礼物较好。如你送给朋友儿子的礼物贵过他父母送他的礼物，这自然会引起他父母的不快，同时也会令两份礼物失去意义。接受一份你知道你的朋友难以负担的精美礼品，内心会很过意不去。

(9)谨记除去价钱标示及商店的袋装。无论礼物本身是如何不名贵，最好用包装纸包装，有时细微的地方更能显出送礼人的心意。

(10)考虑接受者在日常生活中能否应用你送的礼物。

【典型案例】

在英国给病人送花

一位女士在伦敦留学，曾在一家公司打工。女老板对她很好，在很短的时间内便给她加了几次薪。一日，老板生病住院，这位女士打算去医院看望病人，于是她在花店买了一束红玫瑰花。在半路上，她突然觉得这束花的色彩有点儿单调而且看上去俗气，就去买了十几支白丁香花，并与原来的玫瑰花插在一起，自己感到很满意，走进了病房。结果她的老板见到她的时候，先是高兴，转而大怒。

在西方，送花的禁忌是切勿送红白相间的花给患者，因为这样做被看做是病房中将有人死亡的征兆。可以送清一色的红花，一般不送白花，尤其是白色百合花和白色山茶花。

（来源：西安文理学院商学院精品课网）

二、容易引起客人误会的送客行为

(1)在客人来访时看表，总会给人下“逐客令”的感觉，所以，在会客的时候即使要知道时间，也应回避客人。

(2)在和客人交谈的时候，胳膊肘抬起来或是双手支在椅子扶手上，是一种要结束交谈的身体语言。如果客人有这种体姿出现，就要询问客人是不是还有其他安排。为了表达对客人及客人的同事来访的友好感情，在恰当的时候给他们以一定的精神回报，临别时别忘了告诉客人代表你向他们问好。例如可以这样说：“请向贵公司全体同仁问好！”“祝贵公司生意兴隆，财源茂盛！”客人离别时，应暗中帮助他们检查一下，该带的东西是否都已带走；还有没有其他需要商谈、讨论的问题等。

(3)如果是将客人送至门口，应在客人的身影完全消失后再返回。否则，当客人走完一段再回头致意时，发现主人已经不在，心里会很不是滋味。同时，送客返身进屋后，应将房门轻轻关上，不要使其发出声响；那种在客人刚出门的时候就“砰”地关门的做法是极不礼貌的，并且很有可能因此而“砰”掉客人来访期间培养起来的所有情感。

(4)如果送客到车站、码头，最好是等车船开动并消失在视线以内再返回；送客到机场，要等客人通过安检处之后再返回。因为客人安检易出现诸多问题需要帮助，也许有些物品不让带上飞机需要你保留。如果有很特殊的原因不得不提前返回，也应详细向客人说明理由，请客人谅解。否则，都是失礼的。到车站、码头或机场送客时，尤其不要表现得心神不宁或频频看表，以使客人误解成催他赶快离开。

本章小结

本章主要讲解了以下几个问题。

(1)迎客礼仪:迎客礼仪的要求与规范、迎客的引导礼仪。

(2)待客礼仪:会客时的接待程序、奉茶的礼仪、咖啡礼仪、座位的排位礼仪。

(3)送客礼仪:送客行为规范、容易引起客人误会的送客行为。

本章测试题

一、不定项选择题

1. 在国际交往中,礼宾次序的排列方法大致有(　　)。

A. 按国际惯例　　B. 按国家关系

C. 按字母顺序　　D. 按通知代表团组成的日期先后

E. 按身份与职务高低

2. 接待规格是从主人陪客人的角度而言的。如果,一公司的副总经理接待上级单位派来的了解情况的工作人员,或者接待一位重要客户,而客户的职位不过是某公司部门经理,这种接待规格是(　　)。

A. 对等接待　　B. 一般接待　　C. 高规格接待　　D. 低规格接待

3. 事务性拜访的时间一般不宜过长,通常停留时间为(　　)。

A. 1 至 2 个小时　　B. 1 个半小时

C. 20 分钟至 1 个小时　　D. 半个小时

4. 引客人到会议室,入座的惯例是(　　)。

A. 不拘形式,客人随意就座

B. 离门近为"上座",请客人靠左边就座

C. 若与门等距离,左边相对于右边为"上座",请客人靠左边就座

D. 先远后近,先右后左

5. 送礼要选择合适的礼品,投其所好是首要原则,还应该考虑对方的(　　)。

A. 经济状况、性别、年龄　　B. 年龄、身份、经济状况

C. 禁忌、性别、身份　　D. 地位、经济状况、年龄

6. 公关接待人员迎接客人上下楼梯时应注意(　　)。

A. 上楼时公关人员在前引路,下楼时客人先下

B. 下楼时公关人员先下,上楼时公关人在前引路

C. 上楼时客人先上,下楼时公关人员先下

D. 上楼时客人先上,下楼时客人先下

7. 引领客人应走在客人的(　　)。

A. 左前方　　B. 右前方　　C. 正前方　　D. 后方

二、判断题

1. 喝茶时不需将杯垫一起端起,以单手端起茶杯,另一手轻扶杯垫,预防杯垫掉落即

可。但若坐在矮茶几旁，则必须连同杯垫一起端起，以免不慎打翻了。（　　）

2. 商业人员在接待顾客时应该站立起来。（　　）

3. 客人什么时候抵达目的地应该由客人自行安排。（　　）

4. 商业接待和商业拜访都需要在事前做到“知己”和“知彼”。（　　）

5. 在进入被接见方的房间时，应先将书包和其他的随身携带的物品放到桌子上再开口说话。（　　）

6. 一定要提前 15 分钟赶到车站或机场迎候客人，绝不能让客人在那里等你，如果你迟到了，无论怎样解释，都很难消除客人的不快和对你失职的印象。（　　）

7. 拜访的时候去得越早越好，体现了对对方的尊重。（　　）

8. 拜访外商时一定要提前预约，预约的时间越早越好。（　　）

9. 在商业接待的过程中，不论是在会谈前，会谈中还是会谈后，服务人员一定要不停地为客人添茶倒水。（　　）

10. 到公司拜会，必须事先约好。会谈的时间最好安排在上午 10 点或 11 点左右，下午 2 点或 3 点。（　　）

三、简答题

1. 简述送客礼仪。
2. 试述接待敬语的表达形式。
3. 简述接待时送客的礼仪。
4. 简述在交往中使用恰当的、正确的称呼的意义。
5. 简述上下楼梯的引导礼仪。
6. 简述进出电梯的引导礼仪。
7. 简述奉茶的礼仪。
8. 简述送客行为规范礼仪。
9. 简述喝咖啡的礼仪。
10. 简述座位的排位礼仪。

四、案例分析

案例 1：

日本的钢铁和煤炭资源短缺，而澳大利亚盛产铁和煤。按理说，日本人的谈判地位低，澳大利亚一方在谈判桌上占据主动。可是，日本人却把澳大利亚的谈判者请到日本谈生意。到了日本，日本人非常谨慎，讲究礼仪，让澳大利亚的谈判者很满意，因而日本方面和澳大利亚方面在谈判中的相对地位就发生了显著的变化，澳大利亚人过惯了富裕的舒畅生活，他们的谈判代表到了日本之后不过几天，就急于想回去，所以在谈判桌上常常表现出急躁的情绪。但是日本谈判代表却不慌不忙地讨价还价，掌握了谈判中的主动权，结果日本方面仅仅花费了少量款待作“诱饵”就钓到了“大鱼”，取得了大量一般难以取得的材料。

问题：

请问日本方面取得大的谈判成果的原因是什么？

案例 2：

美国某公司是我国某公司的客户，当美国公司的经理到中国来考察的时候，中国公司决定赠送一套小礼物:送中国的折扇和茶叶,因为夏天即将来到,这两样都是消夏用品,且具有中国特点。折扇采用中国文人喜欢的黑色,上面印有诗词或绘画;茶叶是用精美竹盒包装,外面再用包装纸包好,在美国客人回国前,中方将礼物送给客人。

问题:

请分析中国公司决定送美国某公司折扇和茶叶可以吗?

案例3:

中国的一家企业前往日本寻找合作伙伴,到了日本之后,经过多方努力,找到一家很有声誉的日本大公司,经过长时间的讨价还价,双方决定草签一个协议。正式签协议那天,由于有点事耽误了几分钟,结果到达签字厅的时候,日方人员正在恭候他们的到来,他们个个衣着整齐,但是,当见他们都进来后,日方人员毕恭毕敬地鞠了一个90度的大躬,随后集体退出了大厅。合作功亏一篑。

问题:

请分析为什么中国的这家企业合作事宜功亏一篑?

第二单元　项目训练

训练项目一:自我职业形象训练

(一)测试方法

在测试中,有50个形容词,请从头到尾读两次。第一次读时,如果碰到的形容词切合自己的个性或形象,就在“我正是”那栏的小括号内画一个“×”。

第二次读时,不要管你前述那栏画了多少个“×”,这次是在“我想要成为”那栏画“√”,一路读下去,碰到自己将来想具备的形象特质形容词,就画个“√”。

当然,有些形容词在两栏中都会被画上符号,那表示你目前和将来都具有那些特质;另一些形容词则可能是只有一个符号,也可能一个也没有。下面的例子可以帮助你了解如何进行测试:

(×)　(　)有所保留

(　)　(√)有成就

(×)　(√)有道德

(　)　(　)无趣

像上面那样作答的人,表示他觉得有所保留,但不是真想如此;他尚无成就,但希望能够事有所成;他是个有道德的人,将来也想持续如此;他并不是无趣的人,将来也不希望如此。

千万记得,打(√)和打(×)要分开来做,作答完毕,再按记分方式计算出得分。

我正是	我想要成为		我正是	我想要成为	
(　)	(　)	野心勃勃的	(　)	(　)	吸引人的
(　)	(　)	好辩的	(　)	(　)	好战的
(　)	(　)	独断的	(　)	(　)	粗鲁的

(　)(　)谨慎的
(　)(　)合作的
(　)(　)迷人的
(　)(　)聪明的
(　)(　)肯竞争的
(　)(　)肯合作的
(　)(　)有创造力的
(　)(　)好奇的
(　)(　)愤世嫉俗的
(　)(　)大胆的
(　)(　)果断的
(　)(　)坚毅的
(　)(　)迂回的
(　)(　)小心的
(　)(　)卖力的
(　)(　)有效率的
(　)(　)精力充沛的
(　)(　)有趣的
(　)(　)忌妒的
(　)(　)宽大的
(　)(　)受挫的
(　)(　)慷慨的

(　)(　)诚实的
(　)(　)引人注目的
(　)(　)行动的
(　)(　)独立的
(　)(　)懒惰的
(　)(　)乐观的
(　)(　)能言善道的
(　)(　)有耐性的
(　)(　)实际的
(　)(　)有原则的
(　)(　)轻松的
(　)(　)机智的
(　)(　)自我中心的
(　)(　)有自信的
(　)(　)敏感的
(　)(　)聪明能干的
(　)(　)顽固的
(　)(　)胆小的
(　)(　)强硬的
(　)(　)可信的
(　)(　)温和的
(　)(　)顺从的

(二)计算得分

在答案里,如果一个形容词只有一个符号(一个“√”或一个“×”)就可以得到1分;如果有两个符号(一个“√”和一个“×”)不记分;两个记号都未出现也不记分,把可以得分的形容词数目加起来就得到你的总分。

(三)测试分析

1. 得分在2~5分:得分很低

得分很低者:对自己有很高的正面评价,他们的表现和态度很像他们希望的那样。在商业场合里,他们的正面自我形象可以转化为信心,从而影响到其他人。如果你得分落在此组,表示你的高度正面自我形象会让你愿意承担风险、发掘机会。因为你有信心,并对自己的能力感到满意。其他人则可能受你鼓舞,以你为榜样向前冲。得分落在此组的人,成功的机会和个人成就感都很高。

2. 得分在6~11分:得分低

得分低者:对他们的自我形象感到相当满意,比起得分更高的人,这人较年轻、经验稍逊。如果你得分落在此组,表示你比一般人对自己感到满意,即使“真正的自己”和“理想中的自己”仍有一些矛盾。你可以试着从第二栏中挑一两个你所希望具备的人格特质形容词,努力去做,你会发觉颇有趣和有收获。得分落在此组,算是具有很健康的人格。

3. 得分在 12 ~ 21 分:得分中等

得分中等者:大多数人得分都落在此组,所以这些人都不可能成功。不过,得分中等的人也不至于太看扁自己,所以仍有机会可以力争上游。如果你得分落在此组,你最该做的就是把"真正的自己"和"理想中的自己"的矛盾尽可能地减少,这需要决心和努力,但也只有如此才能增加信心和做事的自由,进而迈向成功。

4. 得分在 22 ~ 33 分:得分高

得分高者:经常看轻自己,看到人就摇头。得分落在此组的人通常年纪较大,突然警觉自己并未达到希望的目标时也会如此。如果你得分落在此组,表示你对自己给人的形象并不满意,对追求成功的能力也没有信心。如果想达到你的目标,你必须投入时间和精力。

5. 得分在 34 分以上:得分很高

得分很高者:毫无疑问,你会对自己感到失望,只要有什么事你做不好或你不具备的正面特质,都会让你对自己不满。你常会有受挫和失望的情绪,要改变你的人格并不容易,因为你会感觉"太遥远了"。不过,最好谨记一点,人格成长和成功都是一辈子的事情,不是一夜之间的成就,如果你不知从何开始,不妨找专家帮忙。

训练项目二:用 5 分钟把自己打扮靓丽

第 1 分钟:要有一个自然的妆,就必须要有清洁的皮肤。用性质温和的清洁液或香皂。最好选用不含香精、消毒成分的香皂,因为这较不易刺激皮肤,洗完脸后,在皮肤尚湿的时候涂上润肤霜,在等候皮肤吸收润肤露的同时,你可以梳头。

第 2 分钟:黑眼圈和脸上的瑕疵是美容的大敌,所以我们要用遮瑕膏去遮盖这些地方。一般来说,乳液式的遮瑕膏会有均匀的效果并省时。首先,我们用海绵沾上遮瑕膏从内眼角推向外眼角,另外,也顺便涂在最易红的嘴角和鼻旁两侧。然后再全面涂上粉底,而遮瑕膏最好选择比自己皮肤和粉底浅的色泽,购买时最好在自己手上试一下,并注意有没有在手上造成皱痕。

第 3 分钟:接着便涂上干粉或散粉,涂上散粉后,整个妆马上变得明显突出。有些女士若想省时间,可以不涂粉底,也可使用湿粉扑上干粉涂在面上,这也有涂上粉底的效果。

第 4 分钟:涂上眼睫液,先从眼睫根作水平式地向外擦出,然后再由下向上擦。若想眼睛看起来更明亮,可以涂一点眼影在眼角位上。为了使眼部化妆更有效率,我们可先在美容院电眼睫毛,这样效果会更佳。

第 5 分钟:最后是涂上唇膏,最好选择颜色轻浅的唇彩,因为深色需要有更多时间才涂得好。要涂唇有更佳的效果和省时,可先用唇线笔画唇,然后再涂上唇膏。

训练项目三:哆咪咪

1. 第一阶段——放松肌肉

放松嘴唇周围肌肉是微笑练习的第一阶段,又名"哆咪咪练习"的嘴唇肌肉放松运动,是从低音哆开始,到高音哆,大声地清楚地说三次每个音。不是连着练,而是一个音节一个音节地发音,为了正确的发音应注意嘴型。

2. **第二阶段——给嘴唇肌肉增加弹性**

形成笑容时最重要的部位是嘴角。如果锻炼嘴唇周围的肌肉,能使嘴角的移动变得更干练好看,也可以有效地预防皱纹。如果嘴边儿变得干练有生机,整体表情就给人有弹性的感觉,所以不知不觉中显得更年轻。伸直背部,坐在镜子前面,反复练习最大地收缩或伸张。

张大嘴 ——大嘴使嘴周围的肌肉最大限度地伸张。张大嘴能感觉到颚骨受刺激的程度,并保持这种状态 10 ms。

使嘴角紧张 ——闭上张开的嘴,拉紧两侧的嘴角,使嘴唇在水平上紧张起来,并保持 10 ms。

聚拢嘴唇——使嘴角紧张的状态下,慢慢地聚拢嘴唇,出现圆圆卷起来的嘴唇聚拢在一起的感觉,保持 10 ms。

保持微笑 30 ms。反复进行这一动作 3 次左右。

用门牙轻轻地咬住木筷子。把嘴角对准木筷子,两边都要翘起,并观察连接嘴唇两端的线是否与木筷子在同一水平线上。保持这个状态 10 ms。在第一状态下,轻轻地拔出木筷子之后,练习维持那状态。

3. **第三阶段——形成微笑**

这是在放松的状态下,根据大小练习笑容的过程,练习的关键是使嘴角上升的程度一致。如果嘴角歪斜,表情就不会太好看。练习各种笑容的过程中,就会发现最适合自己的微笑。

小微笑 ——把嘴角两端一起往上提,给上嘴唇拉上去的紧张感。稍微露出 2 颗门牙,保持 10 ms 之后,恢复原来的状态并放松

普通微笑 ——慢慢使肌肉紧张起来,把嘴角两端一起往上提,给上嘴唇拉上去的紧张感。露出上门牙 6 颗左右,眼睛也笑一点。保持 10 ms 后,恢复原来的状态并放松。

大微笑 ——边拉紧肌肉,使之强烈地紧张起来,一边把嘴角两端一起往上提,露出 10 个左右的上门牙,也稍微露出下门牙。保持 10 ms 后,恢复原来的状态并放松。

4. **第四阶段——保持微笑**

一旦寻找到满意的微笑,就要进行至少维持那个表情 30 ms 的训练。尤其是照相时不能敞开笑而伤心的人,如果重点进行这一阶段的练习,就可以获得很大的效果。

5. **第五阶段——修正微笑**

虽然认真地进行了训练,但如果笑容还是不那么完美,就要寻找其他部分是否有问题。但如果能自信地敞开地笑,就可以把缺点转化为优点,不会成为大问题。

缺点 1:嘴角上升时会歪——意想不到的是两侧的嘴角不能一起上升的人很多。这时利用木制筷子进行训练很有效。刚开始会比较难,但若反复练习,就会不知不觉中两边一齐上升,形成干练的微笑。

缺点 2:笑时露出牙龈——笑的时候特别露很多牙龈的人,往往笑的时候没有自信,不是遮嘴,就是腼腆地笑。自然的笑容可以弥补露出牙龈的缺点,但由于本人太在意,所以很难笑出自然亮丽的笑。露出牙龈时,通过嘴唇肌肉的训练弥补弱。

挑选满意的微笑 ——以各种形状尽情地试着笑,在其中挑选最满意的笑容,然后确认

能看见多少牙龈。大概能看见 2 mm 以内的牙龈,就很好看。

反复练习满意的微笑 ——照着镜子,试着笑出前面所选的微笑。在稍微露出牙龈的程度上,反复练习美丽的微笑。

拉上嘴唇 ——如果希望在大微笑时,不露出很多牙龈,就要给上嘴唇稍微加力,拉下上嘴唇,保持这一状态 10 ms。

6. **第六阶段——修饰有魅力的微笑**

如果认真练习,就会发现只有自己拥有的有魅力的微笑,并能展现那微笑。伸直背部和胸部,用正确的姿势在镜子前面边敞开笑,边修饰自己的微笑。

训练项目四:筷子训练微笑

(1)用上下两颗门牙轻轻咬住筷子,看看自己的嘴角是否已经高于筷子了。

(2)继续咬着筷子,嘴角最大限度地上扬。也可以用双手手指按住嘴角向上推,上扬到最大限度。

(3)保持上一步的状态,拿下筷子。这时的嘴角就是你微笑的基本脸型。能够看到上排 8 颗牙齿就可以了。

(4)再次轻轻咬住筷子,发出"YI"的声音,同时嘴角向上向吓反复运动,持续 30 ms。

(5)拿掉筷子,察看自己微笑时基本表情。双手托住两颊从下向上推,并要发出声音反复数次。

(6)放下双手,同上一个步骤一样数"1、2、3、4",也要发出声音。重复 30 ms 结束。

训练项目五:递物与接物礼仪训练

递物与接物是人们工作、生活、社交活动中常常用到的一种礼仪行为,虽然这一过程十分短暂,但也能体现一个人的礼仪教养。

1. **递接名片**

一般情况下是地位低的人先向地位高的人递名片,男士先向女士递名片。递送名片时,应面带微笑,正视对方,将名片的正面朝着对方,恭敬地用双手的拇指和食指分别捏住名片上端的角送到对方胸前。如果是坐着,应起身或欠身递送,递送时应说"我叫 × × ×,这是我的名片,请多关照"之类的客气话。

接受他人名片时,应起身或欠身,面带微笑,恭敬地用双手的拇指和食指接住名片的下方两角,并轻声说"谢谢","久仰大名"等,接过名片后,应十分郑重地把名片读一遍,不懂之处可当即请教,随后将对方的名片放入自己的名片盒内。切忌接到名片后拿在手中玩弄或随手乱放乱扔。

2. **递接其他物品**

递交任何物品时都应恭恭敬敬地双手递上。若递笔、剪刀之类尖的物品时,需将尖头朝向自己,而不能指向对方。接受物品时,一般情况下,凡是对方双手恭恭敬敬递过来的物品,都应双手接过,同时点头致意或道谢。

3. **实训方法**

(1)收集相关教学录像,让学生观看,以掌握正确的日常交往礼节。

(2)在训练中，采用教师边讲解要求边示范，然后学生实践，教师纠错，学生再巩固的方式练习。

(3)在鞠躬礼的训练中，可采取分组向老师施礼或两人一组相互施礼的形式进行，并互相点评纠正来达到规范的要求。

(4)四人一组，进行握手礼的练习，再分别和同组的同学握手，注意时间、仪态及语言。

(5)在进行介绍时，让每个学生组织一段自我介绍，以克服紧张情绪，锻炼他们的胆量。

(6)在介绍礼仪中，设计多个情景、角色，分角色扮演人物，完成介绍、握手、递名片等训练，并及时指导。

(7)采用分组练习、观摩的方法，既体验尝试又学习经验，发现问题，提高日常交往礼仪的可操作性。

(8)学生自由组合，自己编排，以小品形式将几种日常交往礼节综合起来运用表演，以加深印象。

4. 实训检测

考核项目	考核内容	分值	自评分	小组评分	实得分
握手	握手动作准确、自然大方	10			
	注意礼仪规范	10			
鞠躬	鞠躬礼动作规范	10			
	微笑、语言、眼神的和谐	10			
介绍	仪态端正，手势正确	10			
	介绍的次序、原则运用的准确	10			
递物接物	递、接动作准确	10			
	注重礼仪规范	10			
综合表现	以上四种礼仪的综合运用	20			

第三单元

职场沟通的实务操作

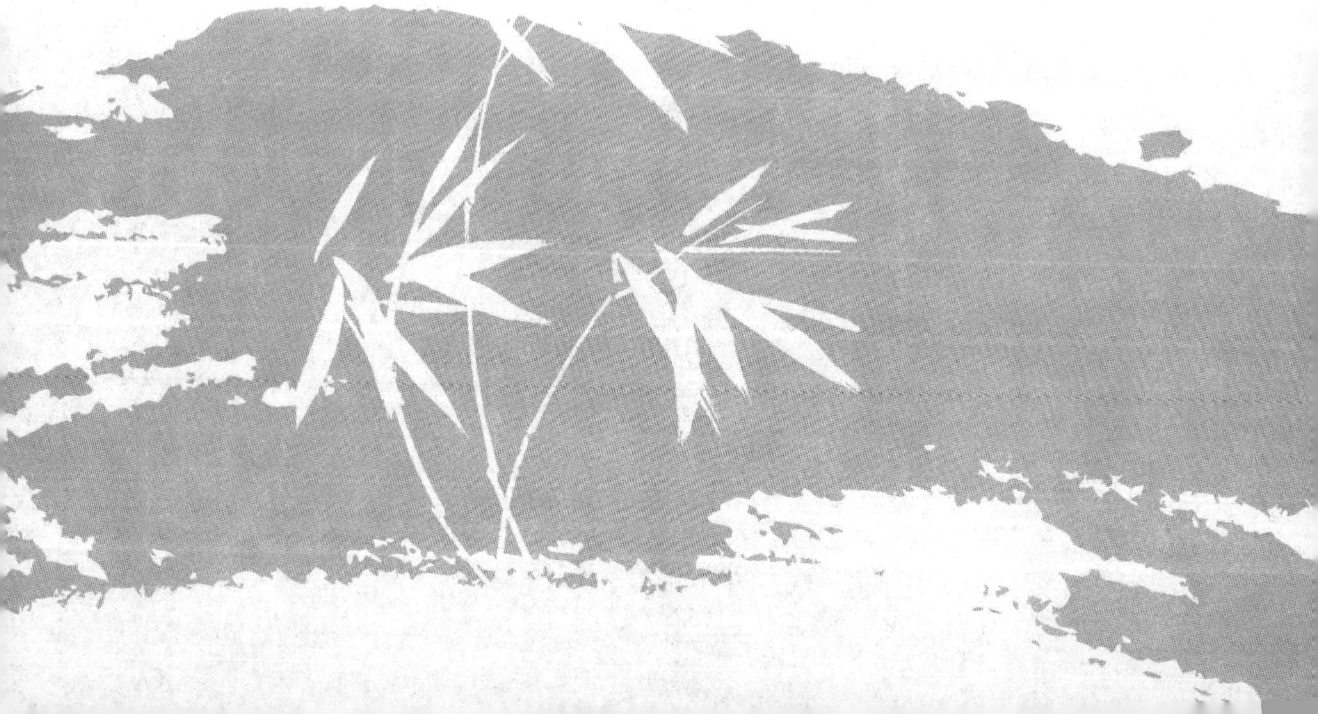

第九章　办公室沟通

【案例导入】

周先生毕业于某名牌大学，性格有些孤傲，平时与同事沟通甚少。而吴先生则是一般大学毕业，做人也没什么架子，平时与同事一团和气。最近公司有一个晋升机会，周先生信心十足地认为非自己莫属，但没想到最后领导却决定让吴先生晋升。

请思考：周先生晋升失败的原因是什么？

【知识传授】

第一节　办公室沟通的基本原则

为了处理好与同事之间的关系，形成和谐的办公室氛围，在办公室内部沟通中要遵循以下六大基本原则。

一、全员沟通

如果把整个办公室当做一个网络，那么每一个员工即是网络中的节点，其中任何一个点变成黑点，整个网络的运行将受到很大影响，不论其他节点是多么的顺畅。因此，办公室内部沟通必须全员动员，不能忽视任何一点。

二、双向乃至多向沟通

整个办公室的沟通网络是由多个不同的小网络组合起来的，每个网点根据其工作特点和其他网点进行不同程度的沟通。因此，作为办公室中的任何一个员工，都必须坚持双向乃至多向沟通的原则，其所在的小网络才能畅通，才不至于影响整个大网络的顺畅运行。不能认为自己有需要的时候才和人沟通。

三、下属应主动和上司沟通、领导应起带头作用

根据不同的分工，办公室中每个员工都有与其相对应的隶属关系，而作为下属则应主动寻找合适机会和上司沟通（作为下属或"晚辈"，等着上司或"前辈"和自己沟通是很不应该，也是不现实的），这既是下属提高自身能力的需要，也是工作开展的需要。而领导在沟通的过程中应起到模范带头作用。

四、沟通应有主次之分

根据工作分工的关系，每位员工之间的沟通程度应该是不一样的，不应该也不可能全

部同等对待。工作直接相关的,沟通程度必定要全面、深入;工作一般相关的,沟通到一定的程度即可;工作不太相关的,相互熟悉即可。任何资源都是有限的,尤其是工作时间,沟通找错对象,分不清主次,这是沟通的大忌。

五、沟通从心开始、应注意情感沟通

人是有感情的动物,人与人之间的沟通离不开人的喜恶,必须具备一定的情感基础。如果一个人对另一个人"有成见",则不论双方多么有必要进行沟通,沟通也是难以奏效的。

六、沟通形式和手段应多样化

沟通有正式沟通和非正式沟通之分。正式沟通的成本是很高的,与组织规模成强烈的正比例关系,因此充分利用好非正式沟通,能够起到事半功倍的效果,如在工作间隙、进餐时间进行沟通,通过电子化手段(微博、E-mail、QQ 等)进行沟通等。

小贴士

办公室不同性格同事之间的沟通技巧

1. 不同血型与个性性格的特质表现

A 型——对习惯较为尊重,与整体行动协调性较强,强调循序渐进,对集体、上级也较为顺从。A 型性格在部门中是一个好下属、好同事。但 A 型在办公室交往中应注意一旦有什么失误或差错,应直率地承认自己的过失,而不应文过饰非。

B 型——在工作中多能认真、热心地履行自己的职责,较好地发挥自己的才能。但是基于 B 型的气质特性,B 型有可能和部门的工作步调不一致,在上级、同事之间也可能缺乏感情的沟通。因此,热心、勤恳可能只落个"独来独往"的结果。因此,B 型应多注意感情融通,并按照有关规章制度与部门协调一致。

O 型——在办公室交往中要注意自己在部门中有时有言论过多、个人意识过强的倾向。并应及早和自己的上级、同事建立起相互信任的关系。当和部门同事尚不很熟识,对所承担的工作还知之不多时,应将精力放在学习掌握工作所需的各种专业知识上。基于 O 型竞争性强的特点,O 型在办公室交往中还应注意循序渐进,因为过于急功近利可能对人际关系产生不良影响,故 O 型在办公室交往中要具备长远的眼光,凡事不应操之过急。

AB 型——在部门中对自己承担的工作多能超负荷、高效率地给予完成。但 AB 型往往有把工作分工看得过于死板的倾向。由于 AB 型常常把工作分得很清楚,有时难免给人以过于冷峻之感。因此,AB 型在办公室交往中应多注意改善自己的思想方法,以保持和他人的协调。由于 AB 型不太挑工作,对工作适应性较强,因此,在不少情况下 AB 型反而可能出现方向不明,难于将自己最占优势的长处充分发挥的情况。故 AB 型在办公室还应注意充分表现和发挥自己的真正特长。

2. 如何与你的工作伙伴有效沟通

自己的工作伙伴在工作中有一些偏颇,怎么才能让他愉快地接受你的意见呢?怎样才能激发同事的工作热情,让他与你配合得更完美呢?就是在分配工作时就应以他最容易接受的方式布置下去。

A 型同事——既加以抚慰,又严厉指出其不足,使 A 型确实自感有所不是。对 A 型的激励主要是充分肯定其长处和优点,并对其成就表示赞赏,使 A 型增强自信心。工作布置上,对 A 型同事则应做到事先充分讲清任务的具体要求,并尽量让 A 型下属参与集体性的工作为宜。

B 型同事——你不能掺杂感情成分,但必须做到分析透彻、是非分明,既指出存在的不足,又让他感到部门对他的期望,以使 B 型精神振奋,从而更加奋发努力。工作布置上,对 B 型同事则可下达大体的指令,不作具体的行动要求,以增加 B 型下属尽量采取下"军令状"包干的形式为宜。

O 型同事——考虑到 O 型的气质特性,可尽量将 O 型同事叫到无第三者的场合谈话。充分向其陈说利害,动之以情、晓之以理即可,千万不要以施威的方式逼其就范。当要激励下属奋发时,对 O 型充分肯定其才能,使 O 型下属坚定信心,对未来充满希望。工作布置上,对 O 型同事应尽力指明其工作的目的、意义和责任所在。在具体布置工作时,则应给予 O 型下属自己处置的余地。

AB 型同事——应充分肯定其在工作中的作用,以勉励其奋发努力为要点。工作布置上,对 AB 型同事则可对其明确工作的范围和权限,但不必要 AB 型下属承担最后责任,并在具体执行过程中不断给以指示为上。

（来源:新浪网《女性月刊》）

第二节　办公室沟通的基本要求

从事办公室工作的人要有胜任重要岗位的特殊能力,具体地讲就是忠诚可靠、公道正派、清正廉洁、甘于奉献、知识全面、业务精湛。

一、要有一些高超的处世能力

(一)处事豁达——不要求全责备、斤斤计较

上下级之间、部门内同事之间在日常工作中不可能没有矛盾,正是因为工作中有这样那样的矛盾和问题,才需要人们去协调、处理,在矛盾运动中将事物推向前进。但是,在协调、处理各类工作矛盾、问题时,一定要相互理解、相互支持,换位思考、求同存异、抓主要矛盾,不在非原则问题上较真,不在细枝末节上纠缠。

(二)处事谨慎——不要随心所欲、粗心大意

处事谨慎不是谨小慎微、胆小怕事,而是要严谨、慎行。开会发言、汇报工作、处理公文、接待来访、现场处理协调问题等是办公室工作人员的经常性工作,说话办事一定要言之有据、行之有序、动之有规。切忌口无遮掩、随意表态,东一榔头西一棒子,把事情搅得乱七八糟。在琐碎的小事方面,诸如打字校对、复印装订,包括添茶倒水、打扫卫生等工作,也要以高度负责的态度做好,小事做不好,日积月累成大事就不好做了。

(三)待人真诚——不要欺上瞒下、互不信任

诚信是中华民族的传统美德之一,是走向世界的绿卡,是为人处世的基本准则。上下级之间、部门之间、同事之间都要讲真诚，既不能欺骗上级领导，更不能愚弄基层和群众。为人处世一定要以真心换真心、诚心换诚心，切忌互不信任、互相猜忌。要传达真实意图，反馈真实情况，把问题讲清、把原因讲透、把办法讲实。千万不要弄虚作假，反馈假情况、反映假民意，干扰领导决策。

二、要有一个聪慧的头脑

（一）坚定的政治头脑

办公室的工作涉及方方面面，在很大程度上，代表着企业的主张，反映着企业的形象，连接着企业和职工的切身利益。办公室工作人员必须对企业忠诚，对事关企业原则的问题，要善于观察、分析和处理，在大是大非面前头脑清醒、旗帜鲜明、立场坚定、不随波逐流、人云亦云。同时，办公室人员特别要注意通过自己的工作消除领导之间可能出现的误解，打通各部门之间的隔阂，搞好上下之间的衔接。

（二）丰实的理论头脑

一个人的理论素养越高，预测、把握和解决问题的能力就越强。办公室人员，必须善始善终地把学习放在第一位，扎实、认真地多读一些经济、法律、科技、文史等方面的书籍，扩展知识领域，更新知识结构，从而提高分析、解决问题的能力。在理论提高的过程中，既要注意知识的全面性，又要讲求学习的系统性，还要注重学用的针对性，做到在学习理论上务求实效。

（三）辩证的思维头脑

随着社会生活的变化，人们的思维方式和价值取向正在经历一场变革，这就要求观察问题要多视角、研究问题要多方位、解决问题要多方法。要注意思维的超前性。比如，当问题还处于苗头的时候，就能捕捉它；当认识还处在感性阶段的时候，就开始作理性的思考和回答；对前人和别人没有研究的问题，着手研究它，从而找出规律性的东西，对面上的工作给予及时指导，这是争取工作主动所必需的。

（四）求实的科学头脑

实事求是是工作作风，是职业道德，也是工作纪律，想问题、提建议、当参谋、写文章、办事情，都要符合客观实际。切实做到一是一、二是二，不夸大、不缩小，真实地反映客观事物的本来面目，包括向领导反映情况，决不能想当然、乱揣摩。

（五）精明的效益头脑

要树立说错话、办错事、出歪招是一种浪费、一种过失的观念。在工作措施上，要以最少的投入争取最好的效果，用最短的时间做更多的事情。在工作运作中，要讲效率、科学有序、操作规范、条理清楚。在工作效果上，要多出精品、减少次品、防止废品、禁止毒品。

三、要有一套过硬的工夫

（一）勤奋好学的工夫

在任何时候都应该有一种紧迫感和饥饿感，对知识永远保持一种旺盛的好奇心、新鲜感和求知欲。要养成一种坐得下来、静得下心、钻得进去的学习习惯，在办公室里，要看一看放在办公桌上的书翻过没有；回到家里，想一想书柜里书读了多少本；在外出的路上，查一查你的旅行包里带上书没有，做到终生与书为伴。

（二）深入实践的工夫

办公室人员的工作思路、工作点子、工作实绩从哪里来？从根本上说，来源于生活、来源于时代、来源于实践。离开基层、脱离群众，办公室工作就会成为空中楼阁；离开实际，办公室工作就会成为睁眼瞎；离开实践，办公室工作就会成为无源之水、无本之木。因此，办公室的所有人员要深入到经济建设主战场，脚踏实地地深入到最基层的工作中去，与方方面面的同志交朋友，建立工作友情，不放过每一个调查对象、线索、数据、情节，做到打破沙锅问到底，不到黄河不死心的态度，真正从实践中获取新知、收到实效。

（三）善于领悟的工夫

办公室的工作是与人打交道的，是机关的窗口和纽带，如果对来自基层的反映和群众的呼声缺乏领悟，是绝对做不好工作的。当然，好的悟性是一个日积月累的过程，可在与领导和同事的接触中把握他们的工作习惯、思维方式和活动规律；在接受任务时，充分听取要求和主张，尽可能地准确理解和把握领导的意图和基层的反映，做到准确，有原则性；严谨，有逻辑性；独到，有精辟性。

（四）精于表达的工夫

口头表达和书面表达能力，是办公室人员的基本功。特别是文字水平，是一个工作人员素质的综合反映，是办公室工作人员的最基本要求。办公室人员首先要会写会议材料和领导讲话。一篇好材料要经过调研、加工、提炼、归纳、总结、演绎等复杂过程，使文章具有真、实、准、启的特点，让大家听后或看后能受到教育和启迪。说和写同样重要，办公室的人员都要加强锻炼，力求做到精雕细琢、千锤百炼，工作上人人都能打通关，个个都是多面手。

四、要有一种高尚的人格魅力

（一）对事业有春天般的热情

办公室是一个单位的重要办事部门，也是一个出成果、出人才的场所。既然有幸走上这个岗位，就要义无反顾地投入春天般的热情，爱岗敬业、任劳任怨，执著地追寻它，尽力地干好它。只要每一位办公室人员把每一件工作当成一种事业去追求，把领导和群众交办的每一件小事作为一项任务去完成，就会在工作实绩中获得无限的乐趣和丰厚的精神回报，精神境界就会得到升华，人生价值就会得到体现。

（二）对他人有大海一样的胸怀

做好办公室工作离不开方方面面的配合与支持。对人虚怀若谷、宽厚容人，就会走出世俗、接近崇高。这是办公室人员的美德。俗话说："有容乃大，无欲则刚。"就是要容人胜己，不嫉贤妒能，甘为他人作嫁衣、作铺垫。要容人直言，不忌恨在心；要助人为乐，不袖手旁观；要把别人的工作当做自己的工作，以主人翁姿态提建议，当参谋；把别人的困难当做自己的困难，以甘为人梯的风格送温暖、献爱心。只有这样，才能赢得更多同事的支持与合作，工作的环境也才会更加宽松、和谐。

（三）对名利像湖水那样平静

在办公室工作的人员，要努力做到不为名所累、不为利所缚、不为欲所惑，不同别人计较享受的条件和优势，要经得住诱惑，守得住清贫，不把以权谋私看作本事，不把追求低级趣味视为潇洒，在任何情况下，对待名利始终保持一颗平常心。因为，把名利看得太重，就会形成一种包袱和压力，永无满足，对名利的欲望过多，必然欲壑难填，不能自已，最终失去同志，有损尊严，甚至贻误事业，断送前程。只有把名利看得淡一些，把事业看得重一些，才能摆脱因个人私欲难以满足所带来的苦恼，从而使情操得到陶冶，心灵得到净化。

（四）对自己像旁观者一样清醒

能不能知己所长、知己所短，是衡量办公室人员是否成熟的重要标志。知己所长，是要保持一种乐观向上的自信心，而不是感到高人一等。知己所短，是要不断反省自我，扬长避短，取长补短。取得成绩时，既感到欣慰，又肯定大家的作用；受到批评时，既要有自责的勇气，又要及时改正缺点。在这一点上，不妨学一学古人：唐太宗李世民以人为镜，纳谏魏征，成为一代明君。在现实生活中，知长易而知短难；学他人之长易，改自己之短难。要做到知己所短，就要跳出自我，以高标准的要求、以他人的视角、以历史的观点，严格甚至苛刻的透视自己，发现不足，战胜自我。

温馨提示

办公室沟通十大失礼行为

办公室是个特殊的群体和环境，大家既是同事关系又是朋友关系。但如果处理不当，把握不好一个“度”，很多看起来不起眼的“小事情”，反而会影响人际关系，以致影响一个集体正常的工作氛围和团队合作。

1. 行为不文明，举止不顾及别人

礼仪体现细节，细节体现素质。有的人在进出别人办公室的时候从不敲门。甚至坐的时候，不坐椅子、凳子，而是坐到办公桌上，既不雅观也不文明。有的人拉出椅子坐了之后，走的时候不知道把椅子重新放回原位，其实稍微动一下手，方便别人也方便了自己。

2. 不注意个人形象

很多办公室人员，以“个性”、“工作忙”等作为借口，非常不注意自己的形象。其实，不好的个人形象，在领导看来，是不尊重领导、不爱企业的表现；在外人看来，就是不好的公司形象；在客户看来，就是不专业、不敬业、不值得信任的代名词。

3. 奇装异服，扮演阿飞

现在全世界的一个趋势就是，在一般工作时间里，在大部分的行业内，对着装的要求也相对比较宽松了。如果没有统一的工作装，工作时间所穿服装的颜色、款式也就多了一些选择。但有些基本的要求是永远不会变的。比如，不应该穿拖鞋，男士不能穿背心、短裤，女性不能穿过露、过薄、过透的衣服，而且还要求穿肉色的丝袜，袜口不应该露在外面。服装的颜色不应该过于花哨，颜色不要太多。

4. 工作场合与领导相处不注意分寸

工作场合讲究的是“公事公办”，即使和领导私人关系再好，在工作场合、工作时间里，也不要表现得过分“随便”。这些过分“随便”的举止有：勾肩搭背，随便拍肩膀；直呼姓名，甚至是绰号,不称呼职务。

5. 工作时间制造噪音,干扰别人正常的工作

有一位管理大师说过:"看一个公司员工素质高不高、管理是不是规范,你可以用耳朵听得出来。"这话的意思就是在员工素质较高、管理规范的企业里,是没有"大的声音"的。这是因为所有人都忙于手头的工作,同时又顾及到别人。所以无论是在说话、走路,都是轻轻的。更不可能在工作时间里,三三两两,聚在一起嘻嘻哈哈地闲聊、打闹。

6. 接打私人电话,煲电话粥,替人转接电话大声喊叫

电话从侧面反映了一个企业员工的素质问题,也反映了一个企业的企业文化。电话是为工作而设,一切私人电话都要无条件为工作电话让路。所以,工作时间接、打私人电话,特别是长时间接打私人电话,不仅有时候会影响工作业务,还是个人工作不积极、不严谨的表现。还有就是转接别人的电话,大喊大叫,让所有人行"注目礼",既影响不好,又容易干扰别人的工作。

7. 同事之间过分"关心",让人不知所措

同事之间的互相关心、闲聊家常是正常的事,在一定程度上还可以增进友谊、促进工作,但必须有个"度"。因为每个人都有自己的私人生活空间、都有个人的隐私。所以,即使关系再好的同事,对于别人刻意不提的私人事情,不要"打破砂锅问到底"。

8. 自己工作完成了不管同事,"事不关己,高高挂起"的态度

在现代企业里,单一的个人很难完成一项复杂而艰巨的工作。也就是说,大部分的工作都是经过分工协作的。只有所有人的工作全部完成了,才算真正完成了。所以,自己一天、一个阶段的工作提前完成了,应该主动问一下别人是不是需要什么协助。有时候,别人不一定会让你协助什么,但仅仅是一句问候,就显示了你的个人涵养、团队精神、你的风度。也只有这样的一个集体,才是一个上进的集体、团结的集体、有朝气的集体。

9. 同事之间"不拘小节"

俗话说:"亲兄弟,明算账。"同事之间,关系再好,也要讲究一个分寸,不要过于随便。借了别人的东西,应该按时归还。如果自己记性不好的话,借的时候自己就书面记录下来,并同时写上答应的归还时间。口头答应过的事情,就要努力兑现,不要信口开河,说过就忘。同事的物品,没有获得别人同意的前提下,不可以随便拿、随便翻阅。这是尊重别人的起码表现。

10. 工作上大大咧咧

这样的行为可能只是省了几秒钟的收拾时间,但起码造成了两个非常不好的影响:一是影响自己的工作效率,会让你下次找一份材料或一份工具的时候,翻箱倒柜也找不到,因为你所要找的东西或许就放在那个凌乱的角落了。二是影响了整体整洁的环境和轻松的氛围,与高效、干练的现代企业形象不协调。

随便浪费办公资源,比如纸张、水、电等。这些虽然是细得不能再细的小事情,但却是一个人工作是不是细心、严谨、高效的有力表现。

(来源:世界经理人社区,http://bbs. icxo. com/)

第三节　办公室沟通的注意事项

一、办公室沟通要注意礼仪规范

在办公室进行沟通的时候，应该注意哪些礼仪习惯呢？最重要的一点是，要对他人，包括同事、上级和下级，表现出对他们的尊重，尊重他人的隐私，尊重他人的习惯。

(1)分清哪是公共的区域，哪是个人的空间，别在错误的区域做不合时宜的事情。

(2)在办公室中要保持工位整洁、美观大方，避免陈列过多的私人物品。

(3)在和他人进行电话沟通或者是面对面沟通的时候，音量尽量要适当控制，两个人都能够听到就可以了，避免打扰他人工作。哪怕当电话的效果不好时也应该这样。

(4)有些公司员工中午是在自己的工位上进餐的，这不是一个良好的商务习惯。应该尽量避免在自己的工位上进餐。实在不能避免的情况下，尽量节省时间或者进餐完毕之后迅速通风，以保持工作区域的空气流通。

小贴士

办公室里异性之间的交往法则

在办公室里，人来人往，男女之间距离该如何掌握？如果距离太远，会被认为太冷漠；如果距离太近，又可能招致流言蜚语，但以下几个方面是在办公室从容应对各种男女关系的法则。

1. 减少亲密接触的机会

和上司要保持一定的距离，不要以为和上司像朋友一样相处，事业就会有前景。要好的关系很可能就成为你升迁的最大障碍，因为每个上司都不喜欢被别人看成只提拔“亲信”的人。特别是异性之间更容易被看成有许多不正常的地方。此外，和上级的亲密接触往往会暴露你日常生活中别人不易察觉的弱点，这些弱点可能成为你事业发展的障碍。

2. 公私要尽量分明

不要将工作上的事情和生活中的问题牵扯到一起。这也是一条自我保护法则。既是同事就会有许多共同的话题，但这些话题往往会成为一些隐患的导火线。

3. 避免发生感情纠葛

工作和爱情不能兼顾，这是办公室里的经验之谈，但办公室往往是滋生恋情的温床。身兼同事和情侣两种关系，在办公室里永远是别人议论的话题。如果是上司与下属之间的恋情，则更容易引起其他人的议论。危险指数最高的情况则是上司与下属的婚外情。在办公室这个弹丸之地，要想保住这个秘密简直是天方夜谭。因此，当你要将这种关系保持下去的时候，应当考虑到失败后可能发生的一系列问题。

(来源：eNet 论坛，http://bbs.enet.com.cn/)

二、办公室沟通应注意表达方式

在办公室里与同事们交往离不开语言，但是要学会说话，俗话说："一句话说得让人跳，一句话说得让人笑。"同样的话，但由可表达方式不同，造成的后果也大不一样。

（一）不要跟在别人身后人云亦云，要学会发出自己的声音

老板赏识那些有自己头脑和主见的职员。如果经常只是别人说什么也说什么的话，那么在办公室里就很容易被忽视，在办公室里的地位也不会很高。有自己的头脑，不管在公司的职位如何，都应该发出自己的声音，应该敢于说出自己的想法。

（二）办公室里有话好好说，切忌把与人交谈当成辩论赛

在办公室里与人相处要友善，说话态度要和气，要让人觉得有亲切感，即使是有了一定的级别，也不能用命令的口吻与别人说话。说话时，更不能用手指着对方，这样会让人觉得没有礼貌，让人有受到侮辱的感觉。虽然有时候，大家的意见不能够统一，但是有意见可以保留，对于那些原则性并不很强的问题，没有必要争得你死我活。的确，有些人的口才很好，如果要发挥自己的辩才的话，可以用在与客户的谈判上。如果一味好辩逞强，会让同事们敬而远之，久而久之，不知不觉就成了不受欢迎的人。

（三）不要在办公室里当众炫耀自己，不要做骄傲的孔雀

即使自己的专业技术很过硬，是办公室里的红人，又深得老板非常赏识，也不能够成为在办公室炫耀的资本。骄傲使人落后，谦虚使人进步。再有能耐，在职场生涯中也应该小心谨慎，强中自与强中手，倘若哪天来了个更加能干的员工，那这种炫耀一定马上成为别人的笑料。倘若哪天老板额外给了你一笔奖金，就更不能在办公室里炫耀了，别人在一边恭喜你的同时，一边也在嫉恨你呢。

（四）办公室是工作的地方，不是互诉心事的场所

办公室里总有这样一些人，他们特别爱侃，性子又特别的直，喜欢和别人倾吐苦水。虽然这样的交谈能够很快拉近人与人之间的距离，使大家之间很快变得友善、亲切起来。但心理学家调查研究后发现，事实上只有1%的人能够严守秘密。所以，当出现个人危机时如失恋、婚变之类，最好还是不要在办公室里随便找人倾诉；当工作出现危机时，如工作上不顺利，对老板、同事有意见有看法，就更不应该在办公室里向人袒露胸襟。过分的直率和"十三点"差不多，任何一个成熟的白领都不会这样"直率"。自己的生活或工作有了问题，应该尽量避免在工作场所里议论，不妨找几个知心朋友下班以后再找个地方好好聊。

【知识链接】

办公室里哪些事情做不得

同事是工作伙伴，不可能要求他们像父母兄弟姐妹一样包容和体谅你。很多时候，同事之间最好保持一种平等、礼貌的伙伴关系。你应该知道，在办公室里有些话不该说，有些事情不该让别人知道……

一、个人隐私的范畴

(1)你的家庭背景是否会对你的工作产生大的影响?

(2)你与某些亲人或者朋友的关系是否不宜让别人知道?

(3)你的历史记录是否会影响别人对你道德品质的评价?

(4)你的一些与众不同的思想是不是会触动一些敏感的神经?

(5)你的生活方式是否有些与传统相悖?

(6)你与老板的私交是否可以成为公开的"秘密"?

(7)你与公司上层的某些私人渊源一旦曝光,会给你带来障碍还是好处?

作为一个职业人,个人的一切资料,比如年龄、学历、经历、爱情、婚姻状况等要分"公开"与"隐私"两大类。隐私本身也是一个相对而言的概念,同一件事情在一个环境中是无伤大雅的小事,换一个环境则有可能非常敏感,保护自己立于安全地带。以上列举的是否都属于你的隐私范畴?

二、办公室不应该沟通的事情

(1)不要在公司范围内谈论私生活,无论是办公室、洗手间还是走廊。

(2)不要在同事面前表现出和上司超越一般上下级的关系,尤其不要炫耀和上司及其家人的私交。

(3)即使是私下里,也不要随便对同事谈论自己的过去和隐秘思想。除非你已经离开了这家公司,你才可以和从前的同事做交心的朋友。

(4)如果和同事已经成了好朋友,不要常在大家面前和他(她)亲密接触。尤其是涉及工作问题要公正,有独立的见解,不拉帮结伙。

(5)对付特别喜欢打听别人隐私的同事要"有礼有节",不想说的可以礼貌坚决地说不,对有伤名誉的传言一定要表现出坚决地反对态度,同时注意言语还要有风度。如果回答得巧妙,就不但不会伤害同事间的和气,又保护了自己不想谈论的事情。保护隐私一来是为了让自己不受伤害,二来是为了更好地工作。当然也没必要草木皆兵,但凡工作之外的问题全部三缄其口,这样便很容易让人以为你这个人不近人情。有时候,拿自己的私人小节自嘲一把或者和大家一起对别人开自己的无伤大雅的玩笑,呵呵一乐,会让人觉得你有气度、够亲切。

(来源:天极网,http://www.yesky.com/)

三、办公室沟通要注意把握技巧

在日常的办公室沟通中要注意以下技巧。

(1)讲出来:坦白地讲出你的内心感受、感情、痛苦、想法和期望;但绝对不是批评、责备、抱怨、攻击。

(2)不批评、不责备、不抱怨、不攻击、不说教:批评、责备、抱怨、攻击这些都是沟通的"刽子手",只会让事情恶化。

(3)互相尊重:只有给予对方尊重才有沟通,若对方不尊重你时,也要适当地请求对方尊重,否则很难沟通。

(4)绝不口出恶言:恶言伤人,就会"祸从口出"。

(5)不说不该说的话:如果说了不该说的话,往往要花费极大的代价来弥补,正是所谓的“一言既出，驷马难追”，“病从口入，祸从口出”，甚至还有可能造成无可弥补的终生遗憾，所以沟通不能信口雌黄，口无遮拦，但是完全不说话，有时也会变得更加恶劣。

(6)有情绪不要沟通，尤其不能够做决定：情绪中的沟通往往无好话，既理不清，也讲不明；在情绪中，很容易因冲动而失去理性，尤其是不能在情绪中作出冲动性的决定，这很容易让事情不可挽回，令人后悔。

(7)理性的沟通：不理性不要沟通，不理性只有争执的份，不会有结果，更不可能有好的结果，所以这种沟通无济于事。

(8)觉知：不只是沟通才需要觉知，一切都需要，如果自己说错了话，做错了事，如不想造成无法弥补的伤害时，最好的办法是说：“我错了。”

(9)承认我错了：承认我错了是沟通的消毒剂，可解冻、改善与转化沟通关系。

(10)说对不起：说对不起，并不意味真的做了什么天大的错事或伤天害理的事，而是一种软化剂，使事情终有“转圈”的余地，其至于还可以创造“天堂”；其实有时候死不认错就是件大错特错的事。

(11)让奇迹发生：如果双方愿意互相认错，就是在替自己与家人创造天堂与奇迹，化不可能为可能。

(12)爱：一切都是爱，爱是最伟大的治疗师。

(13)等待时机：如果没有转机，就要等待；急，只会治丝益芬；当然不要等待成果就会从天上掉下来，还是要自己去努力，但是努力并不一定会有结果，但若不努力，将什么都没有。

(14)耐心：等待唯一不可少的是耐心，有志者事竟成。

(15)智能：智能使人执著，而且福至心灵。

(16)信用：信用就是灵魂，没有了信用什么都是空谈。

小贴士

办公室充满快乐

追求快乐是人的本能，每个人都会发自内心地接近那些能给自己带来快乐的人，远离那些整日愁眉苦脸的人。这就是快乐吸引快乐法则。所以想做办公室的社交明星，首先要让自己快乐起来，然后给别人带来快乐。

办公室就像一个气场，任何一个污染因子都会破坏气场的稳定性。比如大老板今天一个灰暗的脸色，就会像一团乌云笼罩着整个公司。当你明白你的无意识的情绪污染，很可能成为办公室的环保情绪的破坏者时，不妨从今天学着做一个办公室的情绪环保者。

1. 学习讲一些幽默的笑话

幽默的天分不是任何人都可以具备的，但勇于讲话是第一步。办公室那个幽默的人，总是成为更多人关注的中心。所以，不妨从今天开始，苦练几招幽默的本领，如果不会，至少要勇于参与办公室的笑话场。

2. 笑迎同事让自己阳光灿烂

每天都学习寻找一种方式，让自己快乐。比如穿戴漂亮被同事夸奖一下，比如中午能吃上自己最爱的饭菜。从一些生活的小细节中寻找快乐的来源，知足常乐。并且快乐的时候一定要和同事分享，即使是一个阳光灿烂的笑容，也可以照亮同事，照亮整个办公室。

3. 强化自我消化情绪垃圾的能力

心中不爽，发泄是必要的。发泄完了，自己当然轻松了，但是，要记住人际关系必然有其必要的距离感。负面情绪像流行性感冒一样，会传染给别人。如果你真有不快，至少找值得依赖的好朋友聊聊，或者找专业的心理医生聊聊。多选择那些独立自我超越郁闷的能力，比如出外吹风，运动等，这样会锻炼你自我消化情绪垃圾的能力。

4. 学会感恩珍惜、知足常乐

如果你总是把自己想成是全世界最悲惨的人，你是办公室里的“窦娥”的话，那么你就会总有冤屈在心里。久而久之，你自己可能都有一种错觉——你就是全天下最悲惨的人。为什么不想象着自己是个幸运的人？学会感恩和珍惜，这样你看上去是不是气色好多了呢？你的脸上是不是充满由心里所生发来的知足和快乐呢？

5. 让办公室像家一样充满欢声笑语

有这样一类破坏环境的人，他们经常把自己的家收拾得干净整洁，不留一丝瑕疵。但是在公众场所，他们往往肆无忌惮地破坏环境。职场中的人非环保者，常常也认为工作场所是一种公众环境，因此需要自己好好爱护。我们喜欢让自己的家充满欢声笑语，觉得那才是幸福，为什么不让办公室也像家一样，总是充满欢声笑语，阳光明媚呢？毕竟，你一天有大部分的时间是在办公室度过的。

（来源：人民网，http://www.people.com.cn/）

本章小结

本章主要讲解了以下几个问题。

（1）办公室沟通的基本原则：全员沟通、双向乃至多向沟通；下属应主动和上司沟通、领导应起带头作用、沟通应有主次之分、沟通从心开始、应注意情感沟通、沟通形式和手段应多样化。

（2）办公室沟通的基本要求：要有一些高超的处世能力、要有一个聪慧的头脑、要有一套过硬的功夫、要有一种高尚的人格魅力。

（3）办公室沟通的注意事项：办公室沟通要注意礼仪规范、办公室沟通应注意表达方式、办公室沟通要注意把握技巧。

本章测试题

一、不定项选择题

1. 办公室沟通的原则主要有（　　）。

A. 双向沟通　　B. 上司主动与下属沟通

C. 全员沟通　　D. 情感沟通

2. 办公室沟通的基本原则主要有（　　）。

A. 同事之间可以“不拘小节”　　B. 有一套过硬的基本功

C. 有高尚的人格魅力　　D. 有高超的处世融群能力

3. 在职场中,要尊重别人,也就是注意办公室礼仪,办公室礼仪有(　　)。

A. 分清哪些是公共的区域,哪些是个人空间

B. 不要大声喧哗

C. 保持办公室的整洁

D. 可以在办事区域用餐

4. 办公室沟通表达的方式有(　　)。

A. 要有主见,不要人云亦云　　B. 在办公室不要一味好辩逞强

C. 不要在办公室做骄傲的孔雀　　D. 在办公室和好友可以互诉衷肠

5. 办公室就像一个气场,任何一个污染因子都会破坏气场的稳定性,所以每个办公室人员都应该是办公室的情绪环保者,那么如何让办公室充满快乐呢? 应该做到(　　)。

A. 学会幽默　　B. 笑迎同事让自己阳光灿烂

C. 强化自我,消化情绪垃圾的能力　　D. 学会感恩珍惜,知足常乐

二、简答题

1. 在办公室与不同性格的同事进行沟通的技巧有哪些?

2. 办公室沟通的基本原则是什么?

3. 怎样才能让自己具有高尚的人格魅力?

4. 办公室沟通中失礼行为通常表现在哪些方面?

5. 办公室里异性之间的交往法则是什么?

6. 简述办公室沟通的表达方式。

三、案例分析

案例 1:

某公司总经理在会上批评了销售部吴经理。吴经理想不通。办公室秘书小郑了解到总经理的批评不够客观。

问题:

请你从协调工作的角度谈谈,在这种情况下小郑应该怎样做呢?

案例 2:

某国营企业总经理办公室人员小赵正在看当天准备上报的统计报表,本公司一位刚从大学经济管理专业毕业的实习生小林走了进来,小林针对该公司管理写的毕业论文中的某些观点和见解很得指导老师赏识,他本人也认为对公司改革有一定作用,他准备找总经理谈谈。小赵客气地请小林坐下,说:“总经理外出了,有什么事情跟我说吧。”小林就滔滔不绝地讲了起来。小赵一边听,一边看报表。小林言谈中常带“像我们这样的小公司……”小赵越听越不高兴,结果没等小林把话说完,他便满脸怒气地说:“公司小是否埋没了你的才能? 你是大材小用,为什么不去大公司呢?”小赵的冷嘲热讽,激怒了小林,引起了激烈的争执,最后小林气愤地离开了办公室。小赵还在闷闷不乐时,三名被解职的职工吵吵嚷嚷地进来了,他们因平时工作中不遵守纪律,完不成任务被解职,此刻要找总经理解决他们的问题。小赵说总经理不在,想请他们坐下来慢慢谈,他们不相信,非要找总经理不可。正好总

经理走了进来，他们怒气冲冲地推推搡搡，揪住总经理的衣服不放。小赵在一边干着急，不知道怎么办才好……

问题：

(1)你认为小赵在这两件事上做得怎么样？

(2)他有什么失误？他应该怎么做才对？

第十章　冲突管理的沟通策略

【案例导入】

××网络公司是一家专门从事通信产品生产和电脑网络服务的中日合资企业。公司自1991年7月成立以来发展迅速，销售额每年增长50%以上。但与此同时，公司内部也存在着不少冲突，影响着公司业绩的继续提升。

因为是合资企业，尽管日方管理人员带来了许多先进的管理方法，但是日本式的管理模式未必完全适合中国员工。例如，在日本，加班加点不仅司空见惯，而且没有报酬。××公司经常让中国员工长时间加班，引起了大家的不满，一些优秀员工还因此离开了××网络公司。

××网络公司的组织结构由于是直线职能制，部门之间的协调非常困难。例如，销售部经常抱怨研发部开发的产品偏离顾客的需求，生产部的效率太低，使自己错过了销售时机；生产部则抱怨研发部开发的产品不符合生产标准，销售部门的订单无法达到成本要求等。

研发部胡经理虽然技术水平首屈一指，但是心胸狭窄，总怕他人超越自己。因此，常常压制其他工程师。这使得研发部人心涣散，士气低落。

请思考：××网络公司的冲突有哪些？冲突的原因是什么？如何解决××网络公司存在的冲突？

【知识传授】

第一节　正确认识工作冲突

一、冲突与工作冲突的含义

（一）冲突

冲突是指个体与其所处环境在相互作用过程中，产生的一种对立或敌对状态。冲突表现为由于双方的观点、需要、欲望、利益或要求的不兼容而引起的一种激烈争斗。

（二）工作冲突

工作冲突（Work conflict）是指由于工作群体或个人，试图满足自身需要而使另一工作群体或个人受到挫折时的社会心理现象。

二、工作冲突形成的原因

从企业管理角度来讲,企业管理制度不合理、资源整合不到位、上下级关系处理不当、员工性格不合等都会产生工作冲突。形成工作冲突的实质是观点差异,其表面原因则是多种多样的,大致有以下五种。

(一)个性差异引发的工作冲突

比如急性子的人和慢性子的人常引发的工作冲突。

(二)信息沟通不畅引发的工作冲突

由于信息沟通不畅而引发的工作冲突是一种常见的情况之一,但是许多人把信息沟通不畅当做引发的工作冲突唯一原因。其实在许多的工作冲突中,信息沟通是充分的,只是观点不同。

(三)个人与组织文化不一致引发的工作冲突

当新进人员的思维方法与组织文化不一致时也会引发的工作冲突;或者组织文化已经发生变化,但个人的价值观念没有跟着变化也会引发工作冲突。

(四)利益冲突也是工作冲突常见的表面原因

人们常常把利益冲突当做本质原因。比如,员工为工资的问题与老板发生冲突,表面上是利益冲突,实质上是双方对工资的认知标准不一致而引发的工作冲突。

(五)管理者的权术思想

有的管理者希望下属间发生矛盾,他认为这样有利于控制,这样会产生连锁反应,引发许多冲突。这种做法是一种得不偿失的做法,也许确实有利于控制,但却要付出相互扯皮、人心离散、效率低下的代价。

这五种工作冲突的原因都是表面原因,实际上背后隐藏的都是观点差异。

第二节　工作中的情绪管理

一、情绪及影响

(一)情绪的含义

情绪是指在人的需求得到满足或没有得到满足后产生的暂时性的、比较明显的心情变化,是情感的具体表现。每个人因其主观状态、主观期望不同,对同样事物的情绪体验是各不相同的。情绪反映包含:面部表情、身体姿势、说话音调、仪器测试、自我描述 。在距今2000 多年前的周朝,中国有一部古书叫《礼记》,在这本书里,把人的情绪称为"七情":喜、怒、哀、惧、爱、恶、欲。现代心理学家把情绪分为四类:快乐、愤怒、悲哀、恐惧。

(二)情绪的影响

情绪问题会影响到人的生理健康,进而影响人的人际关系。

1. 影响生理健康

曾有个简单的实验,研究情绪对健康的影响。美国生理学家艾尔玛・辛吉斯将一支支玻璃管插在摄氏零度、冰与水混合的容器里,以收集人们不同情绪时呼出来的"气水"。结果发现,心平气和时呼出来的气,凝成的水清澈透明、无色、无杂质。生气时呼出的气,则会出现一种紫色的沉淀物。研究者将这"生气水"注射到小白鼠身上,几分钟后,小白鼠竟然死了。《礼记》上说"心宽体胖",意思就是情绪畅快时,人会越来越胖,而且越来越健康。如果有人说"您最近怎么面黄肌瘦",即意味着最近常常情绪低落,茶不思,饭不想,导致脸色越来越差,甚至身体健康上出现状况。这就是心理学上所说"心身症",也就是心理上生病,如过度焦虑、情绪不安或不快乐,会导致生理上的疾病。另外,据研究表明,一个人常常有负面或消极的情绪产生时,如愤怒、紧张,人体内分泌亦受影响,并导致内分泌不正常,而形成生理上的疾病。由此可见,时常面带微笑,保持愉快的心情,并以乐观态度面对人生,则有助于增进生理健康。

2. 影响人际关系

人际关系取决于一个人的情绪表达是否恰当。倘若常在他人面前任由负面情绪决堤,丝毫不加控制,如乱发脾气,久而久之,别人会视为难以相处之人,甚至列为拒绝往来户。反之,若常常面带微笑、多赞美他人,以亲切态度与别人和谐相处,人际关系自然会逐渐改善,从此人生也变得不寂寞、不孤独,而且处处有人相伴共度人生岁月。

二、情绪管理

(一)情绪管理的含义

情绪管理(Emotion Management)是指通过研究个体和群体对自身情绪和他人情绪的认识、协调、引导、互动和控制,充分挖掘和培植个体和群体的情绪智商、培养驾驭情绪的能力,从而确保个体和群体保持良好的情绪状态,并由此产生良好的管理效果。

(二)情绪表现方式

情绪无好坏之分,一般分为积极情绪和消极情绪。由情绪引发的行为有好坏之分、行为的后果有好坏之分,所以说,情绪管理并非是消灭情绪,也没有必要消灭情绪,而是疏导情绪。

情绪管理不是要去除或压制情绪,而是在觉察情绪后,调整情绪的表达方式。有心理学家认为:情绪调节是个体管理和改变自己或他人情绪的过程。在这个过程中,通过一定的策略和机制,使情绪在生理活动、主观体验、表情行为等方面发生一定的变化。这样说,情绪固然有正面、有负面,但真正的关键不在于情绪本身,而是情绪的表达方式。

以适当的方式在适当的情境表达适当的情绪,就是健康的情绪管理之道。情绪管理就是善于掌握自我,善于调节情绪,对生活中矛盾和事件引起的反应能适可而止的排解,能以乐观的态度、幽默的情趣及时地缓解紧张的心理状态。

三、情绪管理的几种方法

(一)心理暗示法

从心理学角度讲,就是个人通过语言、形象、想象等方式,对自身施加影响的心理过程。最初这个概念由法国医师库埃于1920年提出,他的名言是:"我每天在各方面都变得越来越好。"自我暗示分消极自我暗示与积极自我暗示。积极自我暗示,在不知不觉之中对自己的意志、心理以至生理状态产生影响令我们保持好的心情、乐观的情绪、自信心，从而调动人的内在因素，发挥主观能动性。心理学上所讲的“皮格马利翁效应”也称期望效应，就是讲的积极的自我暗示。而消极的自我暗示会强化个性中的弱点，唤醒潜藏在心灵深处的自卑、怯懦、嫉妒等，从而影响情绪。

与此同时，可以利用语言的指导和暗示作用，来调适和放松心理的紧张状态，使不良情绪得到缓解。心理学的实验表明，当个人静坐时，默默地说“勃然大怒”、“暴跳如雷”、“气死我了”等语句时心跳会加剧，呼吸也会加快，仿佛真的发起怒来。相反，如果默念“喜笑颜开”、“兴高采烈”、“把人乐坏了”之类的语句，那么他的心里面也会产生一种乐滋滋的体验。由此可见，言语活动既能唤起人们愉快的体验，也能唤起不愉快的体验；既能引起某种情绪反应，也能抑制某种情绪反应。因此，在生活中遇到情绪问题时，应当充分利用语言的作用，用内部语言或书面语言对自身进行暗示，缓解不良情绪，保持心理平衡。比如默想或用笔在纸上写出下列词语：“冷静”、“三思而后行”、“制怒”、“镇定”等。实践证明，这种暗示对人的不良情绪和行为有奇妙的影响和调控作用，既可以松弛过分紧张的情绪，又可用来激励自己。

（二）注意力转移法

注意力转移法就是把注意力从引起不良情绪反应的刺激情境，转移到其他事物上去或从事其他活动的自我调节方法。当出现情绪不佳的情况时，要把注意力转移到使自己感兴趣的事上去，如外出散步，看看电影、电视，读读书、打打球、下盘棋，找朋友聊天，换换环境等，有助于使情绪平静下来，在活动中寻找到新的快乐。这种方法，一方面中止了不良刺激源的作用，防止不良情绪的泛化、蔓延；另一方面，通过参与新的活动特别是自己感兴趣的活动而达到增进积极的情绪体验的目的。

（三）适度宣泄法

过分压抑只会使情绪困扰加重，而适度宣泄则可以把不良情绪释放出来，从而使紧张情绪得以缓解。因此，有不良情绪时，最简单的办法就是“宣泄”；宣泄一般是在背地里，在知心朋友中进行的。采取的形式或是用过激的言辞抨击、谩骂、抱怨恼怒的对象；或是尽情地向至亲好友倾诉自己认为的不平和委屈等；或是通过体育运动、劳动等方式来尽情发泄；或是到空旷的山林原野，拟定一个假目标大声叫骂，发泄胸中怨气。一旦发泄完毕，心情也就随之平静下来。必须指出，在采取宣泄法来调节自己的不良情绪时，必须增强自制力，不要随便发泄不满或者不愉快的情绪，要采取正确的方式，选择适当的场合和对象，以免引发意想不到的不良后果。

（四）自我安慰法

当一个人遇有不幸或挫折时，为了避免精神上的痛苦或不安，可以找出一种合乎内心需要的理由来说明或辩解。如为失败找一个冠冕堂皇的理由，用以安慰自己，或寻找理由强调自己所有的东西都是好的，以此冲淡内心的不安与痛苦。这种方法，对于帮助人们在大的挫折面前接受现实，保护自己，避免精神崩溃是很有益处的。因此，当人们遇到情绪问题时，经常用“胜败乃兵家常事”、“塞翁失马，焉知非福”、“坏事变好事”等词语来进行自我安慰，可以摆脱烦恼，缓解矛盾冲突、消除焦虑、抑郁和失望，达到自我激励，总结经验、吸取教训的目的，有助于保持情绪的安宁和稳定。

（五）交往调节法

某些不良情绪常常是由人际关系矛盾和人际交往障碍引起的。因此，当遇到不顺心、不如意的事，有了烦恼时，能主动地找亲朋好友交流、谈心，比一个人独处胡思乱想、自怨自艾要好得多。因此，在情绪不稳定的时候，找人谈一谈，具有缓和、抚慰、稳定情绪的作用。人际交往还有助于交流思想、沟通情感，增强自己战胜不良情绪的信心和勇气，能更理智地去对待不良情绪。

（六）情绪升华法

升华是改变不为社会所接受的动机和欲望，而使之符合社会规范和时代要求，是对消极情绪的一种高水平的宣泄，是将消极情感引导到对人、对己、对社会都有利的方向去。如一同学因失恋而痛苦万分，但他没有因此而消沉，而是把注意力转移到学习中，立志做生活的强者，证明自己的能力。

在上述方法都失效的情况下，仍不要灰心，在有条件的情况下，去找心理医生进行咨询、倾诉，在心理医生的指导、帮助下，克服不良情绪。

第三节　实际冲突的应对技巧

在现实生活中，每个人都在追逐自己的利益，因利益纠纷而产生冲突是不可避免的，但是可以采取恰当的措施缓解冲突，将矛盾降低到最小。

一、冲突的缓解方法

缓解冲突的三种有效方法分别是亲和、成就和权利。

（一）亲和

亲和又叫亲和力，亲和力是建立良好人际关系的保障元素。对于亲和力好的人，他人会自愿、主动地与之合作。在企业中，具备良好亲和力的管理者更容易得到员工的尊敬。

（二）成就

如果下属能从上级的管理风格中学到提升自我的知识，下属会觉得与上级共事非常有意义，反之，下属则会对上级的管理才能产生怀疑，从内心深处排斥、远离上级，冲突就在这里酝酿并发酵。

（三）权利

权利和亲和、成就是相匹配的，在企业管理中，管理者可以运用手中掌握的权利化解一些潜在的冲突。

二、工作冲突的处理方法

如果某种冲突的发生没能避免，那就要采取积极的、建设性的措施来处理这些冲突。成功的处理方法必须建立在对工作冲突本身正确而充分的了解基础之上。

工作冲突的处理方法有以下五种。

（一）否认或隐瞒法

这种方法是通过“否认”工作冲突的存在来处理冲突。当冲突不太严重或者冲突处于显露前的“平静期”时采用这种方法比较见效。

(二)压制或缓解法

掩盖矛盾,使组织重新恢复“和谐”。同样,这种方法也是在冲突不太严重或者冲突双方都“不惜一切代价”保持克制时才能取得满意的效果。

(三)支配式处理法

这种方法是冲突中的某一方利用自身的地位和权威来解决矛盾。冲突的旁观者也可利用自身的权威和影响,采用类似的方法来调解冲突双方的矛盾。这种方法只有当凭借的“权威”确有影响力或冲突双方都同意这种方法时才能取得满意的效果。

(四)妥协法

这种办法要求冲突双方为达到和解的目的,都必须做出一定的让步。使用这种方法的前提是冲突双方都必须有足够的退让余地。

(五)和解法

当承认人与人之间确实存在许多差别的事实之后,往往就可以通过和解的方式来处理冲突。通过这种方式处理冲突时,冲突双方都会感到他们是受益者。不过要使这种方法行之有效,一方面要有足够的时间保证,另一方面还必须让员工“信任”这种方式,而且冲突双方都必须具有较高的素质。

第四节　客户异议及处理方法

一、客户异议

在与客户面谈的过程中,经常可以听到客户对销售人员所提供的产品或服务提出异议。所谓客户异议,也就是客户的不同意见,其实质是客户对于产品或服务的不满。

(一)客户异议的类型

通常,客户异议有以下三种类型。

1. 真异议

真异议是指客户认为目前没有需求,或对产品不满意,或对产品持有偏见,例如,客户从别人那里听说产品容易出故障。对于此类异议,销售人员必须视情形考虑是立刻处理还是延后处理。当客户的异议属于其关心的重点时,必须妥善处理后才可能继续进行销售。

2. 假异议

假异议通常可以分为两种,一种是指客户用借口、敷衍的方式应付销售人员,目的是不想诚意地和销售人员会谈,不想真心介入销售的活动;另一种是客户提出很多异议,但这些异议并不是他们真正在意的地方,如“这件衣服是去年流行的款式,已过了时”“这车子的外观不够流线型”……虽然听起来也是异议,但不是客户真正的异议。

3. 隐藏的异议

隐藏的异议指客户并不把真异议提出,而是提出各种真异议或假异议,目的是要借此假象达成隐藏异议解决的有利环境。例如客户希望降价,但却提出如品质、外观、颜色等异议，以降低产品的价值，从而达到降价的目的。

（二）客户异议产生的原因

异议有的是因客户而产生，有的是因销售人员而产生。

1. 客户原因

（1）拒绝改变。多数人对改变都会习惯性地产生抵触情绪，因为销售人员的工作或多或少会给客户带来一些改变。例如，从目前使用的 A 品牌转换成 B 品牌；从目前可用的预算中拿出一部分来购买未来的保障等。

（2）情绪处于低潮。当客户的情绪正处于低潮时，可能没有心情来谈，也容易提出异议。

（3）没有意愿。客户的意愿没有被激发出来，没有能引起他的注意及兴趣。

（4）无法满足客户的需求。客户的需要不能充分被满足，因而无法认同你的产品。

另外，预算不足，产生价格上的异议；借口、推托，客户不想花时间来谈；客户抱有隐藏的异议，提出各式各样的异议等。

2. 销售人员原因

（1）销售人员无法赢得客户的好感，如举止态度让客户产生反感。

（2）做了夸大不实的陈述。比如，以不实的说辞哄骗客户，结果带来了更多的异议。

（3）使用过多的专门术语。如专业术语过多，客户觉得自己无法使用并提出异议。

（4）事实调查不正确。销售人员引用不正确的调查资料，引起了客户的异议。

（5）不当的沟通。说得太多或听得太少都无法把握客户的需求点，因而产生许多异议。

（6）展示失败。展示失败会立刻遭到客户的质疑。

（7）姿态过高，让客户理屈词穷。比如，处处强势，客户感觉不愉快，提出主观异议。

只有了解异议产生的原因，才可能更冷静地判断异议产生的真正原因，并针对原因来“有的放矢”，这样才能真正有效地化解异议。

二、客户异议的处理流程

客户异议的表现方式一般有以下三种：来电申诉、顾客来店进行异议申诉、向工商局12315 及消委会或相关政府职能部门申诉。

（一）来电申诉处理工作流程（见图 10-1）

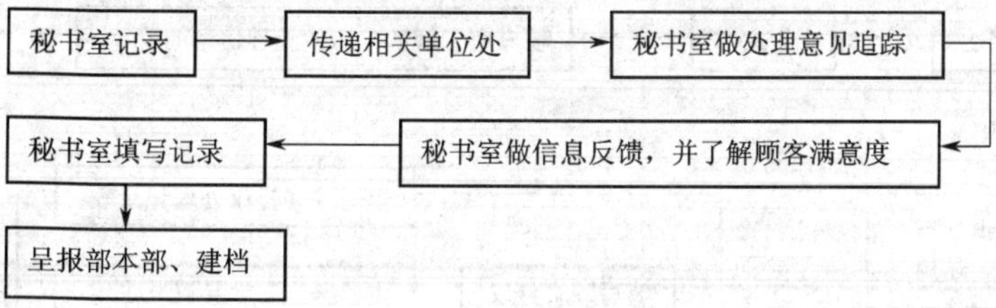

图 10-1　来电申诉处理流程图

具体流程说明如下：

（1）顾客来电申诉，由服务台将电话转接至秘书室接听；

(2)秘书室耐心听完异议内容,并做相关内容记录及留下顾客联系方式;

(3)秘书室将顾客异议转至相关单位进行异议处理,并做处理意见追踪(要求当日结案,遇特殊状况不得迟于次日结案);

(4)秘书室将处理结果反馈予申诉顾客,并了解顾客满意度,若顾客对于处理结果有疑义的,秘书室须进行后续追踪;

(5)秘书室将异议处理结果填写顾客异议处理记录表呈报部本部审校,并建档。

(二)顾客来店进行异议申诉处理工作流程(见图 10-2)

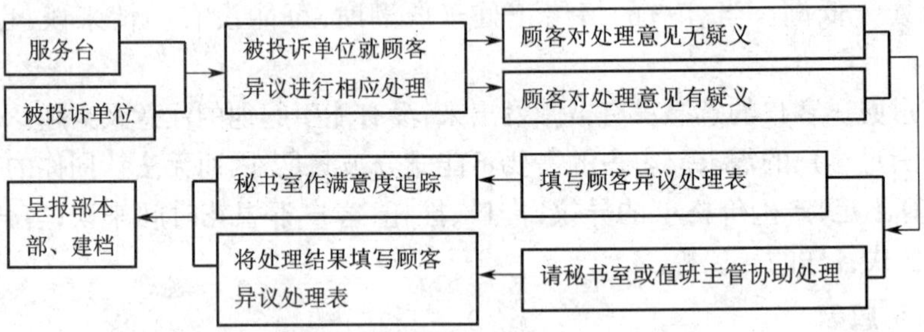

图 10-2 顾客来店进行异议申诉处理流程图

具体流程说明如下:

(1)服务台接到相关顾客异议申诉,即联系被投诉单位人员至服务台进行处理;

(2)被投诉单位可将顾客带至办公室,详细了解顾客投诉内容,并做记录(对于来店申诉顾客异议要求立刻予以解决,最迟也应在征求顾客同意后于次日进行解决),对于须予以退货、换货处理之商品填写"商品退换货单",并注明是否属于商品质量问题,是否须扣提成;

(3)若顾客对处理结果有疑义可请秘书室或值班主管协助解决(秘书室对于无法处理之异议,向 12315 进行咨询或请求 12315 协助解决),对于顾客要求至政府相关职能部门解决之异议,由营业干部协助秘书室配合前往解决;

(4)被投诉单位填写顾客异议处理相关表单,呈送秘书室,秘书室做满意度追踪后送呈报部本部审校后由被投诉单位及秘书室分别建档。

(三)对于顾客至相关政府职能部门投诉处理工作流程(见图 10-3)

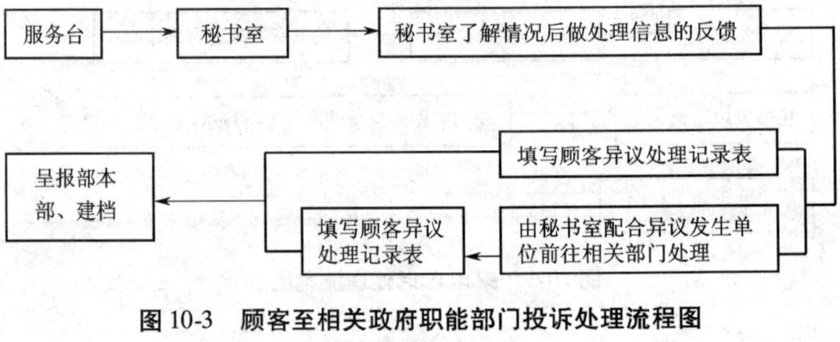

图 10-3 顾客至相关政府职能部门投诉处理流程图

具体流程说明如下:

(1)服务台接到相关政府职能电话后,转接至秘书室;

(2)秘书室记录后,至被投诉单位了解情况后做处理结果信息的反馈;

(3)若处理结果相关部门无异议,则填写顾客异议处理记录表,若处理结果有异议,则由秘书室前往相关部门处理(若秘书室对商品不了解,则由被投诉单位协助处理)后,填写顾客异议处理记录表;

(4)呈报部本部审核,并建档。

三、客户异议的处理方法

(一)转折处理法

转折处理法,是客户异议处理工作中的常用方法,即营业员根据有关事实和理由来间接否定顾客的意见。应用这种方法是首先承认顾客的看法有一定道理,也就是向顾客作出一定让步,然后再讲出自己的看法。此法一旦使用不当,可能会使顾客提出更多的意见。在使用过程中要尽量少地使用"但是"一词,而实际交谈中却包含着"但是"的意见,这样效果会更好。只要灵活掌握这种方法,就会保持良好的洽谈气氛,为自己的谈话留有余地。

(二)转化处理法

转化处理法,是利用顾客的反对意见自身来处理。顾客的反对意见是有双重属性的,它既是交易的障碍,同时又是一次交易机会。营业员要是能利用其积极因素去抵消其消极因素,未尝不是一件好事。这种方法是直接利用顾客的反对意见,转化为肯定意见,但应用这种技巧时一定要讲究礼仪,而不能伤害顾客的感情。此法一般不适用于与成交有关的或敏感性的反对意见。

(三)以优补劣法

以优补劣法,又叫补偿法。如果顾客的反对意见的确切中了产品或公司所提供的服务中的缺陷,千万不可以回避或直接否定。明智的方法是肯定有关缺点,然后淡化处理,利用产品的优点来补偿甚至抵消这些缺点。这样有利于使顾客的心理达到一定程度的平衡,有利于顾客作出购买决策。当推销的产品质量确实有些问题,而顾客恰恰提出:"这东西质量不好。"营业员可以从容地告诉他:"这种产品的质量的确有问题,所以我们才削价处理。不但价格优惠很多,而且公司还确保这种产品的质量不会影响您的使用效果。"这样一来,既打消了顾客的疑虑,又以价格优势激励顾客购买。这种方法侧重于心理上对顾客的补偿,以便使顾客获得心理平衡感。

(四)委婉处理法

营业员在没有考虑好如何答复顾客的反对意见时,不妨先用委婉的语气把对方的反对意见重复一遍,或用自己的话复述一遍,这样可以削弱对方的气势。有时转换一种说法会使问题容易回答得多。但只能减弱而不能改变顾客的看法,否则顾客会认为你歪曲他的意见而产生不满。营业员可以在复述之后问一下:"你认为这种说法确切吗?"然后再继续下文,以求得顾客的认可。比如顾客抱怨说:"价格比去年高多了,怎么涨幅这么高。"营业员可以这样说:"是啊,价格比起前一年确实高了一些。"然后再等顾客的下文。

(五)合并意见法

合并意见法,是将顾客的几种意见汇总成一个意见,或者把顾客的反对意见集中在一个时间讨论。总之,是要削弱反对意见对顾客所产生的影响。但要注意不要在一个反对意见上纠缠不清,因为人们的思维有连带性,往往会由一个意见派生出许多反对意见。摆脱的办法是在回答了顾客的反对意见后马上把话题转移开。

(六)反驳法

反驳法,是指营业员根据事实直接否定顾客异议的处理方法。理论上讲,这种方法应该尽量避免。直接反驳对方容易使气氛僵化而不友好,使顾客产生敌对心理,不利于顾客接纳营业员的意见。但如果顾客的反对意见是产生于对产品的误解,而你掌握的资料可以帮助你说明问题时,你不妨直言不讳。但要注意态度一定要友好而温和,最好是引经据典,这样才有说服力,同时又可以让顾客感到你的信心,从而增强顾客对产品的信心。反驳法也有不足之处,这种方法容易增加顾客的心理压力,弄不好会伤害顾客的自尊心和自信心,不利于推销成交。

(七)冷处理法

对于顾客一些不影响成交的反对意见,推销员最好不要反驳,采用不理睬的方法是最好的。千万不能顾客一有反对意见,就反驳或以其他方法处理,那样就会给顾客造成你总在挑他毛病的印象。当顾客抱怨你的公司或同行时,对于这类无关成交的问题,都不予理睬,转而谈你要说的问题。国外的推销专家认为,在实际推销过程中 80% 的反对意见都应该冷处理。但这种方法也存在不足,不理睬顾客的反对意见,会引起某些顾客的注意,使顾客产生反感。且有些反对意见与顾客购买关系重大,推销员把握不准,不予理睬,将有碍成交,甚至失去推销机会。因此,利用这种方法时必须谨慎。

(八)强调利益法

这种方法是指销售人员通过反复强调产品能给顾客带来利益的方法来化解顾客的异议,一般适用于具有某种缺点又能为顾客带来某种突出利益的产品。

(九)比较优势法

这种方法是指销售人员将自己的产品与竞争产品相比较,从而突出自己产品的优势来处理顾客的异议。

(十)价格对比法

这种方法是指顾客提出相关价格异议时,销售人员进行横向或纵向的对比来化解顾客的异议。

(十一) 价格分解法

这种方法是当顾客提出有关价格的异议时,销售人员可以化解计量单位,以此来改变顾客的错误看法,以此来化解顾客异议的方法。

(十二)反问法

这种方法是指销售人员对顾客的异议提出反问来化解顾客异议。常用于销售人员不了解顾客异议的真实内涵,即不知是寻找借口还是有别的异议时,进行主动了解顾客心理的一种策略。采取反问法时,应注意销售利益和保持良好的销售气氛。

本章小结

本章主要讲解了以下几个问题。

(1)正确认识工作冲突:冲突与工作冲突的含义、工作冲突形成的原因。

(2)工作中的情绪管理:情绪及影响、情绪管理。

(3)实际冲突的应对技巧:冲突的缓解方法、工作冲突的处理方法。

(4)客户异议及处理方法:客户异议、客户异议的处理流程、客户异议的处理方法。

本章测试题

一、单项选择题

1. 冲突的类型从性质上划分为(　　)。

A. 种族冲突、民族冲突　　B. 辩论、口角

C. 个人之间和集团之间的冲突　　D. 仇杀、械斗

2. 防范、处理冲突最有效的方法是(　　)。

A. 一份详细的处理计划　　B. 一套具有强制性的法律

C. 一个有影响力的权威人士　　D. 一套切合时宜的制度

3. 下列冲突诱因属于被动诱因的是(　　)。

A. 鼓励冲突　　B. 运用沟通　　C. 信息不对称　　D. 变革组织

4. 引发冲突的根源是(　　)。

A. 分歧　　B. 利益　　C. 面子　　D. 收入

5. 导致压力的三大因素是(　　)。

A. 心理因素、环境因素、管理因素　　B. 心理因素、管理因素、角色因素

C. 心理因素、环境因素、角色因素　　D. 生理因素、环境因素、角色因素

6. 以下关于沟通的理解不正确的是(　　)。

A. 沟通过程无失败与成功之分

B. 沟通,是人与人之间的思想和信息的交换

C. 沟通是将信息由一个人传达给另一个人,逐渐广泛传播的过程

D. 沟通是把一个组织中的成员联系在一起,以实现共同目标的手段

7. 消除诱发冲突的最佳办法是(　　)。

A. 减少内心的冲突　　B. 减少直接的冲突

C. 减少间接的冲突　　D. 减少外在的冲突

8. 有效倾听的诀窍是(　　)。

A. 多说话、妙引导　　B. 聚精神、勿杂事

C. 有情绪、好脾气　　D. 多批评、多否定

9. 冲突管理的重点在于(　　)。

A. 建立既得物质利益或潜在利益上的共识

B. 建立既得利益或潜在利益上的共识

C. 建立既得个人利益或潜在利益上的共识

D. 建立既得集体利益或潜在利益上的共识

10. 建立健全人格的基础是(　　)。

A. 培养人的种种良好习惯　　B. 育人向善

C. 身体健康　　D. 身心健康

二、简答题

1. 简述冲突和工作冲突的含义,工作冲突形成原因是什么?

2. 简述情绪和情绪管理的含义,情绪管理的方法有哪些?

3. 简述工作冲突的处理方法。

4. 简述客户异议的类型及客户异议产生的原因。

5. 客户异议的处理方法有哪些?

三、论述题

1. 当你的工作重点和老板的工作重点发生冲突时,你将如何处理呢?

2. 为了完成某项工作,你需要另一个部门提供十分重要的信息;但另一个部门认为,为你的部门收集信息不是他们的工作重点。当你遇到这种情况时该怎样解决呢?

3. 什么情况或背景下会使你的工作变得很难?请举例说明,当遇到这样的问题时,你是怎样解决的呢?

4. 请说说你工作中遇到的最常见的矛盾和冲突。你都用什么方法来解决这些矛盾和冲突?

5. 你目前的工作中遇到的最大的问题是什么?你打算怎样解决这个问题呢?

第十一章　求职面试中的沟通

【案例导入】

要求苛刻令用人单位无法接受

某校现代财务管理专业毕业生李鑫与某集团公司经过双选、面试考核,终于进入签约阶段。协议书首先由毕业生本人签署应聘意见,该生在“应聘意见”一栏中写下了以下6条要求:①从事财会工作;②每周工作五日,每日八小时工作制;③解决户口,提供单身住房;④住房公积金、劳动保险、养老保险等相关支出均由公司负担;⑤每半年调薪一次;⑥公司不限制个人发展(例如考研等)。单位鉴于以上条件不能完全答应,将协议书退回,并建议李鑫修改后再签。最终,李鑫因坚持自己的意见而未能被录用。

请思考:李鑫未被用人单位录用的根本原因是什么?

【知识传授】

第一节　面试常遇问题分析

事先准备好的面试问题虽然不一定用得上,但多做一些功课总会让你有备无患。比如自我介绍、薪水期望、为什么来应聘等这些基本的问题看似很简单,其实能够圆润自如、有条不紊地回答好并不像想象中的那么容易,现场面试最重要的还是灵活应变。

一、性格、工作期望和理想方面的问题

性格、工作期望和理想方面的常见面试问题有以下几种。①简单自我介绍。②描述一下你自己的性格和倾向。③你有什么兴趣与爱好?④你通常与哪种人相处最融洽?为什么?⑤你认为什么人最难相处?你会如何去面对他们?⑥你认为在哪种工作环境中最能发挥你的才能?⑦你有没有制订你的人生目标?是什么?⑧什么是你选择工作的首选因素?⑨五年以后你对你的工作有什么期望?⑩你对你的事业有什么长远打算?你打算如何实现它?⑪你认为要怎样才能算事业成功?⑫你如何处理你曾遇到的困难?⑬你认为你是不是一个有野心的人?

前面五个问题是用人单位想了解应聘者是否能够与其他人和谐相处,主要考察应聘者的处事能力、协调能力以及其团队精神。

后面几个问题是用人单位想从中了解应聘者的价值观是否与企业价值相符,主要考察

应聘者对公司的价值观与企业文化有多大程度的认同，以确认应聘者是否能够真正融入到公司中来。因此对于应聘者来说应该更多地了解企业的相关背景、企业文化、愿景和业务范围，以及行业发展前景等相关知识。

二、学校生活和学习计划方面的问题

学校生活和学习计划中的常见面试问题有以下几种。①你在学校最喜欢和最不喜欢哪一门课？为什么？②你认为考试成绩能否反映你的实际才能？③在这几年的学校生活中，你最难忘的经历是什么？④你从课外活动中学到了什么？⑤你有没有考研、出国留学或其他方式继续深造的打算？

从以上问题的回答中用人单位能够了解到应聘者的学习生活以及在校园的基本表现，从而去考察你具备什么样的基本素质与技能。

这一组问题其实与前一组问题是丝丝入扣的，因此如果应聘者信口开河，随意对答，很容易陷入前后矛盾的困境，这样用人单位会怀疑应聘者的诚信。因此面试前应该做好准备，仔细想好这些问题，避免前后矛盾。

三、申请职位与部门方面的问题

申请职位与部门方面的常见面试问题有以下几种。①你为什么申请这个职位？②你为什么想加入本公司工作？③你对本公司有多少了解？④你了解这份工作的职责吗？哪一方面最吸引你？⑤你认为你最大的优点和缺点是什么？⑥假如你被录用了，你将如何开展工作？⑦你为什么认为你非常适合这份工作？⑧你认为你的哪些经历有助于胜任这份工作？⑨你认为在本公司成功发展需要什么样的条件？⑩你还申请了什么职位？你若被多家公司录用，你将如何选择？⑪你能否适应到外地工作或者经常出差呢？⑫如果工作需要的话，你能否加班呢？

在一次时间不长的面试过程中，用人单位想要考察应聘者的求职诚意与个人素质，最常用的方式就是通过这些问题深入了解应聘者对职业的态度与职业素质，从而判断应聘者是不是公司所需要的人才。而对于应聘者来说，对用人单位的了解同时也是对它的尊重与向往，而这些主动的态度恰恰也是公司判断应聘者是否有诚意的一个很重要的标准。

四、工作经验方面的问题

工作经验方面的常见面试问题有以下几种。①你有什么工作经验和社会经验？②简单描述一下你参加某一次活动的情况以及你的职责。③你从学校和社会的一些实践活动中学到了什么？④在从事过的实践活动中，你最喜欢什么？不喜欢什么？⑤在学校和社会活动中，你遇到的最大困难是什么？如何解决的？⑥你认为在学校获得的工作经验能否应对新工作？⑦在学校中你和同学相处得如何？

面试人员希望能够从你有限的社会经验中衡量你到底有多大的成分符合这份工作的需要。因此作为应聘者应该强调在学校各种活动中或者社会实践中所得到的经验能够运用到这份工作上。

五、工作技能及语言能力方面的问题

工作技能及语言能力方面的常见面试问题有以下几种。①有没有参加一些专业考试？

成绩如何？②你计算机水平如何？会哪些软件？③你的普通话水平如何？能否用普通话作自我介绍？④你能用英语进行日常交流吗？⑤你有没有参加过与这个职位相关的培训？

面对这些问题，应聘者在回答时，切忌夸张失实。现在一些毕业生往往在简历中描述自己的计算机或英语水平时爱用“精通”、“流利”等稍显张扬的词语。但这些能力往往很容易当场进行测评，应聘者一旦有所闪失，用人单位会认为你夸夸其谈、华而不实，会有受骗上当的感觉。

应聘者应该从所学知识与应聘职位要求方面，向面试人员描述自己这方面能力，有助于自己从事这份工作的需要，符合该单位职位的要求。

六、时事方面的问题

时事方面的常见面试问题有以下几种。①看了最近的政府工作报告了吗？你有什么想法？②你认为最近政府的哪些措施会对本行业发展有重要影响？③你主要留意哪些方面的媒体报道？

两耳不闻窗外事，一心只读圣贤书的学生已不能适应现代社会的要求，关心时事，并能从中敏锐地发现相关信息，应聘人员往往会对你刮目相看。

这些问题主要想考察学生的独立思考问题的能力，从中发现应聘者是否能够广泛地吸取各方面信息，并是否能够提出自己的观点。

七、假设性的问题

常见的假设性面试问题有以下两种。①假设有顾客不满意你的服务，并要投诉你，你会如何处理？②假设由于你的失误而使工作出现问题，但你的上司并不知情，你会怎样处埋？

用人单位利用这些问题，主要是对应聘者的应变能力和反应进行评估。而这些问题往往都会和单位的工作处境相关。应聘者在回答这些问题时首先要镇定，慌张和不理智在这时是致命伤，同时还应该很快作出反应，迟钝或停顿时间过长都会给招聘人员不好的印象。

八、其他常见问题

其他常见的面试问题有以下几种。①对于担任该职业的员工，公司有什么期望和要求呢？（该问题能够显示你对该职业的兴趣与诚意）②未来几年，公司会有什么新的发展计划？（该问题显示你对该公司的兴趣，你亦可从中了解更多有关该公司的发展潜力、未来发展方向等资料，以决定自己最后的去向）③公司对于员工在业余时间的进修是什么态度？（该问题表示你有兴趣去进修及在该行业发展）

回答这些问题时是应聘者表现自己的最后机会。因此应聘者应该借此机会对自己之前的失误或者不足加以补救，并表现出你的最大诚意。同时你也可借此机会对用人单位作进一步的了解，来作为你应聘与否的参考。

应聘之前应该做到相关行业及相关职业的薪酬数有个大致了解，同时最好先能确定一下自己的底线，但除了金钱外，应聘者还应该将该单位的员工福利如假期、发展空间、行业前景等因素考虑进去，这样作决定时才能不目光短浅，才能符合自己事业发展的整体规划。

第二节　面试应答技巧

一、有问必答

不管是什么问题，都要作出回答，这是最基本的原则。考官的问题，有的虽然刁钻，但可能是测试你的应变技巧、反应能力，不管你反应能力如何，总得有一个答案，如果拒绝或者说“这个问题很难回答”，那么获胜的机会可能不大了。

二、引石攻玉

有些问题如果硬要回答会漏洞百出。比如，考官问你：“如果把这个职位交给你，你有什么样的工作计划？”如果有很熟练的相关工作经验和对这个单位状况的分析，也许能说出个一二三来。否则就回答：“我只有在接手这个职位后，才能根据实际情况制订相应的工作计划。”这样会给考官留下你不想空谈、比较注重实际的稳重型人才的印象。

三、不避实就虚

有些专业性很强的问题，如果又确实不懂，就坦率承认。千万别说“我想想”，再怎么想也没有结果，只会给考官留下不懂装懂的印象。有时考官出这一类的问题纯粹是想验证一下你是否诚实，如果你坦率承认自己不懂，就正好通过了考官对你在这方面的测评。

四、旁敲侧击

有些问题要想正面回答等于是否定自己，因此要设法将可能否定自己的话，转化成肯定自己的话。例如，考官问你是否曾在食品厂工作过，然而你却只在酒厂工作过。如果你据实回答这个问题，答案只能是“没有”。你可以这样说：“没在食品厂工作过。但我在酒厂工作多年，我认为酒厂与食品厂在某些工艺上有相似之处，而且企业管理应该是相通的。”这等于变否定为肯定的回答。

五、大题小做

考官有时会问一些“很大”的题目，比如问“说说你自己”，至于说“你自己”什么，并没有限定，但他要的答案并不是“你自己”事无巨细的全部，因此，你必须“小”做。不要没选择、没目的地说起来。一般说来，“大”题“小”做的技巧是，围绕你应聘的职位来谈，以“说说你自己”为例，“小”在与应聘岗位相关的知识、技能、经验方面即可，考官如果有兴趣再了解你的其他情况，他会发问的。这样的问题往往出现在面试开始时，考官等于不出任何问题，而让你先打开话匣子，因此，必须有意识地把话题拉到你的能力、性格优点、学识、经验等方面来，不能错过这样的好机会。

六、反戈一击

有些问题太过刁钻，而且实在无法回答，不妨反戈一击，反问对方，也能起到意想不到的效果。民国时期，某主考见一位朱姓考生知识渊博，思维敏捷，各类问题对答如流，突发异想，抛开原定题目，出了一道偏题："《总理遗嘱》，每次纪念大会上都要诵读，请你回答一共多少字？"这下可真把朱某考住了。他暗想，主考出此题目未免脱离常规，既然有意刁难，录取必然无望，就不管一切，大胆反问："主考官的尊姓大名，天天目睹手写，也已烂熟，请问共有几笔？"主考官想不到应考者竟会如此反问，一时愣住。事后，主考官十分赏识朱某的才能和胆识，于是亲自录用为县长。

七、主动出击

如果考官问完了问题，又没有立即结束谈话的意思，你可以礼貌地问一句："不知道我说清楚了没有？请问你还有什么需要我介绍的？"这样主考官会认为你是一个反应灵敏、主动性强的人，从而对你另眼相看，你成功的机会也就多了一些。

第三节　面试沟通应注意的问题

一、不要咄咄逼人

职场中咄咄逼人的气势分两面看待。好的一面，说明此人确实有料；不好的一面，这种气氛会给求职者以后的工作和生活制造"门槛"。俗话说："高调做事，低调做人，枪打出头鸟。"在应聘之初就展露咄咄逼人的气势，会被对手早就盯上，从而给自己造成很多不必要的麻烦。当然也不排除一些企业喜欢用奇才、怪才，但是最终奇才、怪才还是要融人到工作大环境中去。

二、不可故意卖弄自己

求职面试，一些人存在一定误解，认为面试时口才的好坏非常重要。其实，没有一定知识作为后盾，面试者的夸夸而谈只会暴露自己的缺点。

（一）"以我为轴"夸夸其谈

面试中对自己经历及能力的表述简明扼要，适可而止，千万不要像开话匣子般没完没了地夸夸其谈，自吹自擂，甚至主次不分地"以我为主"。求职者要讲究实在，言简意赅，不可大包大揽地做太多的口头承诺，说得太多了容易引起考官的反感。考官在面试时往往要求你当场表现自己的才艺，你姑且可以谦虚地一试，但休要还没动手，那张嘴就迫不及待地声称这事没问题，那事很容易。有夸海口之嫌的话在求职面试场合，一定要慎出。

（二）迫不及待地抢话或争辩

有的求职者为了获得主考官的好感，就会试图通过语言的"攻势"来"征服"对方。这种人自我表现欲极强，在面试时根本不管主考官究竟买不买他的账，没说上三两句话，就迫不及待地拉开"阵势"，卖弄口才，力求自己在"语机"上占上风，在事理上征服对方。主要表现在抢话、插话、争辩等方面。不能说爱抢话或爱插话者都是浅薄者，但人们往往非常讨厌这种"不管嘴"现象。因而，在求职面试时，无论自己的见解是多么卓尔不群，无论别人对你的看法或观点有多大的偏差，在对方把话说完之前，千万不可插嘴，这也是对主考官最起码的尊重。即使主考官的话偏差太大，说明主考官对你已经持有成见，在这个时候，无论你再插话、抢话也已经于事无补，只能会增加人家对你的反感。

（三）关键时刻反应木讷

沉默是金？对不起，在求职面试场合，你可别被这种矫枉过正的说教给误导了。主考官提出一些很关键的问题时，如果也“惜言如金”，那你还面什么试呢？主考官定会认为你这叫反应木讷、迟钝。如果给主考官留下的是这个印象的话，可以说求职就此宣告失败，因为没有任何一家公司愿意录用反应迟钝的人。“少言”是必要的。但比“少言”更有必要的是“慎言”，而不是“不言”。面试“不言”，当然就是木讷、迟钝。尽管木讷、迟钝者和那些夸夸其谈者的反差明摆着，但同样也不可能成为一个称职的好员工。求职面试的目的是要让用人单位考核自己，羞羞答答地不张嘴说话，人家又怎么考核你呢？

（四）恬不知耻好为人师

求职就是求职，求职和在职不一样。在职者要有主人翁的态度，但求职时，你的地位还不是主人翁，即使感觉自己装了一肚子的好想法，但这绝不足以打动主考官。在主考官眼里，让求职者谈想法、提建议本身就是一把“双刃剑”，一方面考察你的思维，同时也为你挖了一个陷阱，它会立马使你变成“好为人师”、“好耍嘴皮子”的家伙。所以，在面试中，最忌讳提些带忠告性质的建议。不管建议多么中肯、多么优秀，最好留着，到录用后再说，不要在求职时急于卖弄。

本章小结

本章主要讲解了以下几个问题。

（1）面试常遇问题分析：性格、工作期望和理想方面的问题、学校生活和学习计划方面的问题、申请职位与部门方面的问题、工作经验方面的问题、工作技能及语言能力方面的问题、时事方面的问题、假设性的问题、其他常见的问题。

（2）面试应答技巧：有问必答、引石攻玉、不避实就虚、旁敲侧击、大题小做、反戈一击、主动出击。

（3）面试沟通应注意的问题：不要咄咄逼人、不可故意卖弄自己。

本章测试题

一、简答题

1. 求职前要做好哪些准备工作？

2. 写简历时要注意哪些方面的问题？

3. 面试应答技巧有哪些？试举例分析。

二、项目操作题

结合面试的仪容和服饰礼仪的要求，请分别设计到以下几个单位去应聘时的形象。

（1）到学校应聘教师。

（2）到外企去应聘秘书。

（3）到酒店去应聘接待人员。

三、案例分析

案例1：

某航空公司要面向社会招一批空姐，前来报名的人络绎不绝。其中有几个女孩，认为空姐是多么时髦的职业，招的都是那些漂亮的女孩。于是，几个姑娘就到美容院将自己浓墨重彩地打扮了一番，活像电视剧里的韩日明星。她们高高兴兴地来到报名地点，谁知工作人员连报名的机会都不给她们，就让她们走。看着别的姑娘一个个报上了名，她们几个很纳闷："这是为什么呢？"

问题：

(1)工作人员为什么不给这几个姑娘报名？

(2)空姐的漂亮究竟有什么样的含义？

(3)如果你要去应聘，你会怎么打扮自己？

案例2：

某公司经理对他为什么要录用一个没有任何人推荐的小伙子时如是说："他带来了许多介绍信。他神态清爽，服饰整洁；在门口蹭掉了脚下带的土，进门后随手轻轻地关上了门；当他看见残疾人时主动让座；进了办公室，其他的人都从我故意放在地板上的那本书上迈过去，而他却很自然的俯身捡起并放在桌上；他回答问题简洁明了，干脆果断，这些难道不是最好的介绍信吗？"

问题：

(1)经理话中的"介绍信"指的是什么？

(2)这些"介绍信"介绍了小伙子哪些优点？

(3)小伙子在应聘中遵守了哪些礼仪规范？

第十二章　求人办事的沟通

【案例导入】

有个好人缘办事就方便

小米在重庆一家电子公司工作，虽然是个新人，却因为工作勤恳，为人友善，在办公室还算有个好人缘。前不久，小米所在的部门主管交给她一个新任务，要求在两周内完成。偏偏此时项目组长休假了，小米急得团团转。无奈之下，小米打电话向朋友诉苦："我真倒霉，项目组里只有我和另外一个新同事，我俩的水平半斤八两，到时候完不成任务可怎么办?"朋友给她出了一个主意："请其他部门的同事帮忙，大家都在同一家公司，精诚合作是分内的事。"听朋友这么一说，小米顿悟，第二天带了很多好吃的零食到公司。在小米诚恳求教之下，老同事帮助她顺利地完成了任务。

请思考：小米得到老同事帮助的原因是什么?

【知识传授】

第一节　求人办事概述

俗话说：万事不求人。可在当今时代是行不通的，谁也不能不求人，谁也不会不被人求。"篱笆立靠桩，人立要靠帮"。人与人之间的相求相助，可以说是共同走向成功的必备条件。要想事业成功，就免不了求人。在求人的过程当中，说话不可少。语言可以说是人生和事业成功的第一道门，掌握了说话的技巧，就能跨入成功之门。身在职场，或多或少总会遇着一些求别人帮忙的事。不过，求人也有难易程度之分。求人办事是一件关乎自信、沟通和人际关系，乃至成功的事，求人也要讲究技巧。

除了在日常的生活中有一定的社交圈外，我们还要学会求人。如何能做到求人办事不难呢？有以下三个需要注意的环节。

一是作为中介人，怎样牵线搭桥，这是种学问。一定要找得力的人，这是其一，也是一个关键，如果找一些表面吹牛但实际能力不强的，这是危险的。

二是要选择在恰当的时候跟有关领导沟通，包括上面的，以及基层领导，但有时面不能太宽，太宽事情就可能砸。

三是提的时机要恰当，提的要求不能多。

第二节　求人办事的沟通原则

一、求人办事遵循的原则

（一）开口求人要讲究沟通的艺术和技巧

一个人的说话办事水平，可以决定他（她）的生活层次——说话水平高的人，往往容易被人尊重，受人欢迎，能赢得他（她）人的友谊、信任、支持和帮助，这样办起事来就容易得多；而说话水平低的人，总是词不达意，就好像"茶壶里煮饺子——肚子里有货，却倒不出来"。这样的人，就会时时处处遇到困窘，容易被人冷淡、遗忘，办事也总是四处碰壁。

（二）建立、经营长期的人脉关系

要学会平时从实际出发，一点一滴地建立、经营自己的人脉关系，争取做到在人际关系中游刃有余，才可能求人办事左右逢源，提高成功的概率。

（三）理解别人

有些求人办事的人，总认为被求者一定神通广大，办什么事金口一开，大笔一挥就成。但实际上情况并非如此。每个人都有自己的难处，如果能分担、理解这种难处，就不会感到求人办事太难。要理解对方，让人有思考的余地；不要强人所难，意气用事。求人办事，要考虑到人家是否能办得到。有些事你觉得人家办不成，实际上未必。如果人家诚心诚意表示他爱莫能助，也不能强求人家非给办成不可。就是人家能办到而不愿帮忙，也不能因人家不帮忙就给人难堪。

（四）对别人的要求不要过高

求人办事千万不要穷追猛打，一定要别人做到什么地步，也就是说，求人办事要知足，别人能办多少就办多少，不要勉强别人办很难办的事。例如，求人办事应从最简单的开始。如果订的目标过高，会使别人为难。别人即使是举手之劳，也要十分珍惜，心存感激之情。

二、求人办事的方法

（一）过心理这一关

既然不能不求人，倒不如理直气壮去求人，求人也得求得潇洒、舒坦。求人不必虚张声势、空话连篇，但是也不必灰溜溜、乞哀告怜、任人奚落。人与人就是要互相扶持。当觉得求人办事难以启齿的时候，有没有想过你帮助过别人什么。所以，平时就该注意自己的人际关系，有什么好处时常想到别人。久而久之，当这成为一种习惯时，被你帮助过的人就很多了，别人会觉得你很热心，也会时常想到你、帮助你。当你有求于人的时候，别人自然也会像你对待他们一样。这虽然不是绝对的，但只要树立你的形象即可，爱吃亏的人往往较受欢迎。

（二）选择最佳路线和方法

现代社会专业分工明确，各人负责的工作不一样，因此求人办事一定要找对人。一定要摸清情况，找准能帮助你的人，即选择办事的最佳路径。

(三)有耐心

求助于别人,并不一定什么事都水到渠成,对方面露难色,态度冷淡甚至表示拒绝都是可能的,千万不要由此就觉得自己失了面子,受了侮辱,从而失去了耐心。求人的时候要学会忍耐,学会了忍耐就是求人成功的第一步。有的时候,忍耐可以获得别人的同情和怜悯,可以通过忍耐将诚心表现出来。只有能忍耐的人才能得到他想要的东西。解决不了的事情由他帮你解决,还要有什么怨言呢?同时注意不能太谦卑,要表现出"你现在帮了我,以后你求我的时候我也会帮你"的平等心态,以免被他人看轻。

【知识链接】

求人办事时应注意的问题

求人办事虽然是谁也不喜欢的事,但在人生中,不求人又几乎不可能。有时即使是刀山火海,该求人时还得硬着头皮去求人。那么,求人办事时要注意哪些问题呢?

一、要创造一种气氛,让对方无法回绝

求人办事时切忌贸然行事,让对方感到突然。求人办事,要想让别人痛痛快快答应,营造一种让人痛痛快快的气氛十分重要。在友好亲密的气氛下,被求的人会在感情同化中答应你的请求,替你分忧解难。如有人为自己女儿安排工作时因一点小问题总也决定不下来,他知道有一个同事和可办成此事的掌权者是老同学,如让他出马事情便能顺利一些。但是,他和这个同事关系很一般,要说这件事,他怕别人回绝;要是不找别人,女儿的工作问题还会再耽搁下去。于是他便有意识和这个同事接近。这个同事和他有一个共同的爱好——下棋,他先不跟对方谈女儿工作的事,而是先在一起共同探讨棋艺。在一次下棋两人都十分开心的氛围中,他才向这个同事提起女儿工作受阻的事,同事一口答应他跟老同学说一下。后来事情很快就办妥了。

二、要礼貌客气,让对方乐于接受

求人办事时切忌自以为是,让对方心有他想。一般人际交往,即使不求人,都要客客气气、待人以礼。如果有求于人,就更应该多些礼貌,这样别人才能对你所求给予考虑,求人如果不懂得讲究礼貌,别人即使有能力帮你,也会因为你的自以为是拒绝替你分忧解难。例如某单位领导求一个下属给他办身份证,下属的妻子就是管办身份证的,按说应该没有什么问题,但领导说过几次,这个下属一直不提这件事。领导很纳闷,便问其他人。有人问领导是怎样跟下属说的。领导说:"这有啥难说的,我就是直接对他说,回去给你爱人说给我办个身份证。"听的人说:"这就难怪别人给你不办了。听你这口气好像是命令别人,可别人虽然是你的下属,但并没有义务给你办这件事。而你用这种口气求别人,自然别人也有不答应你的权利。"领导一想,的确有道理,于是改变态度,笑脸相求,终于如愿以偿。

三、要理解对方,让人有思考的余地

求人办事时切忌强人所难,意气用事。求人办事,要考虑到人家是否能办到。你觉得有些事别人能办成,实际上也未必。如果别人诚心诚意表示他爱莫能助,也不能强求别人非给你办成不可。就是别人能办到而不愿帮忙,也不能因别人不帮忙就给人难堪。别人不愿帮忙就有不愿帮忙的理由,求人者就应该多些自知之明,另想办法。如果别人有顾虑,就应给别人充分的考虑时间,千万不能因别人一时没有答应便意气用事,强人所难。

四、要考虑所求事情的可行性,勿在绝无可能的事情上花费不必要的精力

求人办事,有一个重要前提,即所求是通过努力能办到的。一些人求人时不考虑是否可行,便向别人提出请求,这是一种没有自知之明的表现。如某人因为老同学在某市任市委书记,他便去找老同学,希望老同学能让他做某局的局长。老同学开玩笑说:"那好,你等着吧。"他于是天天跑老同学那里,弄得老同学都不敢见他了。这种求人者,给别人提的要求实在是太离谱、太过分了,虽然老同学在本地做官,但他总不能一手遮天,想让谁干什么就能干什么。一下子提出这样的要求,实际是给人出难题。可见,求人的时候,你的要求是合理的、可行的、有望实现的,求人才有现实意义,否则,不是自寻烦恼,便是让别人不高兴。

(来源:天涯社区,http://www.tianya.cn/)

三、求人办事的沟通技巧

(一)用虚话套实话

做实在人、说老实话是求人办事重要原则之一,但实话实说也未必能达到求助目的时,需要采用避实就虚法。有一位职员想托好友刘局长为自己办事,忽然听说他出事"进去了",又不知是真是假,就特意到刘局长家探望。家中确实只剩下局长夫人自己,满脸忧愁地坐在一旁叹气。那位职员开口问道:"刘局长没在家呀?"刘夫人长叹一声说道:"唉!老毛病又犯了,昨天又住进医院了……"设想,如果那位职员用实话询问刘局长是否真的"出事"了那将会是怎样的场景呢?

(二)采用迂回的方法达到目的

幽默的话题,通常能引起人感情上的愉悦;严肃的话题,通常会令人紧张。求人办事时,最好能将严肃的话题用幽默的方式表达出来,这样对方易于接受。

李芳在一家企业工作,在短短的时间内,她连续两次向公司提出合理的建议,使生产成本降低了5%。公司老板很高兴,对她说:"小李,好好干吧,不会亏待你的。"李芳当然知道这句话可能意义非常重大,但是她不需要虚渺的表扬,她想追求一点实在的东西,变呵呵一笑,说道:"我想你会把'这句话'放到我的工资卡里的。"老板会心地一笑爽快地回答道:"会的,一定会的。"不久,她的工资便上涨了。面对老板的鼓励李芳如果不这样俏皮,而是庄重严肃地提出加薪请求,并摆出种种理由,那样的话,一定不会收到出奇的效果。

(三)温语相求

用商量的口吻向对方说出自己要办的事,是一种巧妙的办法。装做自己没有任何把握,将建议与请求等慢慢表达出来,给对方和自己留下一条退路。比如说:"这件事我办起来很困难,你试试如何?"

(四)适时催问别人帮你办的事

催问别人时要注意言语的分寸,要使用诚恳的语气,千万不能用态度生硬的话语,诸如:"我的事怎么还没办呢?"、"今天就能办嘛?为什么说话不算数呢?"等。另外,不能情绪急躁,要有耐心、有恒心,不厌其烦地拜访求助。

（五）赞美——投其所好赢人心

在与别人交谈的时候，要真心称赞别人，被称赞者会感觉到他是有价值的。当听到他人温文尔雅地称赞你的时候，一定要答谢那个赞美你的人。谦受益，满招损。懂得去赞美别人，说明是一个谦虚的人，是一个胸襟宽阔的人，是一个见多识广的人。社会中的每一个人都喜欢被称赞，因为那是对自己的肯定，每个人都不喜欢遭贬斥，因为那是对自己的否定。每一个人都不喜欢唱反调的人，因为他会使你在前进的时候感到是一种障碍，你总是想清楚他在想什么。可是被称赞的人就不一样了，会使他产生自信，会使他感到自己是一个有用之才。因此，在交谈中运用赞美会事半功倍。

学会称赞别人，会拥有很多的朋友。别人会感到你是一个容易接近的人，是一个谦虚的人。谁喜欢狂妄的人呢？谁也不会喜欢那些狂妄的人；学会称赞别人，会拥有更多的朋友，别人也心甘情愿地来靠近你，帮助你，给你出主意，想对策。这些人在你的成功路上一定会助你一臂之力；学会称赞别人，逐渐成为一个宽容的人，开朗的人，心甘情愿去助人的人，会让你越来越随和，会使你慢慢变成个性完善的人；学会称赞别人，会使紧张的关系很快融洽起来，或许刚才还是对手或者是反对者，但是在这一时间，他就会对你另眼相看。因此，投其所好地赞美他人，不失为一个练就好口才的技巧。

（六）用激将法求人办事

在求人办事过程中，有时别人并不应允，如果运用直截了当的方式请人办事，他们也会一再地拒绝，这样不免陷入难堪的境地。在这种情况下，巧用激将法则会起到平时难以起到的作用。人的自尊、名声、荣誉、能力等，都可以作为“激将法”中的武器。但需要注意的是，使用激将法，不能让对方有所察觉。

【成功案例】

美国黑人富豪约翰逊巧用“激将法”求人发迹

1960年，约翰逊决定在芝加哥为公司总部兴建一座办公大楼，为此出入无数家银行，但始终没贷到一笔款。于是，约翰逊决定先上马后加鞭，先将自己的200万美元筹集起来，聘请一位承包商，放手让他建造，然后自己则想方设法筹集所需要的其余500万美元。假如钱用完了而自己仍然没拿到抵押贷款，承包商就得停工。建造开始并持续施工，到所剩的钱仅够再花一个星期的时候，约翰逊恰好和大都会人寿保险公司的一个主管在纽约市一起吃晚饭。约翰逊拿出经常带在身边的一张蓝图，正准备将蓝图摊在餐桌上时，保险公司主管对约翰逊说：“在这儿我们不便谈，明天到我的办公室来。”第二天，当断定大都会公司很有希望给约翰逊抵押贷款时，约翰逊说：“好极了，唯一的问题是今天我就需要得到贷款的承诺。”“你一定在开玩笑，我们从来没有在一天之内给过这样贷款的承诺。”主管回答。约翰逊把椅子拉近点，然后说：“你是这个部门的主管。也许你应该试试看你有无足够的权力，能把这件事在一天之内办妥。”主管微笑着说：“你这是逼我上梁山，不过，还是让我试试看。”主管试过以后，本来主管以为办不到的事终于办到了，而约翰逊也在自己的钱花光之前几小时回到芝加哥。

以激将法说服别人，务必找到并击中对方的要害，迫使他就范。就这件事来说，要害是那位主管对他自己权力的尊严感。约翰逊在谈话中暗示，他怀疑那位主管是否真拥有那么大的权力。主管听了这话，感到自己的权力的威严受到了挑战。那好，我就证明给你看。

（来源：新浪读书，http://book.sina.com.cn/）

（七）软磨硬泡

有一些事情怀着一片热心去找对方，对方可以办到，但是对方却找很多理由来拒绝你。有一些人在这样的情况下往往会打退堂鼓，也不再另行组织进攻了。但是也有一些性格顽强、不达目的誓不罢休的人，他们采用软缠硬磨法，友好地赖着对方的时间，赖着对方的情面，甚至赖着对方的地盘，如果对方不答应就不罢休，如果不将事情办成就决不回头，最终对方被逼无奈不得不答应他的要求。

软磨硬泡是办难事的一种特殊手段，之所以特殊是因为这一手段如果用好了就能够把对方感动，可是，要万一用不好就会把事情搞砸。所以，如何在对方的耐心所能承受的最大限度下加以运用，使对方不致生厌恶之心，是软磨硬泡的最关键所在。

四、求人办事的送礼技巧

送礼是一门艺术，有其约定俗成的规矩，送给谁、送什么、怎么送都很有讲究，绝不能瞎送、胡送、滥送。因此求人送礼要讲究策略、讲技巧。

（一）礼品选择

食品礼盒——选购包装精美的高档食品；金笔、钢笔礼盒——选购知名品牌的钢笔；CD、DVD碟片——视对方的爱好而定；超市或书店的礼券——送面值不能太小的礼券；运动或表演艺术的门票——送对方喜欢观看，却又不容易弄到的门票；高档月饼、圣诞树等节庆意味浓厚的礼物——适合在相应的节日里馈送；礼品书——选择价值不菲、包装精美的精品书；品牌服装——馈赠衬衣、成套的名牌西服等礼物；名人字画——根据对方的兴趣和嗜好而送；盆景、根雕、名花——确认对方爱好这些珍贵的植物；传统工艺品——选择唐三彩、景泰蓝、绣品等礼品；土特产——挑选当地最富有特色的产品。

（二）送礼遵循的原则

根据古今中外一些成功的送礼经验和失败的教训，应该注意下述原则。

1. 礼物轻重得当

一般讲，礼物太轻，又意义不大，很容易让人误解为瞧不起他，尤其是对关系不算亲密的人，更是如此，而且如果礼太轻而想求别人办的事难度较大，成功的可能几乎为零。但是，礼物太贵重，又会使接受礼物的人有受贿之嫌，特别是对上级、同事更应注意。除了某些爱占便宜又胆子特大的人之外，一般人就很可能婉言谢绝，即使收下，也会付钱，要不就日后必定设法还礼，这样岂不是强迫人家消费吗？如果对方拒收，你钱已花出，留着无用，便会生出许多烦恼，就像平常人们常说的："花钱找罪受。"因此，礼物的轻重选择以对方能够愉快接受为尺度，争取做到少花钱，多办事；多花钱，办好事。

2. 送礼间隔适宜

送礼的时间间隔也很有讲究，过度频繁或间隔过长都不合适。送礼者可能手头宽裕，或求助心切，便时常大包小包地送上门去，有人以为这样大方，一定可以博得别人的好感，细想起来，其实不然。因为你以这样的频率送礼目的性太强。另外，礼尚往来，人家还必须还情于你。一般，以选择重要节日、喜庆、寿诞送礼为宜，送礼的既不显得突兀虚套，受礼的收着也心安理得，两全其美。

3. 了解风俗禁忌

送礼前应了解受礼人的身份、爱好、民族习惯，免得送礼送出麻烦来。有个人去医院看望病人，带去一袋苹果以示慰问，哪知引出了麻烦，正巧那位病人是上海人，上海人说"苹果"跟"病故"二音相同。由于送礼人不了解情况，弄得不欢而散。鉴于此，送礼时，一定要考虑周全，以免节外生枝。例如，不要送钟，因为"钟"与"终"谐音，让人觉得不吉利；对文化素养高的知识分子你送去一幅蹩脚的书画就很没趣；给伊斯兰教徒送去有猪的形象作装饰图案的礼品，可能会让人轰出来。

（三）送礼的技巧

送礼是很简单的一件事情，但同时又是一门学问。送礼的学问其实主要是解决好三个方面的问题：首先，为什么送礼？答案主要有两种：一是求人办事；二是沟通感情。其次，送什么礼？主要需要考虑两方面：一是了解收礼人及其家属的喜好，一般来说，除了考虑收礼人本身外，还需考虑其家人喜好，通过送礼使一家人开心，自然提高送礼的满意度；二是考虑送礼的时机（节日或者日期的选择）这个直接对礼品的选择产生影响。最后，怎么样送礼？主要需要考虑两方面：一是要想出比较合理的送礼的理由，比如别人给予的某方面的帮助或支持，这一点必须用语言表达出来，提醒大家，送礼时一定要善于表达对别人的感激之情；二是对待回礼的问题，一定要谨慎，如果对方回礼是多件，择其一比较得体。总结上述问题后可找出以下几种送礼技巧。

1. 借花献佛

如果你送土特产品，可以说是老家来人捎来的，分一些给对方尝尝鲜，东西不多，自己又没花钱，不是特意买的，请他收下。一般来说受礼者那种因害怕目的性太强的拒礼心态，可能会缓和，会收下礼物。

2. 暗度陈仓

如果送的是酒一类的东西，不妨假借说是别人送你两瓶酒，来和对方对饮共酌，这样喝一瓶送一瓶，礼送了，关系也近了，还不露痕迹，岂不更妙。

3. 借马引路

有时送礼给人而对方却又与你八竿子拉不上关系，不妨选送礼者的生诞婚日，邀上几位熟人同去送礼祝贺，那样受礼者便不好拒收了。借助大家的力量达到送礼联谊的目的，实为上策。

4. 移花接木

张先生有事要托刘先生去办，想送点礼物疏通一下，又怕刘先生拒绝，驳了自己的面子。张先生的太太与刘先生的太太很熟，张先生便用起了"太太外交"，让太太带着礼物去拜访，结果一举成功，礼也收了，事也办了，两全其美。看来有时直接出击不如迂回运动能收奇效。

5. 先说是借

若送的是物，不妨说，这东西我家搁着也是搁着，让别人拿去先用，日后买了再还。只要不催着要别人还，天长地久也变成了送了。这样也可减少受礼者的心理负担，送礼的目的就达到了。

6. 借鸡生蛋

一位下属受上司恩惠颇多，一直想回报，但苦无机会。一天，他偶然发现上司红木镜框中镶的字画感觉是一幅拓片，跟家里雅致的陈设不太协调，正好，他的叔父是全国小有名气的书法家，手头还有他赠送的字画。他马上把字画拿来，主动放到镜框里，上司不但没有反对，反而十分喜爱，送礼的目的终于达到了。

7. 借路搭桥

可以在送礼的时候对受礼者说是以出厂价、批发价、优惠价买下的，象征性的向受礼者收一些费用，收到的效果与送礼一般无二，受礼者因交了钱，收东西时心安理得，毫无顾虑。

（四）求人办事送礼的禁忌

求人办事，送礼要使双方都高兴可不是容易的事，因为送礼有许多禁忌——个人的、传统的、民族的、宗教的、文化上的。有时候一不小心，辛辛苦苦选择的一份礼品，却因为触犯了某些禁忌，而让对方不悦甚至生气，当然本来想托人办的事情也就泡汤了。

禁忌，就是因某种原因（尤其是文化因素）而对某些事物所产生的顾忌。禁忌的产生大致有两个方面的原因。一是纯粹由受赠对象个人原因所造成的禁忌，有些是由于受赠对象在某些方面的自尊和不足形成的禁忌。二是因风俗习惯、宗教信仰、文化背景以及职业道德等形成的公共禁忌，尤其向外国人、外地人赠送礼品时，这是不能忽视的。由于这些因素的影响，不同的人对同一礼品的态度有可能截然不同，或喜爱或忌讳或厌恶。因此，选择礼品时一定要仔细考虑，避免选择受礼方忌讳的礼品。

当送礼时，可对照以下禁忌的礼品，看看自己是否犯了什么送礼的禁忌。

（1）忌违法违规礼品。国家公务员在执行公务时，即使关系再特殊，也不要向他们赠送任何礼品。送外国友人礼品的时候，要考虑到不违犯对方所在国家的现行法律等。

（2）忌坏俗礼品。挑选礼品时，应当使礼品不与对方所在地的社会风俗习惯相矛盾、相抵触。

（3）私忌礼品。由于种种原因，人们会忌讳某些物品。比如，高血压患者不能吃含高脂肪、高胆固醇的食品，糖尿病患者不能吃含糖量高的食品。如果送犯忌礼品给人，对方反而会认为你不尊重他。

（4）忌有害礼品。有一些东西，会对人们工作、学习、生活以及身体健康、家庭幸福有害。比如，香烟、烈酒、赌具以及庸俗低级的书刊、音像制品等。送这类礼品或许能够投其所好，但难免会存心害人的嫌疑。也不要把过时、没用的东西送给别人，不然这样只能证明你小瞧人。

本章小结

本章主要讲解了以下几个问题。

(1)求人办事概述。

(2)求人办事的沟通原则:求人办事遵循的原则、求人办事的方法、求人办事的沟通技巧、求人办事的送礼技巧。

本章测试题

一、多项选择题

1. 求人办事应遵循的原则有(　　)。

A. 自信　　B. 技巧

C. 建立、经营长期的人脉关系　　D. 讲究沟通的艺术

2. 求人办事的方法有(　　)。

A. 对别人的要求不要太高　　B. 选择最佳路径和方法

C. 有耐心　　D. 理解别人

3. 求人办事的沟通技巧有(　　)。

A. 用虚话套实话法　　B. 用迂回的方法

C. 赞美、温语相求法　　D. 激将法

4. 求人办事送礼的沟通技巧有(　　)。

A. 注意礼品的选择　　B. 遵循送礼的原则

C. 注意办事送礼的技巧　　D. 注意送礼的禁忌

5. 送礼应遵循的原则是(　　)。

A. 礼物越贵重越好　　B. 送礼间隔适宜

C. 了解风俗禁忌　　D. 了解别人人的性

二、判断题

1. 俗话说,万事不求人。(　　)

2. 开口求人要讲究沟通的艺术和技巧。(　　)

3. 求人办事一定要穷追猛打,否则事情一拖就黄了。(　　)

4. 求人办事,有一个重要前提,即所求是通过努力能办到的。(　　)

5. 对待回礼,如果对方是多件,都带回来,否则是不得体的行为。(　　)

三、案例分析

案例1

前天是我喜欢的女孩子的生日,我去给她庆祝生日了,大家在一起玩得还算开心……问题是:我送给她的生日礼物是手机(因为我知道她手机有问题,接电话一会儿就会自动关机,每次她接电话关机时我都很想为她做这件事情,所以才自以为是的买手机送她的),但她说一定不能接受。她说:"接收这么重的礼物,会有压力和不安的……"我也说了好多好话,但她还是不肯收下,现在想想,觉得真的是那样,给了她压力和不安。

问题:

请分析"我"是不是很失败?

案例2

与某公关公司联手办了一次推广活动，虽然是公事公办的合作关系，但在活动的整个策划过程中，小李和公关公司的合作伙伴一起讨论、协商，开了无数次会，碰了无数次头，多少也培养出了一点“战友”的友情。

小李统筹的活动，她们公司内部讨论的时候就提到了最后要不要给合作伙伴送礼的问题，因为在她们的活动中，会给参与者一定的小礼品，那么作为合作伙伴，似乎也应该得到些礼物才比较像样，所以小李提出送礼方案。

活动搞得非常成功，现场气氛热烈，可以说成功达到小李她们所想要的效果。活动的结束了，小李她们一起处理完善后工作之后就开了一个庆祝派对。在庆祝派对上，小李拿出了送给参与本次活动的公关公司每个职员的礼物——她们公司出版的一本书，装在一个牛皮纸袋里，人手一册。虽然说并不值多少钱，但也是很有纪念意义的东西，其中有关于她们公司发展的历史、有关她们公司的文化，内容丰富，形象生动。

送给对方，也是希望对方对自己这次活动的合作伙伴多一分了解，同时这当中也包含一点暗示：以后会有更多合作的机会。

老实说，小李并不知道对方是不是真的喜欢这份礼物，也不知道对方是不是会真的去看，但对小李她们来说，送出这份礼物，意义有很多，既能表达出小李代表公司对它的谢意，也很好地宣传了自己。老板对小李选择送这份礼物的安排也非常满意。虽然送这份礼物小李并没有过多地站在收礼者的立场考虑，但在很多商务环境中，送礼也是自有目的的，只要自己这方面的目的达到，做到位了，那么各种合作应该就可以水到渠成、游刃有余了。

问题：

小李在送礼时注意了哪些环节？

第十三章　商务谈判中的沟通

【案例导入】

游泳池里谈生意

英国某啤酒公司副总裁去南美作商务旅行时，接到总部的传真，要他在归途中顺便去牙买加和当地一个甜酒出口商谈合作。但问题是他没有去牙买加作公务旅行的签证，想临时办一个，时间又来不及。于是，他只好以旅游者的身份来到金斯敦的诺尔曼雷机场。在检查护照的关口，移民官从他皮包的工作日志及来往信函中判明他是在作公务旅行，所以不许他入境。他反复向移民官声明，自己不过是在返回伦敦前来这儿作短暂的休整，这才勉强被允许入境。他到旅馆安顿好后，便打电话和那位甜酒出口商联系。但刚打完电话，就来了位移民局的官员，说他是怀着商务目的来到此地，而没有取得应有的签证。因此，他将受到有关方面的严密监视，一旦发现从事商务活动，便将立即驱逐出境，并处以高额罚款。足足两天，他身边总有一位警察，像影子似的跟着他。使他不得不像个旅游者一样打发时间。他想看来此行是只能白费时间和金钱了。但是在他离开之前，却在警察的眼皮底下与那位出口商谈成了生意。旅馆设有游泳池，池旁有个酒吧供客人喝饮料。监视的警察只见他与一位身着比基尼泳装的妙龄女郎正坐在酒吧前喝酒，还有一搭没一搭地和酒吧服务员聊天。谁知那位服务员竟是甜酒出口商打扮的，而那名妙龄女郎则是甜酒出口商的女秘书。

请思考：英国某啤酒公司的副总裁运用什么样的谈判技巧在警察的眼皮底下与那位出口商谈成了生意？

【知识传授】

商务谈判（Business Negotiations）是指不同经济实体为了自身的经济利益和满足对方的需要，通过沟通、协商、妥协、合作等方式，把可能的商机确定下来的活动过程。

商务谈判不一定是要收购某家公司或者签订几百万的合同才叫商务谈判，而是在日常生意中与公司相关的利益群体就有关涉及双方共同利益进行协商并达成一致协议的过程。

第一节 商务谈判的基本原则

一、知己知彼原则

“知彼”，就是通过各种方法了解谈判对手的礼仪习惯、谈判风格和谈判经历。“知己”，则是要对自己的优势与劣势非常清楚，知道自己需要准备的资料、数据和要达到的目的是什么以及自己的退路在哪里。

二、互惠互利原则

商界人士在准备进行商务谈判时或已经在谈判过程中，在不损害自身利益的前提下，应当尽可能地替谈判对手着想，主动为对方保留一定的利益。

三、平等协商原则

谈判是智慧的较量。谈判桌上，唯有确凿的事实、准确的数据、严密的逻辑和艺术的手段，才能实现将谈判引向自己所期望的目标。以理服人、不盛气凌人是谈判中必须遵循的原则。

四、人与事分开原则

在谈判会上，谈判者在处理双方的相互关系时，必须做到人与事分别对待，要切记朋友归朋友、谈判归谈判，两者之间的界限不能混淆。

五、求同存异原则

商务谈判要使谈判双方都有收获、都是胜利者，就必须要坚持求大同存小异的原则，就是要注意在各种细节问题上，要多多包涵对方，一旦发生不愉快的事情也以宽容之心对待。

六、礼敬对手原则

礼敬对手就是要求谈判者在谈判的整个过程中，要排除一切干扰，始终如一地对自己的对手，时时、处处、事事表现出不失真诚的敬意。

【知识拓展】

商务谈判中的不正当行为

在商务谈判活动中，经常出现一些不正当、不道德的谈判行为，破坏品买卖公平交易原则。

1. 故意欺骗

谈判一方对有关谈判的内容、目的、条件、方式等作出虚假陈述，以吸引或欺骗谈判对手,达到自己的目的。这其中包括:虚假事实,故意隐瞒真实情况,即编造虚假情报欺骗对方;虚假权力,即谈判一方故意作出全权代表的姿态,使对方认为他有决定权和自主权,而到达成最后协议时,却提出回去请示,这样不但消耗了对方的精力和时间,而且摸清了对方谈判的意图和条件,为下次谈判打下基础;虚假意图,即谈判一方对谈判或对协议的履行没有诚意,而是通过谈判来达到其他目的。总之,故意欺骗是多种多样的,但并非无懈可击。在谈判中要警惕这种欺骗伎俩,要从对方言谈举止中发现破绽,以免上当受骗。

2. 人身攻击

谈判中的人身攻击是指谈判一方为使对方屈服于自己,采取谩骂、讽刺、挖苦的语言或其他不良举动(拍桌子、打凳子)激怒对方,使其陷入尴尬难堪的境地,以迫使其让步。这种作法充分利用了人性的弱点。一般情况下,人们习惯于忍耐,常把自己的愤怒、恐惧、冷漠、绝望等情绪埋在心底,一旦在特殊场合受到攻击便不知所措,妥协可能是唯一的选择,否则就会出现谈判破裂的可能。人身攻击的另一种表现是谈判一方采用或明或暗的方式,使谈判对手产生身体或心理的不适感,为了消除这种不适而被迫屈服。例如,谈判一方故意给对方安排不舒适的谈判环境(过高过矮的凳子,光线暗淡的场所等),故意在谈判中与别人谈论其他问题,冷落对方;故意装作没听清对方的话,让对方重复说过的话等。通过这些方式给对方造成一定压力,迫使其妥协,对此,有经验的谈判人员总能保持清醒的头脑,镇定的情绪,对对方的攻击不惊不慌,以局外人的身份看其表演,这样自然会使对方的企图破灭。

3. 威胁手段

威胁手段即威胁语言,强迫对方同意协议的全部或部分条款。如"在六月前你方一定要交货,否则后果由你方负责","这项条款如果你方不同意,我方将终止谈判",但这种做法可能会遭到对方的反威胁,破坏双方的关系,甚至使谈判破裂。谈判专家认为:威胁不是达成谈判协议的最佳手段,使用威胁容易导致与意愿相反的结果。因此,优秀的谈判者从来不采用威胁手段,在表达同样的意思时,采用警告手段,这样就不会引起对方本能反感,有利于谈判的顺利进行。

4. 行贿受贿

商务谈判中的行贿受贿又被称为暗盘交易。这种手段很容易奏效,一方获得紧俏物资、重要商业情报、卖出滞销产品,而另一方则获得大量金钱、实物,肥了个人、害了国家。

5. "人质"战略

"人质"战略即谈判一方在看准对方必须购买自己的产品(或劳务)时,乘机向对方提出进一步要求,迫使对方接受。"人质"指对谈判双方有价值的东西,包括金钱、货物、财产、个人名誉等。"人质"战略是靠手中王牌的压力达成协议,这样双方关系也不会融洽、长久。

6. 假出价格

在商务谈判中,谈判一方为了排除同行的竞争,故意虚报价格,以获得与对方的谈判机会,一旦进入实质性的谈判阶段,就改变原先的报价,提出新的苛刻的要求,这时,对方可能已放弃考虑其他竞争对手,只好同意新提的要求。

7. 百般刁难

通常挑些毛病是正常的,否则就无价可讲了,但是如果不顾客观事实,鸡蛋里面挑骨头，就过分了，尤其对合同履行过程中出现问题负有责任的一方为了掩盖过错、推卸责任，往往歪曲事实，编造假证，以期蒙混过关。施计一方不断纠缠、无理挑剔，故意拖延时间，把对方磨得筋疲力尽、无计可施，在万般无奈情况下只好妥协、让步。

8. 联手游戏

商务谈判的最终目的是让双方在平等互利的基础上达成协议，但有时谈判双方并不单纯是为了达成协议而谈判，而且是把谈判作为一种扩大影响，扩大宣传的手段。双方事先安排扣人心弦的谈判，通过媒体引起外界注意，或在履行协议时，一方故意违约，进行仲裁，引起舆论风波，这样起到免费宣传的作用，扩大双方知名度，达到谈判目的。这种谈判作法是对大众的欺骗，是不道德的竞争行为，利己而害人，因此必须受到法律的制裁。

（来源：阿里巴巴，http://info.china.alibaba.com/）

第二节　商务谈判的基本技巧

一、商务谈判的技巧

（一）确定谈判态度

在商务活动中面对的谈判对象多种多样，我方不能拿出一样的态度对待所有谈判对象，需要根据谈判对象与谈判结果的重要程度来确定谈判时所要采取的态度。如果谈判对象对企业很重要，谈判结果对企业不那么重要，那么就可以采用让步的心态进行谈判，即在企业没有太大损失与影响的情况下满足对方要求，这样做对于以后的合作将会更加有力。如果谈判对象对企业很重要，而谈判结果对企业同样重要，那么就保持一种友好合作的心态，尽可能达到双赢，将双方的矛盾转向第三方。如果谈判对象对企业不重要，谈判结果对企业也是无足轻重、可有可无，那么就可以轻松上阵，不要把太多精力消耗在这样的谈判上，甚至可以取消这样的谈判。如果谈判对象对企业不重要，但谈判结果对企业非常重要，那么就以积极竞争的态度参与谈判，不用考虑谈判对手，完全以最佳谈判结果为导向。

（二）充分了解谈判对手

知己知彼，百战不殆。在商务谈判中这一点尤为重要，对对手的了解越多，越能把握谈判的主动权，就好像预先知道了招标的底价一样，自然成本最低，成功的几率最高。了解对手时不仅要了解对方的谈判目的、心里底线等，还要了解对方公司经营情况、行业情况、谈判人员的性格、对方公司的文化、谈判对手的习惯与禁忌等。这样便可以避免很多因文化、生活习惯等方面的矛盾，对谈判产生额外的障碍。比如，一场采购谈判，我方作为供货商，要了解其他可能和我方谈判的采购商进行合作的供货商的情方况，还有其他可能和自己合作的其他采购商的情况，这样就可以适时给出相较其他供货商略微优惠一点的合作方式，那样就将很容易达成协议。如果对手提出更加苛刻的要求，我方也就可以把其他采购商的信息拿出来，让对手知道我方是知道底细的，同时暗示我方有很多合作的选择。反之，我方作为采购商，也可以采用同样的反向策略。

(三)准备多套谈判方案

最初谈判双方各自拿出的方案都是对自己非常有利的,而双方又都希望通过谈判获得更多的利益,因此,谈判结果肯定不会是双方最初拿出的那套方案,而是经过双方协商、妥协、变通后的方案。在双方谈判的过程中常常容易迷失最初的意愿而被对方带入误区,此时最好的办法就是多准备几套谈判方案,先拿出最优的方案,没达成协议就拿出次优的方案,再没有达成协议就拿出第三优的方案,即使我方不主动拿出这些方案,但是心中可以做到有数,知道向对方的妥协是否偏移了最初自己设定的框架,这样就不会出现谈判结束后,仔细思考才发现,自己的让步已经超过了预计承受的范围。

(四)建立融洽的谈判气氛

在谈判之初,最好先找到一些双方观点一致的地方并表述出来,给对方留下一种彼此更像合作伙伴的潜意识。这样接下来的谈判就容易朝着达成共识的方向发展,而不是剑拔弩张地对抗。当遇到僵持时可以拿出双方的共识来增强彼此的信心,化解分歧,也可以向对方提供一些其感兴趣的商业信息,或对一些不是很重要的问题进行简单的探讨,达成共识后双方的心里就会发生奇妙的改变。

(五)设定好谈判的禁语

谈判是一种很敏感的交流,所以,语言要简练,避免出现不该说的话,但是在艰难的长时间谈判过程中也难免出错,最好的方法就是提前设定好谈判中的禁语,哪些话题是危险的,哪些行为是不能做的,谈判的心里底线是什么等。这样就可以最大限度地避免在谈判中落入对方设下的陷阱中。

(六)注意语言表述要简练

在商务谈判中忌讳语言松散或像拉家常一样的语言方式,尽可能让自己的语言变得简练,否则你的关键词语很可能会被淹没在毫无意义的语言中。一颗珍珠放在地上,我们可以轻松地发现它,但是如果倒一袋碎石子在上面,再找珍珠就会很费劲。同样的道理,我们人类接收外来声音或视觉信息的特点是一开始专注,之后注意力随着接受信息的增加,会越来越分散。因此,谈判时语言要做到简练,针对性强,争取让对方大脑处在最佳接收信息状态时表述清楚自己的信息,如果要表达的是内容很多,比如合同书、计划书等,那么适合在讲述或者诵读时语气进行高、低、轻、重的变化。比如,重要的地方提高声音,放慢速度,也可以穿插一些问句,引起对方的主动思考,增加注意力。在重要的谈判前应该进行一下模拟演练,训练语言的表述、突出问题的应对等。在谈判中切忌模糊、啰唆的语言,那样不仅无法有效地表达自己的意图,更可能使对方产生疑惑、反感情绪。

(七)巧用曲线进攻的谈判方式

孙子曰:“以迂为直。”克劳塞维斯将军也说过:“到达目标的捷径就是那条最曲折的路。”由此可以看出,想达到目的就要迂回前行,否则直接奔向目标,只会引起对方的警觉与对抗。应该通过引导对方的思想,把对方的思维引导到自己的包围圈中,比如,通过提问的方式,让对方主动替你说出你想听到的答案。反之,越是急切想达到目的,越是可能暴露自己的意图,被对方所利用。

二、商务谈判中的注意事项

(一)谈判用耳朵取胜

在谈判中我们往往容易陷入一个误区,那就是一种主动进攻的思维意识,总是在不停地说,总想把对方的话压下去,总想多灌输给对方一些自己的思想,以为这样可以占据谈判主动。其实不然,在这种竞争性环境中,话越多,对方会越排斥,能入耳的会很少,能入心的会更少,而且话多了就挤占了总的谈话时间,若对方也有一肚子话想说,被压抑下的结果则是很难妥协或达成协议。所以,应让对方把想说的都说出来,当其把压抑心底的话都说出来后,就会像一个泄了气的皮球一样,锐气会减退,接下来再反击,对手就没有后招了。更为关键的是,善于倾听可以从对方的话语中发现对方的真正意图,甚至是破绽。

(二)控制谈判局势

谈判活动表面看来没有主持人,实则有一个隐形的主持人存在,这个人不是你就是你的对手。因此,要主动争取把握谈判节奏、方向,甚至是趋势。主持人所应该具备的特质是语言虽不多,但是招招直击要害,气势虽不凌人,但运筹帷幄、从容不迫,不是用语言把对手逼到悬崖边。而是用语言把对手引领到崖边。并且想做谈判桌上的主持人就要体现出公平,即客观地面对问题,尤其在谈判开始时尤为重要,慢慢对手会本能地被潜移默化地引导,局势将会向对你有利的一边倾斜。

(三)避免朝三暮四

在谈判中真实地存在着"朝三暮四"的现象。通常体现在双方在某个重要问题上僵持的时候,一方退后一步,抛出其他小利,作为补偿,把僵局打破,并用小利换来大利,或把整个方案调换一下顺序,蒙蔽对方的思维。所以,谈判时首先要跳出像脑筋急转弯一样的思维陷阱,而后要善于施小利,博大利,学会以退为进。所以,在谈判中一个最大的学问就是学会适时地让步,只有这样才可能使谈判顺利进行,毕竟谈判的结果是以双赢为最终目的的。

(四)让步式进攻

在谈判中可以适时提出一两个很高的要求,对方必然无法同意,在经历一番讨价还价后可以进行让步,降低或改为其他要求。这些高要求本来就没打算会达成协议,即使让步也没损失,但是却可以让对方有一种成就感,觉得自己占得了便宜。这时,比这种高要求要低的要求就很容易被对方接受,但切忌提出太离谱、过分的要求,否则对方可能觉得没有诚意,甚至激怒对方。先抛出高要求也可以有效降低对手对于谈判利益的预期,挫伤对手的锐气。所以,在谈判中可以输掉谈判,只要赢得利益就行,也就是表面上做出让步,失掉一些利益,给对手一种攻城虏地的快感,实则是洒了遍地的芝麻让对手乐颠颠地去捡,自己偷偷抱走对手的西瓜。

第三节　商务谈判的基本礼仪

一、谈判准备的礼仪

商务谈判之前首先要确定谈判人员，要与对方谈判代表的身份、职务要相当。谈判代表要有良好的综合素质，谈判前应整理好自己的仪容仪表，穿着要整洁、正式、庄重。男士应刮净胡须，穿西服必须打领带。女士穿着不宜太性感，不宜穿细高跟鞋，应化淡妆。布置好谈判会场，采用长方形或椭圆形的谈判桌，门右手座位或对面座位为尊，应让给客方。谈判前应对谈判主题、内容、议程作好充分准备，制订好计划、目标及谈判策略。

二、谈判之初的礼仪

谈判之初，谈判双方接触的第一印象十分重要，言谈举止要尽可能地创造出友好、轻松的良好谈判气氛。做自我介绍时要自然大方，不可有傲慢之意。被介绍到的人应起立一下微笑示意，可以礼貌地道："幸会"、"请多关照"。询问对方要客气，如"请教尊姓大名"等。如有名片，要双手接递。介绍完毕，可选择双方共同感兴趣的话题进行交谈。稍作寒暄，以沟通感情，创造温和气氛。谈判之初的姿态动作也对把握谈判气氛起着重大作用，目光注视对方时，目光应停留于对方双眼至前额的三角区域，这样使对方感到被关注，觉得你诚恳。手心向上比向下好，手势自然，不宜乱打手势，以免造成轻浮之感。切忌双臂交叉抱在胸前，那样显得十分傲慢无礼。谈判之初的重要任务是摸清对方的底细，因此要认真听对方谈话，细心观察对方举止表情，并适当给予回应，这样既可了解对方意图，又可表现出尊重与礼貌。

三、谈判之中的礼仪

这是谈判的实质性阶段，主要是报价、查询、磋商、解决矛盾、处理冷场。报价——要明确无误，恪守信用，不欺蒙对方。在谈判中报价不得变幻不定，对方一旦接受价格，即不再更改。查询——事先要准备好有关问题，选择气氛和谐时提出，态度要开诚布公。切忌气氛比较冷淡或紧张时查询，言辞不可过激或追问不休，以免引起对方反感甚至恼怒。但对原则性问题应当力争不让。对方回答时不宜随意打断，答完时要向解答者表示谢意。磋商——讨价还价事关双方利益，容易因情急而失礼，因此更要注意保持风度，应心平气和，求大同，允许存小异。解决矛盾——要就事论事，保持耐心、冷静，不可因发生矛盾就怒气冲冲，甚至进行人身攻击或侮辱对方。处理冷场——此时主方要灵活处理，可以暂时转移话题，稍作松弛。如果确实已无话可说，则应当机立断，暂时中止谈判，稍作休息后再重新进行。主方要主动提出话题，不要让冷场持续时间过长。

（四）签约的礼仪

签约仪式上，双方参加谈判的全体人员都要出席，共同进入会场，相互握手致意，一起入座。双方都应设助签人员，分立在各自一方代表签约人外侧，其余人排列在各自一方代表身后。助签人员要协助签字人员打开文本，用手指明签字位置。双方代表各在己方的文本上签字,然后由助签人员互相交换,代表再在对方文本上签字。签字完毕后,双方应同时起立,交换文本,并相互握手,祝贺合作成功。其他随行人员则应该以热烈的掌声表示喜悦和祝贺。

【知识链接】

常用谈判技巧 14 招

美国夏威夷大学教授亨登总结出了一些行之有效的谈判技巧,其中最常用的有以下14条。

(1)要有感染力。通过你的举止来表现你的信心和决心。这能够提升你的可信度,让对手有理由接受你的建议。

(2)起点高。最初提出的要求要高一些,给自己留出回旋的余地。在经过让步之后,你所处的地位一定比低起点要好得多。

(3)不要动摇。确定一个立场之后就要明确表示不会再让步。

(4)权力有限。要诚心诚意地参与谈判,当必须敲定某个结果时,可以说你还需要得到上司的批准。

(5)各个击破。如果你正和一群对手进行谈判,设法说服其中一个对手接受你的建议,此人会帮助你说服其他人。

(6)中断谈判或赢得时间。在一定的时间内中止谈判,当情况好转之后再回来重新谈判。

(7)面无表情,沉着应对。不要用有感情色彩的词汇回答你的对手,不要回应对方的压力,坐在那里听着,脸上不要有任何表情。

(8)要有耐心。如果时间掌握在你手里,你就可以延长谈判时间,提高胜算。你的对手时间越少,接受你的条件的压力就越大。

(9)缩小分歧。建议在两种立场中找到一个折中点,一般来说,最先提出这一建议的人,在让步过程中的损失最小。

(10)当一回老练的大律师。在反驳对方提议的时候不妨这样说:"在我们接受或者否决这项建议之前,让我们看看如果采纳了另外一方的建议会有哪些负面效果。"这样做可以在不直接否定对手建议的情况下,让对方意识到自己的提议是经不起推敲的。

(11)先行试探。在做出决定之前,可以通过某个人或者某个可靠的渠道将你的意图间接传达给对手,试探一下对手的反应。

(12)出其不意。要通过出人意料地改变谈判方式来破坏对手的心理平衡。永远不要让对手猜出你下一步的策略。

(13)找一个威望较高的合作伙伴。设法得到一个有威望的人的支持,这个人既要受到谈判对手的尊重,也要支持你的立场。

(14)讨价还价。如果你在同时和几个竞争者谈判,就要让他们都了解这一情况。将同这些竞争者之间的谈判安排在比较相近的时间,并让他们在会晤前等候片刻,这样他们就能够意识到有人在和自己竞争。

(来源:慧聪网,http://www.hc360.com/)

第四节　商务谈判的语言技巧

一、叙述的技巧

叙述就是陈述自己的观点或问题的过程。在商务谈判的各个阶段都离不开叙述。

(一)陈述要点技巧

一是开宗明义,明确本次谈判所要解决的主题,以集中双方注意力统一双方的意见。二是表明我方通过洽谈应当得到的利益,尤其是对我方至关重要的利益。三是表明我方的基本立场,可以回顾双方以前合作的成果,展望或预测今后双方合作中可能出现的机遇或挑战,还可以表示我方可采取何种方式,为双方共同获得利益作出贡献等。四是开场阐述的内容应是原则的而不是具体的,应尽可能地简明扼要。五是开场阐述的目的是让对方明白我方的意图以创造协调的洽谈气氛。因此,阐述应以诚挚和轻松的方式来表达。

(二)对对方开场阐述的反应

一是认真耐心地倾听对方的开场阐述,归纳对方开场阐述的内容,思考和理解对方阐述的关键问题,以免产生误会。二是如果对方开场阐述内容与我方意见差距较大,不要打断对方的阐述,更不要立即与对方争执,而应当先让对方说完,认同对方之后再巧妙地转换话题从侧面进行反驳。

二、提问的技巧

商务谈判中,提问运用的较多的是了解对方的想法和意图,是掌握更多信息的重要手段和重要途径。

(一)提问的时机要恰当

1. 在对方发言完毕之后提问

在对方发言的时候一般不要急于提问,因为打断别人的发言是不礼貌的,容易引起对方的反感。可以先认真聆听,发现对方的问题时,应该记录下来,待对方发言完毕后再提问。

2. 在对方发言停顿或间歇时提问

如果对方发言不得要领、纠结细节或离题太远而影响到方谈判的进程,那么就可以借机提问,这是掌握谈判进程、争取主动的必然要求。例如,当对方停顿时可以借机提问:“您刚才说的意思是?”或者说:“细节问题我们以后再谈,现在请您谈谈您的主要观点好吗?”

3. 在自己发言前后提问

在谈判中,当轮到我方发言的时候,可以在先谈我方的观点之前对对方的发言进行提问,不必要求对方回答,而是自问自答。这样可以争取主动,防止对方接过话茬,影响我方的发言。例如:“您刚才的发言想说明什么问题呢? 我的理解是……对这个问题我有几点看法……”在充分表达我方观点后，为了使谈判沿着我方的思路发展，通常要进一步提问，让对方回答。例如：“我们的基本立场和观点就是这些，您对此有何看法呢？”

（二）掌握提问的要领

1. 要预先做好充分的准备

谈判的时候，应该对对手在叙述时没有提到或没有解释清楚的东西列举清单，这样提问时才能有的放矢。不要问得漫无边际，以免引起对手的误解。准备好的问题最好是对手不能立刻想到答案的问题，这样就可以让对手措手不及，使我方收到出其不意的效果。

2. 不得强行提问

如果对手的回答不完整或避而不答，这时就不要追问，而是要有耐心和毅力，等待时机继续追问。这样就尊重了对方，不至于引起对方的厌烦而不愿回答。

3. 提出问题后闭口不言，等待对手回答

因为问题是我方提出的，对方有义务回答问题或打破沉默。如果对方不回答或不打破沉默说明对方此时已陷入弱势。

三、回答的技巧

（一）回答之前给自己留有思考的时间

在谈判的过程中，对于对手的问题没必要急着回答，在经过慎重考虑后再进行回答。谈判时，如果遇到刁钻的问题，必须冷静思考，慎重应付。即使对方在催，也要思考后再答复。在对方提出问题后，可以通过喝口水或调整一下自己的坐姿和椅子的位置，整理一下桌上的文件等动作以拖延时间来考虑对方的问题。这样既显得自然得体，又有了思考问题的时间。此外，还可以对对方说：“先生，请您把您的问题重复一遍好吗？”这样也可以为自己思考问题争取时间。

（二）以反问回答

一些比较难回答的问题可以踢给对方回答。例如，在谈判进行不顺时对方问：“请问您对双方合作前景的看法如何？”这时我方就可以反问：“那么，请问您对我们双方合作前景的看法又如何呢？”这种回答方法最适合用在不便回答的问题上。

（三）有意避正答偏

当遇到正面难以回答的问题的时候，却又不能拒绝回答，此时采取避正答偏的方法最为合适。例如一次记者招待会上，一位西方记者问周恩来总理：“请问中国人民银行有多少资金？”这个问题涉及国家机密，周恩来总理说：“只有十八元八角八分，十元五元二元一元五角贰角一角五分二分一分加起来十八元八角八分。”总理的回答既没泄密又极度幽默地回答了问题，赢得满堂喝彩。

四、拒绝的技巧

商务谈判中，不免会出现拒绝对方的情况，但是拒绝并非生硬地回绝对方，而是要运用一定的语言技巧。拒绝是谈判的一种手段，最终是为谈判的成功服务的，拒绝并非表示谈判破裂，而是争取更多的利益。当遇到老朋友、老熟人、老客户时，该拒绝的时候又不好意思拒绝，这时最好的运用语言技巧。下面介绍几种谈判中常见的几种拒绝技巧。

(一)预言法

心理学家证明,人都有看透别人、了解别人的嗜好,但是又不喜欢让别人看穿内心,往往会做与自己内心相反的行为来伪装自己,科学上称为“文饰心理”。这种现象在那些自尊心极强和爱挑毛病的人身上表现得特别明显。对付这种人就适合用预言法。就是表面上让对方觉得我方不希望他出现那种行为,而那种行为的反方面正是我方希望看到的。例如,一主管想给一工厂提供一种新设备,他与厂长谈判时,故意将新设备图纸放在怀里而不提新设备的事,而是跟他聊其他的。然后不小心把图纸掉到地上了。厂长很好奇,就问那是什么。那主管就模模糊糊说了些。那厂长非要看。主管说:“这是给其他工厂准备的,你们厂不需要。”结果那厂长就要得更起劲了。然后主管就很“无奈”地把那设备卖给了那厂长,而厂长也得意地笑了。

(二)问题法

问题法就是对对方的要求提出一系列的问题,这样对手就明白了我方不是任人欺骗的。无论对方承认与否,都足以表明我方觉得对方要求太高,这样的拒绝就比较委婉。这种方法对于那种只顾自己利益,不顾对方死活而提出高要求的对手很有效。但是要注意的是,在提一系列问题的时候要注意语气,不要带有挖苦、嘲弄或教训的语气提问,否则就会激怒对方,增加新的对立成分。

(三)转折法

这种方法渗透了说服的原理,就是拒绝之前不亮出自己的观点,而是从对方的观点中找出共同点,加以肯定赞美或站在第三者的立场表示对对方的理解,从而减少对方的对抗心理,然后委婉地陈述我方的观点以拒绝对方要求。

五、说服的技巧

谈判中常常会出现观点不一致,这时就需要运用说服技巧以促成谈判。对付不同的对手要采用不同的语言技巧。

(一)强硬型下台阶法

当对方自尊心很强不愿承认错误从而导致你说服无济于事时,首先不妨给对方台阶,说说他正确的地方给对方一些自我欣慰的条件和机会,这样对方感到没丢面子而乐意听取你善意的说服。

(二)等待法

有时候对手可能已经慢慢地接受了你的观点,但是不愿承认,可以沉默,等待一下,让对手自己想想。

(三)不合作型感化法

首先,用坦诚的态度和诚恳的语言打动对方;其次,语气要温和,不作无谓争论;最后,少说多听,在对方发言时不要打岔。

(四)制造僵局法

该技巧要慎用,只有当己方处于有利时或事先设计好推出僵局的计策或对方相信是他们自己制造僵局的情况下才适合用,这时对方为打破僵局就会慢慢让步。

(五)出其不意法

在谈判的过程中突然改变己方的方法、观点和提议,让对方惊奇和震惊。例如,在中途提出截止时间或不停打岔或退出谈判等。

本章小结

本章主要讲解了以下几个问题。

(1)商务谈判的基本原则:知己知彼原则、互惠互利原则、平等协商原则、人与事分开原则、求同存异原则、礼敬对手原则。

(2)商务谈判的基本技巧:商务谈判的技巧、商务谈判中的注意事项。

(3)商务谈判的基本的礼仪:谈判准备的礼仪、谈判之初的礼仪、谈判之中的礼仪、签约的礼仪。

(4)商务谈判的语言技巧:叙述的技巧、提问的技巧、回答的技巧、拒绝的技巧、说服的技巧。

本章测试题

一、多项选择题

1. 商务谈判的特点有(　　)。

A. 以获取经济利益为目的　　B. 以价值谈判为核心

C. 以实现双赢为最终目标　　D. 注重合同的严密性和准确性

2. 商务谈判的原则有(　　)。

A. 守法原则　　B. 诚信原则　　C. 平等互利原则　　D. 相容原则

3. 商务谈判策略的特征是(　　)。

A. 针对性　　B. 预谋性　　C. 时效性　　D. 可变性

4. 商务谈判礼仪的基本理念是(　　)。

A. 保持良好关系　　B. 尊重为本　　C. 善于表达　　D. 形式规范

5. 谈判议程的内容是(　　)。

A. 模拟谈判　　B. 时间安排　　C. 确定谈判议题　　D. 确定谈判人员

二、案例分析

案例1:

某县一饮料厂欲购买意大利固体橘汁饮料的生产技术与设备。派往意大利的谈判小组包括以下四名核心人员:该厂厂长,该县主管工业的副县长,县经委主任和县财办主任。

问题:

(1)如此安排谈判人员说明中国人的谈判带有何种色彩?

(2)如此安排谈判人员理论上会导致什么样的后果?

(3)如何调整谈判人员?调整的理论依据是什么?

案例2：

江苏某工厂、贵州某工厂、东北某工厂、北京某工厂要引进环形灯生产技术，各家的产量不尽相同，北京某进出口公司是其中某一工厂的代理。知道其他三家的计划后，主动联合这三家，在北京开会，建议联合对外，统一谈判，这三家觉得有意义，同意联合。该公司代表将四家召在一起做谈判准备。根据市场调查，日本有两家环形灯生产厂，欧洲有一家，有的厂家曾来过中国，有的厂家还与其中工厂做过技术交流。进出口公司组织与外商谈了第一轮后，谈判就中止了。外商主动找与其熟悉的工厂直接谈判，工厂感到高兴，更直接，而且外商对工厂谈判的条件比公司谈时灵活，更优惠。其中有工厂一看联合在一起，自己好处不多，于是提出退伙；有的外商故意不报统一的价格，也与自己欲成交的工厂直接联系，请工厂代表吃饭，单独安排见面等，工厂认为这对自己有好处，来者不拒。进出口公司的代表知道后劝说工厂，工厂不听。于是最终这四家工厂各自为政，联合对外谈判也宣告失败。

问题：

(1)外商的谈判成功在哪儿？

(2)北京某进出口公司失败在哪儿？

案例3：

1995年4月20日，德国某公司的总裁带领包括技术、财务等部门的副总裁及其夫人组成了一个高级商务代表团去日本进行一次为期8天的谈判。刚下飞机便受到了日本公司的热情接待。在盛情款待中，总裁夫人告诉了对方接待员回程机票的日期。日本人便安排了大量的时间让德国人到处参观、游览，让其领略东方文化并赠回了大量礼品，直到最后两天，方把一大堆问题摆在谈判桌上进行讨论。由于时间仓促，德国人不知不觉地作出了许多不必要的让步。

问题：

(1)国际商务谈判有何特点？

(2)日本人在此次谈判中使用了哪些战略和战术？

(3)如果此次与日本人谈判的主角是你，你将采取什么对策？

(4)对本次谈判的结果进行评价。

案例4：

一个农夫在集市上卖玉米时，因为他的玉米棒子特别大，所以吸引了一大堆买主。其中一个买主在挑选的过程中发现很多玉米棒子上都有虫子，于是他故意大惊小怪地说："伙计，你的玉米棒子倒是不小，只是虫子太多了，你想卖玉米虫呀？可谁爱吃虫肉呢？你还是把玉米挑回家吧，我们到别的地方去买好了。"买主一边说着，一边做着夸张而滑稽的动作，把众人都逗乐了。农夫见状，一把从他手中夺过玉米，面带微笑却又一本正经地说："朋友，我说你是从来没有吃过玉米咋的？我看你连玉米质量的好坏都分不清，玉米上有虫，这说明我在种植中，没有施用农药，是天然植物，连虫子都爱吃我的玉米棒子，可见你这人不识货！"接着，他又转过脸对其他的人说："各位都是有见识的人，你们评评理，连虫子都不愿意吃的玉米棒子就好么？比这小的棒子就好么？价钱比这高的玉米棒子就好么？你们再仔细瞧瞧，我这些虫子都很懂道理，只是在棒子上打了一个洞而已，棒子可还是好棒子呀！我可从来没有见过像他这么说话的虫子呢！"

他说完了这一番话语，又把嘴凑在那位故意刁难的买主耳边，故作神秘状，说道："这么大，这么好吃的棒子，我还真舍不得这么便宜地就卖了呢！”农夫的一席话，顺此机会，把他的玉米棒子个大，好吃，虽然有虫但是售价低这些特点表达出来，众人被他的话语说得心服口服，纷纷掏出钱买，不一会儿工夫，农夫的玉米销售一空。

问题：

试分析在本案例中农夫是如何充分运用语言的艺术，利用不同的表述方式，从而使问题由不利转向有利的？

第十四章　会议沟通

【案例导入】

某公司的年终市场销售分析会议正在进行,公司总经理担任会议的主席。在会议进行过程中,公司负责市场工作的副总经理提出,公司明年的市场营销重点应从“以巩固国内市场为主”转向“以开拓国际市场为主”。他希望他的设想能在这次会议上得到大家的支持。但在会议进行过程中,负责市场营销的部门经理、副经理对这个设想提出了反对意见,他们认为国内的市场潜力还很大,而企业的资金实力不强,如让其全面开花,还不如采用“各个击破”的战略,先在国内市场取得绝对优势地位。结果双方争论得不可开交。

请思考:如果你是会议主席,面临与会代表这种相争不下的局面,你准备如何解决?如果最终需要你就这次分析会议作总结,你又如何对“市场营销的重点”问题作总结?你是否需要安排下一次会议?如果需要,哪些人将参加?提醒与会人员准备什么相关材料?

【知识传授】

第一节　会议沟通概述

一、会议沟通的含义

会议沟通是一种成本较高的沟通方式,沟通的时间一般比较长,常用于解决较重大、较复杂的问题。大多数商务人士有三分之一的时间是用于开会,有三分之一的时间是用于旅途奔波。有感于繁重不堪的会议邀请,万科的总裁王石曾经说过一句很形象的话,他说:“我如果不是在开会,就是在去往下一个会议的路上。”虽然大家都很了解会议所带来的资源、人力、物力的巨大耗费,但人们也不得不承认,会议是一种很有效的沟通手段,因为面对面的交流可以传递更多的信息,尤其是很多需要各部门协作的工作,就更是需要会议的纽带来协助运作。

二、采用会议沟通形式的情境

通常采用会议沟通形式的有下几种情境。

(1)需要统一思想或行动时(如项目建设思路的讨论、项目计划的讨论等)。

(2)需要当事人清楚、认可和接受时(如项目考核制度发布前的讨论、项目考勤制度发布前的讨论等)。

(3)传达重要信息时(如项目里程碑总结活动、项目总结活动等)。

(4)澄清一些谣传信息,而这些谣传信息将对团队产生较大影响时。

(5)讨论复杂问题的解决方案时(如针对复杂的技术问题,讨论已收集到的解决方案等)。

三、会议的安排

(一)制定会议议程

(1)充分考虑会议的进程,写出条款式的议程安排。(2)确定会议的召开时间和结束时间并和各部门主管协调。(3)整理相关议题,并根据其重要程度排出讨论顺序。(4)把议程安排提前交到与会者手里。

(二)挑选与会者

(1)首要原则是少而精。(2)信息型会议,应该通知所有需要了解该信息的人都参加。(3)决策型会议,需要邀请能对问题的解决有所贡献,对决策有影响以及能对执行决策做出承诺的人参加。(4)需要对某些未在会议邀请之列的关键人士说明原因。

(三)会议室布置

(1)现场会议室一般比较方便且费用低廉,因此是首选地点。但如果涉及公司的对外公共关系形象或者与会人数很多,则可以考虑租用酒店或展览中心的专用会议室。(2)与会者的身体舒适需求不能忽略,应注意会议室的空调温度、桌椅舒适度,灯光和通风设备也应和会议的规模和安排的活动相适应。(3)根据沟通需要来选用适当的桌椅排列方式。信息型会议的与会者应面向房间的前方,而决策型会议的与会者应面向彼此。

四、会议的主持

(一)开始会议

和其他的很多场合一样,准备工作是避免表现紧张的关键:如果你知道自己将会说些什么来作为开场白,你就会放松下来。更重要的是,你可以给整个会议带来一个富有组织的、卓有成效的开始。会议成功开场的秘诀有以下几方面。

1. 准时开会

对于每一位职业的商务人士而言,最头疼、最深恶痛绝的事情莫过于对方不准时、不守时。在高速运转的信息社会,时间意味着抢占商机、时间意味着金钱和财富、时间意味着一切。对于会议而言就更是如此,因为不准时召开的会议浪费的是所有与会者的时间,这不仅会加剧与会者的焦躁抵触情绪,同时也会令与会者怀疑组织者的工作效率和领导能力。

2. 对每个人表示欢迎

用洪亮的声音对每个人表示热烈的欢迎。如果面对的是一队新的成员,让他们向大家做自我介绍。如果他们彼此已经见过面了,也要确保把客人和初来乍到的成员介绍给大家。

3. 制定或者重温会议的基本规则

会议的基本规则是会议中行为的基本准则,可以使用"不允许跑题""聆听每一个人的发言"以及"每人的发言时间不能超过 5 分钟"等规定。如果准则是由与会者共同制定的而不是由主持人强加给与会者的,效果要更好一些。可以向与会者询问:“我们都同意这些规定吗?”要得到每一个人的肯定答复,而不要想当然地把沉默当成是没有异议。

4. 分配记录员和计时员的职责

如果可能的话,让大家志愿来担任这些职责而不要由主持人指定。计时员负责记录时间并保证讨论持续进行,记录员则负责做会议记录。对于一些例行会议而言,不妨由所有人轮流担当这些职责。

(二)会议主持人的沟通技巧

一个优秀的会议领导者总是经常提出简短的意见以指引会议讨论的进程。比如说“让我们试试”,“这是一个好的思路,让我们继续下去”。事实上,如果仔细观察,就会发现优秀的会议主持人最常用的引导方式是提问题,针对目前所讨论的问题引导性的提问,会使与会者的思路迅速集中到一起,提高工作的效率。

常用的问题大致可以分为两类:开放式的问题和封闭式的问题。开放式的问题需要花费更多的时间和精力来思考回答,而封闭式的问题则只需一两句话就可以回答了。比如说:“小王,你对这个问题怎么看?”这就是开放式的问题;“小王,你同意这种观点吗?”这就是封闭式的问题。作为一名有经验的会议主持人,应该善于运用各种提问方式。

(1)棱镜型问题。把别人向你提出的问题反问给所有与会者。例如,与会者说:“我们应该怎么做呢?”你可以说:“好吧,大家都来谈谈我们应该怎么做。”

(2)环形问题。向全体与会者提出问题,然后每人轮流回答。例如,“让我们听每个人的工作计划,小王,由你开始”。

(3)广播型问题。向全体与会者提出一个问题,然后等待一个人回答。如,“这份财务报表中有三个错误,谁能够纠正一下?”这是一种具有鼓励性而没有压力的提问方式,因为你没有指定人回答,所以大家不会有压力。

(4)定向型问题。向全体与会者提出问题,然后指定一人回答。如,“这份财务报表存在三个错误,谁来纠正一下?小王,你说说看。”这种提问方式可以让被问及的对象有一定的准备时间。

(三)圆满地结束会议

无论是什么类型的会议,在会议结束的时候重新回顾一下目标、取得的成果和已经达成的共识,以及需要执行的行动都是很必要的。总结主要的决定和行动方案以及会议的其他主要结果。回顾会议的议程,表明已经完成的事项以及仍然有待完成的事项;说明下次会议的可能议程。给每一位与会者一点时间说最后一句话。就下次会议的日期、时间和地点问题达成一致意见。对会议进行评估,在一种积极的气氛中结束会议。可以对每一位与会者的表现表示祝贺,表达你的赞赏,然后大声地说“谢谢各位”来结束会议。

五、灵活应对会议的困境

会议依赖于与会者的相互作用。开会时出现问题是不可避免的,有时问题因为人而产生,有时因为程序或逻辑而产生。在任何情形下,会议主持人都有责任令讨论热烈,确保与会者都参与讨论,并保持讨论的方向正确。

(一)某些人试图支配讨论的局面

在会议中,常常会出现"一言堂"的局面。如果会议的目的是找出不同观点,那么广泛的参与是会议成功所必不可少的因素。有时有些人可能因为富有经验或职位较高而处于支配地位。当这种情形发生时,其他人通常就会只是坐着听。这时,会议主持人就应该提一些直接的问题,将与会者调动起来。如果其他办法都不能奏效,不妨尝试在中间休息时与那个人私下谈一谈,也许会有所帮助。

(二)某些人想争论

这种人可能自称无所不知或者掌握的信息完全是错误的,或者是个吹毛求疵的家伙,喜欢插话打断主持者。在任何情形下,会议主持人都要保持清醒的头脑。通过提问,会议主持人可以引出这些人愚蠢的或牵强的发言,然后不再理睬他们。通常,这种人会激怒全体,会有人讲出不欢迎他们的话,然后一片沉默。这时,会议主持人可再问其他与会者一些直接的问题,从而维持会场讨论气氛的平衡。

通常地,这个喜欢辩论的人会意识到情况,然后不再提出问题。但如果这个人不敏感的话,会议主持人就必须直截了当地向他指出,他这种吹毛求疵的做法扰乱了会议的进程,浪费了宝贵的时间。然后会议主持人立即向另一个人提问,以便让讨论继续下去。

(三)某些人和身边的人"开小会"

当与会者人数很多时,经常会发生这种情形。"开小会"往往是因为某个人想讲话,但又没有机会,或者某个谨慎的与会者在向大会提出某种想法前,想先试探别人的看法。通常,会议中有人开小差是不可避免的。不过这种"小会"一般比较简短。只有当"小会"时间持续长了才会成为一个问题。一种办法是请这个人告诉大家他刚才所讲的内容,另一种办法就是沉默,然后看着那个破坏秩序的人。通常,这样就会恢复会议秩序。

(四)习惯性的跑题者

我们可以运用 FAST 法来解决这个问题。这一谈话技巧可以训练一个习惯性跑题者采取一些更富有建设性的行动;F——面对造成问题的人;A——感谢或肯定这个人以及他的良好意图;S——建议一种新的行为方式;T——多做几次尝试,可以逐步改变或者提高你的要求。

例如,假设小王总是在开会的时候讲很多的笑话。他是个很风趣的人,但是他总是会让会议跑题。为了"管住"他。F——注视他,说:"小王,我有个建议……" A——"首先,你的笑话都棒极了……"S——"但是我仍然不清楚你那聪明的脑袋对这个问题真正是怎么看的? 说真的,你是否能够告诉我们你的建议?"T——如果他还是没有改变,你则可以更加严厉一些:"别这样了。我们已经乐过了,但是现在的要点究竟是什么呢?"

如果这些公开的干预仍然不能够见效,你可以问小王是否可以在休息的时候和他单独谈一谈。私下里告诉他:你看到了他做的那些事情,你如何评价他的这些做法,你的感受和你希望他做些什么。这时的谈话可以比公开场合中的语气更为坚定和严厉。

第二节　会议沟通的基本要求

一、注重效率

效率是衡量一个会议成功与否的重要指标之一。所以，一切围绕效率二字的规则，比如简明扼要、开门见山、主题清晰、言之有物等，都是对会议发言者的最基本要求。

如果你需要当众进行主题发言，或者在某个以传递信息为目的的会议上讲话时，那么首先需要做到的就是有备而来，具体地表现在：在进入会场之前，弄清楚参加会议的都有谁；自己为什么来开这个会；会议内容大致是什么；会议要解决什么问题。针对这些提前查阅相关数据、材料、历史记录，并且事先思考一下会议中可能遇到的问题。冗长的会议除了是对与会者的一种精神消耗之外，更会导致真金白银的损失。日本太阳工业公司曾经算过这么一笔账：会议的机会成本 = 每小时平均工资的 3 倍 ×2 × 开会人数 × 开会时间（小时）。之所以平均工资要乘以 3，是因为参会人员创造的劳动产值通常是平均工资的 3 倍；而乘以 2 是因为参加会议要中断日常工作，因此损失又要以 2 倍来计算。

在会议上发言，尤其是占用大量时间进行主题发言时，切忌套话、空话，要尽量做到提纲挈领，先讲主张再说理由，按照一定的逻辑把自己想说的内容列成条目，每个条目都能用几个词或者一句话重点概括。如果时间充裕，则可以在相关条目下用事先准备好的数据、材料展开论述。

二、恰当地选择说话时机

成功的关键就是在正确的时间做正确的事情。依照这个逻辑，除了“正确地说话”之外，恰当地选择说话时机也是一次成功会议发言的关键。

发言的时机选择，很大程度上体现了一个人在团队中的角色和位置。在决议形成之前，核心成员或者意见领袖通常习惯于率先表态，而他们的意见往往会决定整个会议的走势。接下来说话的是资深员工，他们会针对先前发言者提出的意见做进一步阐释，或是赞同，或是委婉地提出不同看法。然后才轮到新人，这时留给他们的讨论空间已经十分有限，多数人只能“跟票”表态，很难再提出什么新的见解。到了会议的最后阶段，团队领导会根据大家的意见进行总结发言，并结合他自己的态度形成最终的决议。

实际上，发言的时机更像一个“潜规则”，没有成文的规定，却实实在在地存在于每一间会议室里。试想一下，如果一个有着十几年工龄的资深员工仅仅在会议后半段表态“同意，没意见”，很可能会被认为是敷衍了事，不是带着情绪，就是态度不端正；相反，如果一个职场新人在众目睽睽之下第一个跳出来说话，则很可能被诟病为“不知深浅，自以为是”。

如何选择合适的发言时机，需要判断力，必须搞清楚自己在团队里究竟占了多大的权重，自己的意见到底有怎样的影响力。在此基础上，才能通过对发言时机的把握，承担与自身角色相匹配的责任，并且规避不必要的风险。

职场新人要想在会议上一鸣惊人，确实存在一些难度。作为职场新人，更切实可行的做法是在会议之前认真准备，在会上抱着学习的态度多听听别人怎么说；在需要自己说话的时候，恰当地表达自己的观点，不必过分谦卑，更不能过于自信。至于那些憋着通过一次会议蹿红的年轻人,虽然这种进取心值得肯定,但切忌不能从一开始就盯着别人这儿说得不对那儿说得不好。会议室里确实有可能给新人提供机会,但痴迷于此难免导致用力过猛、伤及他人,让自己在职场起步阶段就陷入困境。

三、求同存异

会议室是职场生态的浓缩版。在这里,人与人的关系、每个人对同一件事的不同解读以及人们处理事情的不同方法,都会被集中在小小的一张会议桌上。面对层出不穷的状况,如何随机应变、从容应对,是对情商的重大考验。在会议上发言,切不可以为有理就能走遍天下。要知道,这种时候用怎样的方式表达才是更重要的。尤其是在意见相左时。某地的公务员面试中就有这么一道题:假如让你组织一次会议,在会上同时有几位同事就你的发言提出反对意见,使你很难堪,你该怎么办?当然,参考答案无外乎“虚心听取大家的不同意见,认真调查和了解各方面的情况”等。但可以换位思考一下,在这个尴尬的场景中,那几位提出反对意见的同事是不是也有做得不妥的地方呢?

当别人发言时,就算你再反对、再鄙视、再想辩驳,表面上也要保持克制,不动声色。轮到你说话时,首先要提到的不是“我不赞同……”而是在对方的发言中,寻找你和他可以达成共识的部分。随后再以恰当的方式提出自己的不同意见,既达到了讨论的目的,表达了自己的想法,又不至于伤及同事。而所谓“恰当的方式”,就是说话的艺术了,这在职场的人际交往中尤其重要。试着在开场白里,向那位和你意见相左的同事说“我认为××提到的这种方式很独特”,“在这次活动中的积极态度非常值得学习”,或者“感谢××对我工作的关注”。谁都好面子,因此说话的时候就必须体察周围的气氛和对方的情绪,是该直抒胸臆,还是点到为止、暂时搁置。

总之,要把握一个原则:针对事,而非针对人。毕竟,人在职场,大家想的都是怎么把事情做好。更重要的是,如果否定了别人的方案,就一定要再至少提出一个新的想法。破坏总是比建设来得容易,只破不立并不能解决问题。在会议中发言时还有个小技巧。有心理学家曾经做过一个试验,他们让发言者频频注视会场上的某一个人。试验结果发现,对于发言者频繁的目光注视,被注视的人在心理上就会觉得自己必须有所反馈,或是频频点头,或是在那人发言后表达补充意见。这个试验结果告诉我们,在会议上发言时,可以一边进行自己的阐述,一边注视会场里的听众,尤其是那些直接关系到此项工作成败的“主要听众”,把自己和他们的关注点联系在一起,这样没准儿会取得意想不到的发言效果。

第三节　会议沟通的基本礼仪

一、会议的主持礼仪

会议的主持礼仪主要有以下几种。

(1)会议主持人应衣着整洁、精神饱满、大方庄重,切忌不修边幅、邋里邋遢。同时,一般也要提前入会。如果需要走上主席台,应步伐稳健有力、挺胸收腹、眼观前方,切忌东张西望,显得不自信,行走的速度根据座位到主席台的距离而定。在会议进行中,会议主持人对会场上的熟人不能打招呼,更不能寒暄闲谈,会议开始前或休息时间可点头、微笑致意。在会议开始,要首先介绍主要参会人员。

(2)会议主持人言谈应该口齿清楚、思维敏捷、简明扼要,可以说一些承上启下的话,但不要太长,以免显得喧宾夺主。如果需要,每个人发言结束后,会议主持人可以进行简短总结。同时,会议主持人要时刻把握会议时间,必要时要提醒发言人注意时间与发言内容。

(3)会议主持人应根据会议性质调节会议气氛,或庄重、或幽默、或沉稳、或活泼。如果遇到老板不满意某位同事的报告或观点或会议进行一半时同事因意见不同而造成尴尬的气氛时,会议主持人应该想法打圆场以打破僵局,继续进行会议。此外,会议主持人也可以先跳开这个争议的话题,选择有趣的议题或争议性较低的议题来讨论。

二、参加会议的聆听礼仪

(1)入场时应该进出有序,根据会议安排落座。座位的远近在心理学上反映了自信心的大小和地位权力的微妙差距。不论你的专业知识有多硬,坐在后面就显示出自己没有强烈的进取心,在公司中作用也较不重要。开会时坐姿端庄,身体挺直,表现出精神饱满的状态,切忌挠头、抖腿等不雅举止。

(2)聆听时要专心致志,与发言人保持目光接触,仔细听清对方所说的话。不要私下小声说话或交头接耳,不要三心二意、东张西望,这些都会影响听讲的效果,也会影响发言人的心情。

(3)聆听的过程更是一个积极思考的过程,要边听边想,敏锐地把握发言人话语里的深层含意。只有准确地把握了他人的真实想法后,才能使自己做正确的判断。

(4)发言人发言结束时,应鼓掌致意,中途退场应轻手轻脚,不影响他人。

三、会议上的发言礼仪

(一)内容——开门见山,言简意赅

要让高层主管和全体同仁在有限的时间中专心倾听你的发言,引起思索并留下深刻印象,发言时就得注意以下两点。

首先,报告内容必须简短有力,条理井然。啰唆而无头绪的发言不仅让听众失去耐心,甚至会让他们怀疑你的专业水准。

其次,直接有力的开场白、清晰的观点陈述、必要情况下的强调,这样的发言会使你骄人的业绩、优秀的职业素质立刻给听众留下深刻印象。

(二)肢体语言——多用自信的手势会使发言效果显著

如果希望自己的讲话内容被听众接受,那么必须在心里树立坚强的信念,不妄自菲薄,这样,身体语言就像讲话内容一样让人信服。最基本肢体语言的礼仪要求是走上主席台应该步伐稳健有力,行走的速度因会议的性质而定。一般地说,对快、热烈的会议步频应较慢。入席后,如果是站立发言,应双腿并拢,腰背挺直;如果坐姿发言时,应身体挺直,双臂前伸,两手轻按于桌沿;如果是书面发言,要时常抬头扫视一下会场,不能低头读稿,旁若无人。发言完毕,应该对听众的倾听表示谢意。

发言时加上肢体语言的辅助,能收到事半功倍的效果。例如,在向人们解释某个问题时,要让你的一只手自然地放在一边或采用手心向上的动作,这样显得坦白而真诚。发言中说教式的动作并不能获得信任,只会引起别人的反感,如那些可笑的指指点点表示强调、

坐在台前交叉握双手、手指撑出一个高塔形状的动作。再比如，无论讲的主题多么严肃，偶尔的微笑，总能帮助你赢得更多的支持。用眼睛不时有意地环视会场上的每个人，就好像在对某个人发表演说一样。即使这种环视只不过是飞瞥一两次。不要回避或鄙视那些诋毁者的眼光，让他们也抬着头看你，可以显示你的自信和坦然，甚至可化干戈为玉帛。千万不要摆出双手紧握或双臂交叉于胸前的防卫姿势，这些动作只能说明你比较保守。

（三）语调——尽量压低，给人以稳重感

语音语调同样不能忽视。女性一般声线较细，声频偏高，这样的声调显得纤细、敏感、不够持重，所以，在整个发言过程中，尽量采用低沉而有节奏的语调，这样的声音才有说服力。低沉的声音训练秘诀很简单，就是羽西说过的"让语调尽量放低，低到不能再低的程度"。

如果有会议参加者对发言人提问，应礼貌作答。对不能回答的问题，应机智而礼貌地说明理由。对提问人的批评和意见应认真听取，即使提问者的批评是错误的，也不应失态。

如果会议采取较随意的自由发言的形式，则要讲究发言的顺序和秩序，不要争抢发言。在大会上与别人争话筒，只能给人留下不礼貌的印象。自由发言时内容同样应简短，观点明确；如与他人有分歧，应以理服人，态度平和并要听从主持人的指挥。

四、会议上的插话礼仪

在会议上常常遇到下面的情况：突然冒出了一些很好的想法，很想和大家分享，却不知道应该在什么时候提出来；在会议的进程中突然意识到，前面一个同事的发言是错误的，很想指出来，但是不知道应该选择怎样的时机；在整场会议中，一直在不停地点头、微笑，以表示赞同，但是一点都不清楚大家到底在讨论什么。

在会议的进程中说出自己的想法，无论是插话、纠正别人的错误或是要求别人再一次阐明观点，这些做法似乎都显得有些咄咄逼人。记住下面几个有用的短语将给你带来自信，使你在团队讨论和会议中有效地插嘴，发表自己的想法和观点。

（一）当你有一个想法时

通常，人们在会议中遇到这种情况会选择保持缄默，因为他们害怕自己说错、被别人视为无知或是提出了一个在别人看来很傻的观点。要克服这种恐惧心理的方法是，你的想法不带个人色彩，要针对整个团体来发问。如果觉得自己可能有一个很好的观点，但是对此还不够自信，可通过以下几种方式表达。

（1）我们是否考虑过……要让史蒂芬直接加入到公关活动中来？

（2）是否有人提到过……布莱雷的报告？我似乎记得现在安德鲁所提出的一些主题在布莱雷的报告里也提到过。

（3）我们也许需要考虑的另一个选择……是将截止日期推到十月初？

（4）是否值得我们重新评估一下……上周已经达成一致意见的关于产品规格议题的会议记录？

上述这些问题的潜在信息是在为团队的讨论作贡献，在为团队增加价值，而不是在全权负责一个议题或是要控制整个谈话。通过使用非正式的问题，能够很好地提出自己的想法，同时自己又不用为这个提议承担过多的责任。

(二)当你要表示异议时

要提出质疑,首先要找到对方提议的不足和瑕疵。如果讨论正朝着不赞同的方向发展,要保持缄默似乎是很难做到的。当然,如果有一些相反的意见,你有权利(甚至是责任)来提出你的想法;关键是要掌握发表自己看法的技巧,避免自己听起来像个笨蛋。下面是一些技巧和有用的短语,可以在遇到这种尴尬而又紧张的情况下加以灵活运用。

(1)要直言不讳:对不起,乔恩,我尊敬你,但不太赞同您的评估;根据我的经历,我觉得或许不是这样的……我发现这个团队的参与度很高。

(2)要保持谨慎:我要故意唱一唱反调了,让我们来试想一下,如果我们采用相反的途径,使用直邮营销而不是仅仅依赖于社交媒体的效应,那结果会怎样呢?

(3)要带有"挑衅性":在这里,我想误导大家一下……对不得不接受这笔交易的前提条件提出质疑。

(三)当你感到困惑时

最后要说明的是,还有什么比坐在那里却完全不了解会议到底在说什么更糟糕的事情呢?或许在理解上晚了一步,在错的时候发表了看法,或者根本不清楚正在进行的议题是什么,而且随着会议的持续进行,觉得自己越来越难跟上了。无论当时是什么情况,让别人阐明观点的要求提出得越晚,就越难让自己跟上对话。当发现自己跟不上会议进展时,可以试着使用下面这些很好的短语。

(1)原谅我,我有点跟不上了,觉得有些困惑……你建议我们讨论哪个营销方案?

(2)我觉得有点跟不上你的思路,您刚才说要考虑什么来着……是八月份交付货物吗?

(3)我敢肯定这一点已经说过了,不过能否重复一下……刚才说到,下周的会议大概会有多少出席者?

(4)很抱歉,或许在座的各位都已经很清楚了,但是我想问一下CAF是什么?

(5)这个问题或许很傻,但是我还没有完全明白,为什么……我们不用铁路,而要用卡车来运输?

如果能在会议中说出自己的想法,无论是提出新的观点、纠正一个错误概念,抑或是让自己搞清楚会议的进程,最终会发现自己在会议中能表现得更好。这得感谢自己和团队,有机会充分发挥自己的潜能;而且这并不像所想象的那么咄咄逼人。

第五节　会议应急事件的处理技巧

一、克服会议发言紧张情绪的处理技巧

没有重点、让人摸不到头绪的发言,没有人愿意听。但如果把要讲的内容列个纲要,就不会忘记自己的主题,即使紧张得把要说的话全忘了也可以靠着纲要的提醒继续发言。除此之外,一份发言纲要还可以防止跑题,会对自己的发言更有信心。在职场中打拼,语言沟通是非常重要的一课。无法条理清晰的把话讲明白,对你今后的职业发展会造成很大困扰,开会前写个计划性提纲,能让发言简洁流畅。能理清发言思路的技巧有以下几种。

(1)把打算在发言中用到的所有信息都写下来。现在先不用担心顺序或者是否切题的

事情。这就像开发新产品的头脑风暴会议一样，现在只是在罗列一些情况，而不是创意和想法。把想到的信息罗列出来后，再分别将每一条写在一张便签上。

(2)读一遍这些便签。第二次读的同时，将便签分类，把传达同类信息的便签放在一起。先不要管现在收集的信息的数量，如果某张便签不属于任何一个类别，那么就把这一张单独放着。

(3)重新检查便签上的信息。那些单独放着的便签是否真的适合主题呢？如果不符合，那就不要犹豫，扔掉它。如果内容与主题非常契合，那么就要再找一些相关信息来丰富一下。如果其中一类的便签非常多，那么仔细看一下，是否有一些是画蛇添足的，如果是的话，也要扔掉。

(4)接下来可以开始调整这些内容的顺序了。先把会议发言中要提到的重点写下来，标出优先次序。再看刚才分类好的信息分别适合用在哪些重点中。然后用简单的词句概括每条信息的内容，并写在刚刚记下来的重点下面。

(5)给发言写个开头和结尾。这两个内容应该逐字逐句地写出来，以防发言的时候太过紧张。记住，开头应该介绍自己发言的主旨，让与会者知道要告诉他们哪些信息；而结尾则是对发言内容作一个总结，告诉与会者刚才讲了些什么。

(6)把发言变成"卡片"。在第一张卡片的最上面用比较醒目的字体写上发言的第一个重点，下面是总结过的适用于这个点的概括信息。发言有多少重点就准备几张卡片，当然，希望不会手拿着一副扑克牌去开会。

二、会议发言突遭反驳的处理技巧

在日常生活中，常常会遇到突发的事件，这时候只有提高自己在较小范围内的应变能力，才能把事情解决好。职场上也如此，尤其是在会议上，如果懂得随机应变，那么开会的成功率也会大大提高。职场人，如果在会议中遭到同事反驳，要选择正确的方式来解决，不可发生冲突。另外如果遇事总是迟疑不决、优柔寡断，那就要下决心锻炼自己的应变能力了。

本章小结

本章主要讲解了以下几个问题。

(1)会议沟通概述：会议沟通的含义、采用会议沟通形式的情境、会议的安排、会议的主持、灵活应对会议的困境。

(2)会议沟通的基本要求：注重效率、恰当地选择说话时机、求同存异。

(3)会议沟通的基本礼仪：会议的主持礼仪、参加会议的聆听礼仪、会议上的发言礼仪、会议上的插话礼仪。

(4)会议应急事件的处理技巧：克服会议发言紧张情绪的处理技巧、会议发言突遭反驳的处理技巧。

本章测试题

一、不定项选择题

1. 会议是一种成本较高的沟通方式，因为(　　)。

A. 沟通的时间长　　B. 解决重大问题

C. 解决复杂问题　　D. 开会旅途成本高

2. 会议的安排一般要(　　)。

A. 制订议程安排　　B. 挑选与会者　　C. 会议室的选择　　D. 会议室的布置

3. 会议主持人的沟通技巧有(　　)。

A. 棱镜型问题　　B. 环形问题　　C. 广播型问题　　D. 定向型问题

4. 职场会议开场白的技巧有(　　)。

A. 贴切引用，先声夺人　　B. 触景生题，暗度陈仓

C. 讲述故事，顺水推舟　　D. 设计悬念，扣人心弦

5. 会议上发言的礼仪有(　　)。

A. 开门见山　　B. 多用自信的手势

C. 尽量用低沉而有节奏的语调　　D. 发言观点要明确

二、判断题

1. 当你在会议上有一个想法时首先选择保持缄默。(　　)

2. 当你要表示异议时，首先要找到对方的不足和瑕疵。(　　)

3. 会议发言突遭他人的反驳，你要立即反击。(　　)

4. 在职场沟通中，就争议的某一问题是直抒胸臆，还是曲径通幽，要因人而异。(　　)

5. 在推进会议的进程中，要通报信息，杜绝“小会”，公正引导讨论，防止冷场。(　　)

6. 信息型会议的与会者应面向彼此，而决策型会议的与会者应面向房间的前方。(　　)

7. 信息型会议，你应该通知所有需要了解该信息的人都参加。(　　)

8. 发言时加上身体语言的辅助，能收到事半功倍的效果。(　　)

9. 入场时应该进出有序，根据会议安排落座。(　　)

10. 注重效率是职场会议成功的关键。(　　)

三、案例分析

案例：

某公司要举办成立大会，请了有关单位的领导参加，秘书小李负责嘉宾的邀请。她用电话通知各位嘉宾，但有的嘉宾电话没通，所以没有找到，事后她把这件事忘掉了，会前也没和嘉宾再次确认。对于重要嘉宾发出了邀请函，但邀请函不是十分美观，比较简陋。结果开会那天，来的嘉宾很少。

问题：

请分析秘书小李的做法有哪些不妥之处。

第十五章　商务宴会中的沟通

【案例导入】

国外某投资集团十分看好我国某地独特的旅游资源，在有关部门的努力下，原则上决定投入巨资开发当地独特、优美的旅游资源。为了进一步落实投资具体事宜，该投资集团派出董事长为团长的高级代表团来到该县进行实地考察。当地县政府对这次接待活动格外重视，接待规格是史无前例的。县政府在代表团到达当天举办盛大欢迎宴会，出席宴会的外方代表团成员共8人，中方陪同人员100人。菜肴极其丰富，不仅有专门从海南空运过来的龙虾、鲍鱼，还专程从北京全聚德请来一级厨师烤制地道的北京烤鸭，甚至还有当地特有的山龟、果子狸，其规模和档次甚至超过国宴。

然而，面对主人热情洋溢的祝酒词以及丰盛的山珍海味，外方代表团成员没有中方陪客那样兴奋，对中方的盛情款待似乎并不领情。第二天，代表团参观了当地尚未开发的旅游资源。外方赞不绝口，但没有按照以前期望的那样签署投资协议。为什么对外方如此高规格的接待却没有起到任何效果？县政府领导百思不得其解。

请思考：为什么对外方如此高规格的接待却没有起到任何效果？在用餐上我国存在哪些陋习？

【知识传授】

第一节　商务宴会概述

一、商务宴会的含义

商务宴会是国际和国内交往中常见的社交活动形式，是人们为了一定的社交目的而采取的一种正式的、隆重的、讲究礼节的聚餐活动。可以说，商务宴会是最高级的餐饮形式，也是餐饮文化的综合表现形式。具体地讲，宴会就是指人们为了表示欢迎、答谢、祝贺、喜庆等目的或为了一定的社交需要，按一定的规格程序组合起来的整套菜点，宴请宾客的一种就餐形式。总的要求：格调高、讲气氛、讲排场、服务工作周到细致。

二、商务宴会的特征

现代商务宴会具有就餐人数多，消费标准高，菜点品种丰富、搭配合理，就餐时间长，讲究接待礼仪等特点。它一般要求环境布置舒适，桌面摆设干净、整齐、美观，菜单设计精致，菜品组合巧妙，并且由训练有素、有一定实际接待经验的服务员进行接待，具体特征有以下几点。

(一)聚餐式

聚餐式饮食是宴会很重要的一个特征,它主要指宴会的形式。我国宴会都是在多人围坐、亲切交谈的氛围中进行的,一般采用合餐制,其中十人一桌的形式最为常见,也喻义十全十美,有吉祥祝福之意。餐桌大都选用大圆桌,也象征团团圆圆、和和美美。赴宴者通常由主人、副主人、主宾、副主宾及陪客组成,桌次也有首席、主桌、次桌之分。虽然席位有主次,座位有高低,但大家都在同一时间、同一地点、品尝同样的菜肴、享受同样的服务,更重要的是大家都是为了同一目的而聚集一堂,特别是围桌宴饮时很容易沟通,缩短宾主、客人之间的距离,使其产生宾至如归感,所以聚餐饮食是宴会的一个基本特征。

(二)规格化

规格化是宴会内容上的一个重要特征。宴会之所以不同于一般的便餐、大众快餐和零点就餐,就在于它的规格化和档次。一般便餐、大众快餐等是以吃饱为主,在进餐环境、菜肴组合、服务水平及就餐礼仪上都无过多要求,但宴会则要求进餐环境幽雅,布置得当;就餐礼仪要求高;全部菜品配套、应时当令、制作精美、营养均衡。盛器、食具等精美、华贵、典雅,上菜程序井然等,显示宴会的规格化。

(三)社交性

社交性是宴会作用的一个重要特征。众所周知,宴会可以说是美食汇展的橱窗,它既可以使人心情愉悦、健身强体、满足口腹之欲,又能受到精神文化的熏陶,引发谈兴、陶冶情操,给人以精神上、艺术上的享受。但从另外一个角度看,国内外的任何宴会均有它举办的目的。大到国家政府举办的国宴、正式宴会,小到民间举办的家宴;远到唐代举办的烧尾宴,近到一年一度举办的迎春宴,都有一定的主题。它们或者为了纪念节日、欢庆盛典,或者为了洽淡事务、展开公关,或者为了活跃市场、繁荣经济,或者接风洗尘、欢迎、酬谢,或者为了和平与友谊,或者为了亲情和友情等。总之,人们聚在一起围绕宴会主题,在品佳肴、饮琼浆、促膝谈心交朋友的过程中疏通关系、增进了解、加强情宜,解决一些其他场合不容易或不便于解决的问题,从而实现社交的目的。这也正是宴席自产生以来几千年长盛不衰,普遍受到就餐者的重视并广为利用的一个重要原因。

(四)礼仪性

宴会的礼仪性有以下两层意思。一是指饮宴礼仪,要求每位赴宴者都要遵守。所谓"设宴待嘉宾,无礼不成席"就是这个意思,历代的席礼、酒礼、茶礼等均由此而来。二是指从服务人员的角度去理解的。凡是举行宴席,主人都希望他所请的客人得到无微不至的照顾,都希望享受到与宴席菜品质量相匹配的服务,所以为宴会服务的人员要经过严格的挑选,不但要求基本操作技能过硬,还要有系统的理论知识和丰富的实践经验,使他们为客人提供的服务遵循一定的程序,讲究礼节礼仪,准确服务好每道特殊菜肴,而且要尊重客人的风俗习惯和饮食禁忌,满足客人就餐时追求食品卫生、安全等就餐心理。

第二节　商务宴会的礼仪

一、赴宴前的准备礼仪

赴宴要遵守约定的时间，既不要太早，也不能迟到。最好事先探询一下，可依据请柬注明的时间，稍微提前一点。如果你与主人关系密切，则不妨早点到达，以帮助主人招待宾客或做些准备工作。

当抵达宴请地点时，首先跟主人握手、问候致意。对其他客人，无论相识与否，都要笑脸相迎，点头致意或握手寒暄、互相问好；对长辈老人，要主动让座请安；对小孩则应多加关照。万一迟到，在入座之前，应先向所有客人微笑打招呼，同时说声抱歉。

二、宴会的服装礼仪

穿着不仅代表一个人的身份、地位、教养以及品味；也是一个民族的经济橱窗。中国古人有言："人要衣装，佛要金装。"穿着的基本要求是：穿出自己的风格及特色；合乎场合、年纪、身材及身份；要予人大方、稳重的良好印象。

（一）男士宴会服装

（1）大礼服：Swallow Tail or White Tie 为西方男士晚间最正式的穿着。

（2）早礼服：Morning Coat 为西方男士日间常用的礼服。

（3）小礼服：Smoking or Tuxedo or Black Tie 为晚间集会最常用的礼服。

（4）便服：一般指西服或国服，晚间通常着深色西服；夏天或白天可着淡色西服。

（二）女士宴会服装

（1）旗袍、洋装或套装，白天着短旗袍，晚间正式场合着长旗袍。白天戴短手套，晚间戴长手套，颜色多白或黑色，户外握手不必脱手套，室内则须脱去右手手套为宜。女士白天可戴帽，晚间宴会则不宜。

（2）女士于正式宴会应注意优雅的仪态及适当的穿着及配件。正式场合穿着特质：着裙装、包头高跟鞋、丝袜、佩戴耳环等。

（3）正式晚宴服装颜色搭配则以素雅或色系相近者为宜，如黑、金、银、绿、驼色都是不错的选择；女士于正式场合应着礼服及注意皮包及高跟鞋的款式与质地。

三、宴会座位礼仪

一般的宴会，除自助餐、茶会及酒会外，主人必须安排客人的席次，不能以随便坐的方式，引起主客及其他客人的不满。尤其在有外交使团的场合，大使及代表之间，前后有序，绝不相让。兹就桌次的顺序和每桌座位的尊卑，分述如下。

（一）桌次的顺序

一般家庭的宴会，饭厅置圆桌一台，无桌次顺序的区分，但如果宴会设在饭店或礼堂，两桌或两桌以上时，则必须定其大小。其定位的原则是以背对饭厅或礼堂为正位；以右旁为大，左旁为小；如场地排有三桌，则以中间为大，右旁次之，左旁为小。

（二）席次的安排

宾客邀妥后，必须安排客人的席次。目前我国以中餐圆桌款宴，有中式及西式两种席次的安排。两种方式不一，但基本原则相同。一般而言，必须注意下列原则。

（1）以右为尊，席次的安排，以右为尊、左为卑。故如男女主人并座，则男左女右，以右为大。如席设两桌，男女主人分开主持，则以右桌为大。宾客席次的安排亦然，即以男女主人右侧为大，左侧为小。

（2）职位或地位高者为尊，地位高者座上席。

（3）职位或地位相同，则必须依官职传统习惯定位。遵守外交惯例，依各国的惯例，当一国政府的首长，如总统或总理款宴外宾时，则外交部长的排名在其他各部部长之前。

（4）女士以夫为贵，其排名的秩序，与其丈夫相同。即在众多宾客中，男主宾排第一位，其夫人排第二位。但如邀请对象是女宾，因她是某部部长，而这位先生官位不显，譬如是某大公司的董事长，则必须排在所有部长之后。

（5）与宴宾客有政府官员、社会团体领袖及社会贤达参加的场合，则依政府官员、社会团体领袖、社会贤达为序。

（6）欧美人士视宴会为社交最佳场合，故席位采取分座原则，即男女分座，排位时男女互为间隔。夫妇、父女、母子、兄妹等必须分开。

（7）遵守社会伦理，长幼有序，师生有别，如某君已为部长，而某教授为其恩师，在非正式场合，不能将某教授排在该部长之下。

（8）座位的末座，不能安排女宾。

（9）如男女主人的宴会，邀请了他的顶头上司，经理邀请了其董事长，则男女主人必须谦让其应坐的尊位，改座次位。

四、吃菜的礼仪

中国人一般都很讲究吃，同时也很讲究吃相。随着职场礼仪越来越被重视，商务饭桌上的吃和吃相也更加讲究。以下以中餐为例，教你如何在餐桌上得心应手。

中餐宴席进餐伊始，服务员送上的第一道湿毛巾是擦手的，不要用它去擦脸。上龙虾、鸡、水果时，会送上一只小小水盂，其中飘着柠檬片或玫瑰花瓣，它不是饮料，而是洗手用的。洗手时，可两手轮流沾湿指头，轻轻涮洗，然后用小毛巾擦干。

用餐时要注意文明礼貌。对外宾不要反复劝菜，可向对方介绍中国菜的特点，吃不吃由他。有人喜欢向他人劝菜，甚至为对方夹菜。外宾没这个习惯，要是一再客气，没准人家会反感："说过不吃了，你非逼我干什么？"依此类推，参加外宾举行的宴会，也不要指望主人会反复给你让菜。要是等别人给自己布菜，那就只好饿肚子。

入席后，不要立即动手取食。而应待主人打招呼，由主人举杯示意开始时，客人才能开始；客人不能抢在主人前面。夹菜要文明，应等菜肴转到自己面前时，再动筷子，不要抢在邻座前面，一次夹菜也不宜过多。要细嚼慢咽，这不仅有利于消化，也是餐桌上的礼仪要求。绝不能大块往嘴里塞，狼吞虎咽，这样会给人留下贪婪的印象。不要挑食，不要只盯住自己喜欢的菜吃或者急忙把喜欢的菜堆在自己的盘子里。用餐的动作要文雅,夹菜时不要碰到邻座,不要把盘里的菜拨到桌上,不要把汤泼翻。不要发出不必要的声音,如喝汤时"咕噜咕噜",吃菜时嘴里"叭叭"作响,这都是粗俗的表现。不要一边吃东西,一边和人聊天。嘴里的骨头和鱼刺不要吐在桌子上,可用餐巾掩口,用筷子取出来放在碟子里。掉在桌子上的菜,不要再吃。进餐过程中不要玩弄碗筷或用筷子直向别人。不要用手去嘴里乱抠。用牙签剔牙时,应用手或餐巾掩住嘴。不要让餐具发出任何声响。

【典型案例】

小张错在哪?

刘小姐和小张在一家西餐厅就餐,小张点了海鲜大餐,刘小姐则点了烤羊排。主菜上桌,两人的话匣子也打开了,小张边听刘小姐聊起童年往事,一边吃着海鲜,心情愉快极了,正在陶醉的当口,他发现有根鱼骨头塞在牙缝中,让他不舒服。小张心想,用手去掏太不雅了,所以就用舌头舔,舔也舔不出来,还发出"啧啧喳喳"的声音,好不容易将它吐出来,就随手放在餐巾上。之后他在吃虾时又在餐巾上吐了几块虾壳。刘小姐对这些不太计较,可这时男士想打喷嚏,拉起餐巾遮嘴,用力打了一声喷嚏,餐巾上的鱼刺、虾壳随着风势飞出去,其中的一些正好飞落在刘小姐的烤羊排上,这下刘小姐有些不高兴了。接下来,刘小姐话也少了许多,饭也没怎么吃。

(来源:天津对外经济贸易职业学院《商务礼仪精品课》)

五、喝酒的礼仪

主人应该首先带头举杯,说些场面话;客人则应等主人敬酒后再敬酒,当全场一起举杯的时候,则杯抬至与嘴平行,一般不用碰杯,当俩人互敬时,则需要碰杯,碰杯切记——自己的杯口应低于对方的杯口,以示尊敬。

敬酒时话不能多,可以简要表明心态,如:"今天很开心,大家能聚在一起,让我们来喝一杯,我先干为敬。"别人敬你酒时你应当站起来,正视对方,当别人向你祝福时,你也应同时说出对对方的祝福。酒不能多喝,但是也不能不喝,应该首先明白自己的度在哪里,比如知道自己喝到 3 杯就醉的话,那就只能喝到 2 杯半,不然醉了就麻烦了。

在正式的宴会上,服务员打开酒瓶后,先要上一点递给主人品尝。主人应先饮一小口仔细品评,然后再尝一口,感到所上的酒完全合乎要求时,再向服务员示意,可以给客人们斟酒了,斟酒的顺序是:先主宾,随后才是其他客人,斟酒时酒杯应放在餐桌上,酒瓶不要碰到杯口。

会喝酒的人饮酒前应有礼貌地品一下酒,可以先欣赏一下酒的色彩,闻一闻酒香。继而轻吸一口,慢慢品味。不要为显示自己的海量,举起酒杯看也不看,便一饮而尽,使酒顺着嘴角往下流。也不必矫揉造作地在举杯时翘起小手指、以显示自己的优雅举止。不宜一边饮酒,一边吸烟。鉴于酒后容易失言和失礼,故在涉外活动中饮酒的酒量要控制在自己平日酒量的一半以下，不要一看到对方的盛情或美酒佳肴，便忘乎所以了。

服务员来斟酒，不必拿起酒杯，但不要忘了向服务员致谢。如果是主人亲自斟酒时，必须端起酒杯致谢甚至是起身站立或欠身点头致谢。也可以使用“叩指礼”，也就是用右手拇指、食指、中指捏在一起，指尖向下，轻叩几下桌面表示谢意。主人亲自斟酒，要注意：面面俱到，一视同仁；斟酒适量，白酒和啤酒都可以斟满，其他酒不用斟满。在正式场合，除主人和服务员外，其他宾客一般不要自行给别人斟酒。

【知识拓展】

敬酒的技巧

敬酒也就是祝酒，即指在正式宴会上，由男主人向来宾提议，提出某个事由而饮酒。在饮酒时，通常要讲一些祝愿、祝福类的话甚至主人和主宾还要发表一篇专门的祝酒词。祝酒词内容越短越好。

敬酒可以随时在饮酒的过程中进行。要是致正式祝酒词，就应在特定的时间进行，并不能因此影响来宾的用餐。祝酒词适合在宾主入座后、用餐前开始，也可以在吃过主菜后、甜品上桌前进行。

在饮酒特别是祝酒、敬酒时进行干杯，需要有人率先提议，可以是主人、主宾，也可以是在场的人。提议干杯时，应起身站立，右手端起酒杯或者用右手拿起酒杯后再以左手托扶杯底，面带微笑，目视其他特别是自己的祝酒对象，嘴里同时说着祝福的话。

有人提议干杯后，要手拿酒杯起身站立。即使是滴酒不沾，也要拿起杯子做做样子。将酒杯举到眼睛高度，说完“干杯”后，将酒一饮而尽或喝适量。然后，还要手拿酒杯与提议者对视一下，这个过程就算结束。

在中餐里，干杯前可以象征性地和对方碰一下酒杯；碰杯的时候，应该让自己的酒杯低于对方的酒杯，表示对对方的尊敬。用酒杯杯底轻碰桌面，也可以表示和对方碰杯。当离对方比较远时，完全可以用这种方式代劳。

一般情况下，敬酒应以年龄大小、职位高低、宾主身份为先后顺序，一定要充分考虑好敬酒的顺序，分明主次。即使和不熟悉的人在一起喝酒，也要先打听一下身份或是留意别人对他的称号，避免出现尴尬或伤感情的情景。若有求于席上的某位客人，对他自然要倍加恭敬。但如果在场有更高身份或年长的人，也要先给尊长者敬酒，不然会使大家很难为情。

如果因为生活习惯或健康等原因不适合饮酒，也可以委托亲友、部下、晚辈代喝或者以饮料、茶水代替。作为敬酒人，应充分体谅对方，在对方请人代酒或用饮料代替时，不要非让对方喝酒不可，也不应该好奇地“打破砂锅问到底”。要知道，别人没主动说明原因就表示对方认为这是他的隐私。

在西餐里，祝酒干杯只用香槟酒，并且不能越过身边的人而和其他人祝酒干杯 。

（来源：中国制造网，http://cn.made-in-china.com/）

六、职场宴会上的沟通礼仪

1. 众欢同乐,切忌私语

大多数宴会宾客都较多,所以应尽量多谈论一些大部分人能够参与的话题,得到多数人的认同。因为个人的兴趣爱好、知识面不同,所以话题尽量不要太偏,避免唯我独尊、天南海北、神侃无边,出现跑题现象,而忽略了众人。特别是尽量不要与人贴耳小声私语,给别人一种神秘感,往往让人产生"就你俩好"的嫉妒心理,影响喝酒的效果。

2. 瞄准宾主,把握大局

大多数宴会都有一个主题,也就是喝酒的目的。赴宴时首先应环视一下各位的神态表情,分清主次,不要单纯地为了喝酒而喝酒,而失去交友的好机会,更不要让某些哗众取宠的酒徒搅乱东道主的意思。

3. 语言得当,诙谐幽默

酒桌上可以显示出一个人的才华、常识、修养和交际风度,有时一句诙谐幽默的语言,会给客人留下很深的印象,使人无形中产生好感。所以,应该知道什么时候该说什么话,语言得当,诙谐幽默很关键。

4. 劝酒适度,切莫强求

在酒桌上往往会遇到劝酒的现象,有的人总喜欢把酒场当战场,想方设法劝别人多喝几杯,认为不喝到量就是不实在。"以酒论英雄",酒量大的人还可以,酒量小的就犯难了,有时过分地劝酒,会将原有的朋友感情完全破坏。

5. 察言观色,了解人心

要想在酒桌上得到大家的赞赏,就必须学会察言观色。因为与人交际,就要了解人心,左右逢源,才能演好酒桌上的角色。

6. 锋芒渐射,稳坐泰山

宴会上要看清场合,正确估价自己的实力,不要太冲动,尽量保留一些酒力和说话的分寸,既不让别人小看自己又不要过分地表露自身,选择适当的机会,逐渐放射自己的锋芒,才能稳坐泰山,不致给别人产生"就这点能力"的想法,使大家不敢低估你的实力。

七、宴会中主人的礼仪

做主人的必须带动宴会气氛,其中谈话气氛尤其重要。

(1)要特别关照害羞的客人,而且主人应该安排健谈的客人陪陪这些客人。

(2)如果宴会中出现非常低水准的对话,例如黄色笑话,做主人的必须负责提升谈话品质。

(3)如果客人争辩不休,主人必须设法排解。譬如有人对其他客人发动人身攻击;又如外国客人谈到自己国家事务可能会非常激动。碰到这些情况,做主人的可以说:"各位听好,×××为我们精心准备了这道大餐,为向她表示尊敬,让我们换个话题罢。"这时,另一位客人很可能会拿起酒杯说:"我附议。"然后大家干杯结束这场冲突。

如果菜出了问题,请用些幽默感来解决窘况,千万不要企图掩饰过错。例如肉烤焦了,你可以说:“吃了这盘肉,餐后你们就可得到一张行为良好的证书。”如果某样东西准备得太少,你可以开玩笑地说:“看到大家身材都这么苗条,可能饭后根本不吃点心,所以我只准备了一点。”

如果有人饮酒过量,你可以叫计程车送他回家、请客人载他回家、让他在你家过夜。总之,绝不能让他酒醉后独自外出。

八、退席礼仪

一旦就餐入席,最好不要中途离去。若有急事非要中途离席时,也应向主人说明情况,表示歉意,然后向本桌的其他客人点头示意,方可离去。如果有长辈在席时,最好向后退两步再转身离开。这样能给人留下讲礼貌的好印象。

退席不要选择别人正在谈话时,因为那样会被人认为是对别人说话不耐烦。

客人不得因贪杯而拖延不散,也不能因余兴未尽而迟迟不起,那样做不仅是对主人的失礼,也是对其他客人的不敬。在宴会结束时,应热情与主人话别,也要与其他客人道别。千万不要拉着主人的手不停地谈话。即使有很多话要跟主人说,也该留待他日有空再谈,免得耽误主人送客。如果主人有一般礼物馈赠,应高兴地收下,并表示十分喜爱,有礼貌地表示感谢。

第三节　商务宴会的注意事项

一、参加商务宴会的注意事项

(一)掌握出席时间

答应对方的邀请后如果临时有事要迟到甚至取消参加宴会,必须事先通知对方。赴会时稍迟是可以接受的,但若超过十五分钟便会给对方不重视参加宴会的印象。出席宴请,抵达时间早晚、逗留时间长短,在一定程度上反映出对主人的尊重与否。迟到或逗留时间短,则常被视为有意冷落他人或是失礼的表现。应在主宾离席后,自己再告辞,确有事情需要提前退席,则应向主人说明后再悄悄离去,也可以事先打好招呼,到时很快离席。到达宴请地点,先到衣帽间脱下大衣和帽子,然后前往主人迎宾处,向主人问好,如带有礼品,应及时交给主人。

(二)入座与进餐

入座时应听从主人的安排,如邻座是年长者或妇女,应主动协助他们入座。女士尚未入座时,男士不应先入座。无论男、女亦应依从由左入座原则。入座后应把餐巾展开,覆盖在膝盖上。如用餐时要离开餐桌,应把餐巾放在椅子上。用膳者应等到席上每位都座毕后才开始进食。餐宴上如果没有女主人,那么男主人右边的女性则应该是第一位动刀叉餐具的人,此后其他人才开始进食,每道菜亦应如此。取菜时,自己食盘内不要盛得太多,如遇本人不能吃或不喜欢的菜,服务员上菜或主人劝菜时,不要拒绝,可取少量放在盘内,并及时致谢。对不合口味的菜，切勿露出难堪的表情。吃东西时不要发出声音，要闭嘴嚼，鱼刺、骨头、硬壳等，不要直接外吐，应用筷子取出，(西餐时，吐在叉上)然后放在骨盘内，不要放在桌上。用过的牙签等细小物品最后也都应放进食盘里面。

(三)交谈

无论主人还是客人，都应积极参与同桌人的交谈，特别是左右邻座。不能仅同熟人或只同一两人交谈。邻座如不相识，可先作自我介绍。

二、商务宴会餐桌上应注意的细节

不要在餐桌上化妆，用餐巾擦鼻涕。用餐时打嗝是大忌。取食时，取不到的食物可以请别人传递，不要站起来取食。每次送到嘴里的食物别太多，在咀嚼时不要说话。就餐时不可以狼吞虎咽。对自己不愿吃的食物也应要一点放在盘中，以示礼貌。不应在进餐中途退席。确实需要离开，要向左右的客人小声打招呼。饮酒干杯时，即使不喝，也应该将杯口在唇上碰一碰，以示敬意。当别人为你斟酒时，如果不需要，可以简单地说一声“不，谢谢”或以手稍盖酒杯，表示谢绝。进餐过程中，不要解开纽扣或当众脱衣。如果主人请客人宽衣，男客人可以把外衣脱下搭在椅背上，但不可以把外套或随身携带的东西放到餐台上。

三、商务宴会酒桌上同辈、长辈、晚辈之间应注意的礼节

(一)同辈之间的礼节

敬酒时要目视对方，不随便打断别人的话。别人给自己倒酒时要谦让，并做出谢谢的手势。不要用自己的筷子给别人夹菜。不要逼迫别人喝酒。称呼一定要得体。

(二)长辈、晚辈之间的礼节

长辈给晚辈倒酒，晚辈一定要站起来，双手举杯。晚辈向长辈敬酒，同样要起立，双手举杯，说完话后要说如何喝酒，比如说是全干，还是喝一半。晚辈要主动给长辈倒酒。长辈说话不能插话，更不能吃东西或者自己喝酒。入座时长辈不坐晚辈也不能坐，座位安排要符合长幼主客。

四、商务宴会结束告辞的注意事项

正餐之后的酒会告辞时间按时间而定，如果酒会不是在周末举行，那就意味着告辞时间应在晚间十一时至午夜之间。如果在周末，就可以更晚一些。告辞应不宜过早或过迟。

各种(除了最大型的)酒会上，离开前都要向女主人当面致谢，这是礼貌。致谢时，该说的事交代完就可离开，不要说个不停，这样对方既无法做他自己的事也不能招呼别人。如果你因故必须早点告辞，致谢时不要太引人注目，以免让其他客人认为他们也该走了。

如果是主宾，就要先于其他客人向主人告辞。一般来说，主宾应在用完点心后的 20 分钟到 40 分钟之间相继告辞。一般客人不要先于主宾告辞，否则是对主人和主宾的不敬。如果确实有事需要先走，也要诚恳地说明情况。

出席鸡尾酒会的客人应按请帖上写明的时间起身告辞。如果接到的是口头邀请(可能没说明时间)，应该认为酒会进行两个小时。如果有一位客人迟迟不走，而女主人又另有晚

餐之约,那她就应该婉转说明。她可以友好地说:“我得跟您分手了,因为我不得不……”

本章小结

本章主要讲解了以下几个问题。

(1)商务宴会概述:商务宴会的含义、商务宴会的特征。

(2)商务宴会的礼仪:赴宴前的准备礼仪、宴会的服装礼仪、宴客座位礼仪、吃菜的礼仪、喝酒的礼仪、职场宴会上的沟通礼仪、宴会中主人的礼仪、退席礼仪。

(3)商务宴会的注意事项:参加商务宴会的注意事项,商务宴会餐桌上应注意的细节,商务宴会酒桌上同辈、长辈、晚辈之间的礼节,商务宴会结束告辞的注意事项。

本章测试题

一、不定项选择题

1. 家宴是十分重要和讲究的场合,在此之中有许多礼仪需要遵守。下面有关行为不符合规范礼仪的是(　　)。

A. 注意穿衣时一定要讲究,注意一下仪容的整洁

B. 学会赞美主人的家,这样会使得主人高兴

C. 既然是主人的热情邀请,到主人家可以任意参观

D. 家宴一样要守时,不能迟到

2. 宴会时,主人右侧的位置应该坐的是(　　)。

A. 买单的人　　B. 主宾　　C. 次主宾　　D. 随意

3. 选择好的宴会场所,无疑是十分重要的事情。下面对宴请场所的选择上欠妥的是(　　)。

A. 为了表示对客人的尊重,饭店的等级选择上要尽可能的高级

B. 可以在家待客以显示主人的热情和主客之间亲密无间的情谊

C. 为了尊重回族客人的民族习惯应在清真饭店摆席招待客人

D. 要注意对方饮食禁忌

4. 下面有关商务宴请礼仪不合规范的是(　　)。

A. 如果有人离席的话,不要问他去哪儿　　B. 吃饭的时候,最好不要谈论健康问题

C. 吃饭的时候应由左方传递食物　　D. 赴宴要提前,但是不要太早

5. 商务宴请席次的安排是(　　)。

A. 以右为准　　B. 以职位或地位高者为准

C. 座位的末端,不能安排女性　　D. 女士以夫为贵,其排名顺序与其夫相同

6. 点菜的规则是(　　)。

A. 人员组成　　B. 菜肴组合

C. 宴请重要程度　　D. 向服务人员问情菜肴的价格

7. 职场宴会上的沟通礼仪是(　　)。

A. 众欢同乐,切忌私语　　B. 劝酒适度,切莫强求

C. 敬酒有序，切莫强求　　D. 察言观色，了解人心

8. 宴会倒茶礼仪(　　)。

A. 茶具要清洁　　B. 茶水要适量　　C. 端茶要得法　　D. 添茶要及时

9. 参加商务宴请要注意的是(　　)。

A. 掌握出席的时间　　B. 入座与进餐

C. 吃饭不要交谈　　D. 祝酒时不要交叉碰杯

10. 酒桌上，长辈与晚辈之间的礼仪应是(　　)。

A. 长辈给倒酒，一定要站起来，双手举杯

B. 向长辈敬酒，可以不用立起，但要用双手举杯

C. 晚辈要主动给长辈倒酒

D. 入座时，长辈不坐晚辈也不能做

E. 长辈说话晚辈不能插话

二、判断题

1. 在正式的宴会中，只要一落座就应打开餐巾。(　　)

2. 送礼金但凭心意，毫无禁忌。(　　)

3. 政治与新闻是餐桌上的好的话题。(　　)

4. 吃饭的时候，最好不要谈论健康问题。(　　)

5. 当进行正式宴会时，一定要在主人宣布开始用餐之后再开始。(　　)

6. 在商业接待的过程中，不论是在会谈前、会谈中还是会谈后，服务人员一定要不停地为客人添茶倒水(　　)

7. 在正常情况下，做东者应当至少提前二十分钟抵达用餐地点。(　　)

8. 自助餐的时间一般被安排在晚间举行，每次用餐时间不宜长于一小时。(　　)

9. 商务宴请时，主客应先举杯。(　　)

10. 长辈给你倒酒，一定要站起来，双手举杯。(　　)

三、案例分析

案例1：

一天傍晚，巴黎的一家餐馆来了一群中国人，老板安排了一位中国服务员为他们服务。交谈中得知他们是东北某县的一个考察团，今天刚到巴黎。随后服务员向他们介绍了一些法国菜，他们不问贵贱，主菜配菜一下子点了几十道，服务员担心他们吃不完，何况菜价不菲，但他们并不在乎。

点完菜，他们开始四处拍照，竞相和服务小姐合影，甚至跑到门外一辆凯迪拉克汽车前面频频留影，还不停地大声说笑，用餐时杯盘刀叉的碰撞声乃至嘴巴咀嚼食物的声音，始终不绝于耳，一会儿便搞得杯盘狼藉，桌子、地毯上到处是油渍和污秽，坐在附近的一位先生忍无可忍，向店方提出抗议，要他们马上停止喧闹，否则就要求换座位。

问题：

(1)这个考察团成员的行为有哪些不得体的地方？

(2)公众场合应注意哪些用餐礼仪规范？

案例2：

在一次宴会上，教授的学生和教授(携带夫人)在一起吃饭。教授的中国台湾学生是一家公司的老总。他来做东请教授和教授的其他学生。做东的学生坐在教授的对面，其他的

学生随便坐。在吃饭的过程中,有一位同学突然站起来出去了,没有人问他到底去干什么去了,大家继续原来的关于中国大陆与中国台湾局势的话题。饭桌上,大家互赠名片,谈论一些感兴趣的问题。

问题:

请指出宴会上的正确和失礼之处。

第十六章　下属与上司之间的沟通

【案例导入】

春秋时的齐国国君景公喜欢养鸟,并设置专门管鸟员——族邹。有一天族邹不小心使景公最心爱的鸟飞掉了,景公很生气,正要处死族邹的时候,一位大臣说:"大王,族邹罪该万死,有三大罪状,容我把他的三大罪状公之于众再杀他不迟。族邹第一大罪状是让大王最心爱的鸟飞掉了,罪该万死;第二大罪状是让大王的鸟飞掉,导致大王要杀人,罪该万死;第三大罪状是导致大王要杀人、重鸟轻士的事情传遍天下,罪该万死。"景公听了此番话,赦免了族邹。

请思考:这位大臣向国君进谏的沟通技巧在哪里?

【知识传授】

第一节　与上司沟通的原则

一、上司"永远是对的"

讲究面子是中国人自尊心的体现,几乎每个中国人都好面子,而上司对面子问题更为重视。比如上司吃过午饭马上开始做报告,仓促之下忘记了擦掉嘴巴上的一粒米,此时作为下属如果直接站出来指出上司的米粒问题就会使上司面红耳赤。有经验的下属会上来为上司倒茶,在倒茶的同时用自己的身体把上司掩护住,悄悄地给上司示意一下。

如果上司确实提出了错误要求或存在错误想法,下属应该合理地坚持,圆满地沟通,避免上司的错误带来严重后果。

二、切忌议论上司的是非

中国历来有着与西方不同的传统文化,讲究等级秩序,不倡导对上司品头论足,几千年来君臣父子,长幼有序,高低分明。受中国的传统文化的影响,下属应该尊敬上司。有些年轻的下属喜欢以自己的标准对上司的品位、穿着、外貌等进行评价,甚至一些自我感觉良好的下属喜欢把自己与上司相比,这是极其错误的做法。事实上,下属与上司没有可比性。

三、不要抢上司的风头

(一)切忌熟不拘礼

下属即使与上司私交很好,遇到外交场合也要注意不可在外人面前表现得与上司非常亲密,应保持一定距离,注意礼节。

(二)回避不应该出现的场合

下属不该出现的场合应主动回避。例如新闻发布会上司作完报告,有一位记者想采访下属,此时下属应当请上司来接受采访。比如:某经理正在向总经理汇报工作时,来了一个很重要的客户,总经理对此客户热情招待,此时该经理应主动离开总经理办公室,等到总经理招待完客户,再进入办公室继续汇报工作。

(三)切忌盲目表现

下属在某些场合的表现应注意分寸,不可盲目表现自己,喧宾夺主。例如,总经理请某部门张经理共同出席一次宴会。宴会上,总经理坐在上位,张经理坐在副陪的位置,未等总经理说话,张经理就开始号召大家举杯。而且张经理言谈往往偏离总经理的主题,总经理听了很生气,以后再也不带张经理一起参加宴会。

(四)不与上司抢功劳

某些项目即使上司没有参与具体工作,但是事情成功后,下属一定要把功劳让给上司,切忌言必"我的作用如何如何",应充分强调上司的英明指挥是成功的前提。

四、独立承担责任

(一)比上司多想一点

特别是中层经理要把上司发布的指示很好地贯彻下去。所谓贯彻就是承上启下,而不仅仅是上传下达,上司注重的是结果,仅仅充当传声筒是远远不够的。

(二)重视结果

上司注重的首先是执行结果,其次才是执行过程。有的职员认为事情既然已经请示过,那么出现问题就不是自己的责任,这种观念是极其错误的。下属需明确自己处于执行层的位置,要确保优质的执行结果。

(三)不重复犯错

职员应避免犯两次同样的错误,这样才能让上司放心地把任务委托给自己。

五、敏感于上司的立场

(一)努力理解上司意图

在实际工作中,每一位下属都应努力去揣摩上司对某件事的想法和态度。揣摩和理解上司的意图是很复杂的事,因为没有标准答案或根本就没有答案,纯粹靠自己想办法去琢磨和理解,这就要求下属看问题要高瞻远瞩,以上司应有的远见来思考问题。

(二)用适当的方式反映现实

下属要对上司的立场保持敏感,向领导汇报工作时,应该揣摩领导的感受,切忌不顾领导的感受,把不该讲的事情和盘托出。中层管理者承上启下的作用是通过中层的力量把上级和下级形成共同整体推进工作,而不是在上级和下级之间制造矛盾。中层管理者要对下级的愿望和上级的要求充分领会,从而推进工作开展。

(三)避免讲不合时宜的话

优秀的下属应懂得谨言慎行,个人的经验性观点在原则上应与上司私下交流。如果对上司有某些意见或建议,可以用比较合适的方式传达给上司。毋庸置疑,上司的愿望是良好的,但是上司可能对某些具体的工作不太了解,资深的下属很有必要与上司私下交流,提出一些建议。但是不能讲上司不喜欢听的空话,比如:我们没有经验,我们在这方面资源太少了,现在时机还不是很成熟;而只能说这样的目标是可以实现的,同时最好做好其他哪几方面的工作,才能保障此目标的实现,这就是中层管理人员与上司相处的艺术。

六、请示要讲艺术

(一)不可不请示,不可乱请示

中层管理者受高级管理者的委托管理某些具体事务,因此必然会向上司请示工作。请示具有阶段性,首先应向上司汇报自己的工作情况。在汇报工作的过程中,上司就会对感兴趣的具体工作下达相关指示。

一般企业高级管理者都有一个共同的痛苦:不知道员工在想什么、做什么。中层管理者应该在适当的时候,向上司报告自己最近从事的具体工作以及工作的进展程度。请示需要讲究原则,值得请示的问题才请示,过于细微的问题应该自己做决断,不盲目请示。

(二)请示时让上司做选择题

上司委托各部门中层管理管理特定部门的工作,上司不需要事必躬亲。作为下属应该具有工作自觉性,对具体问题的处理应有独立的见解,在向领导汇报时提供若干种方案,这样才有利于管理能力的提高。所以,下属在面对问题时先要问自己三个问题:为什么会这样?差距有多大?该如何解决?然后提出解决问题的几套方案,带着方案向上司请示,让上司做选择题而不是问答题,既有利于上司迅速做出决策,又有利于其提高管理水平。

七、让上司做好人

(一)不可都做好人

在企业的实际管理工作中,中层管理人员要做"坏人",得罪员工的事自己去做,让员工感恩戴德的事,则交由上司完成,这是一种很好的组合。如果大家都做好人,上司对员工违反企业规定的行为不闻不问,而中层管理人员也不追究员工的责任,那么企业必然会垮掉。

(二)不可都做坏人

如果大家都做坏人,中层管理人员对员工很严厉,总经理则更严厉,就会使得员工看不到希望,看不到自己的前途。如果企业高层做好人,中层管理人员做"坏人",那么员工就会认为,中层管理人员是严了一点,但是总经理是个好人,很关心员工,处处为员工着想。这样员工在企业里依然能感受到温暖,不至于悲观、绝望。

(三)好人会保护黑脸

中层管理人员自己做"坏人"而让上司做好人,这样的组合有利于中层管理人员的发展。如果中层管理人员从制度出发，对员工进行非常严厉的管理，各方面做得很好，那么上司会从心底感激该中层管理人员。一旦出现问题，上司也会保护该中层管理人员。

第二节　与上司沟通的方法

在职场中谋生，会遇到许多不同类型的上司：有的性格温和、为人谨慎，有的脾气暴躁、做事草率，而且每个人还都有与众不同的习惯。对待不同的上司要采用不同的策略，方可处于不败之地。要想学会对不同上司采取不同的沟通方法，第一步应该对上司进行大体的分类，第二步是根据分类制定应对之策。与不同类型上司的沟通方法有以下几种。

一、面对“工作狂”上司——甘拜下风

这类上司往往认为自己是天下最能干的人，精力过剩、热衷于工作，而且希望下属也都和他（她）一样，变成“工作狂”。面对这样的上司，最佳对策就是甘拜下风，不断向他请教，令他永远感觉到你是在他的英明领导下努力工作，并取得成就的，这样反而还可以得到他的赏识。

二、面对霸道的上司——要有勇气

这类上司通常认为要不断威胁下属，才能让他们服服帖帖地干好活。对这样的上司，必须常常让他感觉到你的存在价值。尤其当预见到他将会对你恶语相向时，你必须事先就想好回敬措辞。当然，更重要的是不要被吓倒。

三、面对疑神疑鬼的上司——每天给他（她）一份工作报告

这类上司整天怀疑自己的下属偷懒不干活，所以在办公室经常导演“警察抓小偷”的游戏。遇到这样的上司，最好的办法则是每天（至少是每周）给他一份工作报告，明白告诉他今天你都做了哪些工作，以打消他的疑心，从此他放心你也安心。

四、面对优柔寡短的上司——帮他（她）痛下决心

这类上司大都多谋少断，往往是已经定好的决策，只要别人提出一点修改意见，就能让他一次次改变初衷，底下人就要不断地重新来过。遇到这样的上司，你只要在让他不感到有失身份的前提下，大胆和他商讨一些决策，帮他痛下决心，再设法让他在各种文件、报告、报表上签了字，他就不能再随意更改了。

五、面对健忘型上司——你只能扮个“保姆”

这类上司大多常常颠三倒四，也常常丢三落四，有时明明在前一天讲过的事，可两三天后，他却说根本没讲过。遇到这样的上司，最好的办法是当他在讲述某个事件或表明某种观点时，你多问他几遍，也可提出自己不同的看法，以故意引起讨论来加深上司的印象，最后，还可以对上司的陈述进行概括，用简短的语言重复给他听，让他牢牢记住。做些会议备忘录让他签字。

六、面对模糊型上司——“打破砂锅问到底”

这类上司大多在布置工作时含糊笼统，没有明确具体的要求，既可理解成这样，又可理解成那样；前后互相抵触，下属根本无法操作和实施，一旦去做了，他就会责怪说他的要求不是这样，弄错了。遇到这样的上司，在接受任务时，一定要详细询问其具体要求，特别在完成时间、人员落实、质量标准、资金数量等方面尽可能明确些，并一一记录在案，让上司核准后再去动手。

在执行的过程中，还要多询问，以免做“无用功”。有的上司在你请示工作的具体指标或要求时，他却“哼哼哈哈”，没有明朗的态度，或只说“你看着办”等。那么，为了避免日后的麻烦，要想方设法诱导他给你一个明确的答复，可采用提示法，如：“你的意思是……”让上司续接。或者给出几个答案，让上司做选择填空。如：“你的意思……还是……或者是……”当上司有了一个比较明确的答复之后，你立即重复几遍加以强化，也可进一步延伸说：“如果这样，我就应该先做……再做……是吗？”

七、面对无知型上司——该出手时就出手

这类上司明明自己对业务不懂、外行、不擅长，但却装懂、装内行，处处想显示自己，不是横插一手，就是瞎指挥。遇到这样的上司，可分别对待。如是重要的、带有原则性的问题，下属可直接阐明观点或据理力争或坚决反对，不能迁就，即使正面建议无效，也要想方设法迂回前进，否则就等于是拿老板和自己的身家性命开玩笑；倘是无关大局的一般性问题，下属则可灵活处理，尽量避免正面冲突和矛盾的激化。

八、面对内向型上司——“隐秘型”沟通

曾有心理学家分析指出，内向型的人比外向型的人更常使用电子邮件。所以，如果你的上司是较为内向的人，相对于面谈或听电话来说，他可能更喜欢读 E－mail，并以此方法与属下沟通。如果你想给看惯了普通黑白邮件的老板来点惊喜的话，那就多花些时间学习制作新意盎然的彩色动画 E－mail 吧。当你要与上司谈　件重要的事时，别用 E－mail，而要通过面谈来表示你的诚意和决心，一起吃午餐是个很好的方式，既不会受到其他同事的干扰，又能和上司作最直接有效的沟通。

九、面对挑拨是非、爱给老板打小报告的上司——以恶制恶

这类上司专爱在下属之间挑拨是非，制造矛盾，还爱在老板面前打下属的小报告，搞得员工之间关系紧张，还动不动就挨老板骂。遇到这样的上司，员工之间就要先把话说开，确定是上司在搞鬼，再想办法对付他。俗话说：“害人之心不可有，防人之心不可无。”对这种差劲的“小人型”上司，决不能碍于情面而一味忍耐，一定要找准时机，当面揭穿，然后主动找老板说明情况，让老板了解事情的真相。要相信，当老板的都是会为自己企业负责的，当他得知自己手下的主管是如此之人，从企业的生存和发展出发，一般是会考虑采取相应措施的。

十、面对平庸无能却喜揽功推过的上司——刚柔并济偶露峥嵘

这类上司大多平庸、没点子，一有难度的工作，就交给下属去干，但对下属来讲未必不

是好事,至少多了磨炼的机会,多了显露才华的契机。遇到这类上司,最好就不要和这种上司过不去。如果上司喜欢独揽别人的成绩,错了却要下属承担,这说明他自私自利、人格卑微。与这种上司相处,就须刚柔并济,既不可逆来顺受,也不可一味顶撞。在老板面前适当地维护一下自己的利益也是无可非议的,要让上司知道做人是有原则的,忍让也是有限度的。

以上十种上司的类型,虽然不能代表所有的上司类型,但是也涵盖了绝大部分性格的上司。在具体的工作当中,职场人还是要边工作边总结经验,以应对这些不同类型的上司,这样才能在职场中获得一席之地。

【知识链接】

说服上司的技巧

在工作中,你的上司是不是常常要成为被说服的对象呢?上司也是人,是人就会产生偏见或作出错误的决定,作为一个有责任感的下属就应该及时提醒上司到底哪里不对劲。由于彼此地位职务的差异,下属说服上司就和说服同事以及竞争对手大不相同。如果在说服你上司的过程中一定要发生争辩的话,可以尝试使用以下几种技巧。

1. 掌握说话的分寸

如果想说服上司,首先应该注意维护他的尊严,不能使用指责的态度,同时还要掌握说话的分寸,适可而止,不要逼他在言语上承认自己的错误,更不要和他争辩。因为你的一切都操控在他的手里。假如让问题陷入了僵局,很可能会产生非常坏的影响。

2. 站在对方的角度想问题

想要和上司达到成功的互动,了解他工作的苦衷对你会很有帮助。假如设身处地地为他着想,那么他自然也会帮你的忙。一位商学院教授曾经说过这样的事情,一位程序设计员和他的上司发生争执,为了一个团体的价值问题双方僵持不下。教授建议他们互相变换一下角色考虑,再以对方的立场来解释。几分钟之后他们就发现自己的行为是多么可笑,两个人开始哈哈大笑起来,很快就找到了解决的方法。

3. 选好说话的时机

心理学研究表明,人们处在不同的心情环境下,对于否定意见的接受程度也大不相同。在你决定要去说服上司之前,最好先向其秘书打听一下,今天上司的心情状态如何。如果他的心情非常差,就不应该再向他提出什么要求。即使没有秘书来帮你的忙,也要寻找其他窍门。比如,在午饭的时间最好不要再给他忙中添乱,节假日要休息的前夕也不要给他的假期添上阴影。

4. 提出合理化建议

作为一个上司或者领导,每天的工作量要比别人大几倍,他需要知道或是记住的东西实在数不胜数。美国的一位精神学教授就是这样总结的:"你上司要考虑的事情太多了!"因此如果你总是不能提出行之有效的合理化建议,最后就会发现你常常被上司的秘书阻拦,因为你在浪费上司的时间,也会招致上司对你的厌烦。

5. 清楚地说明问题

很多争执的发生都是因为上司和下属的沟通不畅造成的，双方都不了解对方到底在想什么，而一旦把问题摊开来说，争端也就随之消失了。因此下属必须把自己的观点讲得简单明了，以便上司可以准确地理解。有些下属极少会和上司发生争执，但是当他认为重要的事情遭到上司否定的时候，他会把自己的观点写在纸条上，请上司进行考虑。这种做法有助于冷静地说明问题，而且也很有劝诫的效果。

6. 保持心平气和的态度

心理学家认为："在沟通交流中，如果你的态度来势凶猛、大吵大闹的话，也会惹得对方勃然大怒。所以，在说服上司的时候，一定要心平气和；使用的语言也要尽量婉转平和。"另外还要注意就事论事，不要借此机会把你自己心中的不满全部发泄在上面，如果你给人的感觉是对于目前的一切都表示不满、态度消极，那上司也会认为要想做到让你满意会很难，或许你就可以另谋高就了。

总之，和上司交流的最高宗旨就是不要打没有把握的仗。在巧妙的批评中说服上司。

（来源：当当网，《如何与上司进行沟通》）

第三节　与上司沟通的注意事项

一般说来，人们在与自己同等级、同层次的人讲话时，表现比较正常，行为举止都会比较自然、大方；在与比自己地位高的人交往时，就可能感到紧张，表现比较拘谨，并且自卑感强；在与社会地位低于自己的人讲话时，就会表现得比较自如、自信，甚至比较放肆。所以，与上司沟通时应该注意以下几点。

一、与上司沟通时不能说的话

（一）不宜在上司面前说的话

（1）"不是我的错。"当公司或团队中发现一个问题，即使与你毫不相干，也千万别说"不是我的错"。因为这个问题肯定和上司有关。此时应该尽量帮助出出主意。这也是表现能力的一个机会。

（2）"这事没法做。"或"这事一直就是这么做的。"面对难以应付的工作应该努力寻找处理途径，帮助上司理清思路。

（3）"目前境况令我很高兴。"此类话语的潜台词是我不愿尝试新的任务。

（4）"我需要一个更大的头衔。"在如今的职场中，头衔不能直接体现你对公司的贡献和价值。"做出业绩"应摆在首位，"寻求位置"则应放在最后。

（5）"我效率很高，从不加班。"员工应该从来不计较投入的时间，埋头工作，了解公司和客户才最重要。很多重要信息及策划通常都是在"非上班"时间发生的。

（6）"我只认识本部门的人。"没有人是一座孤岛。务必了解公司各部门的负责人、其理念及做事方法以及你的团队与其他部门的关系。

（7）"这次该轮到我晋升了。"在现代职场中，"资格"不再是值钱的"古董"。贡献的大小，特殊技能及与公司各部门的协调能力等，才是个人进步的关键。

（8）"我没啥新内容要汇报。"对自己从事的事情保持沉默或言语不多，给上司的信号是

“你工作投入不够”。上司欣赏的是创新和效率。

(9)“技术我不在行。”要明白“科学技术让我们的工作效率更高”的道理。一方面,要保持强烈的求知欲,加强学习;另一方面,过分谦虚就是骄傲。要积极表现自己,随时跟同事们露几手。还要注意的是,面对上司时,一言不发也不会有任何裨益,因为上司期待的是信息、观点和想法。

(二)不要说越位话、牢骚话和过分话

职场中,许多人不懂得与上司如何交流:汇报工作,乱说越位话;受了委屈,一味发牢骚;爱开玩笑,没轻重——都因为管不住自己的嘴巴,惹上司反感。

1. 汇报时的越位话

郑辉活泼开朗、做事干练,进公司没几年就成了公司的业务骨干,但说话大大咧咧的,时常惹上司生气,因此职位总升不上去。一次,郑辉要带几名新人到周边的一个城市谈判。他一合计,6个人,坐火车或者客运汽车不方便,人也受累,会影响谈判效果;打的呢,一辆坐不下,两辆费用又太高:还是由单位派辆车好,安全、节约又方便。主意定了,郑辉便来到上司跟前说:“您看,我们今天要出去。”郑辉把几种方案的利弊分析了一番。接着说:“所以呢,我决定派一辆车去!”郑辉汇报完毕,上司的脸却不知道什么时候黑了下来,生硬地对郑辉说:“是吗?我看这个方案不太好,你们还是赶紧买票坐火车去吧!”郑辉愣住了。他万万没想到,一个如此合情合理的建议竟然被打了“回票”,还惹得上司一脸的不高兴。

职场中,每个人都有自己的角色,说话只有符合角色规范,才会恰当得体。否则就会招致他人反感。上例中,郑辉错就错在他措辞不当。请示不该用“决定”二字。郑辉只是个业务员,没有最终选择哪种方案的权力,他却擅自做主张,替上司作了决定,说“我决定派一辆车去”,如此越位的话,上司听了怎能不气恼?说不定还会往深处想:郑辉没干什么事就这么嚣张,从而认为他不堪重用。如果郑辉能这样说:“现在我们有三个选择,各有利弊。我个人认为包车比较可行。但我做不了主,请您决定,我听您的!”相信上司听到这样的话,定会做个顺水人情,答应他的请求。

2. 委屈时的牢骚话

刘萌是某县宣传部的一名科员。经常在省级、国家级报纸上发表有分量的稿件,是位才女。但她仗着发表过一些文章,常常对同事的文章指手画脚,大加评点,丝毫不顾及别人的颜面,大家都很烦她。在最近一次的中层干部调整名单中,刘萌榜上无名。可她不反思自己的过错,还觉得领导不公平,心里特别委屈。

没几天,宣传部“一把手”周部长召集宣传部全体成员聚餐,并在席间与大家一一碰杯。周部长与刘萌碰杯时说:“你是咱们宣传部的才女,好好干,将来前程远大呀!”没想到刘萌端起酒杯,竟不冷不热地说:“谢谢您的祝福,但光好好干还不行,因为现在有的领导提拔人不是看谁有本事,不是注重人的才能,而只把眼睛盯在会拍马屁的人身上。”周部长一听这话,脸色一下子变了,原本热烈的气氛也顿时降温。最后大家不欢而散。之后,刘萌明显感觉周部长对她冷淡起来,原来见面还同她开开玩笑,现在只是点点头就过去了。

在职场,谁都难免遇到不如意的事,如自我感觉良好,上司却不认同等。遇到这样的事,应该先从自身找原因,然后再跟上司沟通,但绝不能一味地发牢骚,那样既无助于问题的解决,还会引起上司的反感,以至影响自己在职场的生存和发展。上例中,刘萌因为没有处理好同事间的关系而失去了升职的机会,但她既不自省,也不与上司沟通交流,却在大庭广众之下对上司冷嘲热讽,抱怨上司用人不公,试想,这样指桑骂槐的牢骚话,上司能爱听吗?周部长对她态度变冷,也就在所难免了。职场中人,当以刘萌的教训为戒。如果刘萌端起酒杯,对周部长说:"周部长,谢谢您对我的关心。这次调整让我思考了很多,我发现自己有很多缺点,在以后的工作中,我会努力改正,也希望您能严格要求我,让我更进一步。我这里借花献佛,用这杯酒谢谢您了。"试想,听刘萌这样说,周部长的脸还会拉长吗?也许会对这个善于自省的年轻人予以器重。

3. 玩笑时的过分话

赵青是某中学的行政人员。她开朗乐观,工作积极,就是开玩笑不注意把握分寸,总是得罪人。到学校不久,她发现分管行政工作的张副校长斯斯文文,对下属总是笑眯眯的,很和蔼可亲的样子,就开起了张副校长的玩笑。这天,张副校长穿着一身新衣来上班了,灰西装、灰衬衫、灰领带、灰裤子,正好在走廊上被赵青碰上。赵青夸张地大叫一声:"张校长,您今天穿新衣服了!"张副校长听了咧嘴一笑,还没来得及品味喜悦的感觉呢,赵青又加了一句:"像只灰耗子!"张副校长听后哭笑不得。由于接连开过火的玩笑,张副校长根本不愿接触赵青。以至于赵青无法与上司经常沟通交流,工作开展得也不顺利。

与上司开玩笑的确可以拉近彼此间的距离,融洽人际关系,但一定要把握好分寸,不能太过分,否则玩笑不当,还会让自己在不知不觉中陷入被动,以致影响前程。上例中赵青的玩笑确实是过火了:评价副校长穿新衣无可厚非,但把一身灰装的副校长说成是形象猥琐的灰耗子就过分了。要知道,作为上司,内心肯定渴望得到下属的尊重,而赵青的玩笑却带有贬损之意,张副校长听了能高兴吗?如果赵青不及时反省,并改正跟上司开过分玩笑的毛病,她的职场之路肯定会越走越窄。如果赵青见了张副校长,说:"呀,张校长,您今天穿新衣服了!真精神!咋这么像刘德华呢?"张副校长听后肯定乐呵呵的,又怎会对赵青印象不好呢?

职场处处皆学问,说话更是重中之重。上述中三个主人公,就是因为不会说话,说错了话,遭到了上司的厌恶,应以此为戒。

二、不揭露上司的隐私

客观上,职场人员由于长期在领导身边工作,对领导的隐私或多或少都有所了解。那么,职场人员如何才能维护好领导者的隐私权呢?具体可以从以下几方面着手。

(一)要摆正位置

下属和上司之间应该是一种严肃、活泼的工作关系。下属面对上司是一个执行者,摆正与领导的关系,取得上司对自己的理解和信任,就可使工作正常开展,减少阻力,即使工作中出现了差错,也能得到及时的矫正。为此,必须做到:创造性地执行领导的决策以及各项任务,是处理好同领导关系的基础;尊重领导,但不拍马,是消除领导产生"心理障碍"、调节与上司关系的重要一环;沟通信息,了解领导意图,主动争求领导的帮助和支持,这是出色完成工作任务的前提;要维护领导班子的团结,对领导班子成员一视同仁。

(二)要保持距离

俗话说,距离产生美。这种感受用在下属和上司身上也是恰如其分的。下属和上司的密切关系主要应该体现在工作而非生活上，下属应该少介入到上司的个人私生活中去。在日常生活中同上司保持一定的距离是非常必要的，这样既有利于避免庸俗的关系哲学，也有利于保持上司和下属各自的生活空间和相对自由。

（三）要坚持原则

下属对上司不能无原则地盲从，在关键问题上要坚持立场、坚持原则，这也是下属必备的政治素质和起码的做人良知。即便是领导者，他的任何行动都必须局限在合法、合乎公共道德准则和社会需要范围内，对任何违反法律和公共道德、破坏公共秩序的不良行为，有权揭露和干涉，对领导者也不例外。例如，揭露领导的贪污索贿、生活作风腐化、吸毒贩毒等行为都不存在对领导隐私权的侵犯。

（四）要提高素质

下属人员长期在上司身边工作，提高自身素质十分重要。只有素质提高了，才能严格要求自己，提高为上司服务的水平。要实字当先，说实话、办实事、求实效，不图虚名，不搞浮夸；要坚持团结，下属要搞好与上司的团结，同事之间要相互支持，相互信任，做到大事讲原则，小事讲风格，不搞无原则纠纷；要坚持学习，坚持理论联系实际，学以致用，不断增长自己的才干。

总之，谨慎处理与上司的关系，千万不要伤害上司的尊严，揭露上司的隐私，碰触他的忌讳。

【知识拓展】

如何赢得上司的青睐

1. 忠于上司，才会得到上司的喜爱

上司一般都把下属当成自己的人，希望下属忠诚地跟着他，拥戴他，听他指挥。下属不与自己一条心，背叛自己，另攀高枝，“身在曹营心在汉”，存有二心等，是上司最反感的事。忠诚、讲义气、重感情，经常用行动表示你信赖他、敬重他，便可得到上司的喜爱。

2. 精明强干，才会得到上司的器重

上司一般都很赏识聪明、机灵、有头脑、有创造性的下属，这样的人往往能出色地完成任务。有能力做好本职工作是使上司满意的前提。一旦被人认为是无能无识之辈，既愚蠢又懒惰，便很危险了。

3. 向上司请教，意味着“孺子可教”

谦逊自古以来就是中华民族所推崇的一种美德。在今天的社会生活中，我们固然不提倡在任何问题上都保持一团和气的“中庸”行为，但在与上司的相处中，谦逊还是相当重要的。谦逊意味着有自知之明，懂得尊重他人，有向上司请教学习的意向意味着“孺子可教”。谦逊可得到更多人的支持，帮助你更好地成就事业。

4. 关键时刻，要为上司挺身而出

常言道：“疾风知劲草，烈火见真金。”在关键时刻，上司才会真切地认识与了解下属。

人生难得机遇,不要错过表现自己的极好机会。当某项工作陷入困境之时,你若能大显身手,定会让上司格外器重你。当上司本人在思想、感情或生活上出现矛盾时,你若能妙语劝慰,也会令其格外感激。此时,切忌变成一块木头,呆头呆脑,冷漠无情,畏首畏尾,胆怯懦弱。这样上司便会认为你是一个无知无识、无情无义的平庸之辈。

5. 在上司面前不要吹牛皮

在上司面前,不要吹牛皮,编瞎话,谎报军情。弄虚作假者,往往失信于人。上司若觉得自己被欺骗,将格外恼火,因为把他当成傻瓜、笨蛋、糊涂虫,当成不可讲真话的人,不信任他,这在极大程度上伤了上司的自尊心。通过欺骗上司而暂时得到的好感和荣誉,是不可能长久地维持下去的。当然,诚实有诚实的艺术,一般要考虑时机、场合、上司的心情、客观环境等因素,否则诚实也会犯错误,招致上司的反感和不满。

6. 在上司面前不要计较个人得失

今天,中国人虽然已承认了"利益"这个概念,大多数上司也比较注重考虑下属的利益要求,但是若过于注意金钱物质利益之争,也并非对你有利。如果你喋喋不休地向上司提出物质利益要求,超过了他的心理承受能力,在感情上,他会觉得压抑、烦躁。如果"利益"是你"争"来的,上司虽作了付出,但并不愉快,心理上会认为你是个"格调"较低的人,觉得你很愚蠢。如果你的上司是个糊涂虫,与他争利益得失,反倒会把你的功劳一扫而光,"利"没有得到,"名"也会丧失。最好的办法是让上司主动地给,而不是你去"争"。把你的工作干得漂亮一些,尽最大能力满足他的要求,并且有些特色,有所创造。明白的上司会量力而行,用物质利益奖励你的,无须你"争"。陈述困难要把握时机。争取他的同情,赞扬他是一个关心下属,体恤人情,秉公办事的好上司。上司办不到的事情无须去争,令他感到为难的事情还是不争为好。完成个别的合作项目时,"先小人后君子",对双方都有利。此时,可通过中间人周旋,或从其他角度委婉地提醒上司。

7. 与上司交谈时,不可锋芒毕露

君子藏器于身,待时而动。你的聪明才智需要得到上司的赏识,但在他面前故意显示自己,则不免有做作之嫌,上司会因此而认为你是一个自大狂,恃才傲慢、盛气凌人,而在心理上觉得难以相处,彼此间缺乏一种默契。与上司相交,须遵循以下原则:寻找自然、活泼的话题,令他充分地发表意见,你适当地作些补充,提一些问题。这样,他便知道你是有知识、有见解的,自然而然地认识到你的能力和价值。不要用上司不懂的技术性较强的术语与之交谈,这样,他会觉得你是在故意难为他;也可能觉得你的才干对他的职务将构成威胁,并产生戒备,而有意压制你;还可能把你看成书呆子,缺乏实际经验而不信任你。

8. 提建议时,不要急于否定上司原来的想法

提建议时,多注意从正面有理有据地阐述你的见解。有民主要求,还要有民主素质,即要懂得尊重他人的意见,尊重上司的意见。这样,他才会承认你的才干。对上司个人的工作提建议时,尽可能谨慎一些,必须仔细研究上司的特点,研究他喜欢用什么方式接受下属的意见。如大大咧咧的上司可用玩笑建议法,严肃的上司可用书面建议法,自尊心强的上司可用个别建议法,喜赞扬的上司可用寓建议于褒奖之中法等。

9. 体会上司处境,理解上司难处

角色换位法,有助于体会上司的心境。有些人单独工作干得很好,当了领导后却一筹莫展,尤其苦于处理各种横竖关系。因此要主动地帮助他分忧解难。在其犹豫不决、举棋

不定时，主动表示理解和同情，并诚恳地作出自己的努力，减轻上司的负担，是会令他极为高兴的。

10. 不要当面顶撞上司

批评上司时，必须照顾其面子，不要令人下不了台。当面顶撞是最愚蠢的行为。进谏的方式很多，如动情法、比喻法、寓规劝于褒奖之中等。

11. 要主动找机会与上司交往

上司需要接近了解下属，下属也需要接近了解上司，这是正常的人际交往，不必因担心别人的议论而躲避上司。你若希望上司喜欢你，看得起你，那么就首先要让上司看得见你。

12. 慎重对待上司的失误

上司在工作中出现失误，千万不要持幸灾乐祸或冷眼旁观的态度，这会令他极为寒心。能担责任就担责任，不能担责任可帮他分析原因，为其开脱。此外，还要帮他总结教训，多加劝慰。持指责、嘲讽的态度更易把关系搞僵，矛盾激化。那样你就再也不要指望上司喜欢你了。

（来源：小说网，《教你谈判与沟通》）

本章小结

本章主要讲解了以下几个问题。

（1）与上司沟通的原则：上司“永远是对的”、切忌议论上司的是非、不要抢上司的风头、独立承担责任、敏感于上司的立场、请示要讲艺术、让上司做好人。

（2）与上司沟通的方法：面对“工作狂”上司——甘拜下风、面对霸道的上司——要有勇气、面对疑神疑鬼的上司——每天给他（她）一份工作报告、面对优柔寡短的上司——帮他（她）痛下决心、面对健忘型上司——你只能扮个“保姆”、面对模糊型上司——“打破砂锅问到底”、面对无知型上司——该出手时就出手、面对内向型上司——“隐秘型”沟通、面对挑拨是非、爱给老板打小报告的上司——以恶制恶、面对平庸无能却喜揽功推过的上司——刚柔并济偶露峥嵘。

（3）与上司沟通的注意事项：与上司沟通时不能说的话、不揭露上司的隐私。

本章测试题

一、不定项选择题

1. 与上司相处，首先应该了解并掌握上司的心理。上司的心理表现不包括（　　）。

A. 自尊心强　　B. 依赖下属　　C. 考虑整体　　D. 不能忍受孤独

2. 给上级提建议要讲究技巧，以下提建议的方式不可取的是（　　）。

A. 主义实践上的控制

B. 尽量要简洁

C. 顾及到其他部门的利益和整体立场

D. 尽量使用模糊的词语，比如大概、估计等

3. 下级提交给上司的方案很有可能会遭到上司的否决。发生这种情况时，下级应该

(　　)。

A. 马上放弃提案　　B. 与上司争论

C. 找出拒绝的原因所在　　D. 重新制订方案

4. 与上司相处的原则中不包括(　　)。

A. 避免锋芒毕露　　B. 学会适当拍马屁　　C. 不要排斥上司　　D. 对上司敬而远之

5. 以下(　　)是部门经理的上级应该有的心理表现。

A. 自尊心强　　B. 不考虑整体　　C. 与员工无距离　　D. 面面兼顾

6. 分析下面的行为,做法正确的是(　　)。

A. 小王一看到领导就绕着走

B. 在报告会上,一部门经理听完报告后,对作报告的李总说:您刚才说的观点有问题

C. 一个部门经理刚带领下属完成了一个大项目,下属祝贺他,他说:多亏李总给了我很多指导和帮助,否则不会这么顺利完成

D. 作为一名部门经理,在与上级开会时,应该拼命表现

二、判断题

1. 上司永远是对的。(　　)

2. 与上司在一起时,切忌盲目表现。(　　)

3. 在处理问题时,自己不要处处做主,要及时请示,要多请示。(　　)

4. 与上司沟通时,在工作中受了委屈,可以向上司表达自己的委屈情绪。(　　)

5. 如果和上司很熟悉,在工作中可以和上司开玩笑以示亲近,没有距离感。(　　)

三、案例分析

案例1:

小王的经理有午睡的习惯,平时小王不敢进去打扰他午睡。这一段时间公司业务实在太忙,董事长经常亲自来电要材料,都是急件,必须立即到经理房间查找核对有关数据资料,经常在他午睡时小王还要进出他的办公室取送文件,有时一天中午还不止一两次。为了不把经理吵醒,每次小王都轻手轻脚进出,开关门也轻轻地,生怕弄出声响,可出门带门时总会出现"咔嚓"一声的门锁响。小王怕这烦人的"咔嚓"声吵醒经理,有时出门时就有意将门虚掩上,不让它出现"咔嚓"声。后来小王发现经理经常在午睡醒后流露出对打扰他午睡的不满,而小王为了工作又必须进出经理房间。

问题:

小王有什么地方失礼吗?请你帮助小王解决这个矛盾问题。

案例2:

某公司最近走马换将,原来的总经理自己去创业了,公司原来的副总经理接替了原总经理的职务。但是这个副总以前来自政府机关,其下属的几个人,包括总办主任,顾问也来自政府部门,对于商业流程,商业规则可以说一点都不了解,只是要求别人符合他们的规定,要渠道、用户遵守他们指定的规则。

在原总经理在位时,开展了一个项目,包括对公司网络结构的重新规划,以及网站重新建设,宣传资料的建立等部分。现在所有的部分都进入尾声,但是由于原总经理的突然离职,而现任总经理在运营该项目时一直表示反对,造成所有的进度都被强行停止。同时,因

运营本项目造成的到期费用也不再支付。

另外需要说明的是，部分需要支付的到期费用，是某项目经理用很低的价格拉自己的朋友来做的。这些公司做的工作均得到了原总经理的认可，其作出的规划和产品也绝对是超值的。

问题：

假如你是这个项目的项目经理，如何与现任的总经理沟通，以保证这个项目圆满完成？

第十七章　上司与下属之间的沟通

【案例导入】

冷主任——某公司大客户中心主任,男,36岁,工作认真,性格内向。

牛先生——大客户中心资深客户经理,男,38岁,业务能力强,脾气倔强。

中午快下班的时候,公司老板打电话向冷主任布置了一项紧急任务,并特别强调一定要在中午两点以前办好。于是,冷主任拦住了正收拾东西,准备下班的牛先生,请他把吃午饭的时间变动一下,要么吃一份盒饭;要么推迟一会儿回家吃饭,以便把这项急件突击出来。其实,这项工作并不复杂。

冷主任知道,这件事对于牛先生这样一个业务熟练的老手来说,根本不费吹灰之力,只不过需要一点时间而已。可是牛先生表现出明显的不情愿。他说:"对不起,我还要到银行去一趟。而且,我还能趁午休时间干点私事,恐怕不能遵命。"冷主任非常不满地说:"你怎么总是这样,每次让你干点工作,你就有事。你的事可以挪到下午办嘛。""午休时间是所有职工都应享有的权利,你没权占用。"牛先生也气冲冲地顶了回去。两人就这样争执了起来。

冷主任和牛先生的矛盾由来已久。两年前大客户中心的前任主任调离,有小道消息传来,说牛先生是新任主任的候选人。他也认为凭自己的业务能力和工作经验当之无愧。但是上级却从别的部门调来了冷先生当主任。

冷先生对中心业务完全是一个外行,性格也不像前任主任一样热情开朗。他总是冷冰冰的,一本正经、严肃认真,从来不开玩笑,也不跟部门里的人多来往,一副公事公办的样子。牛先生觉得冷主任一点也不喜欢他。他推测冷主任多半是提防着他这样一个经验丰富的人。而冷主任觉得牛先生没有当上主任对他充满了敌意;像牛先生这样一个业务能力强的人准会讨厌一个外行来领导他。

前段时间发生的一件事,更加深了他们之间的猜疑、隔阂。事情是这样的,牛先生突然得了流行性感冒,高烧不退,病得不轻,遵医嘱病休在家。在他休息的第四天,接到冷主任的电话,问他病好了没有,能不能尽快回中心上班,因为人手不够,工作都积压起来了。牛先生回答说,他的病还没好,还在发烧,医生给他开了一周的病假,还需要休息几天才能上班。碰巧第五天天特别好,牛先生感到自己的病好了不少,想出来活动活动,就骑上自行车,去超市买点东西。这里距他家只不过10分钟的路程。可是,就在买好东西要离开的时候,一抬头正看见冷主任走过来。他敢肯定,冷主任也看见了他。当下一星期他回到中心里上班时,他觉得应该向冷主任解释一下。"冷主任,上周我去买东西,是……"牛先生结结巴巴地开口了,一看到冷主任冷若冰霜的脸,他不知该如何说下去。"好了,不用说了,我都知道。病好了就上班吧。"冷主任不等他说完就走开了。牛先生不知道冷主任都知道了什么,反正他知道冷主任是不会相信他的。

又过了几周,中心需要一个业务能力很强的副主任。牛先生肯定自己完全可以胜任这个职位。于是,他向主任提出了申请。但冷主任告诉他:“提升,除了反映一个人的工作能力之外,也得反映出一个人的责任感。你的确是这里最懂业务的员工之一。但这个职位要求个人具有高度的责任心,而你当了这么久的雇员,在这方面表现太一般了。”中心里的人都为牛先生打抱不平,让他去找老板申诉,不能就此罢休。牛先生生性倔强,因为自己的要求被置之不理,感到非常丢人,就什么也不想说了。他只希望冷主任在这里待不长,否则,他就要求调离。反正他是不能与冷主任共事了。

现在冷主任要求他午饭时间加班,他就存心与他过不去了。他在想,既然你说我工作没有责任心,那我就真的做给你看看,看你到底能把我怎么样。冷主任也非常生气。他想,上次拒绝牛先生想晋升为副主任的请求是做对了。他太不负责任了。他的出勤记录一向平平,又不服从工作安排,这样的人怎么能够得到提升呢?

以后这两人的关系越来越僵。

试思考:冷主任和牛先生两人关系僵局的原因?主要责任在谁?你觉得业务尖子牛先生得不到提拔的原因是什么?冷主任该怎样改善他们两个人的关系呢?请你给冷主任提出你的建设性建议。

【知识传授】

企业团队的蓬勃发展,需要全体成员协同一致的努力。在现实世界里,许多经理人在拼命地关注产品、关注服务,却恰恰忘记了最该关注的对象是下属。这无疑是舍本逐末的做法。要知道企业的产品、服务,归根结底都需要与下属协同努力地去创造、去提供,他们的价值代表着企业所能创造的价值。如果对下属的关注还十分缺乏,也不准备有所改变,那么就别想赢得下属的协同与认可,更别想赢得未来。与下属沟通最大的目的,就是要充分调动下属的积极性,使他们的潜力得以最大限度的发挥。

第一节　与下属沟通的原则

一、接受下属

下属工作的目的一是为了获得经济报酬,二是为了满足精神需求。随着经济的发展,人们物质生活水平的提高,精神需要的满足对下属来说变得越来越重要。作为领导者,这时一定要清楚地认识到下属需要什么。受中国传统文化的影响,中国员工的人格带有明显的归属性,他们希望被组织、领导关怀,希望有一个良好的人际环境,更希望自己的愿望能够在工作单位得以实现。下属如果能感觉到领导的认可、接纳和关心,就会把自己作为大家庭的一员,从而激发起可贵的主人翁意识。如果下属都能找到归属感,群体的凝聚力就会大大增强,领导者的影响力也会明显提升。下属经常是从非常细微之处感受自己是否被领导者接纳。比如,领导者是否能热情地和下属打招呼,是否能在餐厅里和下属同桌进餐,是否过问下属的学习生活,是否偶尔也谈谈自己的兴趣爱好、快乐与烦恼,是否经常听听下属的建议看法。这些看似简单的事,却能产生极大的心理效应,如果答案是肯定的,下属就会感到自己是群体里的一员，是被重视的，从而自觉地把群体的目标当做自己的目标，更好地促进群体目标的实现。

二、赞同下属

对下属适时适度地赞同是一种领导艺术，是不需要成本的激励手段。赞同有两层含义：一是认同；二是赞美。人总是把认同自己的人当做知己，“士为知己者死”，被下属作为知己的领导者同时必定是群体中的精神领袖。赞美更是任何人都希望得到的精神享受，不论能力强弱，也不论职位高低，下属都希望听到领导的赞美。在工作中，下属能否得到领导的赞同以及赞同的程度如何，往往是其衡量自身价值的尺度。获得领导的赞同，下属就会感到自己是重要的，有价值的，从而产生更强的敬业感和责任感。美国哈佛大学心理学教授斯金纳的强化理论认为：“人的行为是否重复发生，很大程度上取决于行为的结果。那些能产生积极或令人满意的结果的行为，以后会经常得到重复。相反，那些会导致消极或令人不满意结果的行为，以后得到重复的可能性很小。领导者如果能注意到下属的哪怕是点滴的进步、良好的行为并加以表扬，这种行为就会得以强化，以后会重复发生；如果领导者对下属的有效行为视而不见，这种行为就可能渐渐减弱直至消失。”赞美是人际关系中最有效的润滑剂，是领导者与下属情感沟通的纽带。领导者对下属的认同和赞美，必将获得下属的信任与友谊，从而增进彼此的理解与合作，领导者的影响力也会在不知不觉中得以提升。

三、赏识下属

赏识比赞同具有更深刻的内涵，赞同是对过去行为的肯定，而赏识饱含着领导者由对下属人格、工作能力等的信任而升发的对下属的无限期望，期望下属有更出色的表现，承担更有挑战性的工作，担更多的责任，这无疑会对下属产生极大的激励作用。领导者的赏识就是一种期待，领导期待下属做出怎样的行为，如果这种期待能让下属清晰地感觉到，下属就会努力实现领导的期待。领导的态度、评价会比一般同事对下属的认知产生更大的影响。当领导者对下属寄予期望，认为下属有更大的潜力和发展空间时，下属不仅将其看成是一般的赞美而满足，还会认为自己真正有能力，能够做得更好，从而激发出无限的成就动机。赏识激发出的成就欲不仅会使下属工作充满生机，提高工作效率，而且也能真正确立领导者在下属心目中的地位，融洽上下级关系，还会提升领导者的领导效能。

第二节　与下属沟通的基本要求

一、放下架子说话

说起来什么“架子”都有，名人有名人的“架子”；富人有富人的“架子”；学者有学者的“架子”；甚至一些特殊的行业也各有其不同的“架子”。而在这些“架子”中，其影响最大、最受人尊崇的当属“官架子”了。

官场“文章”做起来是不分国界的，也是不分时代的。为官者大都行为举止摆官架子，说话打官腔，处处都要显示自己是个“官”，凌驾于老百姓之上。那些热衷于摆“架子”的人，总是希望别人对其敬畏三分,希望别人捧着、哄着他。也正是因为有这样的官架子,才有了很多的贪污受贿的机会,才有了更多的犯罪机会,老百姓也就越来越讨厌,路子也就越走越窄。而若想拥有天地宽的境地,唯一办法就是要放下"架子"。

俗话说:"牛大马大值钱,人架子大了不值钱。"人们普遍瞧不起逞威风、摆架子的人。那些犯"官架子"瘾的人,以他们的"架子"拉大了党、政府和人民群众的距离,离间了党群关系,堵塞了党和政府"纳谏"的言路,他们长此以往只会成为众人唾弃的孤家寡人。事实上,现今许多官儿又何尝不是时时刻刻在摆"官架子"呢?外出视察,或下基层,总是轿车一大溜,前呼后拥,做足了表面文章。威风逞了,架子摆了且不算,还要通过多媒体手段,从月球一直摆向全世界。

如今这个时代,再去做官场"文章",再去显摆自己,只会让自己的官路更接近终点。因为威信不是靠做官场"文章"和显摆自己得来的,而是"依靠"人民群众得来的。人人心里都有一杆秤,这秤来自老百姓。

"摆架子"是等级观念的反映,是旧社会的官场习气。但是,权威不是与权力大小或掌权者的官架子大小成正比的。领导权威大小取决于领导者在被领导者心目中的认可度、接受度。如果群众不认可、不接受,地位再高、权力再大,也不可能有权威。相反,还会被群众所抛弃。所以,要在官场中长期的生存,得到人民的认可,还是要放下"架子",放下"架子"天地会更宽阔。

二、推功揽过的话最暖人心

每个上司都喜欢给自己"补台"的下属,同样的,每个下属也都喜欢给自己"搭台"的上司。

人们说,成功者最大的成功就是他们懂得"舍得"的道理。"舍得"几乎囊括了人生所有的处事智慧,一旦把握好了"舍"与"得"的尺度,也就掌握了人生成功的关键点。如果想在职场上取得成功,就要进入"舍"与"得"的境界,掌握"舍"与"得"的尺度与分寸。

一个出色的领导者一定是一个具有"舍得"智慧的人,他们知道什么事情要舍、什么事情要得,这一点充分表现在他们推功揽过的手法上。

推功就是舍,舍弃功劳、荣誉;揽过,更是一种舍,它要求揽过者要承担相应的责任。这责任可能会导致一时的经济损失,也可能会导致失去颜面。不管是推功还是揽过,都需要舍弃一些东西。但是,作为管理者,这种舍弃往往会带来更大的回报。

《菜根谭》上说:"完名美节,不宜独任,分些与人,可以远害全身;辱行污名,不宜个推,引些归己,可以韬光养德。"意思就是说,好的名声和荣誉不要一个人独占,应该与别人一同分享,这样才不会招来嫉恨,被人算计;不好的名声和错误不要全推给他人,自己也要承担几分,这样才可以保全功名、获得美德。推功揽过的人,往往能得到更好的名声和威望。因此,他们更容易聚拢人才,更容易创造出职场奇迹。

每个上司都喜欢给自己"补台"的下属,同样的,每个下属也都喜欢给自己"搭台"的上司。如果上司能够将功劳分享给他们,那么他们会很乐意为上司效力,因为他们知道自己的付出不会被夺走,更不会被埋没;如果上司能够将下属的过错分担一些,那么他们会因为歉疚和感激,而更加卖力工作。

总之,推功揽过是管理者一个行之有效的管理手法,只是它的应用需要管理者掌握"舍得”的真谛。

三、肯定和赞扬下属

人的发展需要是全面的，不仅包括物质方面，还包括名誉、地位等精神方面。在单位里，每个人都会非常在乎领导的评价，领导一句不经意的赞扬是对下属最好的奖赏。

首先，领导的赞扬可以使下属意识到自己在群体中的位置和价值，在领导心中的形象。而领导的表扬往往很具有权威性，是确立自己在本单位或本公司同事中的价值和位置的依据。有的领导善于给自己的下属就某方面的能力排座次，使每个人按不同的标准排列都能名列前茅，可以说是一种皆大欢喜的激励方法。

其次，领导的赞扬可以满足下属的荣誉感和成就感，使其在精神上受到鼓励。如果一个下属很认真地完成了一项任务或做出了一些成绩，虽然此时他表面上装得毫不在意，但心里却默默地期待着领导来一番称心如意的嘉奖，而领导若没有关注，不能给予公正的赞扬，他就会产生一种挫折感，也会对领导产生看法：“反正领导也看不见，干好干坏一个样。”这样的领导是不能调动起下属的积极性的。

再次，赞扬下属还能够协调上下级的关系，有利于上下团结。领导的赞扬不仅表明了领导对下属的肯定和赏识，而且还表明领导很关注下属的事情，对他的一言一行都很关心。有人受到赞美后常常高兴地对朋友讲：“瞧我们头儿既关心我，又赏识我，我做的那件连自己都觉得没什么了不起的事，都被他大大夸奖了一番。跟着他干气儿顺。”

最后，对下属成绩和良好思想品格的肯定和赞扬，实际上就是对另一种与之对立的倾向的有力的否定和批评。直接指斥某种倾向的危害，明白地提出某种诫令，不失为一种可行的常规办法。但这只能是一种辅助手段，其效力不会更深远。倘若及时向人们说明“什么好”、“应该干什么”、“怎样干”，那就从根本上解决了带有过程意义的问题。所以对于规范下属的行为，肯定与赞扬要比否定和批评来得更为有效。

所以，即使作为有一定权力的领导，也不要随意地批评你的下属。在任何时候，赞美、鼓励都会比批评更有效果，都更能把人团结在自己的周围。

【知识拓展】

表扬下属的三种方式

表扬下属，不仅要符合表扬的基本要求，而且需要领导者掌握具体的表扬方法。只有表扬方法运用得当，才会起到事半功倍的效果。表扬的方法很多，现主要介绍以下三种常用的基本方式。

首先，直接表扬和间接表扬。被表扬者在场，领导者提出表扬，叫做直接表扬，又称为当面表扬。这种表扬方法的优点是表扬及时，产生效果快。间接表扬就是当事人不在场，领导者在背后进行表扬。当表扬者想表扬一个人，又不便当面提出时，可以在他的亲朋好友面前把他表扬一番，表扬的信息通过第三者间接传到他耳中。人的心理常常是，厌恶别人背地讲他的坏话，但是很喜欢别人在背后讲他的好话。这比领导者当面讲他的好话更能使他乐于接受。他会认为你的表扬是诚心诚意的、公平无私的。因此,有时间接表扬的效果要比直接表扬好得多。特别是下属对某领导者有成见、有误解时,领导者多采用间接表扬,往往能消除成见和误解,融洽双方的关系。

其次,个人表扬和集体表扬。个人表扬是领导者表扬成绩突出的某个人。集体表扬是领导者对集体进行表扬,这种表扬应具备以下条件:集体作出了明显成绩;集体的成绩不是少数人努力的结果,大多数人对集体的成绩都有贡献。集体表扬的优点是可以培养人们的集体荣誉感和责任感,增进团结,其缺点是使荣誉分散。因此它常常与个人表扬结合起来运用。

最后,点人表扬和点事表扬。点人表扬是指领导者表扬整个人,对他的为人处世、思想品德等进行全面肯定。这种表扬适用于树立先进、模范。点事表扬是指领导者对某件做得好的事情进行正面评价,它不涉及某个人怎样,而主要评价某件事的成功与意义。这种表扬,要求把表扬事和评价人区别开来,对事不对人。即使做这件好事的人,过去犯过什么错误或者现在毛病还很多,同样可以表扬这件事。当然这种方法只限于员工内部采用。

表扬的方式有很多种,不管用什么方式,表扬的初衷都是一样的。恰到好处的表扬会让下属有一种被肯定、被发现、被重视的喜悦和快乐,这种心理上的满足会转化为工作动力,激励他们更加努力工作。

(来源:人民网,人力资源管理师频道)

四、批评要讲方法

有些时候,有些话虽然并不过分,也并没有什么不正当的意图,但当领导的还是很难出口。例如,要更改已经通过的计划,如何向下级说明?不能对下属说:“不关我的事,都是经理一人说了算,我也没办法!”这样把责任转嫁给上级,自己暂时没有问题了,但下属会对经理产生怨气。或者,一旦下属明白你是在推卸责任,肯定会产生极大的反感,自己的威信也肯定会降低。也不可为了防止下属反对,而用高压手段制止对方开口。这样做会使下属心里留下疙瘩,对领导不满,也会对工作不满,这是最不明智、最不可取的做法。正确的方法应情理兼顾,善意地说服他,才能使下级真正地心服口服,不会丧失工作的积极性。

有调查显示:每个人都是喜欢听到别人的表扬而不是听到别人的批评。虽然古人有“闻过则喜”的良好品德,但在现实生活中,做到这一点是非常困难的。而批评又是生活中离不开的,那么,如何让别人接受批评呢?这主要是要懂得批评的主要目的是要对方改正错误,而不在于批评本身。所以,在批评别人的时候,要多从对方的角度出发,把握批评的火候,不要过度否则,不但收不到好的结果,还会适得其反。

批评是对别人做错事情以后的一种忠告、一种教导、一种指正,目的是使他改正缺点、错误。所有人都会有这样的共性,喜欢听表扬而反感批评。要使批评取得理想的效果,除了要端正批评的目的,做到公正合理外,还要把握好批评的火候,即批评的临界温度。在临界温度内,批评才能起到很好的作用,超过了临界温度,非但不能达到预期的效果,而且可能因此伤害到别人的自尊,以致引发更为极端的后果。在人际交往中尤其要注意,不然就会导致好心而办了坏事。所以,在批评的时候,要先肯定后否定。

【情景案例】

“甜言蜜语”改变了秘书的粗心

卡尔文·柯立芝于1923年登上美国总统宝座。这位总统以少言寡语出名，常被人们称作“沉默的卡尔”，但他也有出人意料的时候。柯立芝有一位漂亮的女秘书，人虽长得不错，但工作中却常粗心出错。一天早晨，柯立芝看见秘书走进办公室，便对她说：“今天你穿的这身衣服真漂亮，正适合你这样年轻漂亮的小姐。”这几句话出自柯立芝口中，简直让秘书受宠若惊。柯立芝接着说：“但也不要骄傲，我相信你的公文处理也能和你的衣服一样漂亮的。”果然从那天起，女秘书在公文上很少出错了。一位朋友知道了这件事，就问柯立芝：“这个方法很妙，你是怎么想出来的？”柯立芝得意洋洋地说：“这很简单，你看见过理发师给人刮胡子吗？他要先给人涂肥皂水，就是为了刮起来使人不痛。”柯立芝总统对这位女秘书的批评是很讲究艺术的，他没有直接劈头盖脸地对女秘书进行批评，而是先来表扬她。让她在感受到表扬后，才将她的错误指出来，这样给足了这位女秘书面子，让她认识到了错误，知道自己该怎么改正，而且在内心里对这位总统心存感激。

（来源：《少年作文辅导(小学版)》2007年06期）

有的人批评别人，语言极其严厉，甚至贬损别人。在上面的例子里，如果柯立芝总统直接说秘书的工作怎样的不认真，连标点符号也随便丢掉，再有这样的失误我就停了你的薪水等，这样爆竹式的批评的结果可能是，女秘书会因此大哭一场，甚至闹起情绪，工作效率肯定还会受到影响。实际上，如果对比一下的话，不难发现，胡萝卜加大棒与打一巴掌给个甜枣是有区别的，这是同样的批评，但对于不同的目标，使用方法也不同。需注意的是，用什么方法批评都别忘了巴掌要打，但不能不给个甜枣吃，这才是一个真正有能力和有水平的领导者。

【知识链接】

批评下属的三个原则

“人非圣贤，孰能无过”。在日常工作之中，下属的工作常常会出现某些偏差和错误。但是囿于外部条件的限制，下属自身往往难以觉察到这些错误，这时领导就必须及时提出批评，来拨正航向，纠正偏差，保证工作目标的顺利实现。由此可见，领导适时地、恰当地批评下属不仅是必然的，而且也很重要。这时首先要注意遵守批评的原则。

1. 用朋友的口吻

作为上司，对某一名下属的工作很不满意且必须指出来，又不便当面批评他时，该如何做呢？首先应低调一点，先尝试改变他的态度，以朋友的口吻去询问对方：“发生了什么事？”“我能为你做些什么？”“或为什么会这样？”“怎么回事？”这有助于对情况的了解，以便更好地解决问题。除此之外,也可以直接告诉他你心目中的要求,但不要说:"你们这样做根本不对!""这样做绝对不行。"可以说:"我希望你能……""我认为你能做得更好。""这样做好像没真正发挥你的水平。"然后私下与其交换意见,委婉地表达自己的想法,并与他摆事实、讲道理、分析利弊,他就会心悦诚服,真心接受批评和帮助。反之,如果居高临下,盛气凌人,以上司的口吻责备,那就会引起下属的反感,批评就会失去效果。可见,批评时的角色定位很重要,它会使批评产生截然不同的效果。

有时可能因工作繁忙,未能及时处理矛盾纠纷,可以先行对矛盾双方进行慰问,稍事过后再进行处理,这一方面缓解了下属间由于彼此矛盾或纠纷造成的紧张气氛;另一方面可以多了解下属间产生矛盾的原因,以便调整今后的工作。

2. 对事不对人

在对下属提出批评时,预先要想清楚要说什么话,大前提应该是"对事不对人"。批评时切记:不要做人身攻击。例如,"你这个态度,我很不欣赏。"或"为什么你总那么主观,你就不能客观点儿吗?"这样说会使双方的关系非常尖锐对立,对解决问题非但没有帮助,还会使新的矛盾产生。

3. 掌握好时机

在发现下属有错误时,要掌握批评的时机,正面批评别人,对谁来说都是一件十分尴尬、为难的事,但作为领导,这是工作内容之一。

当要对下属进行严厉批评时,请预先跟当事人约好一个时间,同时用简单的话先点他一下,让对方有心理准备,这样也可以提前思考一下对事件的处理方法。然后,把要说的内容的思路清理一下,重点重申一次,这样有助于减少不安的感觉。不妨写下一个大纲,准备随时翻阅,不致因疏漏而要重讲一次。经常提醒自己:"把握分寸","保持冷静",态度自然较轻松。记着,正面和诚恳的语态,可以令受批评者较易接受和免除尴尬。

在批评时开场白是很重要的,切忌凡事用"领导认为"来开头,给对方过大压力。可以婉转地说:"你经常迟到早退,是否有什么难处?""单位有单位的规矩,你迟到早退,对其他同事的工作有影响,而且不公平!""我欣赏你做事速战速决的作风,但希望你能依单位规矩而行,以免阻碍正常工作。"

批评下属要及时,立即采取行动。随时发现,随时批评,不要拖延,如果总是想过几天再说吧。这样,对方就会想:"我一直都是这样做的,怎么你过去就没意见呢?"但是,这并不是说要不加选择地即时批评,有人认为:领导是权威的代表,在与下属谈话时只要使用肯定或提高声调的语气就行了;其实不然,作为领导,首先要考虑到对方的自尊心,不能在大庭广众之下去纠正下属的过失并且批评他。

有的下属因为本身的原因,常常缺乏干劲,工作没有主动性。如果想通过批评他一通来调动他的主动性,是无济于事的,因为主动性必须靠内因来调动。对他们的批评只能是隐晦的,而在表面上要则进行激励。谈话的目的在于让对方接受,而接受则需要对症下药,采取攻心策略。

如果他喜欢养花,可以将他的工作和花儿进行联系,这样就能激起下属的积极性,使他认真、热情地去工作。不仅如此,这种激励的方法还能使下属产生一种责任感,而责任感恰恰是做好工作的前提。如此一来,下属必能心服口服,愉快地接受批评,因为他的努力得到了承认,他的积极性得到了肯定。

(来源:《领导金口才》,华中科技大学出版)

第三节 与下属沟通的方法

一、让下属对沟通行为及时作出反馈

沟通的最大障碍在于下属误解或者对管理者的意图理解不够准确。为了减少这种问题的发生,管理者可以让下属对管理者的意图作出反馈。比如,当向下属布置了一项任务之后,可以接着向下属询问:“你明白我的意思了吗?”同时要求下属把任务复述一遍。如果复述的内容与管理者的意图相一致,说明沟通是有效的;如果下属对管理者的意图的领会出现了差错,可以及时进行纠正,或者可以观察他们的眼睛和其他体态举动,了解他们是否正在接收你的信息。

二、对不同的人使用不同的语言

在同一个组织中,不同的下属往往有不同的年龄、教育和文化背景,这就可能使他们对相同的话产生不同理解。另外,由于专业化分工不断深化,不同的下属都有不同的“行话”和技术用语。而管理者往往注意不到这种差别,以为自己说的话都能被其他人恰当地理解,从而给沟通造成了障碍。由于语言可能会造成沟通障碍,因此管理者应该选择下属易于理解的词汇,使表达的信息更加清楚明确。在传达重要信息的时候,为了因消除语言障碍带来的负面影响,可以先把信息告诉不熟悉相关内容的人。比如,在正式分配任务之前,让有可能产生误解的下属阅读书面讲话稿,对他们不明白的地方先作出解答。

三、积极倾听下属的发言

沟通是双向的行为。要使沟通有效,双方都应当积极投入交流。当下属发表自己的见解时,管理者也应当认真地倾听。当别人说话时,很多时候都是被动地听,而没有主动地对信息进行搜寻和理解。积极的倾听要求管理者把自己置于下属的角色上,以便于正确理解他们的意图。同时,倾听的时候应当客观地听取下属的发言而不作出判断。当管理者听到与自己的不同的观点时,不要急于表达自己的意见。因为这样会漏掉余下的信息。积极的倾听应当是接受他人所言,而把自己的意见推迟到说话人说完之后。

四、恰当地使用肢体语言

在倾听他人的发言时,还应当注意通过非语言信号来表示对对方的话的关注。比如,赞许性的点头,恰当的面部表情,积极的目光相配合;不要看表,翻阅文件,拿着笔乱画乱写。如果下属认为上司对他的话很关注,他就乐意向上司提供更多的信息;否则下属有可能把自己知道的信息也怠于向上司汇报。研究表明,在面对面的沟通当中,一半以上的信息不是通过词汇来传达的,而是通过肢体语言来传达的。要使沟通富有成效,上司必须注意自己的肢体语言与自己所说的话的一致性。比如,告诉下属你很想知道他们在执行任务中遇到了哪些困难,并乐意提供帮助,但同时你又在浏览别的东西,这便是一个“言行不一”的信号,员工会怀疑上司是否真正地想帮助他。

五、保持理性、避免情绪化行为

在接受信息的时候，接收者的情绪会影响到他们对信息的理解。情绪无法进行客观的、理性的思维活动，而以情绪化的判断。上司在与下属进行沟通时，应该尽量保持理性，如果情绪出现失控，则应当暂停沟通，直至恢复平静。

六、减少沟通的层级

人与人之间最常用的沟通方法是交谈。交谈的优点是快速传递和快速反馈。在这种方式下，信息可以在最短的时间内被传递，并得到对方回复。但是，当信息经过多人传送时，口头沟通的缺点就显示出来了。在此过程中卷入的人越多，信息失真的可能性就越大。每个人都以自己的方式理解信息，当信息到达终点时，其内容常常与开始的时候大相径庭。因此，管理者在与下属进行沟通的时候应当尽量减少沟通的层级。越是高层的管理者越要注意与下属直接沟通。

七、了解下属并真诚相待

首先，是"知"。孔子曰："知人者智，自知者明。"作为管理者，更应该如此。知，就是了解、掌握自己的下属。管理者要了解下属的性格、特长、爱好、生活状况等基本情况。这是管理者与下属相处的前提和基础，每个人的成长环境和先天遗传不同，形成独立于其他社会成员的个体。不了解下属的基本情况，无以用其所长，无以岗尽其责。了解下属的生活需要、心理需要、发展需要。按照马斯洛的"需要层次理论"，人是存在于不同的需要层次之中的，人的需要影响人的行为。了解下属生活需要，在生活困难时，管理者要拉一把，帮助其走出困境；了解下属心理需要，在心理需要安慰时，管理者要及时给予安慰，使其永远有一个良好的心理状态；了解下属发展需要，就是给下级提供一个施展才华，实现人生价值的舞台。

其次，要真诚相待。对下属在政治上要支持，工作中要配合，生活上要关心，让下属有安全感；对自己授权的工作，要敢于为下属负责，敢于为下属承担责任，当下属工作出现失误时只要不是原则性的错误，要勇于把责任揽过来，给下属改正的机会，让下属工作有依赖感；对和自己有不同观点的下属，只要是对工作有利的，要鼓励下属提出不同意见甚至反面意见；对自己在工作中存在的问题，要正视错误，勇敢纠正。加强对下属的关注，赢得下属的协同是一些著名的国际大企业保持长盛不衰的秘诀之一。通用电气的成功正是从坦诚地对待员工、关注员工开始的。惠普的价值观是："我们对人充分信任与尊重，我们追求高标准的贡献，我们将始终如一的情操与我们的事业融为一体，我们通过团队，通过鼓励灵活与创新来实现共同的目标——我们致力于科技的发展是为了增进人类的福利。"而摩托罗拉的员工共同的信念是短短的两句话："保持高尚的情操，对人永远的尊重。"

八、对下属下达任务要量力而行

首先，下达的命令要适合下属的能力和客观条件，要"用人所长"，因为每个人的长处各不相同，所以人才有类别也有层次，人才有标准也有变化。因此为帅者，当能运筹帷幄，知人善任，量才适用。要注意"用人之长，避人之短"。人才有种类、有层次，也有高低优劣之分，只要放在合适的位置上，人人都可以做到最好。不要看轻你的下属，不要因为他在某方面做不好就一概否定其才能，正如德鲁克对卓有成效的管理者的描述："卓越的管理者，要有一颗包容心，既要充分发挥他人的长处，又要包容他人的短处。没有毫无用处的人，只有放错位置后造成人力资源的浪费。"管理者获得成功的重要原因是拥有人才并能正确地加以使用，把好钢用到了刃上，把每个人的长处发挥出来。如果一项工作涉及多人，还需明确各人的分工或者主要的负责人。

其次，要讲明任务和完成任务的人员、时间、地点。要注意命令的严肃性，不要朝令夕改；下属没有完成任务，管理者首先要检查自己决策是否有错，不要把责任都推给下属；要帮助下属分析问题，总结经验教训。

第四节　与下属沟通的技巧

上司与下属沟通的技巧同样十分重要，因为如果沟通好，就可以和睦共事，推动事业走向成功，如果沟通不顺就会造成人际关系紧张，甚至产生对立情绪，导致一事无成。

一、与下属相处的技巧

(1)多正已，少怨人。从某种意义上来说，下属是上司的"影子"。上司与下属沟通质量的高低，关键在于自己是不是"身正"。不能老是怨天尤人，嫌这个难以驾驭，怪那个阳奉阴违。只有将自己的身子摆正了，"影子"才不会歪。

(2)互相学习。职场上，上司和下属要养成相互学习的习惯。业务知识、科学技术、法律法规等，在相互学习中让一些问题得到沟通，并且在相互学习中，掌握下属心理变化的规律和特点，以便对症下药，消除不满，增进团结。

(3)自省修德。上司要进行完美沟通，必须做到常常自省：自己在哪些方面还做得不够好，在哪些方面应该加强。总之，上司只有堂堂正正做人，踏踏实实做事，才能敢于说硬话、管硬事，且下属也会心服口服。

(4)等距离沟通。俗话说："领导偏心，部属寒心。"有效的沟通应建立在平等的根基上，即要遵循"等距离"的原则。如果上司不能对下属一视同仁、公平对待，下属心中就会产生极大的消极因素，从而产生情绪抵触、消极工作的情况。总之，不搞亲亲疏疏，是沟通平等化、公开化的关键所在。

(5)放下身段。上司只有融于下属之中，才能知道下属心中的真正想法，才能做到真正的沟通。高高在上或者盛气凌人的上司是绝对做不好沟通的。

(6)信任下属。信任是沟通的基本前提和原则。对下属的建议和意见不要持怀疑态度，即便有些方面还不太放心，但是也不要让下属觉得在怀疑他，否则就会挫伤下属的积极性，给下属造成工作上的束缚。

(7)关心体察下属。上司如果能时时关心和体察下属的困难，处处营造相互理解、相互帮助的和谐环境，沟通就不会出现大的问题。当然，这种关心、体察不仅仅在生活方面，而且还应该在下属的心理方面多下工夫。

沟通能够起到融洽感情、消除误会、避免冲突、促进合作等作用，有效的沟通可以使人与人之间的交往更加和谐，使团队更具有凝聚力。只有大家都真诚沟通，密切配合，共同的团队才可能发展得更好更快。

二、与下属沟通的语言技巧

(一)相互尊重对方的权利

无论任何一位上司在与自己的下属进行沟通时,掌握好沟通的语言技巧都是非常重要的,而要掌握语言沟通则必须先从尊重下属开始。如果希望别人如何对待你,就应该先明白自己怎样对待别人。每个人都有尊严和自己的权利,包括说“不”的权利、说真话的权利、要他们想要的东西的权利、学习的权利、发展的权利和犯错误的权利、做他们认为是正确的事情的权利、改变主意的权利、在必要的时候帮助他人的权利、享有平等的机会和待遇的权利以及隐私的权利等,上司在与下属沟通的时候要从尊重对方的权利开始。

(二)把握好沟通的尺度

首先是空间的距离,就是与员工之间保持多远的距离最合适,不让对方产生空间被侵入的感觉。较近的距离可能会有利于双方产生好感,也可能会导致双方的不自在。

其次是时机的掌握,要掌握适当的时机进行沟通,不要选在对方忙碌或心烦的时候沟通,如果时机不对,沟通的效果也不会好。

最后是手势以及身体语言,在沟通的时候要会微笑,发自内心的微笑是成功沟通的法宝。表情和身体语言所产生的沟通效果比只用语言进行沟通所达到的效果要好得多。

(三)注重心灵之间的碰撞沟通

沟通是人与人之间传达思想感情和交流情报信息的过程,是心灵之间的一种碰撞,是用语言、形体动作、文字、声音所表达出的一种情感,是思想的融合、观念的统一,是人类生存的必备条件之一。也许,在沟通中一个微笑、一个手势、一句问候,都可以拉近彼此之间的关系,都可以创造自己的机遇,可以影响他人的行动,激发对方的士气,让别人改变想法等。尽管沟通是通过口头或书面的方式进行的,但并不简单地等同于语言能力或写作能力,要用“心”去和对方沟通。在沟通中,关键是要学会倾听,学会做一个好听众,用心倾听,学习了解别人而不是判断别人。在交流意见中,可以了解对方的意思,而对方也能了解自己的意思,把彼此意见的差距逐渐缩小,既便不一定达成共识,但是在这个过程中,也许可以因此而彼此认同对方的某些理念,从中即得到更多的理解与启发。

(四)强化沟通双方间的信任、平等与包容

职场中人都能够深刻地体会到,任何沟通都是“双方”之间的一种交流和联络,包括情感、态度、思想和观念。沟通的目的并不在于说服对方,而在于寻找双方都能够接受的方法。因此,沟通的方式往往比沟通的内容更重要。所以,在沟通的过程中,一定要先引起对方的关注和取得对方的信任,注意避免用命令式语气,也要尽量避免“我”,而要用“我们”来取代,让下属觉得彼此是一体的,从而会为着达成共识而努力。

上司要尊重下属的反抗情绪,避免发生争辩,因为争辩并不能带给自己任何的胜利,只是一种伤害的开始。掌握好沟通的语言技巧,在与下属进行沟通时就会比较顺利。

【案例分析】

猛犬与生意惨淡的关系

有一个卖酒的人家,所卖的酒不但斤两够,而且味道颇佳,待客又十分亲切。可是不知什么原因,生意始终不好,所酿制的酒常常卖不出去,伤透脑筋的老板便去请教村中的智者,看看是否有对策。

智者问道:“你家门口是否养了一只猛犬?”

“是啊,养狗和酒卖不出去有什么关系?”

智者便回答道:“当然有关系,假如大人没时间去买酒,要自己的小孩带钱前去替大人买酒,当走到你家门前时,看到门口那只大狗,小孩的心里就会产生一种恐惧感,就把小孩给吓跑了,生意自然不会好了。”

由这则例子可知:不要忽视下属的存在。一个看似比较平常的小细节有时可能会影响一个人的一生,就像不少吸毒者一样,开始认为吸一口不要紧,然而就是这一口却毁了一个人的一生。这给管理者一个启示,对待下属,一定要善意,尤其是功劳赫赫者,更不能忽视。善待下属就是要和他们多进行沟通,多给予奖励,给他们创造良好的工作环境。作为上司,在与下属进行沟通时,说话的态度不能表现得傲慢,更不能居高临下。

(来源:《说话要说出理》,中国城市出版社)

(五)荣辱与共是沟通成功的金钥匙

一个企业需要上下一心、荣辱与共的精神,在激发公司员工上下团结一致时,必须要采取善待下属的策略。领导者在语言上一定要表现出善待下属,让下属能够明白自己是在为他们着想;多参与下属所搞的活动,了解他们的苦衷,及时地与下属进行语言沟通;给下属创造良好的工作环境,让他们知道领导处处都是在体贴他们;认同下属的表现,要向下属表示赞赏,不仅要在口头肯定,还要适当加薪,让他们知道领导随时在肯定他们的贡献;容忍每位下属的个性与风格,使他作为一个活生生的人存在,不要把他们管理成一个会说话的机器;面对危机,应做到指挥自如,并以自己这种稳如泰山的姿态来稳定下属及其家属的情绪。

(六)关心下属是有效沟通的关键

上司在与下属进行沟通时,应该从多方面为下属着想,在进行语言沟通时要注意下属的感受。所说的话不但是自己想说的,更应该是下属喜欢听的才容易使沟通达到目的。这样有利于与下属进行语言沟通,但与此同时,上司一定要掌握好与下属沟通的语言技巧。将有影响的下属列入管理的目标中来;平时对下属卓越的工作表现进行有意义的赞赏;在与下属沟通时以轻松的说话方式;探访下属的工作地方,在下属工作的地方与他们进行会面沟通;以开放的心态咨询及聆听下属的意见,尝试了解下属的立场。

【成功案例】

被“误解”的小朋友

美国知名主持人林克莱特在现场主持一场节目,他问一个小朋友嘉宾:“你长大后想要当什么呀?”小朋友天真的回答:“我要当飞机的驾驶员!”林克莱特接着问:“如果有一天,你的飞机飞到太平洋上空,所有引擎都熄火了,你会怎么办?”小朋友想了想说:“我会先告诉坐在飞机上的人绑好安全带,然后我挂上我的降落伞跳出去。”当在现场的观众笑的东倒西歪时,林克莱特继续注视这孩子,想看他是否是一位自作聪明的小家伙。没想到,孩子的两行热泪夺眶而出,这才使得林克莱特发觉这孩子的悲悯之情远不是笔墨所能形容。于是林克莱特问他说:“为什么要这么做?”小孩的答案透露出一个孩子真挚的想法:“我要去拿燃料,我还要回来!”

通过上例可以知道:作为上司的你是否真正地听懂下属所说的意思了,是不是也习惯性地用自己的权威打断下属的语言?上司会经常性地犯这样的错误:在下属还没有来得及讲完自己的事情前,一般地就会按照自己的经验大加评论和指挥。反过头来想一下,如果你不是上司,你还会这么做吗?打断下属的语言,一方面不但容易做出片面的决策,另一方面还会使下属缺乏被尊重的感觉。时间长了,下属就会对向上司反馈真实信息不感兴趣,也不会积极地向上司反馈信息,这样一来,反馈信息的系统就被切断了,上司不就成了“孤家寡人”,在决策上成了“睁眼瞎”吗?与下属保持畅通的信息交流,将会使自己与下属的沟通变得行之有效。

(来源:济南论坛网,http://bbs.e23.cn/)

本章小结

本章主要讲解了以下几个问题。

(1)与下属沟通的原则:接受下属、赞同下属、赏识下属。

(2)与下属沟通的基本要求:放下架子说话、推功揽过的话最暖人心、肯定和赞扬下属、批评要讲方法。

(3)与下属沟通的方法:让下属对沟通行为及时作出反馈、对不同的人使用不同的语言、积极倾听下属的发言、恰当地使用肢体语言、保持理性、避免情绪化行为、减少沟通的层级、了解下属并真诚相待、对下属下达任务要量力而行。

(4)与下属沟通的技巧:与下属相处的技巧、与下属沟通的语言技巧。

本章测试题

一、不定项选择题

1. 与下属相处的原则是(　　)。

A. 接受下属　　B. 赞同下属　　C. 赏识下属　　D. 认可下属

2. 与下属沟通的基本要求有(　　)。

A. 放下架子,态度坦诚　　B. 推功揽过

C. 肯定和赞扬下属　　D. 坏话好说

3. 表扬下属的方式有(　　)。

A. 直接表扬　　B. 间接表扬　　C. 个人表扬　　D. 集体表扬

4. 批评下属的原则是(　　)。

A. 用朋友的口吻　　B. 对人不对事

C. 发现问题,随时批评　　D. 掌握好时机

5. 与下属进行有效沟通的方法有(　　)。

A. 让员工对沟通行为及时作出反馈　　B. 对不同的人使用不同的语言

C. 注意恰当地使用肢体语言　　D. 注意保持理性,避免情绪化行为

6. 与下属沟通的技巧有(　　)。

A. 多正己,少怨人　　B. 自省修德　　C. 信任下属　　D. 关心下属

7. 上司与下属沟通的语言技巧是(　　)。

A. 相互尊重对方的权力　　B. 把握好沟通的分寸

C. 注重心灵之间的碰撞沟通　　D. 强化沟通之间的信任、平等与包容

E. 关心下属

二、案例分析

案例1:

一名厨师,他的拿手好菜烤鸭深受顾客的喜爱,特别是他的老板,更是对其倍加赏识。不过这个老板从来没有给予过厨师任何鼓励,使得厨师整天闷闷不乐。有一天,老板有位客人从远方而来,在家设宴招待客人,点了数道菜,其中一道是老板最喜欢吃的烤鸭。厨师奉命行事。然而,当老板夹了一只鸭腿给客人时,却找不到另一只鸭腿,他便问身后的厨师说:"另一条腿到哪里去了?"厨师说:"老板,我们家里养的鸭子都只有一条腿。"老板感到诧异,但碍于客人在场,不便问个究竟。饭后,老板便跟着厨师到鸭笼去查个究竟。时值夜晚,鸭子正在睡觉,每只鸭子都只露出一条腿。厨师指着鸭子说:"老板,你看,我们家的鸭子不是全都是只有一条腿吗?"老板听后,便大声拍掌,吵醒鸭子,鸭子当场被惊醒,都站了起来。老板说:"鸭子不全是两条腿吗?"厨师说:"对!对!不过,只有鼓掌拍手,才会有两条腿呀!"

问题:

根据该案例分析上司与下属进行沟通时,需要运用哪些技巧?

案例2:

某公司是国内燃油喷射系统及其零部件主要专业生产厂家之一,在行业内的地位举足轻重,同时还涉足发动机铝铸件产品。按公司发展目标:成为行业的领导者;三年内出口业务必须达到50%以上。鉴于公司发展目标及国内行业环境,一方面加快产品出口直接对公司的发展具有十分深远的意义,另一方面寻求良好的合作配套伙伴更是十分关键。

其实,某国际知名公司对该公司进行了潜在供应商审核,而该国际公司在燃油发动机领域里,在国际上具有很大影响力,尤其是其欧Ⅲ排放的产品更是处于领先地位。无论是

对出口业务还是公司行业的技术发展水平与方向，能达成与该公司的合作都显得尤为重要，而通过潜在供应商的审核是合作的前提与基础。审核后该公司提出了相应的整改要求，待整改完成时，由公司提请现场回访，作整改确认现场审核。整改计划以及整改效果跟踪便成了质量控制部门该段时期内的重要工作内容之一。

为了及时了解公司生产质量状况，公司每周五早上召开质量例会，已经形成了惯例。会议参加者有：公司各相关副总，如技术副总、生产副总、采购副总、营销副总等；与产品质量有关的主要职能部门主管，各生产车间技术主任，公司总经理有时也会参与。例会内容：通报公司内一周来主要质量信息，近期内市场反馈的主要质量信息，外协件质量状况，前阶段主要质量问题的解决情况，解决质量问题所需要的资源与障碍沟通等。为节约时间、提高工作效率，例会往往提出的都是些负面的信息以及存在并需要得到解决问题，甚至一些负面的批评。

根据职责，质量控制部负责对质量、技术以及质量体系有关的整改进行跟踪考核。作为部门主管，必须及时了解所涉及的各方面的信息与改进状况，并有责任通过各种方式通报整改要求及其整改状况。因此，除出差外，质控部长每次会议都会按时到场。其一，质量例会本身是一个较好的通报平台，因相关公司高层在场，通过这种渠道，能充分利用领导资源，及时得到高层的有力支持，以便能更好地推进各整改工作的有效开展；其二，更及时有效地获取各种信息。就整改落实情况，质控部对跟踪结果在不同阶段通过电子邮件，以及相应的场合向相关部门及公司领导（包括总经理）进行了发布。并于前一次例会中就阶段进展情况进行了简要通报，及时指出整改中出现的一些普遍现象，提出纠偏建议。同时，主管副总也提出了一些具体改进要求，强调就整改落实与纠正情况由我部门在下周例会中再一次通报。

本周五例会，很少出席例会的总经理出席会议。根据上次会议要求，质控部长对上周改进动态进行了分类评比，分别就整改进度要求与具体实施情况进行了通报。按进度要求，十三个整改项按进度要求完成两项，未完成十一项也正在整改落实中。总经理听到只完成两项时，立刻表示对整改效果很不满意，认为相关责任部门与有关生产车间整改力度不够，质控部跟踪监督不到位。当时质控部长解释：按进度计划十一项还没有到整改完成期限，已经与整改责任部门就整改事项进行了多次沟通，并明确整改进度与整改措施。总经理严肃地批评说："多次沟通怎么还会有这么多没整改到位的？整改重在过程监控，如果只关注结果，那么当结果达不到要求时已经来不及弥补了。"

其实，质控部接受整改任务之后，一直非常认真地执行着对整改的监控并参与整个整改过程，其他部门和车间也在努力地执行着改进，但得到的结果却是公司领导的严厉批评。

问题：

总经理听取汇报有哪些失误？质控部长的汇报需要改进吗？请从上司与下属沟通策略来分析。

第十八章　与同事之间的沟通

【案例导入】

该如何与同龄同事相处?

办公室里有同龄人,这原本是件好事。因为同龄人之间最容易相处,但实际上,小李却觉得与办公室中的同龄人相处好难。办公室里只有小李和同事H是同龄,但不知为什么,H总表现出要和小李较量一下的架势。有一次小李在办公室感慨:“我怎么就不明白×××导演的电影想要表达什么意思呢?”H立马冷笑道:“不会吧?你连这都看不懂?”就连平时盒饭里比小李多块肉,H都会挤对小李说:“我随便一挑,碗里的肉都比你多。”

小李是个与世无争的人,但小李觉得H总把她当做“眼中钉”。小李也想过和H好好谈谈,但H总摆出一副“懒得理你”的表情。小李也想过和部门主管反映情况,但小李担心主管认为她多事、小心眼。一走了之又不甘心,凭什么为H这样的人辞职呢?小李暗暗地想,继续留守,天天又抬头不见低头见的,小李进退两难,非常郁闷。

请思考:小李和H在职场中为什么出现这样的尴尬局面?小李怎样才能和同事H处好关系呢?

【知识传授】

在职场中,由于同事之间各人性格、工作性质、工作侧重点的不同,平时有小矛盾在所难免。那么,如何在小小的办公室里与同事相处?如何与同事保持适当的距离?如何使沟通变得更顺畅呢?

第一节　与同事沟通的原则

一、亲密不能无间

要想在这个公司工作下去,自然不能把同事关系搞得一团糟,保持友好关系是必需的。但是同事之间毕竟存在竞争,也就是说有利益冲突,那就不能“无间”,巧妙保持适当的“距离”,保留一点隐私,毕竟同事不是亲密无间的好友。否则,你的长处与短处掌控在他人手里,甚至掌握你的隐私,关键时候就有可能击败你。人往往在没有利益冲突时可以称兄道弟,一旦有利益纷争,就可能“反目成仇”。

二、不要形影不离

同一战壕的战友，往往容易“同仇敌忾”，一个人开口骂领导、抱怨工作太多、待遇又差，其他同事大多随声附和。对公司有消极影响的事情，在附和时最好要三思而行，除非自己不想在这个公司干下去了。正确的做法是不要人云亦云，无原则地随声附和；对领导提出自己的见解，如果你的想法独特可行，对公司有利，这样对提高威信会产生积极作用。

三、维护自己业绩

要靠成绩来证明自己出类拔萃，这不是牺牲同事来突出自己，而踩住别人来谋求自己的利益也是会被人耻笑的。要真正得到应得的赞赏。要知道，在下一次得到提升时，身边最要好的同事圈子也可能散伙，要做到问心无愧。

四、注重人格塑造

在沟通理念中，人格的培养是提高沟通效果的基础，也是人际关系中的关键因素，要把做人放在第一位，人品好的同事，大家愿意与其交往，本身就产生吸引力、向心力，利于合作共事。付出爱心、乐于助人是塑造人格的最重要的实际行为，要记住一句真理“帮助别人就是帮助自己”，逐步形成自己做人的原则。记住“我能为你做点什么”这是建立良好人际关系的奥妙。

五、相互坦诚相见

坦率和真诚是建立良好人际关系的重要基础，对待自己的同事，能够不存疑虑，坦诚相见是同事之间值得信赖的法宝。

六、相互多做少争

不要和同事争什么荣誉，这是最伤害人的，帮助同事获得了荣誉，他会感激你的功绩和大度，更重要的是增添了你的人格魅力。对一些非原则性的问题，切忌去争什么你输我赢，否则其结果只能使双方受到伤害，百害而无一利。

七、亲和善于倾听

善于倾听是增加亲和力的重要因素，当同事的家庭生活中的事性在工作时向你倾诉，一定要认真倾听，把自己的情感融入到其中，成为同事最真诚的倾听者，这样会加深同事之间的情感。

八、快乐理解宽容

在发生误解和争执的时候，一定要换个角度，站在别人的立场想一想，理解一下别人的处境，千万别情绪化，甚至把人家的隐私抖出来。宽容别人，就是善待自己，将自己心中愤怒化作和风细雨，神清气爽地度过每一天。学会了宽容待人，微笑就会时常飘荡在脸上，快乐温馨随之而至，人生路上就会少了荆棘，多了绚丽的霞光。

【知识链接】

同事间和平相处的秘诀

同事间的交往仅次于家庭成员的交往和接触,可以说在社会关系中除家庭之外,最重要的关系就是同事关系了。每个人都希望自己能在单位这个大集体中创造出和谐友好的同事关系,因为同事间的关系是一种互相依存、通力合作的工作关系。因此,想与同事和平共处就应该做到以下几点。

1. 谦逊是金,不要炫耀自己的过去

初到新单位,总想让同事尽快了解和熟悉自己,以期引起同事的注意,这是与同事交际中的普遍心理。在这种心理的支配下,一些人常常在不经意间谈论自己"从前如何如何"。这是一种适得其反的做法,即使你曾有过十分非凡的过去,但说者无心、听者有意,同事们立刻就会产生反感,认为你是在吹嘘、炫耀自己。

2. 敬而远之,不要频繁接触上司

上司是每个职员工作的领导者和考核者,掌握着支配我们利益获取和事业成败的"生杀大权"。因此,许多人都在绞尽脑汁讨好和巴结自己的上司。

初到新单位,切不可随波逐流,步入这一误区。其原因有三:一是其他同事与上司频频接触或逢迎拍马,大家习以为常,见怪不怪,而你则往往受到注视,引起同事们的嫉妒和反感;二是你初来乍到,对上司的品行、学识、习性不甚了解,频繁接触,上司会出现种种尴尬,即使你是博取上司欢心的高手,在此时亦会捉襟见肘,弄巧成拙;三是频繁接触上司还会引起同事的猜疑,尤其如果你是女性的话,则认为你与上司有某种特殊关系,如果因此而闹得飞短流长,那才是"出师未捷名先臭"。

3. 尊重他人,女性不要在办公室化妆、试衣

爱美是女人的天性。经过精心打扮的职业女士更有动人的风采。但是也有一些女士化妆成癖、不拘小节,毫不顾忌梳妆的场合,竟将办公室当做化妆间梳头洗脸、涂脂抹粉。更有甚者,一见某女同事穿件新衣或新鞋便生羡慕,偏要裸着半壁肌肤或光着脚丫试穿,搞得在座的男同事如坐针毡,极为尴尬。这不仅是对男同事的大为不恭,同时也是一种轻浮、无教养的丑陋表演。这种被男士视为"最讨厌的女人",在工作中又怎能得到他人的尊重和帮助呢?

4. 热心助人,不要在同事工作时聊天

我们常常在一些单位看到:一部分人工作繁忙;另一些人却在说说笑笑,正所谓"忙得忙死,闲得闲死"。若遇上这种情形,应该主动帮助正在忙碌的同事做些力所能及的工作。如果插不上手,则可以静下心读些业务书籍、资料。这样可以获得大多数同事的好感,认为你是个既有眼力又乐于助人的人。那些曾被你相助的同事亦会心存感激,在今后的工作中也必会伸出援助之手。反之,你参与到聊天的行列,那些因工作忙碌着的同事就会心烦气躁,原本看到其他同事无所事事但碍于情面不便指责,心理已不平衡,而一个新人有何德何能不好好工作?这样,迟早都会成为同事们指责、泄愤、排挤的靶子。

5. 与人为善，不要充当告密者

同事交往中，免不了要发些牢骚，说些闲话，牵扯到某甲某乙的是是非非。此时，作为新人千万不要介入，最好的做法是借故走开，耳不听为净。“是非只因多开口”，说人闲话、打小报告历来被人所不齿。人们通常把热衷于此道的男人叫做“搅事油子”，而把女人称为“长舌妇”。这在很大程度上表达了人们的痛恨。

6. 爽快大方，不要拒绝同事的请求

经过一段时间交往，大家彼此相识，有同事就要拿你“开涮”，比如要你请大家吃饭或到歌舞厅“潇洒走一回”。这时，不应该拒绝，即使打心眼里觉得彼此的交情尚不到令自己主动“出血”份上，也要爽快答应。其实，从某种程度上说，同事们并不是真的要“宰”你一顿，而是一种半真半假的玩笑，旨在试探你的为人。你若答应，就显得大方、爽快、随和；若拒绝则显得孤僻和小家子气，而许多同事都喜欢大方、爽快的性格。

7. 权衡大局，不要把功绩包揽给自己

工作成绩是衡量一个人工作能力的尺度，是加薪晋职的阶梯。某些人为达此目的，常常攫取他人的成绩，不惜踩着同事的肩膀往上爬，令人感到十分的卑鄙可耻。作为新人，切不可如此急功近利，尽管你付出种种艰辛把工作干得有声有色，但也要分一杯羹给同事，多摆出同事的功劳。因为任何一个人功绩的取得，都与其他同事有着千丝万缕的联系，同时新人今后的路还很长，只要赢得了同事们的心，就是赢得了更多的晋升机会。而那种心胸狭隘、只顾眼前利益的人，则被同事视为另一种“最讨厌的人”，也势必成为众矢之的。

8. 一视同仁，不要与某一同事过分亲密

有的人为摆脱在新环境中孤立无援的窘境，往往抱有尽快觅到几个要好朋友的心理，与少数同事交往过甚。殊不知“欲速则不达”，这不仅会引起厚此薄彼的嫌疑，还会招致无聊同事的闲言碎语，乃至闹出一些说不清查不明的“桃色新闻”。一言以蔽之，只要面对新同事注意修饰自己的言行举止，给同事们留下谦逊、正直、热心、大方的第一印象，那么就会在纷繁复杂的职场中如鱼得水，游刃有余。即使在今后的交往中有所谬误，也会获取同事们的谅解和关爱。

同事间应该怎样相处是每个步入新工作岗位的人，都希望尽早能够完成的事情。只要充分掌握以上几点，就能与新同事建立一种美好和谐的人际关系，这不仅有益于工作水平的提高，还会令人心情愉快舒畅。

（来源：名医频道网，《心理健康》）

第二节　与同事沟通的要求

一、公私分明

作为公司的一名职员，必须明白公司的钱属于公共财物，只能用于公司的发展，绝对不能为了个人的利益而私用公司的钱，否则属于不正当行为，甚至触犯法律。公司的其他物品，如办公用品、耗材、汽车等也不能当做私用。尽管公司有规定禁止公物私用，但也不可能每天监视员工财物的使用情况。因此，必须依靠每一名员工的主动性和自觉性。想成为一名优秀的员工，首先一条要做到公私分明，做一个职场中的“清白人”。

如果不能做到公私分明，那么职场中的失败就可能随时发生。在职业生涯中，一次升迁机会的丧失可能是由于出差的费用远远超过标准；一次生意的失败可能仅仅是因为在谈话中暗示自己要一定的回扣；一次解雇可能是因为直接拿了公司不该拿的物品等，这一切决定了人的命运。

二、闲谈莫论人非

《名闲集》上有句话："静坐常思己过，闲谈莫论人非。""静坐常思己过"，是一种自我修身、自我反省的功夫。它要求一个人在静下来的时候，不要去想别的东西，不要有私心杂念，而要考虑自己有什么过错，想想自己在做人与处事方面有哪些失误和不足的地方。这样可以提高自己的修养，完善自己的人格，减少自己的失误，可以加快实现自己的人生目标。"闲谈莫论人非"是为人处世的一条金科玉律，告诉人们在日常工作和生活中不要议论别人的私生活，不要议论上司和同事好与不好，不要随便对人谈论自己的隐秘思想，不要打听别人的隐私，更不要传别人的隐私。谁都有自己的一片小天地，个人的隐私受到法律保护，不尊重他人的隐私，就会伤害他人的自尊心，甚至触犯法律。世上没有不透风的墙，被谈论的对象一旦了解情况，可能会引起误会，甚至是忌恨，谈论者无形给自己的工作和生活设置了重重障碍。

古人说："察见渊鱼者不祥，智料隐匿者有殃。"没事总是打听人家的隐私，遇着一个大度的人，人家可能不理你；遇上一个心胸狭窄的人，人家可能会记恨你，跟你过不去，最后有可能酿成大祸。

当然，对别人在背后议论自己的不是，也不要去计较，要休现大度宽容的胸怀。不要为有人在背后说自己的坏话而烦恼不已。其实没有什么了不起的，不必跟这种人计较。俗话说："谁人背后不说人，谁人背后不被说。"只要不是当面说的，尽可不去理他，听见只当没听见，省下精力丅好自己的事业。

【情景案例】

祸从口出

某局准备提拔个副局长，大家谁都认为老李这回没问题。因为不论是工作能力、工作经验，还是思想理论水平他在后备人选里都是第一的。可是当提拔名单下来后，却是另一位哪样都不如他的人。大家愤愤不平，他自己也不知哪出了问题。后来局长的司机无意透露出了秘密，原来早在五年前这个老李无意中说局长的老婆长得不好看而且刻薄，让被听到的人悄悄告诉了局长，从此局长记恨在心，一直到五年后才找到机会报复他。且不说局长的道德品质如何，这个老李也不该背后议论别人的短处，最后给自己酿成了难咽的苦果。

（来源：新浪读书网，http://book.sina.com.cn/）

三、不要显摆自己的优越

日常工作中不难发现这样的同事，其人虽然思路敏捷、口若悬河，但一说话就令人感到狂妄，因此别人很难接受他的任何观点和建议。这种人多数都是因为太爱表现自己，总想让别人知道自己很有能力，处处想显示自己的优越感，从而能获得他人的敬佩和认可，结果却是失掉了在同事中的威信。

法国哲学家罗西法古有句名言："如果你要得到仇人，就表现得比你的朋友优越吧；如果你要得到朋友，就让你的朋友表现得比你优越。"在同事之间的交往上，相互之间理应是平等和互惠的，正所谓"投之以桃，报之以李"。而那些妄尊自大、高看自己、小看别人，过分自负的人总会引起别人的反感，最终在交往中使自己走到孤立无援的地步，别人都会敬而远之，甚至厌而远之。

四、切忌直来直去

在人际交往中，一定要注意言语委婉，切忌直来直去，更不要恶语伤人。一两句和气的话常常可以平息纠纷，而直来直去的语言只会令他人难堪或愤怒。在待人接物时，应尽可能避免直言他人的错误。因为，即便出于好心，但在小心眼的人听来仍旧会认为是恶意。因此，要想拥有好的人脉，便要做到评人论事能免则免，在所难免时便要说得语言和气委婉，让对方能够欣然接受。

五、藏其锋芒、厚积薄发

韬光养晦自古以来就被视为做人做事的高级学问。要想不被卷入职场的人事斗争中，唯有收起锋芒，成为职场隐身人。当所有人都毫无防备的时候，便是猎得猎物的最佳时机。在脚跟没站稳的时候锋芒过露是愚蠢的做法，锋芒毕露肯定会暴露自身的缺点，招来一些人的非议。最常见的结果是还没等到竞赛开始，便被人踢出了局。"厚"是隐忍，"是韬略"，学会收起自身的锋芒，藏起"刀刃"，也是一种自我保护。一个人的优秀之处，也是锋芒所在，它可以解开工作上的结，同时也可以让帮助你的人受伤。所以，在对待工作时要锋芒毕露，在对待朋友和同事时则要藏其锋芒，以谦和礼让的姿态去相处。只有懂得适时藏起自己的锋芒，事业才能成功，人生才能成功。

过早地"崭露头角"是危险的，至少会陷入被动。无形中将自己的定位定得很高，处处显露自己的才干和见识，上司和同事就会产生一种心理定势，总认为你比别人强。所以，如果一旦有所闪失，那人家轻则说你还欠火候，重则落井下石，认为这是自高自大的最好报应。锋芒毕露，会过早地卷入升迁之争。升迁之争必然带来残酷的淘汰，所以，有可能在一种不公平的利益交换中成为无辜的牺牲品。渐渐积累资本，打牢根基，厚积薄发，常常是不鸣则已、一鸣惊人，那股子气势，想挡都挡不住。功绩俱在，不由得争强好胜者不为之叹服。

六、晋升后要怎样面对同事

人在职场，最得意的事莫过于升职了；但升职后，问题也接踵而至。例如，以前的同事对自己有些冷淡；布置工作任务时，态度也不是很积极；甚至可能还故意出些难题。面对以上种种问题，该怎么办呢？昔日的同事成了下属，关系该如何处呢？

从团队普通成员升为团队领导者，在着手新的工作时，不妨先找个机会，分别与原来的同事即现在所有的下属主动聊聊部门工作，确定他们每一位的职责、想法，尽可能多地收集新的工作领域和团队成员的信息，做到心中有数。切记，“知己知彼，方能百战不殆。”对团队成员的态度关系到他们对你的态度，而他们对你的态度又直接关系到工作该如何着手。

第三节　与同事沟通的技巧

一、尊重他人、随和待人

每个人都渴望得到别人的尊重，尊重别人也就等于尊重自己。所以，在与同事的接触中要牢记：不该问的话坚决不问，不该开的玩笑坚决不开，不在任何同事面前说三道四。对每一位同事都平等相待，千万不要因为对某个人有意见或看不惯，就不愿与其说话，这样很不利于团结。有时简单的一声问候就能营造和谐的氛围，使工作得到顺利开展。

二、讲究诚信、宽容待人

诚信是人与人之间沟通的基础。在与同事相处时，要树立“诚信第一”的观念，答应别人的事情要做到言必信，行必果。即使由于某种原因没有做到，也要诚恳地向对方说明，取得对方的谅解。同事之间经常会出现一些磕磕碰碰，如果不及时妥善处理，就会形成大矛盾。俗话讲，冤家宜解不宜结。在与同事发生矛盾时，要主动忍让，从自身找原因，为他人多想想，避免矛盾激化。对于同事的一些小缺点和小毛病，不能挖苦讽刺；对于听到的一些关于议论自己的言论，也用不着去追根问底，要以一颗平常心对待，有则改之，无则加勉。当然在工作中难免会和同事有一些磕磕碰碰，这时，要学会主动找同事和解，只要真诚地向对方解释清楚，相信一定会赢得对方的理解。

三、说老实话、办老实事、做老实人

有很多人认为在领导身边工作，是领导身边的人，不好接近。所以想要消除别人的这种误会，就必须在和他人的相处中，坚持实事求是的原则，有多大能力办多大的事情，不要高高在上，更不要到处炫耀自己的成绩，要保持谦虚谨慎、踏踏实实的工作作风。

四、关心他人、有良好的协作精神

想要得到别人的支持，首先要给对方提供支持和帮助，然后再要求别人配合。要想和同事更好地沟通，还要在“情”字上下工夫，无论是在工作中，还是在生活上，要学会和同事沟通感情。同事在工作中遇到了难题向你请教时，要耐心地解答，做到知无不言，言无不尽；同事在生活中遇到了难处时，要在精神上或者物质上及时给予帮助，使他感受到温暖。某些工作需要与同事配合进行时，要学会主动承担责任，不要斤斤计较。这样，会让同事认为你是一个很好的合作伙伴，从而愿意与你共事，工作的效率也会提高很多。

【典型案例】

从同事到冤家

小贾是公司销售部一名员工，为人比较随和，不喜争执，和同事的关系处得都比较好。但是，前一段时间，不知道为什么，同一部门的小李老是处处和他过不去，有时候还故意在别人面前指桑骂槐，涉及两人合作的工作任务也故意让小贾做得多，甚至还抢了小贾的好几个老客户。起初，小贾觉得都是同事，没什么大不了的，忍一忍就算了。但是，看到小李如此嚣张，小贾一赌气，告到了经理那儿。经理把小李批评了一通，从此小贾和小李成了绝对的冤家。

其实，小贾遇到的烦恼是工作中常见的问题。导致问题发生的主要原因是小贾发现问题后应该立即主动找小李沟通，了解小李这样做的动因，而不是一概的退让，把问题发展到不可收拾的地步。但小贾选择的是忍不下去的时候直接找领导告状。当然，直接找领导说明一些事情，不能说是错误做法，关键是怎么处理？但是，在这里小贾、部门主管、小李三人犯了一个共同的错误，那就是没有坚持“对事不对人”，主管做事也过于草率，没有起到应有的调节作用，他的一番批评反而加剧了二人之间的矛盾。正确的做法是应该把双方产生误会、矛盾的疙瘩解开，通过加强员工间的沟通来处理，肯定效果要好得多。

（来源：中国科学院心理所心理健康服务中心网站，http://eap.psych.cn/）

本章小结

本章主要讲解了以下几个问题。

(1)与同事沟通的原则：亲密不能无间、不要形影不离、维护自己业绩、注重人格塑造、相互坦诚相见、相互多做少争、亲和善于倾听、快乐理解宽容。

(2)与同事沟通的要求：公私分明、闲谈莫论人非、不要显摆自己的优越、切忌直来直去、藏其锋芒、厚积薄发、晋升后要怎样面对同事。

(3)与同事沟通的技巧：尊重他人、随和待人、讲究诚信、宽容待人、说老实话、办老实事、做老实人、关心他人、有良好的协作精神。

本章测试题

一、不定项选择题

1. 同事之间沟通要遵循原则有(　　)。

A. 亲密无间　　B. 形影不离　　C. 维护自己业绩　　D. 要坦诚相见

2. 同事间沟通的基本要求是(　　)。

A. 公私分明　　B. 不要背后议论人

C. 显示自己的优势　　D. 直来直去

3. 同事沟通的技巧有(　　)。

A. 尊重他人、随和待人　　B. 讲究诚信、宽容待人

C. 关心他人、善于协作　　D. 说老实话、办老实事、做老实人

4. 增强同事相处的技巧,要学会(　　)。

A. 真诚相待、勤学为主　　B. 加强沟通、展现实力

C. 适当的赞美、不搬弄是非　　D. 异性之间、保持亲近

E. 同性之间保持亲密

5. 同时和平相处的关键在于(　　)。

A. 要谦虚,不要在同事面前炫耀自己的过去

B. 对同事要敬而远之

C. 热心助人,不要在同时工作时聊天

D. 不要充当告密者

E. 不要把功绩包揽给自己

二、案例分析

案例:

某家IT企业一直以发展迅速、竞争力强而著称,但这家企业的总经理近来却一直为企业内部的人事问题而忧虑,因为人员流失率很高,不少员工既抱怨没有得到公司的关怀,又不知道公司正在做什么、打算做什么,同事之间钩心斗角也很厉害,人际关系紧张。为了能在IT产业激烈的竞争中站住脚,这个企业采用了能者就上、快速晋升的用人机制,但因工作职责划分不明晰,员工无法及时了解自己的绩效,加上管理人员常常分配很多的任务并要求员工按时完成,因此虽然能及时圆满完成任务的员工晋升很快,拿到的奖金也高,但不少人也因经常无法完成工作任务受罚,选择了离职或被解雇。平均来说,每个人在一个职位上仅仅工作20个月。因此这家公司快速晋升的机制虽然吸引了不少有抱负的IT人才,但能留下的人却很少,既导致公司培训成本高,也影响了公司的发展。

为了改变员工难以留住的状况,公司总经理要求各级主管认真评估员工的绩效并及时反馈给员工,并详细解释奖金分配的依据,而且管理人员的晋升与工资也将部分取决于他们指导、培训下属的情况。

问题:

(1)为什么该公司同事之间钩心斗角,人际关系紧张?

(2)你认为该企业员工工作压力主要来自哪些方面?

(3)你认为该公司总经理减轻员工工作压力的措施是否到位?为什么?

(4)如果你是这个公司的总经理,你将会怎么做?

第十九章　与客户之间的沟通

【案例导入】

2000年10月美国总统大选，当时我国的一名知名教授赴洛杉矶访问。刚下飞机，记者就过来采访他说："请问唐教授，你认为美国总统大选谁会获胜？"当时是官方活动，不能信口开河，如果这位唐教授按照记者的思路，回答谁会获胜，一旦回答错误，就是一件很尴尬的事情。这时，就应该使用外交辞令了，"首先，我要感谢各位记者对我们的关注，此外，我相信美国人民是受过良好教育的人民。美国人民是强调独立自主的一个民族，所以这次美国总统大选美国人民一定会作出符合自己意愿的选择，而且我相信不管谁当选美国总统都会促进中美关系的可持续发展。谢谢，我的话完了。"这样的回答，无论最后谁当选，这位唐教授都不会落入尴尬的境地。

请思考：这位知名教授和记者沟通运用了何种沟通技巧？

【知识传授】

第一节　与客户沟通的原则与方式

一、与客户沟通的原则

（一）勿逞一时的口舌之能

（1）如果逞一时的口舌之能，会获得短暂的胜利之快感，但绝对不可能说服客户，只会给以后的工作增加难度。

（2）真正的沟通技巧，不是与客户争辩，而是让客户接受观点。

（3）在与客户沟通时，不要摆出一副教人的样子，也不要表现出若无其事的样子。

（二）顾全客户的面子

（1）要想说服客户，就应该顾全别人的面子，不要一语点破。要给客户有下台阶的机会。

（2）顾全客户的面子，客户才能会给你面子。

（3）顾全客户的面子，并不是一件难事，也只需要稍微注意一下态度和措辞。

（三）不要太"卖弄"专业术语

（1）千万要记住，平时接触的人当中，他们可能对专业根本不懂。

（2）在向客户说明专业性用语时，最好的办法就是用简单的例子来比较，让客户容易了解接受。

(3)在与客户沟通时,不要老以为自己高人一等。

(四)维护公司的利益

(1)维护公司的合法利益是每一位员工应该做的,在与客户沟通时,不能以损失公司的利益为代价,博取客户的欢心。

(2)更不能以损失公司或他人的利益,来换取客户对个人的感谢或谋取私利。

二、与客户沟通的方式

随着企业为客户服务意识的增强,客户对服务的要求也不断提升,越来越多的呼叫中心为了适应这种变化,不得不采取多种方式与客户进行沟通。最常见的与客户沟通的方式有以下几种。

(一)人工应答客户来电

这是大多数呼叫中心采用的与客户沟通的方式。绝大多数客户在拨打客服热线的时候都喜欢寻求即时的人工服务。尤其是急于解决问题的时候,客户普遍认为得到即时人工服务是解决问题的必要条件。

人工应答是客户满意度最高的沟通方式,而这种方式对运营管理者最大的问题是成本太高。人工应答就意味着要有足够多的工作人员为客户提供合乎标准的服务,而在绝大多数呼叫中心总预算中占比例最大的就是人员成本,据有关统计显示:人员成本一般会占到总预算的67% 。在中国,随着客户的快速发展,客户对所提供的服务要求不断提高,很多呼叫中心都面临着是否要无限量增加人工坐席数量,以便满足越来越多的客户服务要求这样一个课题。

(二)利用网络进行客户问卷调查

随着网络的发展,很多呼叫中心采用了在某些特定的网络站点上设置针对目标客户的客户调查问卷。客户对设计提出的各种关键性问题进行解答,给出他们的答案,因此通过这种沟通方法收集的客户信息定位比较准确,可以捕捉到客户关注的细节问题。

(三)应用网络聊天工具

MSN、QQ 等聊天软件的普及,使得通过网络聊天工具与客户沟通也成为呼叫中心的一种主要沟通方式。而网络聊天这种方式能够让一位坐席代表同时应对多位客户的服务请求,这从运营的角度看在客户的满意度保持同等水平的前提下,大大提高了呼叫中心的服务效率。

网络聊天工作应用在呼叫中心上也有它的局限性,即任何网络聊天的工具都不能消除在聊天的过程中的延时现象。当不能接受延时的客户在与坐席人员交流的过程中,延时情况出现时,客户必然会将他们的不满无一例外的归结为提供的服务质量低下。

(四)应用电子邮件

电子邮件作为一种便利快捷的沟通方式已经越来越多地被大众所接受,尤其是电子邮件已经成为商务领域占主导地位的沟通方式,而其在交流速度上的优势使这种沟通方式大有取代传统邮件的发展趋势。

而电子邮件毕竟是一种新兴的通信方式,作为与客户沟通的方式也受到一些局限。在实际工作中确实经常会出现很难顺利接收客户邮件或是客户不能及时接到回复的邮件的情况;根据每个客户邮件提供的信息回复邮件也是比较浪费时间的;而且由于邮件回复对坐席代表的写作水平也有比较高的要求,很难达到服务的统一性。

(五)利用网络为客户提供网页自助服务

如果我们的客户能够通过我们网站上提供的网页自助服务找到解决他们亟待解决问题的方法和途径,那将会大大节省客户的时间,同时也会节省服务成本。但是也要清醒的认识到自助网页服务并不适合每一种客户人群。不能简单地认为客户都能通过网页自助服务解决他们碰到的问题。并且这种服务对安全保密性和技术实施水平的要求都很高,这就导致实施这一服务的前期投资会比较大。

(六)利用自动语音导航为客户提供服务

自动语音导航系统成本低廉是有目共睹的,而且采用这种方式提供的服务无论是在服务态度还是回答的标准上都能做到完全的统一规范。它在当今呼叫中心中承担了越来越多的客户服务任务,逐渐成为一种被普遍采用的客户沟通方式。

自动语音导航系统主要适用于呼叫中心最基本的问题解答和一般性的咨询活动中,它适合数量庞大但是答案比较统一的问题回答。许多客户认为,自动语音应答系统提供的是低层次的服务,很难完成个性化的问题的解答,尤其是中国的客户还不是很接受与机器的交互,所以现在的自动语音导航服务只提供中低层次的客户服务。

(七)应用语音识别系统

当自动语音导航系统应用到客户服务上的时候,大家都在想如果能有一个能听懂客户问题的自动系统那就好了,因此语音识别系统就随之应运而生。语音识别系统在客户服务中既达到了节约人员成本的目的,又对客户的个性化要求做出相应恰当的反映。由于对客户的回答是事先制作好的,因此客户得到答案的一致性得到保证。

看上去语音识别系统简直是完美的,但是它依旧有缺陷。由于语音识别对客户的要求比较高,中国的现实情况是方言众多,如果要达到普遍使用这种自动化系统到客户服务上那么对客户的语音语调都要做出严格的界定。当要扩大使用范围的时候就要对语音的样本库进行扩充,而这样的扩充工作意味着后期扩展费用与前期建设费用一样庞大。

(八)传真

如果企业还在通过杂志广告宣传,或是某种纸制宣传品发放产品折扣券,或是采用传真回复客户信息获得会员资格等形式吸引客户,收集客户信息,那么传真确实是一种必不可少的有效沟通方式。

但是不能否认的是,在传真的自动识别系统发展还不成熟的当下,这样的活动就意味着需要人工录入客户信息,其庞大的人工录入工作量将是运营管理者最大的困扰。

(九)设立点击通话

点击通话是一种新近使用在客户服务上的技术,由于比较新奇,所以通过这个方式大大提升了客户交流的兴趣,相关联的客户对服务的满意程度也大大提高了。

点击通话依赖网络的程度比较高,它需要客户具备宽带接入的网络的物理条件,对客户的操作能力也有比较高的要求，这就再一次将这种方法的使用限定在了比较窄的范围之内。

（十）利用短信

如果客户需要呼叫中心提供服务时，只需发送短信提供相应的号码，就能够得到让客服人员根据收到的主叫号码及时地进行外呼服务，那么将会大大节省客户的等待时间，客户定位也会变得准确方便。

但是短信服务必须与其他系统配合，才能提供优质的相应的客户服务，而且还不能保证以移动电话号码作为识别客户身份的主要工具是万无一失的。

第二节　与客户沟通的基本要求

在激烈的市场竞争中，各行各业都把"服务"作为重要的竞争手段，因为他们明白，所谓的竞争，说白了就是争夺客户，用什么去争夺呢？当今社会，除了产品适用性、观赏性、质量和价格外，就是"服务"这张王牌了。一般来说，质量决定品牌，价格决定吸引力，服务就决定信誉。可见商家们应该更加端正服务态度，找准自己的位置并摆正与客户的关系——如何与客户进行沟通的问题。

一、做好沟通前的准备工作

在人际交往的过程中与客户沟通可以说是很难把握的。而每次开头的准备工作就显得尤为重要，同样也会是决定整个谈话过程成败的关键。

在沟通前要做好的准备工作就是明确沟通内容。缺乏沟通前的准备工作，势必造成沟通过程中"东扯葫芦西扯瓢"的局面，既浪费了双方的工作时间，又不利于问题的解决。因此有效的沟通要有清晰的沟通主线或明确的沟通主题。事先安排好沟通提纲，先讲什么，后说什么，做到心中有数。

只有真正明确目标的人，才会用心去做。每个人都要懂得，与客户沟通的时候，并不是为了沟通而沟通。只有这样才能实现与客户的长期合作，也才能达到与客户沟通的最终目的。

二、谈客户最感兴趣的话题

请记住与你谈话的人，对于他自己、他的需求以及问题比对你及你的问题兴趣要大得多。要想与客户建立和谐的关系，首先观念要正确、方法要正确，但更重要的是赢得客户的注意和认同。

（一）提合适的问题

提合适的问题（和客户的第一句话很重要），从而让客户谈论自己。这是赢得客户注意、好感、信任的几把金钥匙。通常可以从以下几个方面引起客户的注意：问问题（了解对方背景，但不要问平庸、不得体的问题）；使人惊奇或爆炸性的开场白；真诚的赞美；免费服务，（专业的表现）；利用展示品；送小礼物；提到介绍人的名字；新消息或新资讯。

（二）建立和谐的七个提醒

通常与客户建立和谐的关系可以从以下七种提醒方式着手：注意个人的仪表，要看起来值得他人听你说话;想办法让对方说 YES;方式赢得注意的开场白要简短有力;无论是坐是站,都要合理的靠近客户;注意坐姿;要面带微笑;正确的念出对方的名字。

(三)小心不要踩到“地雷”

在与客户沟通的过程中一般有以下几个“雷区”:不要一开始就说抱歉的话;不要用“我正好路过这里”作为开场白;不要强迫对方和你握手;不要抽烟;不要一开始就过于锋芒毕露;不要用陈腐的开场白;不要说谎或用欺骗的方式引起注意;不要一开始就说不雅的笑话;不要谈论自己的问题、麻烦或健康;不要过度谈论客户的个人嗜好。

三、态度诚恳、耐心说服

态度诚恳主要包括以下几个方面。

(一)用心倾听

学会倾听是成功交流的前提,首先必须弄清楚客户所说的问题,才能有效作答。好的倾听者,不但是用耳听内容,更用心“听”情感。正确的倾听态度是达到最佳倾听效果的前提。例如,在与客户交谈过程中,认真倾听客户的问题不只是对客户的尊重,还可以体现出自己的修养。因此不论讲话者,还是听者,都要学会倾听。学会倾听是加强人与人之间沟通,促进形成良好人际关系的有效药途径。作为讲话者,通过倾听人们的意见和建议,使自己的发言更有说服力;作为听者,通过与讲话者沟通把自己的看法表达出来,使讲话者得到更多的启示,丰富自己的思想内涵和处世修养,更重要的是达到沟通的目的。

(二)知之为知之,不知为不知

一个人的知识量是有限的,即使准备得再充分,也难免遇到自己不懂的问题。例如,在与客户沟通中千万别不懂装懂。万一在与客户沟通中遇见诸如“木桶原理”、“蝴蝶效应”、“钓鱼执法”某方面的非常专业的技术问题等自己不是十分了解的话题,一定要实事求是、开门见山地向对方坦白自己的盲点。但是实事求是并不等于完全放弃回答,也要充分发挥自己的主观能动性和创造力,尽力去回答,并向对方表态,回去后一定查清楚,今后要全面提升自己的知识水平。

(三)用心交流

大家都知道,与客户并不是对立的关系,因此,在与客户进行交流时,要学会用心交流。在回答问题时,要带着自己的感情,不能机械地回答。一个会用心去和客户交流的职场人士,会向客户展示出除回答问题以外的东西,也就是通常所说的情商。如在谈到正面积极类话题时要轻快、兴奋、自豪,在谈到负面消极类话题时要低沉、忧伤、焦虑等,在谈到事实性话题时要平稳,这样就会给客户留下一个深思熟虑、用心交流的印象。

(四)耐心

有句俗话说:“心急吃不了热豆腐。”这正说明耐心是成功的关键因素之一。在心理学上,耐心属于意志品质的一个方面,即耐力。它与意志品质的其他方面,如主动性、自制力、心理承受力等有一定的关系。

如果你的观点是对的,一时说不服人家,很可能会犯过分心急的毛病。当然,如果人家听了你的说服的话,立刻点头叫好,改弦易辙,并称赞你“一言惊醒梦中人”这自然是最妙不过的。但实际上,这种情况并不多见。别人的看法、想法、做法,不是一天形成的。“冰冻三尺,非一日之寒”,因此,要对方改变看法也决非一日之功。相反,即使他当时表示了心悦诚服,还要让他回去好好考虑。因为积习难改,当面服了,回去细想可能还会出现反复。如果真是如此,千万不能指责对方是“当面一套,背后一套”。正确的做法要有耐心。

(1)永远不要一开始就直接告诉对方“他错了”,这样他不会同意你的观点,因为直接打击了他智慧、判断力和自尊心。永远不要这样开场:“好,我证明给你看。”这句话大错特错,等于是说:“我比你更聪明。我要告诉你一件事,使你改变看法。”

(2)以理服人以求得共识。对不同的观点则要尊重对方,求同存异。

四、即使客户不买产品也要表示感谢

作为一名优秀的客户服务人员,不仅要感谢现在购买产品或服务的人,而且还要感谢没有购买产品或服务的人。因为,每个人都是值得感谢的:感谢他能接听你的电话;感谢他听你的产品介绍;感谢他们让你知道了他不买你产品的原因,让你找到你与别人的差距在哪里。

【情景案例】

全美第一名的销售训练大师——汤姆·霍普金斯

世界销售训练大师汤姆·霍普金斯常带着 3×5 的卡片,这是他多年的习惯,他平均每天要寄 5~10 封感谢函给他认识的冠军业务员;给那些没有参加他们研讨会的人;给那些没有投资他们录音带训练课程的老板等。一天寄 10 封感谢函等于一年要寄 3 650 封,10 年就是 36 500 封,他说:“我每寄出 100 封的感谢函就能做成 10 笔生意。也就是每 100 名潜在客户在感谢的情况下有 10 位会成为忠诚的客户。把每次交易的平均收入乘上 36,可以想象一下这项技巧在未来的 12 个月里最少可以为你带来多少收入。我想它会决定你是个赢家的。你只需要花 3 分钟时间,然后在每封感谢函上贴一张邮票,利用那些闲聊或是等人的宝贵时间,从今天开始做,因为结果不会马上就发生。就跟你一生中会使用的所有成功方法一样,只有坚持才能成功。一天寄出 10 封感谢函,一个月就是 300 封,那足够让你一季中有得忙了。”

汤姆·霍普金斯是全美第一名的销售训练大师,世界房地产销售纪录保持者,他事业的成功来自于不断地开发新客户以及有效地保留顾客。他说:“你所见到的每一个人都有可能成为你的顾客,为你带来财富,关键是你要如何争取到他。”

(来源:《没人买时如何卖》,中信出版社出版)

五、诚实是赢得客户之本

随着社会的进步和经济的发展,诚信已成为市场经济的基本条件,可以说现代市场经济已逐渐进入了诚信时代。诚信是个有着丰富内容的服务主题,这就决定了还有很长一段路等待人们去摸索、去发掘。现在的制度和体系也会不断改进、完善,品牌服务也还需要进一步向深层次拓展。只要心系客户，用真诚和信用打动客户，必将与客户实现双赢，共同撑起更为广阔的天地。

美国营销专家L·赫克金有一句名言：“要当一名好的推销员，首先要做一个好人。”他所说的“做一个好人”是指做一个诚信的人。诚实守信是营销成功之本，也是赢得顾客最有效、最永久的方法。

所以，当每个人对顾客传达信息时，在说出口之前一定要先仔细想一想：“我说的是不是真的？”除非能够斩钉截铁地回答“是”，否则，就不要轻易开口说出想要说的话语。要让话语出口如金，就一定要在心里对自己诚实，然后，再对顾客诚实。这样，才能为自己赢得更多的客户。

六、“高帽子”会让你赢得客户

古时候有一位官员，最讨厌别人拍他的马屁。还没有上任，就事先发布了一条公告，不许任何人对自己拍马屁、戴高帽。上任那天，迎接他的一位官员和他一阵寒暄之后说：“下官为官二十多年，拜见过几十位来此地上任的高官，却还是第一次遇到像大人您这样，作风清正、严于律己，公开不许下官拍马的人。这真是此地百姓之福啊！”这位官员听自己的下属这么说，心里美滋滋的。这个官员第一天上任，他下面的人就给他戴了一顶舒舒服服的“高帽子”。尽管他下过命令，不许人们吹嘘拍马，遇到别人拍他马屁还是优哉游哉的。

喜欢听好话，是人的天性。每个人都喜欢被别人抬高，好显得自己很有学识、很有才华，也很有地位和权势。对于顾客来说，同样也是这个道理，几乎每一个客户都喜欢听别人的恭维话，也很愿意让自己显示出与众不同、高人一等的位置。

【典型案例】

恰当给顾客戴高帽赢得成功

有位非常高傲的老板，每天趾高气扬，一副唯我独尊的样子，许多的人都不敢接近他。一位推销员很久就听说了这位老板的脾气，一天，这位推销员去拜访这位老板，一见面就微笑着说：“张总，你好！我很早就听说您是个非常爽快的人，年纪轻轻就事业有成，我还听说您特别富有同情心。一听到别人对你这么高的评价，我就赶紧来拜访您了，我就喜欢和您这样爽快的老板合作，办起事情来痛快，一副大将的风范。”这位平时总是板着面孔的老板，听销售员这么一说，不由自主地露出满脸的笑容。他不好意思推辞这样恭维、尊敬自己的销售人员，于是就爽快地签了单。这位推销员的成功正是借助于自己那些恭维客户的话，所以客户不由自主地由冷若冰霜变得春风满面起来。

（来源：创业网，《推销技巧》）

给客户戴“高帽子”，也需要注意方式和语气。千万不要让客户感觉你说出的话假惺惺的，更不能让客户一听就知道在吹捧他、拍他马屁。这样就会被客户当成小人看待，从而招致顾客的反感。就算真的是在给顾客戴“高帽子”，也要让顾客感觉到话是真诚的，是由衷的赞叹。只有发自内心，客户才会被溢美之词打动，才能对你的话感兴趣。给客户带完“高帽子"之后，他正沉醉其中，这个时候就需要尽快切入正题，以最快的速度成交，千万不要把话扯得太远，因为给客户戴"高帽子"的初衷就是为了交易成功。

所有的人都一样，对别人给自己的恭维总是异常的开心。在适当的时候，学会给客户戴"高帽子"，这种方法既能赢得顾客的欢心，又可以卖出商品，何乐而不为？

第三节　与客户沟通的技巧

在日常工作中，我们不仅同老客户打交道，建立有效和谐的沟通，更要发展新生的新客户，因此掌握与陌生客户沟通的技巧也尤为重要。和一个素不相识的人打交道，很多人都感到非常困难，要么话不知从何说起，以至于在某些重要的情况下，出现冷场局面或者处于无话可说的窘境；要么没有考虑说话的时间、地点、事情、对象等因素，说了不该说的话，产生了不良的后果。其实这是社交中常见的难题，是要以用许多交际语言的方法去克服的。

一、记住客户的姓名

记住客户的名字，可以让人感到愉快且能有一种受重视的满足感，这在沟通交往中是一项非常有用的法宝。记住客户的名字，比任何亲切的言语起作用，更能打动对方的心。卡耐基高超的记忆力及他尊重他人姓名的做法，是他成为一位领袖人物的秘诀。他能叫出很多工人的名字，这是他引以为豪的。他常得意地说，他亲自管理公司时，他的公司从没有发生过罢工的情形。

人们都重视自己的名字，而且想方设法让自己的名字流传下去，甚至愿意付出任何代价。有钱的人常给那些作家们钱，要作家用他的名义出书。图书馆、博物馆收藏丰富，那些陈列品上都有捐赠者的姓名。原因是他们希望自己的姓名永远延续下去。

很多人不记他人的姓名，是因为他们没有必要花费功夫与精力。他们总给自己找借口：太忙。事实上，人们都极重视他们的名字，总是设法使之延续。记忆姓名的能力在事业与交际上的重要性，和在政治上一样重要。

二、别出心裁的自我介绍

自我介绍是社交活动中常用的一种表达方式。从某种意义上来说，自我介绍是社交活动的一把钥匙。这把钥匙如果运用得好，能扩大自己的交际范围，广交朋友，而且有助于自我展示、自我宣传，而如果运用得不好造成了不良的第一印象，则会阻碍以后的交往。

很多人觉得自我介绍很容易，不就是问个好，报一下自己的名字和职业吗？如："您好，我叫××，是搞营销的，很高兴认识你。"这不就结了？可是像这样平淡无奇的介绍，下次见面时，别人十有八九会忘记你的名字，甚至忘掉你这个人。

如果不经常出入交际场合，每隔一两个月才有机会认识一位新朋友，那应该会记住他的名字。可如果你属于"觥筹交错"的半上流一族，热衷于参加各类聚会拓展人脉，那么，记住别人就是一门功课，让别人记住则是一门技巧。

总之，设法出奇制胜，才能让对方牢牢地记住你。在交际活动中，如果能根据特定情境或自己姓名的特点，在向他人介绍时加以解释、引申或联想，使介绍的话语既有个性又生动活泼，这样就很容易让陌生人一下子记住你，并给他人留下良好的第一印象。

【知识拓展】

介绍自己的名字的方式

(1)利用名人式。要求必须是大家都熟悉的某个名人。如有个人叫代玉,她就可以自我介绍说:"大家很熟悉《红楼梦》中的林黛玉,那就会马上记住我,我叫代玉。"再比如周杰立:"我叫周杰立,和歌手周杰伦只有一字之差。我是他的歌迷。"

(2)自嘲式。何美丽:"不知父母为什么给我取这个美丽的名字。我没有标准的身高,人也挺胖,更没有明眸皓齿,这也许是父母想弥补他们铸成的遗憾吧。"

(3)释词式。即从姓名本身解释介绍,如朱红:"朱是红色的意思,红也是红色的意思,合起来还是红色,像我常穿的衣服的颜色。"刘石磊:"请你留(刘)心:我的名字由四块石头组成。"

(4)理想式。如向红梅:"我向往像红梅一样不畏严寒,坚强刚毅,在各种环境中都要努力、上进。"

(5)摘引式。如任丽群:"大家知道'鹤立(丽)鸡群'这个成语吧,我是人(任),更想出类拔萃,因此叫任丽群。"

(6)调换词序式。如周菲:"我的姓名就是'非洲'的倒读。"

(7)利用诨名式。如朱玮辉:"我的诨名叫'居(朱)委(玮)会(辉)',正因如此,大家有困难就来反映反映,本居委会力争为大家解决。"

(8)比拟式。如童浩:"茼蒿菜能提供人们身体必需的维生素,可别忘记我就是童(茼)浩(蒿),也是你们生活中不可缺少的好伙伴。"

此外,还有诙谐、谐音、摹声、转折等方式。

(来源:中国建设报)

三、适当的寒暄

在正式交谈开始之前,应有几句寒暄或问候的话语,它本身并不正面表达特定的意义,但它在沟通中是必不可少的。因为寒暄能使不相识的人相互认识,能使不熟悉的人相互熟悉,使沉闷的气氛变得活跃。尤其是初次见面,几句得体的寒暄会使气氛变得融洽,有利于顺利地进入正式交谈。

一开始适当的寒暄还是必要的。交谈者如果是熟人、老友,可以先谈谈别后的情况;如果是初次见面,则不妨各自作下简单介绍,待气氛融洽后,再"言归正传"。如果一见面便单刀直入,往往让人感到突兀,势必影响交谈的效果。

良好的开端是成功的一半。对于谈话而言,愉快的开头是谈话得以深入下去的关键所在。

【成功案例】

刘老师事半功倍的教育效果

刘老师55岁了，最近刚接了个新班。这个班的学生学习非常用功，但对宿舍、教室卫生不够重视。一天晚自习，刘老师来到班上，由于她刚洗过脸，擦了点润肤霜，一进门便有一股淡淡的香气飘进教室。前排的女生立即叽叽喳喳："刘老师多大年纪啦？还擦得香喷喷的？"刘老师一听，忙接过话茬："老师芳龄55啦！你们别看我一脸的皱纹，我还挺爱美的！这不，晚上洗过脸，我还擦点润肤霜呢。"话一出口，学生们都乐了。刘老师来个趁热打铁，把话题从爱美之心对心理健康的作用，顺势转到环境之美对学习、生活及精神面貌的作用上来，说得学生直点头称是。从那以后，在教室、宿舍乱扔纸、果壳的人少了，值日的同学对值日工作比以前重视多了。这里，刘老师开了讲话的好头，即便进入了角色，也一下子缩短了师生间的距离，让学生感到老师不但可敬，而且可亲、可爱，从而增强了说服效果。刘老师说服的成功也告诉大家，在谈话切入正题之前，构造一种愉快和谐的氛围，让谈话在活泼的气氛中进行，往往能收到"话"半功倍的效果。

（来源：中国新闻网，http://www.chinanews.com/）

四、把握好说话的分寸

初次谈话的成功，对于打开人际关系的大门至关重要。两位素不相识的人在交谈时，要慎重，掌握好说话的分寸，不能触犯别人的隐私。否则，会引起别人的反感，导致两人的谈话不欢而散。所以，与陌生客户人交谈时要把握以下几点分寸。

(1)不要议论别人的短处。与陌生人在初次交谈时，提及自己和对方都很熟悉的第三者，这对缩短两人之间的距离是一种好办法。但是，此时千万不要谈论第三者的短处，因为这会给对方留下不好的印象，会担心背后也许会议论他的短处，从而采取戒备心理。

(2)没有调查就没有发言权，不要人云亦云。不要人云亦云，这样会失去别人的信任，同时，也体现了自己没有主见。

(3)不要学"王婆"，自卖自夸。一句自卖自夸的话，往往是一颗丑恶的种子，一旦播入他人的心田，便会滋长出令人生厌的幼芽。所以，和陌生人初次交往时，应该保持谦逊的态度。

(4)不要啰里啰唆。如果你总是拿一件事情翻来覆去地说，会使人感觉乏味。一个词、一件事不管多么新鲜诱人，若出现过频，就会大失光彩。

(5)不要急于告辞。在双方谈话进行得兴高采烈、生动活泼的时候，提出告辞是比较适宜的。而且应选择自己讲完话时，这样做既可以省时间，又可使对方的留恋之情油然而生，萌生起一种企求能再次见面的欲望。

【案例分析】

不懂礼节遭尴尬

刚参加工作的刘华被派到外地去出差。在车厢内,她碰到一位来华旅游的英国姑娘,对方很热情,主动向刘华打了一个招呼。正所谓“礼尚往来”,如果不与对方寒暄几句,实在显得不够友善。于是刘华便操着一口流利的英语,大大方方地随口与对方聊了起来:“小姐,你今年多大岁数呢?”不料对方面露愠色,答非所问地予以搪塞:“你猜猜看。”刘华转而又问:“到了你这个岁数,一定结婚了吧?”这一回,那位英国小姐居然转过头去,再也不搭理她了。一直到下车,她们两个人也没有再说上一句话。刘华一路上非常尴尬。

刘华与那位英国姑娘话不投机,主要是因为她在交谈过程中向对方提出不恰当的问题,这些问题在国外纯属是不宜向人打探的个人隐私。按照常规,对方是有权利拒绝回答的。

(来源:《5分钟和陌生人成为朋友》,金城出版社)

五、寻找对方身上的亮点

每个人都有缺点和不足之处。大家应该从他人的身上发现优点和长处,三人行必有我师,学会发现他人身上的优点和长处可以取他人之长补自己之短。很多时候,自己往往看不见自己的不足,只有在产生对比的时候,才能清晰地分辨出自身哪些方面是应该改进的。

善于从他人身上发现优点和长处,是对他人宽厚、友善的标志。一个人若是只着眼于寻找他人的缺点和不足,就容易和对方发生口角。林肯曾经说过这样的话:“有这样一句古老而真实的格言:‘一滴蜜比一加仑胆汁能捕到更多的苍蝇。’人也是如此,如果想要别人同意你的想法和原则,就要首先使他相信你对他是忠实的。用一滴蜜赢得他的心,就能使他走在理智的大道上了。”

给自己一双发现美的眼睛,发现别人的优点,这是善待他人的起始。因此,在与人交往的过程之中,先从对方的优点和长处入手,最有利于增进彼此之间的关系。这是宽容的表现,同时也是自我学习的好机会。

其实,在日常生活中也是一样,如果总是刻意去寻找他人身上的缺点和不足,往往就会失去更美好的事物。学会发现他人身上的优点和长处,敢于承认别人比自己强,勇于承认自己还有很多不如别人的地方,这样才能缩小自己和他人的差距,并最终让自己逐渐强大起来。

六、多准备一些话题

与人谈话最困难的,就是应讲什么话题。一般人在交际场中,第一句交谈是最不容易的。因为不熟悉对方,不知道对方的性格、嗜好和品性,又受时间的限制,不容许多作了解或考虑,而又不宜冒昧地提出特殊话题。这时就地取材,似乎比较简单适合,即按照当时的环境觅取话题。如果相遇地点在朋友的家里或是在朋友的喜筵上,那么对方和主人的关系可以作为第一句。比如说:“听说您和某先生是老同学?”或是说:“您和某先生是同事?”如此一来,无论问得对不对,总可引起对方的话题。问得对的,可依原意急转直下,猜得不对的,根据对方的解释又可顺水推舟,在对方的生活上畅谈下去。如:“今天的客人真不少!”虽是老套,但可以引起其他的话题。赞美一样东西常常也是一种最稳当得体的开头话。如赞美主人家的花养得好之类。

一般不要涉及疾病、死亡等事情,不谈一些荒诞离奇、耸人听闻、黄色淫秽的事情。一般不询问女士的年龄、婚否,不径直询问对方履历、工资收入、家庭财产、衣饰价格等私人生活方面的问题。与女士谈话不说对方长得胖、身体壮、保养得好之类的话。对方不愿回答的问题不要追问,对方反感的问题应表示歉意或立即转移话题。一般谈话不批评长辈、身份高的人员,不议论东道国的内政。不讥笑、讽刺他人,也不要随便议论宗教问题。

本章小结

本章主要讲解了以下几个问题。

(1)与客户沟通的原则与方式:与客户沟通的原则、与客户沟通的方式。

(2)与客户沟通的基本要求:做好沟通前的准备工作、谈客户最感兴趣的话题、态度诚恳、耐心说服、即使客户不买产品也要表示感谢、诚实是赢得客户之本、“高帽子”会让你赢得客户。

(3)与客户沟通的技巧:记住对方的姓名、别出心裁的自我介绍、适当的寒暄、把握好说话的分寸、寻找对方身上的亮点、多准备一些话题。

本章测试题

一、不定项选择题

1. 与客户沟通要遵循的原则主要有(　　)。

A. 不要太“卖弄”你的专业术语　　B. 顾全客人的面子

C. 不要口若悬河　　D. 维护公司的利益

2. 与客户沟通的丰要方式有(　　)。

A. 电话沟通　　B. 网络沟通　　C. 传真　　D. 短信

3. 与客户沟通的基本要求是(　　)。

A. 做好沟通前的准备工作　　B. 谈自己最感兴趣的话题

C. 态度诚恳,耐心说服　　D.“高帽子”会让你失去顾客

4. 与陌生客人沟通的技巧有(　　)。

A. 记住对方的姓名　　B. 适当的寒暄

C. 把握好分寸再去说　　D. 寻找对方身上的缺点

E. 别出心裁的自我介绍　　F. 多准备一些话题

5. 与客户沟通时,一般不谈(　　)。

A. 荒诞离奇的事情　　B. 黄色淫秽的事情

C. 不问妇女的年龄、婚否　　D. 不问对方的收入

二、案例分析

案例1：

Z公司是一家规模不大的软件公司,2个月前Z公司参加一个大型企业的信息化建设项目的招标,在给客户的项目建议书中Z公司提及了一些比较超前的功能(当然实现起来相当困难),结果Z公司顺利中标。由于Z公司人手不足,于是临时请来A担任此项目的项目经理。A接手此项目后,很快发现了项目中存在的技术难题,在签订合同的过程也就这个问题对客户作了说明,客户勉强接受并签订了合同,合同中没有包含项目建议书中无法实现的功能。需求调研阶段,客户越来越强调项目建议书中所描述的无法实现的功能,并提出当初之所以选择Z公司,就是因为Z公司的项目建议书中描绘的这些功能是其他公司不能提供的。A也尝试去完成这些功能,但经过多方论证,这些功能在目前的条件下是很难成功的。对这些功能的讨论已经持续1个多月了,还没有任何实质性的进展,A很郁闷。

问题：

如果您是A,您会怎么做呢?

案例2：

风景秀丽的某海滨城市的朝阳大街,高耸着一座宏伟楼房,楼顶上“远东贸易公司”六个大字格外醒目。某照明器材厂的业务员金先生按原计划,手拿企业新设计的照明器样品,兴冲冲地登上六楼,脸上的汗珠未及擦一下,便直接走进了业务部张经理的办公室,正在处理业务的张经理被吓了一跳。“对不起,这是我们企业设计的新产品,请您过目”金先生说。张经理停下手中的工作,接过金先生递过的照明器,随口赞道:“好漂亮呀!”并请金先生坐下,倒上一杯茶递给他,然后拿起照明器仔细研究起来。金先生看到张经理对新产品如此感兴趣,如释重负,便往沙发上一靠,跷起二郎腿,一边吸烟一边悠闲地环视着张经理的办公室。当张经理问他电源开关为什么装在这个位置时,金先生习惯性地用手搔了搔头皮。好多年了,别人一问他问题,他就会不自觉地用手去搔头皮。虽然金先生作了较详尽的解释,张经理还是有点半信半疑。谈到价格时,张经理强调:“这个价格比我们预算的高出较多,能否再降低一些?”金先生回答:“我们经理说了,这是最低价格,一分也不能再降了。”张经理沉默了半天没有开口。金先生却有点沉不住气。不由自主地拉松领带,眼睛盯着张经理,张经理皱了皱眉问:“这种照明器的性能先进在什么地方?”金先生又搔了搔头皮,反反复复地说:“造型新,寿命长,省电。”张经理托辞离开了办公室,只剩下金先生一个人。金先生等了一会儿,感到无聊,便非常随便地抄起办公桌上的电话,同一个朋友闲谈起来。这时,门被推开,进来的却不是张经理,而是办公室秘书。

问题：

请指出金先生的问题出在哪儿?

第三单元　项目训练

项目一:他们应该如何去谈判?

小陈和小童是同一个大学不同专业的应届毕业生。大学期间他们同在重庆北大青鸟做计算机软件培训方面的市场推广,从而相互认识并成为好朋友。在北大青鸟两年多的市场推广中,他们合作搭配,业绩突出,从去年年底开始他们的业绩排在公司所有业务组的第二位。经过在北大青鸟的锻炼,他们不仅积累了比较丰富的实践经验,而且对培训市场有了全面深入的了解,两人同时对培训市场充满了浓厚的兴趣,于是决定两人毕业后继续一起合作创业,继续做培训行业。

本学期他们开始寻找适合他们的培训项目,最近他们听说阿里巴巴的阿里学院正在寻找重庆高校市场的推广合作伙伴。他们决定 11 月中旬与阿里学院洽谈重庆高校培训市场推广的合作事宜。

小陈和小童如何去谈判?

请您为小陈和小童应该制订一份详细可行的谈判策划书。

要求:

(1)每人撰写一份 2 000 字以上谈判策划书。

(2)严禁网络摘抄和互相抄袭。

(3)文案要有封面,并写名班级,姓名和学号。

项目二:对已支付鱿鱼款的处理谈判

甲方:北京某进出口公司

乙方:西班牙某公司

案例背景:

北京某进出口公司向西班牙某公司提供了两个集装箱的冰冻小鱿鱼。货到西班牙港口后,乙方进行入关商检,发现"含铅量超标",不许入关。乙方电话告知甲方此事并提出或就地销毁,或退货回中国。甲方电告乙方:原合同没有规定该项指标,该批货不能销毁,中国市场可以销售。于是乙方把货又给甲方发回。由于是信用证合同,甲方已议付完货款。(除了以上背景,谈判双方还应自行查阅关于国际货物销售的相关政策,以及纠纷处理、办法等资料)。

前期谈判过程:

甲方接货后,将货入冰库,同时与乙方讨论如何解决善后问题。

乙方来电称:"货物有质量问题,甲方换货或退款"。甲方认为:"货物符合合同要求,没有质量问题,所有钱不可能退"。双方没有达成一致。

几个月过去了,鱿鱼市场变化很大,价格走势也不好,冰库的储存费日渐加大,眼看保质期快到了。甲方又一次与乙方谈判。

要求:

你作为甲方代表,在谈判中既要妥善解决双方的分歧,又要维护好双方的友好合作关系。

项目三:做好服务员的沟通工作

客房服务员与前台服务员商议事情:快到12点,新的客人要入住,客房服务员要求前台服务员采取措施有效地让客人结账离房,客房服务员好整理客房。

实训目标:通过平行沟通实训培养基本的沟通能力:会热情地、礼貌地招呼,表情与声音动人,会寒暄,清楚地表达、会核对,会聆听、会记录、会复述、会促成、会致谢。重点是:会热情地招呼与寒暄,清楚地表达、会核对,会聆听、会复述、会促成、会致谢。

实训内容:训练与考核平行沟通中:热情礼貌地招呼,表情与声音,寒暄,语言清楚表达、核对,聆听、记录、复述,促成,致谢等沟通要素的有效运用;重点考核:热情招呼与寒暄,清楚表达、核对,聆听、复述、促成、致谢等沟通要素的有效运用。

实训设施:电话、模拟的前台,客房服务员、前台服务员。

实训步骤:通过电话或口头沟通,客房服务员与前台服务员沟通上述事宜,紧急。

项目四:让我们谈谈

情景:2人一组,时间为2~3 min,交谈内容不限;点评语言表现;继续交谈,但不能用肢体语言。

训练目标:考核与训练口头沟通的文字语言、声音语言、肢体语言的有效组合和运用。

训练设施:学员、桌子、椅子。

训练步骤:交谈停下2~3 min→一每组学员分别说明有哪些肢体语言表现→继续交谈2~3 min不得有肢体语言。

问题

(1)有没有意识到自己有哪些肢体动作?

(2)自己的肢体动作有没有令对方不快或心烦意乱?

(3)被迫不得用肢体语言交谈时有什么感觉?与先前沟通一样有效吗?

(4)对你有什么启发?

项目五:接待客人问候语

情景:你自主设计各种问候语,模拟接待客人或招呼客人,尝试不同声音。

训练目标:考核与训练在招呼中的文字语言运用、声音语言运用。

训练设施:学员、前台。

训练步骤:客户走向前台→你招呼问候→点评→纠正性实训。

问题

(1)声音语言在沟通中起到什么作用?

(2)经常出错的是什么?该怎么做?

项目六:了解别人与表达能力训练

训练目标:考核观察能力、询问能力、书面沟通与口头沟通能力。

训练内容:观察、询问、聆听、记录、表达,以及肢体语言、声音语言、文字组织。

训练设施:纸和笔。

训练步骤:找一位不与你坐在一起的且你认为不错的同学(至少隔 2 个位置),每 2 人一组;其中一人作为记者对其进行采访,采访的内容与形式由自己决定,时间 3 min;采访完成后进行角色交换再采访一遍;完成后每位同学把采访信息做一次 1 min 的演讲,要把被采访者最有效地销售给大家。

项目七:大堂经理接待客人

客人要询问的会议信息有以下内容:在周末,是否可以有效举办 1 000 人会议,有良好音响效果与摄录,提供 2 晚住宿、一日三餐,人均费用不超过 120 元。酒店实际情况是有一间大会议厅容纳 600 座,4 个中等会议厅容纳 400 座,若干小型会议室,可以同步视频播放、有摄录设备,现在处于淡季。

训练目标:考核与训练综合口头沟通能力,考核文字、声音、肢体语言的有效组合运用。

训练设施:学员、办公桌。

训练步骤:客人走向大堂经理→招呼→咨询与解答→点评→记录。

参考文献

[1] 凡禹.成功人士99个说话细节[M].上海:华中科技大学出版社,2009.
[2] 袁岳.中庸智慧心得[M].北京:中国长安出版社,2011.
[3] 孟宁.外向性格能量书[M].北京:光明日报出版社,2011.
[4] 韩菲.为人处世好心态[M].北京:新世界出版社,2007.
[5] 林少波.最佳员工生存手册[M].北京:中国纺织出版社,2005.
[6] 童小茜.人脉攻心术 [M].武汉:华中科技大学出版,2011.
[7] 戴尔·卡耐基.人性的弱点全集[M].刘祜,译.北京:外文出版社,2012.
[8] 方明.每天学点口才学[M].北京:金城出版社,2010.
[9] 王见宇.开口是金[M].北京:中国铁道出版社,2011.
[10] 马修·麦凯,等.人际沟通技巧[M].上海:上海社会科学院出版社,2005.
[11] 柳青,蓝天.有效沟通技巧[M].北京:中国社会科学出版社,2003.
[12] 劳动和社会保障部职业技能鉴定中心.与人交流能力训练手册[M].北京:人民出版社,2008.
[13] 尚致胜.沟通的魔力[M].北京:北京大学出版社,2005.
[14] 余世维.有效沟通[M].北京:机械工业出版社,2006.
[15] 曾仕强.圆通的人际关系[M].北京:北京大学出版社,2008.
[16] 威尔·鲍温.不抱怨的世界[M].西安:陕西师范大学出版社,2009.
[17] 罗杰·道森.优势谈判[M].重庆:重庆出版集团,2008.
[18] 凯文·霍根,等.说服你其实很简单[M].广州:广东省出版集团,2009.
[19] 罗伯特·迪尔茨.语言的魔力[M].北京:世界图书出版公司北京分公司,2008.
[20] 常青,等.大学应用写作[M].北京:北京大学出版社,2005.
[21] 博文.会做事不如会来事[M].北京:北京工业大学出版社,2009.
[22] 安东.最实用的101个职场沟通技巧[M].武汉:湖北人民出版社,2006.
[23] 李小安.为人处世三种能力[M].北京:北京工业大学出版社,2008.
[24] 周伟.处事能屈能伸[M].北京:地震出版社,2006.
[25] 朱建国.你也可以找到好工作[M].北京:九州出版社,2009.
[26] 林善玉.你是沟通高手吗[M].延吉:延边大学出版社,2004.
[27] 张明.学会人际交往的技巧[M].北京:科学出版社,2006.
[28] 郝士钊.沟通 说服 口才[M].北京:当代世界出版社,2009.
[29] 杨秋平.成功社交培训教程[M].北京:机械工业出版社,2007.
[30] 凡禹.沟通技能的训练[M].北京:北京工业大学出版社,2004.
[31] 张韬,等.沟通与演讲[M].北京:清华大学出版社,2005.
[32] 刘晓新,毕爱萍.人际交往心理学[M].北京:首都师范大学出版社,2003.
[33] 金正昆.社交礼仪[M].北京:北京大学出版社,2006.
[34] 金正昆.涉外礼仪[M].北京:中国人民大学出版社,2007.
[35] 赵景卓.现代礼仪[M].第三版.北京:中国物资出版社,2006.
[36] 胡晓涓.商务礼仪[M].北京:中国人民大学出版社,2005.
[37] 吴洪英.形形色色的礼仪与禁忌[M].北京:中央民族大学出版社,1999.

[38] 文泉. 国际商务礼仪[M]. 北京:中国商务出版社,2003.
[38] 王伟伟. 礼仪形象学[M]. 北京:人民出版社,2005.
[39] 万宏. 花饰制作与送花礼仪[M]. 北京:中国农业出版社,1999.
[40] 宿春礼. 人一生要注意的50个细节[M]. 北京:光明日报出版社,2005.
[41] 陈平. 商务礼仪[M]. 北京:中国电影出版社,2005.
[42] 陈平. 社交礼仪[M]. 北京:中国电影出版社,2005.
[43] 赵红霞. 礼尚往来[M]. 北京:中国纺织出版社,2001.
[44] 张四成. 现代饭店礼貌礼仪[M]. 广州:广东旅游出版社,1996.
[45] 安·玛丽·萨芭丝. 塑造完美形象[M]. 边毅,译. 长沙:湖南科学技术出版社,2001.
[46] 罗杰·E·阿克斯特尔. 身势语[M]. 上海:上海译文出版社,1998.
[47] 让·塞尔. 西方礼仪与风俗[M]. 上海:上海人民出版社,1987.
[48] 毕淑敏. 养心的妙药[M]. 长春:时代文艺出版社,2004.
[49] 李开复. 与未来同行[M]. 北京:人民出版社,2006.
[50] 拜伦·凯蒂. 一念之转四句话改变你人生[M]. 北京:华文出版社,2009.
[51] 彼得·德鲁克. 卓有成效的管理者[M]. 北京:机械工业出版社,2010.
[52] 徐克茹. 商务礼仪标准培训[M]. 北京:中国纺织出版社,2007.
[53] 于舒,陈秋玲. 社交礼仪的N个细节[M]. 北京:海潮出版社,2005.
[54] 埃克哈特·托利. 当下的力量[M]. 北京:中信出版社,2009.
[55] 毕淑敏. 破解幸福密码[M]. 南京:江苏人民出版社,2010.